普通高等学校精品课程建设教材

行政管理学

张建新　陆新文　主编

中国农业大学出版社

图书在版编目(CIP)数据

行政管理学/张建新,陆新文主编. —北京:中国农业大学出版社,2009.12
(2020.8重印)
ISBN 978-7-81117-915-6

Ⅰ.行…　Ⅱ.①张…②陆…　Ⅲ.行政管理-管理学-高等学校-教材
Ⅳ.D035

中国版本图书馆CIP数据核字(2009)第208859号

书　名　行政管理学
作　者　张建新　陆新文　主编

策划编辑　梁爱荣　　责任编辑　梁爱荣
封面设计　郑　川　　责任校对　陈　莹　王晓凤
出版发行　中国农业大学出版社
社　址　北京市海淀区圆明园西路2号　　邮政编码　100193
电　话　发行部 010-62731190,2620　　读者服务部 010-62732336
　　　　编辑部 010-62732617,2618　　出　版　部 010-62733440
网　址　http://www.cau.edu.cn/caup　　**e-mail** cbsszs @ cau.edu.cn
经　销　新华书店
印　刷　北京鑫丰华彩印有限公司
版　次　2010年1月第1版　2020年8月第4次印刷
规　格　787×980　16开本　20.75印张　380千字
定　价　46.00元

主　编　张建新　陆新文

副主编　陈井平　蓝红星　薛海鸣　杨　诚

参　编　（以姓氏笔画为序）

于翠英　王　霞　陈井平　张建新

陆新文　杨　诚　蓝红星　薛海鸣

内容简介

本书融行政管理理论与行政管理案例于一炉，将知识传授与实践启发紧密结合，立足于简洁而有效地传授行政管理基础知识和最新研究成果。依照政府功能运行的逻辑顺序，分为绪论、行政环境、行政职能、行政权力、行政组织、人事行政、行政领导、行政决策、行政实施、行政监督、行政法治、机关行政、财务行政、行政绩效、行政改革共15章。在体例上每章由导引案例引出本章的主要内容，依据知识点再设置案例和思考题，力求理论逻辑、行政实践与学习需要的统一，能同时向读者提供行政理论知识、实证研究资料和学习思考向导。

本书可作为高等院校行政管理专业的必修课或公共选修课教材，也可作为一般读物，有利于学习者理论联系实际地系统学习、了解行政管理知识；有利于公众研究探讨政府行政管理的问题和提高参政议政的能力。

前　言

行政管理学以政府的管理活动为研究对象，是一门理论性与实践性相结合的概论性课程。目前国内相关的教材很多，但大多只是从理论性角度来建设的，理论性与实践性相结合的通识性教材很少。当前国内高校在人才培养模式上正逐步从培养专业理论性人才向应用性复合型人才转变，行政管理学的教学也是如此。尤其是近年高校毕业生报考公务员已经成为其就业的主要选择，而如何将行政管理理论运用于实践成为困扰他们成功考取的一大障碍。因此，为满足教学工作之所需，中国农业大学出版社组织编写本教材，以专业必修课为主，兼顾公共选修课作为定位，力求系统地将行政管理理论与方法相结合，行政管理理论与案例相结合，构建完整的行政管理学科框架体系，使学生既能学到行政管理的基本理论，又能掌握行政管理的实践方法。

本书体现了以下三个基本特点：第一，以中国特色的社会主义理论体系为指导，立足于转轨时期我国行政管理的现实，探讨新时期行政管理的各种重大问题；第二，拓宽行政管理的视野，注意跨学科研究，借鉴当代经济学、政治学、政策科学、组织与管理理论等在行政管理研究上所取得的新成就；第三，通过经典案例反映现实对行政管理理论的需求，结合案例分析行政管理的实践方法，做到理论与实践的结合互补。

本书是由部分农业院校从事行政管理教学的一线教师集体编写的。由主编张建新、陆新文确定了全书的编写大纲、内容安排、结构和体例并最后进行统稿工作。具体分工如下：第一章、第二章、第四章（张建新，内蒙古农业大学），第三章、第五章（蓝红星，四川农业大学），第六章、第十一章（杨诚，安徽农业大学），第七章、第十章（薛海鸣，山西农业大学），第八章（王霞，安徽农业大学），第九章（陆新文，安徽农业大学），第十二章、第十五章（陈井平，内蒙古农业大学），第十三章、第十四章（于翠英，内蒙古农业大学）。

在本书的编写过程中，编者参阅了大量国内外行政管理学方面的著作、教材和最新的学术刊物，从中得到很多启示和帮助，由于篇幅的关系，未一一列明，在此对原作者的劳动表示衷心的感谢。

在本书的编写过程中，副主编陈井平协助主编做了大量的统稿工作，中国农业大学出版社梁爱荣老师也给予了大力支持和帮助，在此一并表示衷心感谢！

由于编写时间仓促，加之水平有限，书中缺点和错误在所难免，恳请广大读者批评指正。

张建新

2009 年 11 月

目　录

第一章　绪论……………………………………………………………（1）

第一节　行政管理学的研究对象及主要内容……………………………（1）

第二节　行政管理学的历史演变与发展趋势……………………………（8）

第三节　学习和研究行政管理学的意义与方法…………………………（16）

第二章　行政环境………………………………………………………（22）

第一节　行政环境概述……………………………………………………（23）

第二节　行政环境与行政管理的相互关系………………………………（28）

第三节　当代中国行政环境因素分析……………………………………（32）

第三章　行政职能………………………………………………………（39）

第一节　行政职能概述……………………………………………………（39）

第二节　行政职能体系及其实现方式……………………………………（44）

第三节　行政职能的转变…………………………………………………（52）

第四章　行政权力………………………………………………………（60）

第一节　行政权力概述……………………………………………………（61）

第二节　行政权力的配置…………………………………………………（67）

第三节　行政权力行使……………………………………………………（72）

第五章　行政组织………………………………………………………（80）

第一节　行政组织概述……………………………………………………（81）

第二节　行政组织理论……………………………………………………（85）

第三节　行政组织的结构与体制…………………………………………（89）

第四节　行政组织的编制管理……………………………………………（94）

第六章　人事行政………………………………………………………（99）

第一节　人事行政概述……………………………………………………（99）

第二节　国家公务员制度的产生与发展…………………………………（104）

第三节　中国国家公务员的基本制度……………………………………（110）

第七章　行政领导………………………………………………………（121）

第一节　行政领导概述……………………………………………………（121）

第二节 行政领导制度……………………………………………………………… (126)
第三节 行政领导者的素质及其结构优化……………………………………… (130)
第四节 行政领导的方法、方式与艺术 ……………………………………… (135)
第八章 行政决策…………………………………………………………………… (143)
第一节 行政决策概述……………………………………………………………… (143)
第二节 行政决策模式和体制…………………………………………………… (150)
第三节 行政决策系统和决策过程……………………………………………… (155)
第九章 行政实施…………………………………………………………………… (164)
第一节 行政实施概述……………………………………………………………… (165)
第二节 行政指挥…………………………………………………………………… (170)
第三节 行政沟通…………………………………………………………………… (173)
第四节 行政协调…………………………………………………………………… (180)
第五节 行政控制…………………………………………………………………… (186)
第十章 行政监督…………………………………………………………………… (190)
第一节 行政监督概述……………………………………………………………… (190)
第二节 我国行政监督体系………………………………………………………… (195)
第三节 我国行政监督制度的改革和完善……………………………………… (205)
第十一章 行政法治………………………………………………………………… (210)
第一节 行政法治概述……………………………………………………………… (210)
第二节 行政立法…………………………………………………………………… (216)
第三节 行政执法…………………………………………………………………… (220)
第四节 行政救济…………………………………………………………………… (227)
第十二章 机关行政………………………………………………………………… (232)
第一节 机关行政概述……………………………………………………………… (233)
第二节 机关行政的主要内容……………………………………………………… (237)
第三节 机关行政现代化…………………………………………………………… (246)
第十三章 财务行政………………………………………………………………… (252)
第一节 财务行政概述……………………………………………………………… (253)
第二节 政府预算与决算…………………………………………………………… (260)
第三节 政府财政收入……………………………………………………………… (267)
第四节 政府财政支出……………………………………………………………… (270)
第十四章 行政绩效………………………………………………………………… (275)
第一节 行政绩效概述……………………………………………………………… (276)

第二节　行政绩效的测评…………………………………………………（280）
第三节　行政绩效的提高途径…………………………………………（288）
第十五章　行政改革…………………………………………………………（295）
第一节　行政改革概述………………………………………………（295）
第二节　当代西方国家的行政改革……………………………………（299）
第三节　当代中国的行政改革…………………………………………（304）
参考文献……………………………………………………………………（318）

第一章　绪　论

【导入案例】

2009年9月7日,《国务院关于开展新型农村社会养老保险试点的指导意见》以"国发(2009)32号"文件形式正式发布。国务院决定,从2009年起开展新型农村社会养老保险试点,2009年试点覆盖面为全国10%的县(市、区、旗),以后逐步扩大试点,在全国普遍实施,2020年之前基本实现对农村适龄居民的全覆盖(来源:人民日报,2009-09-08)。

分析以上案例,理解行政管理的含义。

第一节　行政管理学的研究对象及主要内容

一、行政管理的含义与特点

(一)行政管理的含义

从人类组成一定社会集体起,就有了管理活动,有了国家以后,也就有了行政管理。"行政管理"亦称"行政",古今中外,人们从不同的角度赋予了它不同的含义。

在中国，“行政”一词历史久远。在距今2 000多年前，传说春秋时期左丘明所撰《左传》这一儒家经典中，就有“行其政事”、“行其政令”的记载。西汉司马迁所撰《史记·周本纪》中有“召公周公二相行政，号曰共和”的记载。这些史籍上出现的“行政”概念，其含义清清楚楚，是指管理国家的政务。因古代的国家管理体制和活动都没有现代这样复杂，当时所说的“行政”是指国家管理的全部活动。

在国外，也很早就出现了与中文“行政”相类似的词汇。2 000多年前，古希腊学者亚里士多德就使用过“行政”一词。在英语中，“行政”一词是指治理、管理和执行事务的意思。国际通用的《社会科学大辞典》解释“行政为国家事务的管理”。随着社会的发展，国家事务管理的组织形式和活动方式越来越复杂。学者们从不同的角度界定行政，总的来说有如下一些看法：

首先是从政治与行政的分离角度来界定行政管理。坚持这种观点的学者认为政府体制中存在着两种主要的或基本的政府职能，即国家利益表达的政治职能和国家意志执行的行政职能，即政治与行政。政治与指导和影响政策相关，而行政与政策执行相关。行政是事务性的领域，必须有技术标准。政治与行政二分法也不能反映行政的实际。行政不可能超越政治，必然是反映政治，并受政治的制约。政治与行政二分法是把行政定位在狭义的管理主义上的，所以当时将行政管理又称之为公共管理。

其次，有的学者认为政府体制应该由政治、行政和立法三部分组成，行政只是执行政治和法律的行政机关。这样界定行政管理过于狭窄，应为行政管理参与政治实施和法律的制定。

最后，有些学者认为一切管理都是行政。行政即指一切团体处理行政事务的活动。当然，管理和行政不是同义语，一切行政都是管理，但并不是一切管理都是行政。一切社会组织都有行政，但行政并不是社会组织的所有活动。政府管理无疑是行政。因此，行政只是管理的组成部分之一。一切管理都是行政的概念过于宽泛，抹杀了行政与管理的区别。管理是个大系统，行政是这个大系统的一个子系统。

介绍上述三种对行政概念的不同解释，对理解行政的含义有一定的参考价值。我们认为对行政概念的解释，不可强求划一，不同学派可以按自己划定的范围从不同角度进行研究。

综上所述，目前国内外行政学界对“行政”概念的内涵和外延尚未取得一致的意见，这是正常的。纵观科学发展的历史，对任何一个科学的基本概念的界定几乎都不是一次性完成的，都会经过长时间的模糊阶段，随着科学研究的深入和研究者认识的提高，才逐渐由模糊走向清晰，由不确定走向确定。“行政”概念还正在经历这样一个过程。

根据我国行政管理的实际情况，参考各家之言，我国行政学者认为，对行政管理的界定，其外延不宜过宽，也不可过窄。比较一致的界定是：行政管理是指政府依法对国家事务、社会公共事务和政府机关事务的管理活动。

这一概念说明：行政管理的主体是政府；行政管理的对象是国家事务、社会公共事务和政府机关自身事务；行政管理是依法行政；行政管理也是一种管理活动，它是行使国家权力、实现行政目标的管理活动。

(二)行政管理的特点

行政管理不同于一般管理，其既具有一般管理的特性，也具有自身的特点。

1. 行政管理的公共性

公共性是行政管理的本质特征。离开了公共性，政府就从根本上失去了存在的必要性和合法性。行政管理的公共性是政府合法性的基础。行政管理是政府的管理行为，公共性表现为主权在民，实现国家目标和公共利益，是为人民行使权力，是为公民提供公共物品和公共服务以及创造具有公益精神的意识形态，全心全意地为人民服务，实现人民群众的根本利益，弥补市场失灵，作为公共信托人实现公民的民主权利。同时要求以政府为主体的公共组织远离市场规则。

2. 行政管理必须体现国家意志

任何一个国家都必须体现和执行国家意志，必须确保政治统治职能。国家的政治统治职能只能由政府来承担。国家的统一、国家主权和领土完整，都是国家的核心利益。因此，政府实现国家意志和为政治统治服务的目的性十分明确。在民族国家仍然是现在国家主要形态的今天，没有一个国家的政府不承担这种政治统治职能。

3. 行政管理必须是依法行政

依法行政是现代各国行政管理的特点之一。政府是以宪法为基础的，受到立法机关和司法机关的有力制衡和严格限制，受到各种不同利益团体的影响和社会需求的压力。行政管理是在法制制约下的规范性的施政行为，目的是保护公民的权利不受政府行为的损害。主张在法律面前人人平等，不允许任何组织和个人有高于法律之上的特权。行政管理必须忠于宪法，维护并执行宪法，要贯彻和体现宪法的原则和精神，必须贯彻执行各种法律、法规和政策。

4. 行政必须是民主行政

民主是现代社会的最大特点，也是行政的特点之一。民主行政是承认人民群众的历史主体性。行政管理是政府凭借人民赋予的权力为人民服务。公民参与和行政公开是民主行政的重要标志。人民有参与政府管理权,有知情权,有对政府的监督权。民主行政是历史发展的必然,在知识经济时代,在网络社会和信息技术条件下,民主行政发展是历史之必然,而且其发展将越来越快,势不可挡。民主是行政的灵魂,是人本主义的复归。

5.行政管理必须是公平行政

公平作为行政管理的价值观是不可动摇的。社会不可能有自发的公平,市场失灵会造成社会不公平。只有政府制定政策,通过必要的社会再分配,才能为社会提供公平的保障。公平是对人的最起码权利的保证,是对社会弱势群体的保护,是使社会避免出现贫富悬殊的现象的保证。但是,公平不是搞平均主义,公平是为了保证公民的权利,是为发展提供社会稳定。

6.行政管理必须是高效行政

对政府来讲,效率具有永恒的魅力,而且永远缠绕政府首脑。现代的各国政府仍然是以效率为中心的政府。政府效率在21世纪是更为突出的问题,世界各国的竞争是政府与政府之间的效率竞争。领导者有素质高低之分,决策有“失之毫厘,差之千里”之虞,执行有坐失良机之忧,应变有迟钝与灵敏之高下,这也就是政府效率之比。

中国的行政管理的最大特点是中国共产党领导政府。党中央领导中央政府,各级党委领导同级政府。政府必须无条件地执行党的方针、路线、政策,是政策的制定者、执行者和监督者。这是我国的行政管理与其他国家的最大区别,也决定了我国行政管理的独自特点。

二、行政管理学的研究对象和内容

行政管理学作为一门独立的学科,和其他学科一样,以纷繁复杂的行政活动现实为基础,但更多的是其中带有普遍规律性的东西,并有其特定的研究对象和研究范围。

(一)行政管理学研究的对象

顾名思义,行政管理学是研究行政管理的科学。由于对行政管理的解释、理解不同,对行政管理学研究的对象也表述各异。从行政管理学产生以来,许多学者从不同角度和方面去解释行政管理学的研究对象,这正表明行政管理学是一门比较年轻,正在蓬勃发展中的学科,还需深入研究和完善,应当积极开展争鸣,促其逐步走向成熟。

我们要以马克思主义为指导，结合我国社会主义行政管理的实际，探讨行政管理学的研究对象。在对一门学科的研究对象的表述上以简明准确为好。基于这种认识，我们把行政管理学的研究对象表述为：行政管理学是研究国家行政组织对国家事务、社会公共事务和政府机关事务进行有效管理的规律的科学。

根据现代行政管理的特点和对行政概念的上述理解，行政管理学应是研究国家权力机关的执行机关依法管理国家事务、社会公共事务和机关内部事务的客观规律的科学。它包括如下要点：

(1)行政管理主体是国家权力机关的执行机构，即行政机关。在我国，行政管理主体是国务院和地方各级人民政府。任何类型的管理，其管理主体都必须具有对管理客体的支配权。而这种支配权的性质、来源和获得方式，则依管理类型的不同而各异。行政管理的支配权即行政权，它源于国家权力，是国家权力结构的组成部分。在我国，行政机关是国家权力机关的执行机关，其行政权力是国家权力机关依法授予的。因此，行政管理是以国家权力为根据行使国家行政权的一种公共管理。

(2)行政管理的客体是国家事务、社会公共事务和行政机关的内部事务。行政管理的范围遍及国家和社会生活的各方面和全体国民。其他任何一种社会管理都没有行政管理这样广泛的周延性和关系国家与社会全局的重要性。由此也决定了行政管理学有比其他管理科学更广阔的研究领域和更广泛的适用性。当然，行政管理具体的作用范围是受社会需要、法律和资源限制的，绝不可因其具有广延性而任意地、无限制地扩大和延伸。

(3)行政管理活动的根本原则是依法管理。依法行政是现代行政管理的本质特征。行政管理必须以法律为根本的活动准则，在法律规定的范围内实施管理。任何行政机关和行政人员都没有超越宪法和法律的特权。把个人意志代替国家意志或凌驾于法律之上的行为，属违法行为。

(二)行政管理学研究的内容

行政管理学是由行政管理的基本范畴和原理所构成的逻辑体系。这些基本的范畴和原理随行政管理实践的发展而不断地补充和丰富；其内在联系也随行政管理实践的深入而不断为人们所揭示。因此，行政管理学的研究内容是变化发展的，并不断深化和扩展，其理论体系也随之不断变化和日趋完善。

基于这些考虑和我们对行政管理学研究对象的理解，本书包括如下重要内容：

(1)绪论。包括：行政管理的含义与特点，行政管理学的研究对象和内容，行政管理在社会生活中的地位和作用；行政管理学在西方国家的产生和发展，行政管理学在中国的重建和发展，当代行政管理学的发展趋势；学习和研究行政管理学的意义与方法。

(2)行政环境。包括:行政环境的含义、类型和特点,行政环境问题的提出及意义;行政环境与行政管理的相互关系;当代中国行政环境因素分析。

(3)行政职能。包括:行政职能的含义,行政职能的类型,行政职能研究的意义;行政管理的基本职能,行政管理的运行职能,行政职能的实现方式;行政职能的转变。

(4)行政权力。包括:行政权力的含义,行政权力的结构与配置,行政权力的作用与行使;行政权力与行政体制;当代中国行政体制的改革与发展。

(5)行政组织。包括:行政组织的含义和特征,行政组织的构成要素,行政组织设置原则和类型;西方行政组织理论的演变,马克思主义的行政组织理论;行政组织的结构与体制;行政组织的编制管理。

(6)人事行政。包括:人事行政及其相关的概念,人事行政的特征、职能和任务,人事行政的地位和作用;西方国家公务员制度的产生与发展,中国公务员制度的建立与发展;中国国家公务员的基本制度,国家公务员管理制度的基本内容。

(7)行政领导。包括:行政领导的含义和特点,行政领导者的职位、职权和责任,行政领导在行政管理中的地位和作用;行政领导制度;行政领导者的素质及其结构优化;行政领导的方法、方式与艺术。

(8)行政决策。包括:行政决策的含义和特点,行政决策的原则和类型,行政决策的作用和方法;行政决策模式和体制,行政决策的科学化、民主化;行政决策系统和决策过程。

(9)行政实施。包括:行政实施的含义和特点,行政执行的原则和步骤;行政指挥、行政沟通、行政协调和行政控制等环节。

(10)行政监督。包括:行政监督的含义与特点,行政监督的意义和作用,行政监督的原则;我国行政监督体系;我国行政监督制度的改革和完善。

(11)行政法治。包括:行政法治的含义和原则,行政法治的基本内容;行政立法的含义和原则,行政立法的内容和种类,行政立法的程序;行政执法的主要手段,行政法律责任制度;行政救济的含义与作用。

(12)机关行政。包括:机关行政的含义和特点,机关行政的任务和作用;机关行政的主要内容;机关行政现代化。

(13)财务行政。包括:财务行政的含义与特点,财务行政的职能,财务行政的管理体制;政府预算与决算;政府财政收入;政府财政支出。

(14)行政绩效。包括:行政绩效的含义,行政效率与行政效能;行政绩效的测量与评价;行政绩效的提高途径。

(15)行政改革。包括:行政改革的含义,行政改革的原则和内容;当代西方国家的行政改革;当代中国的行政改革。

三、行政管理在社会生活中的地位和作用

行政管理学的迅速发展,主要是由于社会经济的飞跃发展和现实行政管理的迫切需要。历史唯物主义认为,在社会发展中,管理是社会生活不可缺少的要素。在国家存在的历史条件下,行政管理在整个社会管理中居重要的支配地位。社会主义国家的行政管理,是人们运用上层建筑作用于经济基础和整个社会的一种最普遍、最经常、最直接的实践活动。它是支持整个社会的一个重要杠杆,其状况如何,对上层建筑及经济基础的兴衰有直接的影响。列宁在十月革命胜利后一直强调要不断去改善和提高国家管理水平。在中国革命取得全国胜利前夕,毛泽东就提出要学习管理国家的号召。中华人民共和国成立后,党和国家领导人都为搞好国家管理而呕心沥血。西方行政学界也有一种说法,行政管理是现代管理、现代社会的心脏。

今天正处在科学技术飞速发展的时代,国外许多有识之士已经认识到管理在当代整个生活中的意义,认为科学技术和管理是现代文明进步的“两个轮子”;或者认为科学、技术、管理是支撑人类社会的“三鼎足”;也有人把科学、技术、教育、管理比作架起文明社会的“四支柱”。世界上许多重大、复杂、先进工程的成功,也是一靠科学技术,二靠组织管理。任何一个国家,只有善于科学管理,才能根据本国条件,最有效地开发人力、物力、财力和信息资源,加速本国的发展。日本的经验教训是:“引进技术与管理并重”,“管理与设备,管理更重要。”拉丁美洲有一种说法“发展中的国家并不是开发落后,而是管理落后”。当今世界科学技术迅猛发展,以前所未有的速度改变着人们的生活,体力劳动者相对减少,管理人员相对增加,企业的盈亏,事业的好坏,政府机关行政效率的高低,都以有没有良好的管理人才为转移。当前,在世界范围内对官僚主义和行政效率低都怨声载道,训练有素的行政管理人才短缺成为普遍现象。难怪有人说,当今的世界是管理人员的世界。

我国贯彻执行党的基本路线,要实现农业、工业、国防和科学技术的现代化,都离不开管理的现代化,“向管理要效益”已为人们所共识。面对科技革命的挑战,党中央及时指出,我们对待科学技术革命的对策之一,就是提高我们的管理水平。在所有管理当中,行政管理最重要,“行政管理是现代管理,现代社会的心脏”。为了适应社会主义现代化建设事业的需要,我们必须抓紧培养行政管理人才,提高工作效率。

第二节　行政管理学的历史演变与发展趋势

一、行政管理学在西方国家的产生和发展

行政管理学诞生于美国。美国的学者和改革家对此做出了重要贡献。1887年，威尔逊发表的《行政研究》，1900年，古德诺出版《政治与行政》以及1926年怀特出版的《行政学导论》，对行政管理学的主要内容作了论述，使行政管理学成为一个独立的重要学科。100多年以来，由威尔逊、古德诺、怀特等人开创的行政管理学取得了丰硕成果。今天，行政管理学已成为大学的重要专业和有关学科的必修课程，并且成为行政工作人员基本的理论修养和专业技能。其产生和发展的历程大致经历了如下5个阶段。

(一)科学管理时期(19世纪末至20世纪30年代)

行政管理学是19世纪末20世纪初帝国主义产生和政治学发展的必然产物。

伍德罗·威尔逊于1887年在美国哥伦比亚大学的《政治科学季刊》上发表了行政学的开山之作《行政管理之研究》，标志着行政学的产生。1900年，弗兰克·古德诺发表的《政治与行政》对行政学的发展起到了重要作用。

威尔逊认为行政管理学研究政府能够适当并成功地进行工作，研究政府怎样才能高效地完成工作。行政是一种事务性的领域，应该将政治与行政分离。他认为政治与行政之间的区别是宪法与行政之间的区别，执行宪法比制定宪法更加困难。政治是政治家的特殊活动领域，而行政则是技术性的工作。政治如果没有行政管理的帮助则一事无成，但行政管理并不因此便是政治。只有一个国家的行政机关与人民的政治生活隔离时，官僚制组织才能够生存，政府才有权威。

古德诺认为政府体制中有两个主要的基本政府职能，即国家意志表达职能和国家意志执行职能。这两种职能分别是政治与行政。政治是国家意志的表达，行政是国家意志的执行。政治与指导和影响政策相关，而行政与政策执行相关。政治是通过公民中的政党组织指导和影响政府政策的行为或职能。行政是为公共服务的总体，从事于国家意志的执行和普遍利益规则的实施。

弗雷德里科·温斯顿·泰勒是美国著名的管理学家，被称之“科学管理之父”，是科学管理学派的领袖。他从工厂的具体管理研究过程中抽象出一些管理原则。他强调职能分工，主张建立合理的组织结构，制定严格的规章制度，目的就是为了提高工作效率。

法国管理学家亨利·法约尔是行政管理学派的代表人物，被称之为“行政管理之父”。他善于提炼管理要素，抽象管理原则。他提出了管理的5项职能和14条管理原则。这5项管理职能是：计划、组织、指挥、协调、控制。14条管理原则是：分工原则、权责相符原则、纪律、统一领导原则、统一指挥原则、个别利益服从整体利益、报酬、集权、等级系列、秩序、公平、人员稳定、首创精神、团结精神。

马克斯·韦伯是德国著名的政治学家、社会学家、经济学家和宗教学家，被称为“组织理论之父”。他认为资本主义应通过合理化、效率和稳定促进发展。国家随着资本主义、帝国主义的扩张和官僚制秩序的合理化而加强。韦伯认为官僚制是一种理想的组织类型，对于效率和现代文明的理性基础发展是必要的。官僚制是一种工具。哪里彻底实现了行政的官僚化，哪里所确立的权力关系实际上就是不可摧毁的。官僚制实行层级节制原则、职业化原则、专业化原则、法制原则、固定薪金原则、非人格化原则、档案管理原则、公私分开原则等。

科学管理时期的行政学过分地强调组织结构，强调规章制度和效率，忽视了人的因素。

(二)行为科学时期(20世纪30～60年代)

这个时期行政管理学研究的特点是用动物学和心理学的方法，研究人类行政行为的心理和行为特点。他们对个体行为、团体行政、组织行为、领导行为和决策行为的研究颇有建树，丰富了行政管理学的内容，拓宽了行政管理学的研究领域。

乔治·埃尔顿·梅奥是人际关系学派的代表人物。通过霍桑试验，他提出了社会人理论、非正式组织理论和以人际关系为中心的新的领导方式理论。他认为人并不是唯利是图的经济动物，他们除了有物质需要之外，还有社会需要和心理需要。在正式组织之中存在非正式组织，这些非正式组织可以弥补正式组织对组织成员的漠视和缺乏尊重的不足。

切斯特·巴纳德独立进行研究提出了社会人理论、非正式组织理论、组织平衡理论和权威接受理论。他认为非正式组织可以保持组织成员之间的联络和沟通，保持组织的凝聚力，保持组织内个人尊重、真正、自尊与独立选择的感情需要。组织必须保持内部与外部、组织成员贡献与报酬的平衡，组织才能生存和发展。同时，领导者的权威大小取决于下属的接受程度。

心理学家亚伯拉罕·马斯洛提出了著名的人类需要层次理论，认为人有生存需要、安全需要、感情需要、成就需要和自我实现需要5个层次。这些理论都为行政学研究提供了新的方法和新的视角。

赫伯特·西蒙用行为科学的方法研究行政，他于1947发表的《行政行为》是行政学发展史上的划时代著作。他严厉抨击传统行政管理理论，他认为应该将价值与事实分开，由此提出了有限理性的观点。从人的认知行为上来讲，人的理性不可能是无限的，只能是有限的。因此，决策只能是有限理性决策，只能是“满意原则”，而不是“最优原则”。

行为科学时期的行政学研究的最大贡献是确立了以人为本的管理思想；最大的弱点是不重视效率，太重视人际关系。

（三）新行政管理学时期（20世纪60～70年代）

新行政管理学是对传统行政管理学而言的。20世纪60年代末70年代初，美国严峻的社会现实需要从理论上予以解释。学者们认为行政管理学鼎新时代已经来临。1966年在锡拉丘兹大学明诺布鲁克会议中心召开了年轻学者会议，其会议成果反映在1987年出版的《迈向新行政管理：明诺布鲁克观点》上。1988年又召开了第二次明诺布鲁克会议，回顾与展望了行政管理的发展。

新行政管理学力图摒弃传统行政的权威主义和以效率为中心的取向，而试图建立以公平为中心的民主行政。新行政管理学向传统行政学理论基础政治与行政二分法提出挑战。它强调政治与行政的连续性；将道德价值概念注入行政过程，将社会公平注入传统的经济与效率目标；强调政府服务的公平。它强调公民参与、政策制定、相关控制分权授权、组织发展、顾客至上和民主工作环境。新行政管理所倡导的价值观，如社会公平、代表制、回应性、参与与社会责任等，推动了行政管理的发展，在某些方面为新公共管理的产生做了理论准备。

（四）新公共管理时期（20世纪70年代至2000年）

新公共管理运动，也叫政府再造，是西方发达国家政治、经济、文化的必然产物。由于20世纪70年代发生的石油危机，西方发达国家产生了政府信任危机、财政危机、经济危机和意识形态危机。学者和社会团体强烈地批评政府，迫使各国政府采取响应之策，于是产生了新公共管理运动。新公共管理是管理主义在20世纪70～80年代的复归。管理主义的新公共管理是以绩效为导向的。

新公共管理主张市场至上，将市场机制引入政府管理；主张企业家型政府；主张将一些公共部门私有化，或公共部门与私营部门合作，解决公共部门效率低下问题；主张权力下放，加强低层官员的决策权和自主权，提高效率和服务质量；同时，还主张引入竞争机制，顾客至上等；强调结果而不是过程，等等。总之，新公共管理仍然是以效率为中心的改革。它十分尖锐地批评传统的官僚制组织，认为官僚制组织效率低下，不能满足公众的需要，不负责任，主张组织结构扁平化。

新行政管理管理过分地强调绩效，而对如何实现社会公平和摆正政治与行政的关系存在不足。

(五)新公共服务时期

新公共服务是在批判新公共管理运动和在新行政管理基础之上发展起来的一种新的行政管理理论。2000 年,登哈特夫妇发表了《新公共服务:服务而不是掌舵》,后来又出版了同名专著。新公共服务的主要主张如下:

新公共服务强调服务于公民而不是顾客,它认为公共利益是共同利益对话的结果,而不是个人自身利益的组合;强调追求公共利益,肯定公共利益在政府服务中的中心地位;重视公民权而非企业家精神。新公共服务认为致力于为社会做出有益贡献的公务员和公民比具有企业家精神的管理者能够更好地促进公共利益。必须坚持民主标准和政治标准,增强公民为了实现公共利益过程的参与能力。强调战略性思考,民主性行动。强调公务员的多重责任,公务员的责任被界定为专业责任、法律责任、政治责任和民主责任。行政管理官员并不简单。重视服务而不是掌舵。对行政官员来说,重要的是要利用基于价值的共同领导,来帮助公民明确表达和满足他们的共同利益。重视效率,更重视人。新公共服务服务更重视行政管理官员的公共服务理想。新公共服务认为诸如公正、公平、回应型、尊重、授权和承诺这样的理想常常超越把效率作为政府唯一标准的价值观。

二、行政管理学在中国的重建和发展

虽然中国行政管理学在民国时期就已经存在,但是新中国成立之后,政治学、法学和社会学都被取消,自然,行政管理学也被取消。但是,中国自古以来就存在很多行政管理的思想,这就需要我们吸取精华,经过 20 多年的发展,中国行政管理学迄今已初步建立。

(一)中国古代行政的历史借鉴

相比西方国家而言,中国古代行政管理的思想极为丰富。早在春秋、战国时代,孔子、孟子、孙子和韩非子等人就曾论述过有关管理的思想。不过,在中国历史上并没有出现过专门论述行政管理的书,有关思想散见于政治、经济和军事历史文献之中,如《孙子兵法》、《贞观政要》和《资治通鉴》等。中国是世界著名的文明古国,在几千年的国家管理实践中特别是 2 000 多年的封建历史,使中国积累了一套严密的封建行政管理管理体系和思想。但由于古代的行政思想是根植于当时特定的历史条件中的,因而对于这份历史遗产,我们需要批判地继承。

(二)中国改革开放以来行政管理学的发展历程

中国行政管理学发展经历了酝酿阶段、初创阶段和发展阶段。

(1)酝酿阶段。中国行政管理学作为一个独立的学科可追溯到 20 世纪 30

年代，当时革命根据地延安就曾设立过行政学院。与此同时，国民党统治区的许多专家学者也开始了对行政学的专门研究，并出版了一些专著和译著，当时还成立了两个研究行政管理学的学会。新中国成立初，仍有高等院校继续开设了行政管理学课程，直至 20 世纪 50 年代高等院校课程调整，行政管理学未能作为一个独立学科被保留。

中国改革开放政策实施以后，行政管理学的研究被提上日程。1982 年，中国政治学会在上海复旦大学举办了全国行政学讲习班。1983 年又在济南举办了政治行政体制改革研讨会。此后，行政管理学逐渐引起了理论界和政府行政人员的关心和重视。1985 年 3 月，由夏书章主编、刘怡昌为副主编的《行政管理学》一书出版，该书以及其他一些早期行政管理学的教科书对正值起步阶段的中国行政管理学起到了启蒙、普及的作用。

(2)初创阶段。1988 年 10 月 13 日，中国行政管理学会在北京正式成立，这标志着行政管理学作为一门独立的学科在中国已经得到了公认并被明确肯定下来。当年，经国家教委批准，中国人民大学建立了第一个行政学硕士点，以培养进行行政管理学研究的高层次人才。这一时期，中国学者除了关注宏观体制改革以外，还注意对行政管理中微观可操作性的行政方式、方法进行研究。同时，在中国行政管理学会的引导下，行政管理学的研究继续朝前发展，出现了层级化和分科化两种趋势。1992 年，中国行政管理学会举办了改革开放以来全国性的行政学科优秀科研成果评选活动，评选出了 100 部专著及 40 余篇论文。这些研究成果大体反映了 1983—1993 年间行政管理学的基本发展状况。总的来说，通论性、概述性的著作较多，除个别借鉴西方行政生态学理论进行研究外，大部分是借用西方 20 世纪 30 年代的研究框架和方法。总之，这一时期，中国的行政管理学还处在初创、普及阶段。

(3)发展阶段。1992 年以来，行政管理学的研究逐步走向了深化、发展、提高的阶段。从全局出发如何建立适应改革开放新时代需要的行政体制、政府应如何加强宏观调控等问题，不仅是经济学的研究“热点”，也成为了行政管理学的研究“热点”。现代政府的职能从主要管好经济，扩大到了管理社会整体全面协调地发展。近年来，研究政府对科技教育宏观管理、社会保障的管理、生态环境的管理、土地资源开发的管理逐渐成为行政管理学研究的重要内容。

在这一阶段，有关行政管理学研究的国际间交流也日益频繁。越来越多的西方行政学著作被翻译成中文，越来越多的国际学术研讨会在中国召开。与此同时，结合中国实际的本土化研究亦越来越受到重视。

三、当代行政管理学的发展趋势

行政管理学在西方各国的发展是不平衡和各具特点的，但由于相互的交流和渗透，又有共同的地方。第二次世界大战后，适应于资本主义国家经济发展和政治统治的新需要，各国政府努力强化行政职能，提高行政效率和管理水平，使行政管理学有了更大的发展，并出现了新特点形成了它新的发展趋势。

(一)研究领域的拓宽和加深

(1)从学科内涵看，传统行政管理以提高效率为中心，强调权力结构、规章制度、组织职能，侧重于探讨固定不变的管理原则、严格的等级制度和机械的效率及服从等方面的内容，并在此基础上奠定了行政管理学理论体系的基本框架。如1926年怀特的《行政学导论》就包括组织原理、人事行政、财务行政和行政法规等部分。20世纪40～60年代的行政管理学研究已经超出了行政过程的结构性和技术性等传统行政管理的研究领域，正式组织和非正式组织、效率和人的行为、决策和公共政策以及激励手段等课题不仅加深了传统行政管理的理论研究，而且拓宽了行政管理的研究领域，迈出了跨学科、跨领域的步伐。20世纪70～80年代开始的公共管理学又突破了传统行政学和行为主义行政学的学科界限，提出了并且深入研究了许多拓展政府管理的新课题，如社会公平、公共物品、政府失败、公共选择、政府责任、绩效测定等。

总之，100多年来行政管理学之所以不断发展，一方面是不断加深行政管理过程诸如行政权力、行政组织、行政法规、人事行政、财务行政等问题的研究，使传统课题获得了新的内涵；另一方面是行政和环境、行政与市场、行政与文明、行政与伦理、行政与心理等课题的研究，加大了行政管理学在跨学科、跨领域方面的步伐，使行政管理学在综合各学科知识的基础上，提高了回答日益复杂的社会经济、政治以及政府面临迫切问题的能力。而拓宽西方行政管理学的研究领域，使行政管理发生革命性变革的还有信息化、电子化等现代科学技术在行政管理领域的广泛运用。

(2)从研究的层次看，早期学者多作单层面的研究，如只从理论、制度或法律的研究，现代则发展为多层次的研究，既研究理论、原则、规律性，又研究行政管理实践的程序、手段、方法和艺术；还研究行政活动中技术性的问题，如公文处理、档案保管、办公自动化等。从抽象的行政理论到具体的技术，行政管理学已成为由多层次内容所构成的逻辑体系。

(二)研究内容和研究方法更结合实际

行政管理学是应用学科。研究内容和研究方法紧密结合实际,是其具有生命力的根本所在。诚然,资产阶级学者的研究是为了维护资产阶级的根本利益,但由于是结合实际,因而在为资产阶级政治统治服务的同时,也揭示了某些具有科学性的理论和方法。从传统行政管理到人性行政管理乃至系统权变行政管理,每个研究阶段上理论重点的转移和新观点的提出,都直接或间接地为解决当时社会的经济和行政的迫切问题而提出,都是行政理论和行政实践相结合的产物。而且随着社会的发展,行政管理研究和政府的行政行为及行政活动的结合,呈现更加紧密的趋势。例如,20 世纪 70～80 年代,西方国家经济“滞胀”,财政赤字日增,政府机构膨胀,政府效率低下,公共政策失灵,所有这些既证明了政府全面干预的失败,又说明了行政体制改革的必要。于是在西方国家乃至全球掀起了被称为“政府再造”、“政府重塑”的行政体制改革浪潮。适应于这种需要,公共选择理论、新公共管理理论、治理理论等就先后问世。他们提出的种种方案和理论,成为当代行政改革的理论指导。

(三)不同学派之间的争鸣和交流

在行政管理学研究过程中,或因研究重点不同,或因研究方法相左,或是其他原因,形成了各具特色的理论观点和学术派别。在管理科学这一小小领域内,学派之繁多犹如茂密的丛林,且有继续扩大之势。它们之间往往互相批评和指责,但又常常互相吸取、渗透和融合。有学者认为,行政管理的每一阶段只有大致的开始时间,而无终止时间。其原因是在前一阶段中的行政管理特性中,如有被认为是属于优点者则会在后一阶段的行政管理中继续被运用。因此,在同一时间内,可能并存有不同发展阶段行政管理的特性。例如,行为主义管理学派批评传统行政管理关于“经济人”的偏颇,把自己的理论建立在“社会人”、“自我实现的人”、“决策人”的假设之上,把行政管理学推向一个新阶段。但在 20 世纪 70～80 年代提出的公共选择理论的理论体系中,又可以看到“经济人”的身影。

总之,行政管理的不同理论派别之间不是泾渭分明、势不两立的敌对营垒,而是争鸣和交流的关系。正是这种争论和交流促进了西方管理学的发展。

四、以科学发展观建设和发展行政管理学

在为夺取全面建设小康社会新胜利而奋斗的时候,应当记住构建社会主义和谐社会是贯穿中国特色社会主义事业全过程的长期历史任务。而科学发展和社会

和谐是内在统一的。没有前者就没有后者，反之亦然。因此，贯彻落实科学发展观决非一时的权宜之计，而是要遍及经济社会发展各个方面的长期历史过程。对行政管理工作和学科的建设与发展，自然也不例外。

要全面把握科学发展观的科学内涵和精神实质，必须从它的第一要义、核心、基本要求和根本方法4个方面入手。四者紧密联系，缺一不可。它集中体现了马克思主义关于发展的世界观和方法论。

(1)科学发展观的第一要义是发展，因而必须坚持把发展作为党执政兴国的第一要务。常识告诉我们，没有发展，一切便无从说起。古今中外的历史表明，凡是故步自封、因循守旧、停滞不前、消极等待、不思进取，甚至倒行逆施、走回头路、自甘堕落的，便不可能有进步和比较好的前途远景。实际工作是这样，任何一门学科的建设和发展也是这样。不能与时俱进，轻则依然故我，重则只有在竞争中落得被淘汰出局的下场。

即以行政管理学这门学科为例，如果它所研究的对象不发展，没有客观上的真正实际需要，光凭主观的热情也难以发展。改革开放以来，行政管理发展实践强烈呼唤加大研究力度，学科的建设和发展才得以同步前进。但是与此同时，学科研究本身若不重视发展，也不可能适应客观需求。

(2)科学发展观的核心是以人为本，要全心全意为人民服务，一切奋斗和工作都是为了造福人民。还要促进人的全面发展，做到发展为了人民、发展依靠人民、发展成果由人民共享。必须尊重人民主体地位、发挥人民首创精神。以人为本，就不可见物不见人。为了人民和依靠人民，广大人民群众就能充分发扬当家作主精神和调动发挥投身共同发展的主观能动性。

据说有国外观察家发现中国发展“奇迹”的“奥秘”在于政府和人民双方对发展一致的积极性。其实说的正是以人为本，否则不会心往一处想和劲往一处使。对于行政管理工作和学科研究，这一点尤其重要。“管理就是服务”绝非虚语，勿忘服务的对象是人民，工作和研究的出发点和落脚点就找对了。

(3)科学发展观的基本要求是全面协调可持续，这可是个说来非常简单而做起来是极其复杂和困难的事情。全面就不可顾此失彼或抓住一点不及其余，协调就不可矛盾重重，互相牵扯，发生阻碍、故障，无谓耗损发展力量。

可持续发展就要使发展正常进行，不致难以为继而中断。可持续发展也就是要实现经济社会永续发展，不能只顾一时。这一基本要求是完全合乎科学的。没有全面协调，必然影响可持续发展。因而这也是难度很大、不易做好的一篇大文章，但又必须把它认真做好。这就需要实际工作者和研究工作者通力合作、共襄其成。面对发展大局，还有什么比这更重要的现实课题有待着力开展研究的呢？

(4)科学发展观的根本方法是统筹兼顾，是做到和做好全面协调的不二法门。要对中国特色社会主义事业中的各种重大关系，有正确认识和作出妥善处理。例如：城乡发展、区域发展、经济社会发展、人与自然和谐发展、国内发展和对外开放、中央和地方、个人利益和集体利益、局部利益和整体利益、当前利益和长远利益之间等关系需要统筹，还有国内国际两个大局也要统筹。

要树立世界眼光，加强战略思维，善于从国际形势发展中把握发展机遇，应对风险挑战，营造良好国际环境，以及在工作中有点有面、点面结合、突破重点、推动全面，等等。要研究的内容很丰富，既有内政，也有外交，但又不可分割，因为内政是外交的基础，没有内政不修而能外交顺利的。

深入贯彻落实科学发展观还必须注意始终坚持"一个中心、两个基本点"的基本路线。它是党和国家的生命线，是实现科学发展的政治保证。四项基本原则则是立国之本，是党和国家生存发展的政治基石。具体来看，以经济建设为中心是兴国之要，是党和国家兴旺发达和长治久安的根本要求；改革开放是强国之路，是党和国家发展进步的活力源泉。应当毫不动摇地把它们集中统一于发展中国特色社会主义的伟大实践当中。

从世界观和方法论的高度来考虑，以科学发展观来建设和发展行政管理学是完全必要的。我们要在不断加深认识的基础上，不断增强全面贯彻落实科学发展观于生活、工作、学习、研究之中的自觉性和坚定性，并对任何不适应、不符合科学发展观的思想观念坚决加以抵制和转变。对于影响和制约科学发展的突出问题，也要及时和着力去解决，以求把我们自己和全社会的主动性、积极性引导到科学发展上来和得到充分发挥。为了使我们的行政管理工作和学科的建设发展更加符合科学发展观的要求，应逐步养成随时密切留意有关论述和实践经验总结的习惯。这是关系到全国全民共同事业的头等大事。

第三节　学习和研究行政管理学的意义与方法

一、学习和研究行政管理学的意义

学习研究行政管理学，其根本意义在于：有效地发挥行政职能，科学地管理国家政务，以提高效率，造福人类。

(1)学习研究行政管理学,掌握行政管理规律,有助于正确行使国家权力,发挥国家行政职能,促进社会发展。

历史唯物主义认为,社会经济基础决定上层建筑,上层建筑对经济基础的巩固和发展有强大的反作用。行政管理是上层建筑的重要组成部分,它的状况如何,对上层建筑及经济基础的兴衰有着直接的影响。

行政管理是国家的组织活动,国家的管理活动。从它的职能来说,有建设的职能、保卫的职能、管理的职能、服务的职能;从它的任务来说,有管理经济、教育、科技、文化、体育、卫生、财政、公安、国防、外交等任务;从它的管理过程来说,有决策、计划、组织、指挥、协调、控制等环节,并贯彻始终,周而复始。所以,行政管理的地位和作用极为重要。因此,学习研究行政管理学,就会自觉地遵照行政管理的科学原理,使各级政府部门把自己的工作重心切实转移到为发展生产服务,为基层服务,为国家的繁荣昌盛和为人民的富裕、幸福服务的轨道上来。运用行政权力,把经济、科学技术和社会生活协调成一个整体,形成一个管理科学化的系统,充分发挥各行各业的优势,使我国生产力迅速提高到现代化的水平上来。

(2)学习行政管理学,有助于坚持党的基本路线,建设中国特色社会主义。

党的基本路线规定了我国现阶段行政工作的方向。党的政治路线需要通过政府管理来实现。我国行政管理的各个方面都要紧紧围绕经济建设这个中心,坚持四项基本原则,坚持改革开放。行政管理结果的评价都要以"一个中心、两个基本点"作为准绳。我国人口众多,幅员辽阔,具有独特的文化传统,处于社会主义初级阶段,面临社会主义现代化建设的艰巨任务。面对这样的国情进行有效的行政管理,必须探索中国特色行政管理的理论和方法。但是,在相当长的时间里,我国行政管理处于落后状态,以致影响到经济的发展和社会主义制度优越性的发挥。1984年8月30日《人民日报》评论员文章指出:"为什么30年来我们的发展速度比较慢,社会主义制度的优越性没有充分发挥呢?主要原因不外乎两个,一个是我们政治上犯了不少错误,一个是我们的经济管理、行政管理落后。"由此,我们不难看出,学习行政管理学基本知识,有助于建设中国特色行政管理学,指导中国建设,实现党的基本路线。

(3)学习行政管理学,有助于迎接当代科技革命的挑战,有利于加强我国在国际竞争中的地位。

当代出现的科学技术革命,推动了经济、文化、教育等各个领域的飞速发展,推动了人类社会的变革。新的观念、新的劳动方式、生活方式和工作方法的出现,使国家管理更加复杂化。面对这种情况,行政管理既要主动适应科学技术发展和社会生活进步的需要，又要积极为科技发展、社会进步铺平道路。

当代科技革命对我国现代化的腾飞，既是挑战，又是新的机遇。能否充分抓住这个机遇，迎接这场挑战，增强综合国力和加强国际地位，在很大程度上取决于能否实行科学的行政管理，行政管理能否为科技发展创造良好的外部环境条件，能否促进先进的科学技术尽快转化为生产力，大大提高经济效益。为此，学习研究行政管理学，提高行政管理水平，是时代的要求，是迎接挑战，加强国际竞争地位的需要。

(4)学习行政管理学，有助于提高管理人员的素质，以适应现代化建设的需要。

由于我国特殊历史条件所致，我国为数众多的管理人员，管理专业知识较差。即使学历较高的干部，属于具有专门知识的“硬专家”多，属于具有管理专业知识的“软专家”少。不少从事管理工作多年，有较丰富管理经验的人，系统的管理理论和知识也比较缺乏。实现国家现代化，必须有管理队伍的现代化与之相适应。当前要顺利地进行政治体制、行政体制改革，必须有管理队伍的变革、观念的更新、管理知识的普及、管理方式方法的改革与之并行。可见，学习研究行政管理学，会促进广大管理干部成才，对造就一支强大的管理大军起推动作用。

二、学习和研究行政管理学的方法

(一)行政管理学的研究取向

行政管理学研究的第一种取向就是管理取向，也就是企业管理取向。它可以分为传统管理取向和新公共管理取向。传统管理取向是行政管理学产生的基础，主张政治与行政分离。政府事务中具有商业性质的部分应当以完全企业化的模式运作。行政管理是一个职业领域，追求的是效率、效能和经济利益的最大化。传统管理取向主张公共组织采取官僚制的组织结构和非人格化管理，以确保权威和效率。

行政管理学研究的第二种取向是政治取向，它产生于美国罗斯福新政和第二次世界大战期间对行政脱离政治的批判。政治取向强调的价值观是“代表性”、“政治回应”和“责任”等。它强调这些价值不仅是建立宪政的重要元素，也是行政的重要元素。强调公众参与和公务员是各种利益阶层与集团的代表，质疑效率，实际是行政的多元主义。组织结构的多元主义，造成组织矛盾和冲突，使组织混乱。

行政管理学研究的第三种取向是法律取向，法律取向的产生有 3 个源头：其一是行政法，它主要是指管制一般行政过程的法律和法规；其二是行政司法化的发展，为了确保公民个人权益不受侵犯，将行政运作程序当作司法程序一样操作；其三是宪法。法律研究取向重视法治，强调公正、正当的法律程序；政府对公民的平等保护和公平；它不追求行政的成本和效率。

(二)理论与实践相结合的方法

理论联系实际是行政管理学研究的最基本的方法。

理论联系实际必须结合我国国情，行政管理的原则和方法必须符合中国的实际。中国是一个历史悠久、幅员辽阔、人口众多、民族众多、资源有限、比较贫穷落后的国家。虽然改革开放以来，我国综合国力大增，但与西方发达国家相比仍然相差甚远，这是基本国情。所以，我国的行政管理学研究要结合我国的国情。引进西方行政理论采取扬弃的态度。对西方行政理论既反对一概排斥妄自尊大的态度，也反对照抄照搬西方行政理论。我们必须研究西方行政理论，取其精华，去其糟粕，为我所用，不能囫囵吞枣、兼收并蓄。

理论联系实际还要求必须发掘我国古代行政管理的优秀文化遗产。我们应该对我国古代丰富的行政管理的文化遗产推陈出新，做到古为今用，与现代行政理论结合起来，与中国共产党的行政管理理论、管理经验与社会主义革命和社会主义建设的实践结合起来，形成具有中国特色的行政管理学。

(三)实证研究方法

实证研究方法包括实际调查研究方法、模拟试验方法、个案研究方法等。它往往就某个行政管理的具体问题进行个案调查研究，或者进行模拟实验，以取得具体的数据或成果，作为宏观指导的依据。个案研究方法是经常使用的研究方法。通过个案研究得出具体的结论，不仅增加理性认识，而且增加感性认识，可以尽快地提高国家公务员的行政理论水平和实际工作能力，是一种行之有效的研究方法。

(四)比较研究方法

比较研究方法是将一个国家的行政管理或某方面的行政管理情况与其他国家的行政管理或某方面的行政管理情况进行比较研究，取他人之长，补己之短，其目的是改善和提高行政管理水平。

【案例分析】

简析新公共管理

20 世纪 80 年代以来在英、美等西方国家兴起了一种新的公共行政理论和管理模式，它也是近年来西方规模空前的行政改革的主体指导思想之一。这种新的管理方法有许多名称:“管理主义”、“新公共管理”、“以市场为基础的公共行政”、“后官僚制典范”或“企业型政府”。这里,我们以“新公共管理”称呼之。

新公共管理名称众多,反映出专家学者们对新发生的这种管理方法有不同的观点,但它们确有某些共同之处,即以现代经济学为自己的理论基础,主张在政府等公共部门广泛采用私营部门成功的管理方法和竞争机制,重视公共服务的产出,强调文官对社会公众的响应力和政治敏锐性,倡导在人员录用、任期、工资及其他人事行政环节上实行更加灵活、富有成效的管理。新公共管理的目标在于取代在它之前的传统模式,因此它绝不仅仅是一种政府管理形式上的变革或管理风格上的细微变化,不只是对公共部门进行改革,而表现为要求公共部门转换机制并改变其与政府和社会的关系。

不管对新公共管理的称呼有何不同,它们都有着大体相同的特征:

(1)新公共管理改变了传统公共模式下的政府与社会之间的关系,重新对政府职能及其与社会的关系进行定位:即政府不再是高高在上、“自我服务”的官僚机构,政府公务人员应该是负责任的“企业经理和管理人员”,社会公众则是提供政府税收的“纳税人”和享受政府服务作为回报的“顾客”或“客户”,政府服务应以顾客为导向,应增强对社会公众需要的响应力。

(2)新公共管理更加重视政府活动的产出和结果,即重视提供公共服务的效率和质量,由此而重视赋予“一线经理和管理人员”(即中低级文官)以职、权、责,如在计划和预算上,重视组织的战略目标和长期计划,强调对预算的“总量”控制,给一线经理在资源配置、人员安排等方面充分的自主权,以适应变化不定的外部环境和公众不断变化的需求。

(3)新公共管理反对传统公共行政重遵守既定法律法规,轻绩效测定和评估的做法,主张放松严格的行政控制(即主要通过法规、制度控制),而实现严明的绩效目标控制,即确定组织、个人的具体目标,并根据绩效指标对目标完成情况进行测量和评估。

(4)新公共管理强调政府广泛采用私营部门成功的管理方法、手段和竞争机制,取消公共服务供给的垄断性,如“政府业务合同出租”、“竞争性招标”等,新公共管理认为,政府的主要职能固然是向社会提供服务,但这并不意味着所有公共服务都应由政府直接提供。政府应根据服务内容和性质的不同,采取相应的供给方式。

(5)新公共管理主张对某些公营部门实行私有化,让更多的私营部门参与公共服务的供给,即通过扩大对私人市场的利用以替代政府公共部门。需要说明的是,许多新公共管理的拥护、支持者也认为,公营部门的私有化并非新公共管理的必不可少的特征(来源:徐晓雯,丛建阁.行政管理学.北京:经济科学出版社,2004)。

问题:

1.与传统理论相比较,新公共管理理论有哪些特点,谈谈你对新公共管理的认识。

2.新公共管理理论对我国行政体制改革有什么借鉴意义?

【思考与练习】

1.阐述行政管理的含义及特点。

2.阐述行政管理学产生的原因与形成过程。

3.阐述学习和研究行政管理学的意义。

第二章 行政环境

【导入案例】

藏族是聚居在青海境内的主要少数民族之一。青海藏族有106.92万多人，占全省总人口的21%，大多数分布在果洛、玉树、海南、海北、黄南等藏族自治州和海西蒙古族藏族自治州，主要从事牧业生产；其余少量分布在海东地区各县和西宁市的大通县，主要从事农业生产。除玉树地区的藏族外，全都使用安多方言，大部分藏族人信奉藏传佛教。新中国成立前，青海藏族通称为番族，其社会基层组织是“封建部落”制，有玉树25族、同仁12族、化隆上10族、环海8族、三果洛、湟中的申中6族、大通的广慧寺5族、门源的仙米寺6族等。明清年间，封建统治者为了加强其统治，实行所谓“以夷制夷”的千百户统治制度。新中国成立后，这些原始部落制和封建的千百户制度即被消除，青海藏族人民当家作主，揭开了历史的新篇章（来源：青海农村经济信息网 http://www.nj.qhei.gov.cn/）。

分析案例中青海藏族的民族、宗教和传统政治文化对其行政管理的影响。

第一节 行政环境概述

一、行政环境的含义、类型和特点

(一)环境

环境,一般指事物周围的情况和条件,即主体自身以外,与之相互作用的各种因素。环境因素不仅可以影响事物发展的进程,有时还会有重大的决定性作用。

人类的社会组织是开放的系统,组织与环境的界限虽然不像具体物体那样分明,但社会组织与环境之间确实有着既可分辨又可渗透的边界,组织接受能够穿过边界的各种输入,输出的能量也要突破边界作用于社会,组织与环境就是通过这种不断的互动作用来影响制约和改变对方的状况。

任何社会组织都处在一定的社会环境之中,都是社会系统中的一个子系统。更高层次的社会系统和同层次中其他子系统构成组织的外部环境,当然,该组织也会成为其他组织的环境因素。同时,组织中更小的系统也受内部其他因素的影响制约,这又构成组织内部的环境系统。现代社会中,组织与环境的联系十分紧密,互动作用日趋复杂,变化频率日渐加快,因此较明智的管理者要随时注意环境的变化及影响。

(二)行政环境

行政环境是指行政系统赖以存在和发展的外部条件的总和,也就是各种直接或间接地作用和影响行政活动的外部客观因素的总和。这些条件或客观因素,有物质的,如经济发展水平、设备材料等;也有精神的,如宗教信仰、风俗习惯等;有自然界的,如河流山川、沙漠平原等;也有社会界的,如社区自治能力;有有形的,也有无形的,等等。它们共同构成行政管理的外部要素、境况,影响和制约着行政管理的思想观念、方式方法等,并不断处于发展变化的动态过程之中。具体来说,行政环境的概念具有三个基本含义。

(1)行政环境是存在于行政主体之外的客观因素。行政管理的主体在行政活动中会受到自然条件和社会条件的影响和制约。能够影响行政主体活动的这些客观因素,便是行政环境的内容。

(2)行政管理与行政环境构成行政系统。行政活动与行政环境之间具有相互依存、互相作用的关系。行政作为政府的功能和活动,受着行政环境的制约;同时,行政活动也会反作用于环境，即行政活动本身也在不断创造，不断改变着行政环境。但是，这种创造和改变行政环境的活动要以行政环境所能接受的程度为限制，否则，行政生态系统就会失去平衡，行政活动也就无法顺利进行。

(3)行政环境对行政管理直接或间接的作用是有规律的。只有正确地认识行政环境及其发展规律，特别是它对行政活动的作用和制约形式，才能深刻地、全面地认识行政管理，把握行政运行的客观规律，推动国家行政管理的发展和进步。

(三)行政环境的类型

行政环境的内容十分丰富，根据不同的角度和标准，可以把它分为不同的类型。

(1)依据行政环境的管辖区域划分，可以分为国际行政环境和国内行政环境。由于经济全球化、政治一体化和信息社会化的发展，国际环境对一个国家的行政管理有着日益深刻的影响，而国内环境则是一国行政环境的主要内容，对行政管理起着决定性的作用。国内环境按照管辖范围，还可以分为中央行政环境和地方行政环境。

(2)依据行政环境的性质，可以分为自然行政环境和社会行政环境。自然行政环境指作用于行政管理活动的一国的地理位置、自然条件和自然资源。自然行政环境的优劣可以对行政管理活动起到促进或阻碍作用。社会行政环境指作用于行政管理活动的一切社会因素的总和，又包括政治法律环境、物质经济环境、文化环境以及人文环境。社会环境按照自身层次的不同可分为一般社会环境(指对一切社会组织均发生影响或制约作用的宏观的社会因素之和)、特定社会环境(指对行政组织的决策、转换、输出过程有直接影响的因素)和团体社会环境(指社会组织或团体的状况和可能对行政组织产生的制约和影响)。

(3)依据行政环境的范围规模，可以分为宏观行政环境、中观行政环境和微观行政环境。宏观行政环境是行政环境的基础，一般指对公共行政活动影响范围最广、规模最大的各种因素的总和，它包括国际和国内的社会、自然环境，以直接或间接的方式制约和影响着行政管理的目标和方向，其中国内社会环境对行政管理的影响最为深刻，可以构成国家公共行政系统的生长气候。微观行政环境是指一个行政组织内部的工作环境，也包括行政组织的机构设置、人际关系等具体情况，是行政管理活动最直接的表现。中观行政环境指整个行政系统的机构设置、权力结构和运行状态等，它是相对于宏观行政环境和微观行政环境而划分的。宏观、中观和微观行政环境的划分是相对而言的，在不同情况下会有不同的表现方式。

(四)行政环境的特点

(1)广泛性。行政环境是行政系统赖以存在和发展的外部要素的总和。因此，凡是作用于行政系统的外部条件和要素，都属于行政环境的范畴。从地形分布、山川河流，到气候特征、自然资源；从人口数量、民族状况，到阶级状况、历史传统；从文化教育、科学技术，到社会制度、经济状况，乃至人际关系、道德水准等，无一例外。

(2)复杂性。行政环境是一个复杂的开放系统，它对行政管理的影响与作用不仅是广泛的，更重要的是在此基础上体现出来的复杂性。各种要素本身，以及这些要素之间构成纵横交织的关系，可见行政环境是极其复杂的。

(3)差异性。构成行政环境的各种条件和要素，对行政主体来说没有一个是完全相同的。各个地区的自然环境千差万别，有山区、平原、丘陵；有的降雨量多，空气湿润，有的长年无雨，空气干燥。各个地区的经济状况、物质条件、风土人情以及文化传统也不尽相同。国与国之间、民族与民族之间、沿海与内陆之间、东部与西部之间的行政环境都存在着各种不同的差异。各种不同的行政管理体制、管理模式的形成和发展，正是这种差异性的具体体现。

(4)变化性。世界上没有一成不变的东西，任何事物都是处于不断变化之中的，行政环境的各个条件和要素也都是在不断变化的。行政环境因素的变化，直接或间接地影响着行政系统的变化与变革。

(5)互动性。行政环境各要素通过一定的方式、途径作用于行政管理；行政组织通过各种行政管理方式、途径反作用于外部环境因素，从而改造着客观的行政环境。这使行政环境与行政管理呈现互动性。

二、行政环境问题的提出及意义

(一)行政环境问题的提出

行政环境理论的产生和形成有一个漫长的发展过程。第二次世界大战以前，人们对行政学的研究往往侧重于对行政组织本身的研究，如行政机构的体制、机构内权限划分、行政组织等，它更注重影响行政管理的运行过程本身，而忽视公共行政系统的环境。第二次世界大战以后，行政环境开始引起行政学者的关注。首先，科学技术的迅速发展，工业化程度的提高，随之而来出现了环境的恶化，引起了人们的焦虑和关注，在西方发达国家兴起了生态学、环境学等新兴学科，引导人们开始注意行政系统的外部环境的影响。其次，第二次世界大战后，许多新独立的国家忽视自己国家的历史传统和社会现实而一味模仿原有的殖民国家，致使行政管理不能发挥应有作用，这促使行政学者意识到行政环境对行政管理的影响，各国必须从本国的实际出发，建立适应本国特点的行政体制和运行机制。另外，由于经济的发展和社会生产力的提高，社会环境发生了很大的变化，这对行政管理实践提出了新的要求，于是，行政生态学逐渐发展起来了。1748年，法国启蒙思想家、法学家孟德斯鸠在《论法的精神》一书中最早提出行政环境问题。1936年，美国哈佛大学教授高斯发表了《美国社会与公共行政》，1947年又发表了《政府的生态》，首先以生态学方法来研究公共行政现象，强调生态环境的各种因素是公共政策和行政的某些起因。但是，在高斯提出这一主张之后的10多年，这一理论并未引起行政学者的重视。真正完成行政生态学理论建构的是美国行政学家利格斯，他在1957年发表了《比较公共行政模式》一文，1961年，又在此基础上写成了《公共行政生态学》一书，创立了行政生态学。

（二）研究行政环境的意义

对行政环境的研究，目的是树立新型的行政管理观念，并应用这些观念去认识行政环境，了解并掌握行政环境发展变化的客观规律。同时，对于行政系统更加正确地认识、利用和改造客观环境，适应环境以求生存和发展，适时进行行政改革，提高行政管理水平，实现行政目标，都具有十分重要的理论意义和现实意义。

(1)研究行政环境是发展现代行政学的需要。行政环境是现代行政学理论的重要组成部分，也是现代行政发展的一个重要领域。每一门科学的理论研究，都有其研究的逻辑起点，行政学研究的逻辑起点，就是从研究与行政有关的客观外部环境入手，以此展开行政管理的各个逻辑环节。只有通过对行政环境问题的科学研究，深入探究行政环境运动、变化、发展的规律，充分认识和把握行政环境系统对行政系统的决定作用，行政系统对行政环境的能动反作用之间的相互关系、相互作用方式、途径，才能阐明并指导行政管理活动及其发展。

(2)研究行政环境是提高行政管理水平，实现行政管理目标的需要。行政环境是行政系统的客观条件，而行政管理是主观见之于客观的活动。我们研究行政环境，就是要正确地认识和掌握行政的客观条件，特别是它对行政系统的作用和制约的形式，从而制定出适当的行政措施，促进行政的发展及行政管理目标的实现。

(3)研究行政环境是创造良好行政环境的需要。人类是生物圈中最高级的生命形式，人类不仅部分地征服和改造了诞生自身的自然环境，而且还创造了自然环境之外的社会环境。行政系统与社会系统互相制约、互相影响，社会系统为行政系统提供支持、要求、资源、供应等投入，行政系统反过来为社会系统提供服务、贡献、产品等产出；社会系统为行政系统提供生存和发展的环境，行政系统反过来影响和推进社会的发展。发展的社会对行政系统又是一个新的行政环境。因此，人们在改造自然环境和促进社会发展中，是能动的、有选择、有目的的活动。正确认识行政环境对行政活动的影响，分清有利环境和不利环境，是创造良性行政环境的基础。只有如此，才能正确地选择改造自然、改造社会的途径和方法。

(4)研究行政环境是提高公务员管理水平的需要。行政环境决定行政管理,它向行政管理提供条件和要求;但行政环境又是行政管理的客体,是行政主体改造的对象。这种主客体之间的辩证关系,要求公务员必须认真研究管理对象的特点和所提供的条件和要求,研究它的运动、变化和发展规律。因此,对行政环境的研究,有助于公务员全面把握行政环境各因素,不断提高公务员的行政管理水平,提高行政效益,促进经济和社会向前发展。

三、行政生态模式

利格斯在《公共行政生态学》一书中研究了泰国和菲律宾的行政行为,并运用"结构功能分析法"和物理学光谱分析上的概念,从社会经济结构出发,将行政模式分为以下三种形态。

(1)农业社会的行政形态。利格斯认为,就像自然光一样,传统农业社会的社会结构是混沌未开的,与之相适应,其行政行为与诸如立法、司法、军事、宗教乃至于社会经济活动等其他社会行为是混杂在一起的,根本就没有出现过专业化的行政机构。雷格斯把这种类型的行政系统称为"融合型行政"。由于缺乏专业化分工,利格斯认为这种模式下的行政效率极为低下。

(2)过渡时期的行政形态。类似于处于三棱镜折射过程之中的自然光线,利格斯认为,由于受特定社会形态的形式主义、异质性、重叠性等基本属性的影响,过渡型社会的行政行为有几种常见特性。首先,该社会的行政行为已出现专业化分工趋势,但又未能有效实现完全真正的专业化分工,往往难以与其他社会行为区分开来。其次,专业化的行政机构已设立,但不能正常运作,功能有限,许多职能的发挥还需要由其他社会机构,甚至是宗族、同乡会等传统机构来完成。最后一个特点是正式建立起来的行政制度由于各种传统势力的影响而起不到应有的规范及约束作用,往往成为摆设,形同虚设。呈现出由融合型行政模式向衍射型行政模式过渡的趋势。利格斯借用光学术语称之为过渡型行政模式,又称为棱柱型行政模式。

(3)工业社会的行政形态。亦称衍射型,利格斯认为,就像自然光线经过光学三棱镜折射过后所形成的单色光谱一样,工业社会各种环境因素的结构与功能实现了高度的分工与专业化,相应地,其行政系统也在结构与功能上形成了专业化分工体系。行政系统由有着高度分工的不同行政机构所组成,它们各自执行不同的专业化职能,分工明确,各司其职,以科学性与效率为追求目标。

利格斯强调,在现实生活中,纯粹的融合或衍射型是不太可能的。上述的行政模式都具有理念属性,是理论模型。也就是说,在当今世界,纯粹的农业型或工业型行政模式都是不存在的。无论哪个国家,其行政系统都或多或少存在一些过渡性因素。因此,利格斯模式理论只是为理解与说明不同国家行政系统的差异性提出的一种理论假设。

利格斯认为,要了解一个社会的行政行为,必须跳出行政本身的范围,将其与有关社会背景联系起来,即从公共行政的社会和文化背景、意识形态等关系上对公共行政进行研究。但是,利格斯对于行政生态学的研究主要侧重于经济环境,而对于政治、文化、心理、生理等领域则没有具体深入的论述,只为这一学科提供了一个研究框架。但他大力倡导行政生态学研究方法,不仅扩大了行政学研究的领域,而且将社会视为两个有机体,也弥补了传统制度研究的不足。此后,许多管理学家和行政学家在其著作中都涉及行政环境与行政管理的关系问题,行政生态学的研究正在向纵深方向发展。

第二节　行政环境与行政管理的相互关系

一、行政环境对行政管理的作用与影响

从人类行政管理的起源看,国家及其行政管理活动不是从来就有的,而是人类特定历史阶段上的产物。随着人类的生产力即人同自然关系的发展,剩余产品的出现和阶级的产生,当阶级矛盾发展到不可调和的程度时,就产生了国家,于是才有了行政管理活动。

从特定历史阶段中新兴国家行政管理活动的发展来看,它也不是孤立产生的,而必然要受到特定的政治、经济、文化、历史传统乃至国际关系的影响和制约。例如,各国政府的行政管理职能都经历了一个由简单到复杂的演化过程,这种演化就是以环境和条件的变化为转移的。由于环境和条件的变化,便给政府组织不断地提出新的问题和新的任务,所以政府的职能范围也必须相应地变化。例如,随着人口的激增、资源的减少和自然环境的恶化,不曾被各国政府重视的人口问题和生态环境问题已严峻地摆在人类面前,为了解决这些问题,各国政府不得不设置相应的机构,对人口的盲目增长和环境的恶化加以研究、控制和管理。

总之,无论是就人类行政管理活动的起源来说,还是从不同历史阶段上新兴国家行政管理活动的展开而言,行政管理作为人类实践活动之一,都不是孤立产生的,都可以看作是它周围环境的产物,同时它的发展又必然受到周围环境的制约和影响。就这个意义上说,从环境入手来研究各国行政管理及其特点,是重要的方法之一。

概括地说，行政环境对行政管理的影响和制约主要表现在以下 4 个方面。

(1)行政环境是行政系统的生存空间和发展空间，特别是自然环境，它直接构成行政系统生存的空间。

(2)行政环境影响甚至决定行政功能的内容和实现程度，特别是政治环境和文化环境这两类因素所起的作用，如我国社会主义初级阶段这个基本的社会环境，必然决定着行政的发展方向，决定着行政功能的主次。

(3)行政环境影响着行政管理活动的方向、行为过程乃至方式方法。行政管理不是行政者主观随意的行为，它必须依据环境的需求和可能提供的条件，确立合理的行政目标和可行的决策方案，具体实施管理活动。这也是体现了“一切从实际出发”的要求，如果不顾环境条件，只凭主观臆断，或照搬他人的经验，都不可能收到好的管理成效。具体来说，这种影响大体可以归纳为以下两个方面：

一是对决策的影响。决策必然要受行政环境的制约，决策者必须充分考虑行政环境因素，才能使决策方案有现实性和可能性。

二是对行政执行活动的影响。行政执行活动是否畅通无阻，在很大程度上取决于行政环境对行政执行活动的支持、参与程度。外部环境的支持，可以使行政活动得以顺利实现，外部环境的消极或反对，则会阻碍行政活动的实施。由此可见，环境可以影响甚至决定行政效果。

(4)行政环境影响行政体制和机构设施，特别是政治环境。不同的社会的制度，它产生的行政功能必然有所不同，不同的行政功能必然有不同的行政体制。政治体制对行政体制的决定和影响更为明显，在集权的政治体制下，行政体制也必然是集权的。

行政管理受行政环境的影响和制约，在一定的行政环境中，行政管理要做到：

第一，行政管理要适应行政环境的性质。适应行政环境的性质就是要适应国家的政治和社会制度，建立与之相适应的行政管理体制和管理思想。行政管理是适应一个国家及其不同历史时期行政环境性质的产物。

第二，行政管理要适应行政环境的现状。构成行政环境的各种条件和要素在不同的国家和地区，其发展水平存在着很大的差异。行政管理本身没有严格的好与坏的区分，唯有适应其现状才是最理想的，这是行政生态平衡的基本要求之一。

第三，行政管理要适应行政环境的发展方向。行政管理就是在对行政环境不断变化的认识、把握和调整中达到平衡和适应的。

二、行政管理与行政环境的平衡

行政环境不是一成不变的，而是始终处于不断变化的动态过程之中。行政管理与行政环境的平衡,就是行政管理与行政环境相互作用的一个必然过程,是行政管理系统存在和发展的必要条件,也是行政管理具有活力和效率的重要前提。

由于行政环境及其行政管理对环境的适应过程实质上都是处于不断变化之中,因此,行政管理与行政环境之间的平衡是相对的、暂时的。平衡预示着新的不平衡、不适应;不平衡、不适应又预示着新的平衡、适应。

这种相对平衡主要指:①行政管理符合行政环境的基本性质。首先是符合社会环境特别是社会制度的性质。如国家的政治制度和政治体制决定着行政管理的性质和管理体制;物质经济环境制约着行政发展的规模和水平以及行政管理的具体任务。此外,社会的变迁也不同程度地影响到行政系统的平衡,对行政管理的变化起着决定作用。古代的社会变迁十分缓慢,而人类进入现代社会后,特别在第二次世界大战后科技发展的推动下,社会变迁出现了加速性、短暂性、多样性的特征。社会的变迁意味着构成行政管理活动的环境因素均是不稳定的变量,它们始终处于发展运动之中。为此行政体系若要保证效率,就必须以动对动,以变应变,根据环境因素的发展要求,做出相应的行政变革,以求得生存和发展。如我国农村改革推行以后,实行了联产承包责任制,生产结构发生变化,而在行政管理上也随之变化,取消公社和大队,建立了乡政府和村委会组织。目前提出发展社会主义市场经济,在对企业管理上就取消了计划经济的管理模式,把企业推向市场。从这里我们可以看出,社会变迁推动了行政的改革。②行政管理适应行政环境的现状和发展水平。例如,国际形势的变化要求行政管理实现民主化和科学化。当前世界形势复杂多变,随着我国加入世贸组织,所面临的国际竞争也进一步的加剧。要在这个环境中求得发展,必须顺应历史的潮流,在各项工作中做出正确的决策,选择符合实际的行之有效的管理方法。工作中的任何失误,都可能会带来难以估量的损失。因此,仅凭少数人的知识和经验是不行的,必须发扬民主,集思广益,才能做出符合我国国情的行政决策,选择科学的管理方法,以适应复杂多变的世界局势对新时期行政管理的要求。③行政管理适应行政环境的发展方向。例如,当前生态环境的恶化,已对人类的生存造成了巨大的威胁。据有关资料介绍,近一个世纪以来由于工厂、交通工具以及家庭大量燃烧煤、石油和天然气,加上天然森林大量被砍伐,使大气污染更加严重。此外,资源减少,人口膨胀,水土流失,海洋污染,以及森林火灾、水灾、地震、艾滋病等许多国际性的灾害,严重威胁着人类的生产、生活和安全。因此,面对行政环境的发展,各国政府要协同配合,才能有效地预防和制止这些灾害的发生,实现本国的行政目标。

行政管理和行政平衡的特点表现为:

(1)综合平衡。这种综合平衡表现为既要从自然形态的物质、能量和信息的输入和输出的管理来考虑，又要从政治、经济、精神文明等社会关系和思想关系方面来考察。

(2)宏观平衡。行政管理更重视普遍的、全局的和宏观方面的行政环境，着重宏观管理。越是高层的行政管理，越是把注意力放在宏观方面，所以，行政管理和行政环境之间的平衡主要地表现为宏观的平衡。

(3)暂时平衡。在行政管理基本适应行政环境的条件下，行政系统具有自我调节、自我完善的能力，对局部的、暂时的不平衡能及时和有效地进行调整，使总体平衡得以保持。

当行政管理与行政环境的不相适应和矛盾超出行政管理的调节能力所承受的程度时，日益尖锐的不平衡和矛盾斗争不可能在保持原有平衡关系的条件下获得解放，这就到了必须要根本改革或彻底瓦解行政管理制度的时候了。人类社会制度变迁便是有力的证明。

三、行政管理与行政环境相互作用的基本内容

行政管理和行政环境之间是相互联系、相互作用的，它们之间有自然形态的物质、能量和信息的交流，但主要地表现为行政环境的需要和行政管理对这种需要的满足。因为行政环境的存在和发展，必然地和经常地要向行政系统提出不同形式的需要，构成行政系统的资源、信息输入。行政系统经过行政管理活动加以改造后，输出决策、计划、法规措施等行政产品，以满足行政环境的需要。

行政管理与行政环境之间相互作用的基本形式是：输入—转换—输出。外部环境对行政管理的输入大体可以分为 3 种类型：即要求、支持和反对。外部环境的要求是多种多样的，诸如要求政府提高行政效率，要求政府转变职能，要求政府重视教育事业的发展，要求政府廉洁等。

这些要求会在一定程度上影响、改变、决定行政功能。就外部环境对政府的支持来看，诸如各社会团体支持政府的决策、决定和政策，社会各方面服从政府的领导，积极贯彻政府的各项方针、政策等。这方面的输入可以保证政府各项政策有效实施。就外部环境的反对情况看，诸如对政府、有关政令、政策的不满，对政府失误的批评等。这方面的输入可以使政府明白、改正错误。

转换是指政府根据外部环境输入的各种信息，对政府内部包括功能、组织建设、活动方式、行政体制等进行的调整、改变、修订、增加的活动，使之与外部环境的关系更为协调和谐，以取得外部环境更大的支持。

转换是一个关键环节，各种外部信息输入以后，是否起作用关键在于转换。输出是指政府通过转换以后，重新向外部环境输出的各种信息，以引导整个社会协调

有效地发展,这就是行政对环境的创造。

行政环境与行政系统之间的相互作用正是围绕着需要提出和需要满足以及二者的循环往复而展开的。这就构成了行政管理和行政环境相互作用的基本内容。行政环境的需要是确定行政管理基本任务的客观依据。

四、行政管理对行政环境的利用和改造

行政环境对行政管理活动具有决定作用;所以,行政管理必须适应行政环境,但这种适应不是消极被动的,而是积极主动的。首先,行政管理可以利用有利的行政环境。例如,当今世界最显著的特点是和平与发展成为时代的主题,我国正是充分利用这一有利的国际环境,充分挖掘我国的自然资源和人力、物力、财力资源,通过改革开放,抓住机遇,发展自我,使我国人民的生活水平、综合国力和国际地位均明显提高。其次,行政管理活动也可以改造行政环境。改造客观环境是人们活动的根本目的,行政管理存在和发展的全部价值,就在于它在适应行政环境的基础上,积极地促进其所赖以建立的经济基础和国家政权的巩固和发展,在于它对行政环境能动地改造。行政组织根据其职能和目标,制定中期、长期的工作计划,可以改变特定的恶劣的自然环境,改善组织和人员所处的发展环境;同时,公共行政组织利用有利的环境因素,通过具体政策的实施,发挥政治、经济和文化制度的功能,可以改变不良的社会环境因素,为自身发展创造良好的社会环境条件。例如,随着我国改革开放的深入和国有企业改革方度的加大,出现了大批下岗职工,给社会政治、经济的发展带来了不稳定的因素,政府通过下岗职工最低生活保障制度和再就业工程的实施,使这种不利的因素得到缓解,保证了改革开放的顺利进行。

第三节　当代中国行政环境因素分析

一、自然环境

众所周知,中国是一个地大物博、资源丰富的国家,独特的地理特点、丰富的自然资源、古老文明所创造的人工生态环境等,为我国的经济发展和现代化建设提供了最基本的物质条件,做出了巨大贡献。但是,我国在对自然资源的开发和利用的过程中,对生态环境的破坏也是相当严重的。现在,生态环境的恶化已经成为中国现代化建设的障碍之一。而且,随着人口的激增和消费指数的不断上涨,对资源的需求量必然增大,给生态环境带来了较大的压力。另外,由于对生态规律缺乏了

解，对环境缺乏保护意识，无限度地向自然索取，造成对自然环境的破坏。为此，中国政府应从国情出发，走可持续发展之路，采取经济、城乡和环境建设同步、协调发展的方针，保护自然资源，改善生态环境，以求得经济效益、社会效益和环境效益三者的和谐与统一。

二、经济环境

改革开放30年以来，中国进行了较大规模的经济建设，在经济技术各项指标方面都有很大提高。而且，随着社会主义市场经济体制的不断改善，我国的经济实力有所增强，表现在：经济增长速度高于世界平均水平，中国与世界的经济差距有所缩小；对外贸易发展迅速，中国正在更广泛的领域内、更深的层次上参与国际经济；科技成果累累，中国在原子能技术、生命科学、计算机科学技术、运载火箭技术、农业科学等高科技领域已经接近或达到世界先进水平；国企改革继续向纵深发展，企业自主权逐步落实，市场主体地位得到加强，价格关系进一步理顺；资本、劳动力、土地、技术和信息等生产要素市场发展步伐加快；财税体制、金融体制、投资体制和外贸体制等方面的改革相继展开，而且进展顺利。中国在世界金融危机发生以后，对重大经济战略决策进行调整，包括扩大内需和开基础设施建设投资，极大地改善了中国经济可持续增长的条件，促进了中国抵御经济危机的能力。

就全国而言，中国总的经济环境是非常好的，而且面临着难得的机遇，但机遇与挑战并存。我国现在的经济环境与世界先进国家相比，仍存在着很多不足：第一，尽管中国经济一直以高速发展，但与发达国家仍有很大差距，西方发达国家，如美国已进入信息社会，而我国仍在补工业化阶段的课；第二，我国生产力发展不平衡，手工业生产方式、机器化的生产方式和现代化的生产方式交叉并存，局部先进，整体依然落后，而且城乡间和地区间的差距有扩大的趋势；第三，由于人口基数大，尽管经济总量大，但人均量小，经济产量高，但经济效益低。

三、政治环境

我国是以工人阶级为领导的、以工农联盟为基础的人民民主专政的社会主义国家；实行中国共产党领导的多党合作和政治协商制度；国家政权体系包括由各级人民代表大会及其常委会构成的权力体系，由各级人民政府构成的行政体系，由各级人民法院和各级人民检察院构成的司法体系三部分组成。我国政治体制经过多年的改革正逐步走向完善，表现在：政治民主化、程序化程度正在逐步提高，如在农村实行的村民自治制度和城市的社区建设都是在充分发挥人民的主人翁作用，是我国政治民主化进程中的重要一步；政企关系进一步明晰，尤其在国企改革以后，企业的自主权进一步下放,不再是政府的附属物;法律逐步走向完备,初步为实行依法治国的治国方略奠定了基础。但是我国在政治法律环境逐步改善的过程中也存在相当多的问题:政府的管理体制还存在很多问题;行政道德疲乏和政治腐败问题还相当严重;社会主义民主与法制建设还不完善等。这就要求,一方面我国必须进一步加快政治体制的改革,另一方面加强对政府依法行政的监管和监督的力度,提高公共行政人员的民主法制意识和道德素质。

四、文化环境

我国在思想道德领域虽然确立了马克思主义文化的指导地位,但文化多层次、多类型仍是我国文化环境最基本的特点:首先,我国是有悠久历史传统的文明古国,在漫长的历史长河中,以儒家文化为主导的各种思想文化历经沧桑,对现代社会仍产生影响;其次,改革开放以后,世界各国各民族的文化也随着国际交际增多传入中国,对我国文化市场和人们的思想观念产生各种影响;再次,由于我国存在着多种经济成分,也必然产生代表各种经济成分的思想意识。正是因为以上各种思想意识的存在,形成了我国多元文化并存的格局。但在这多种文化中既存在着精华也存在着糟粕,需要我们运用马克思主义的文化观对多种文化中的先进性和落后性进行甄别,取其精华,弃其糟粕。

改革开放以后,我国的教育事业得到进一步发展,目前我国教育已经基本上形成了以九年义务教育为重点的高等教育、职业教育和成人教育相协调的教育体系,为国家培养各种类型的人才。但是,我国的教育总体上还比较落后,为适应我国经济和社会的发展,教育体制、结构等方面还需改革,这对政府的行政管理提出了新的要求。

五、民族宗教环境

民族是行政环境中不可忽视的因素。民族是一种社会现象,其产生和发展都是和一定的社会相联系并受其制约的。每个民族都有密切联系着的民族性和社会性。社会成员之所以会形成民族,是由于他们结成了不可分离的社会关系。所谓民族,是指具有共同语言、共同地域、共同经济生活以及表现于共同文化上的共同心理素质的稳定的人们共同体。一定的经济环境是民族形成和发展的基础,一定的文化则是民族形成和发展的内在精神纽带。由于世界上绝大多数国家是由多个民族结合而成的,由于各民族差异以及其他因素的作用,不可避免地会导致民族问题与民族矛盾。民族问题的长期存在,对政府行政管理具有较大的影响和制约。这就要求政府必须重视民族因素,正确处理民族矛盾,制定正确的民族政策,充分考虑各民族的特点和发展趋向，这既是维护政治、社会稳定与国家统一的要求，也是实现行政管理科学化、使各民族地区的行政管理具有各自的特色所不可忽视的。

宗教因素从本质上讲，是属于社会意识形态的范畴。作为一种社会意识形态，宗教是统治人民的自然力量和社会力量在人们头脑中虚幻的、颠倒的反映，是以对超自然实体即神灵的崇拜来支配人们命运的一种社会意识形态。宗教对行政管理也有重要影响。

六、国际环境

国际环境是指一个国家与世界各有关国家、地区之间在政治、经济、文化、自然地理方面的相互关系及国与国之间的交往关系。它体现了国与国之间的相互联系、相互作用、相互制约、相互促进的关系。国际环境包括国际社会环境和国际自然环境。国际环境是一个国家行政管理所处的外部条件，是一个国家变化发展的外因。因此，国际环境各要素的变化发展，特别是社会的政治、经济环境因素的变化发展，会直接或间接影响一个国家的行政管理。

（一）国际自然环境

由于科学技术的发展，先进的机器设备代替了手工劳动，机器大生产成为一种潮流，其结果是：一方面提高了社会生产力，改善了人们的生活水平；另一方面是对生态环境造成了严重的破坏并对人类自身的生存构成了威胁。工业污染和生活污染成为现代社会两大污染源，以前可能只局限于一个地区或一国范围内，但现在已经扩展到世界范围。例如，大面积砍伐森林，过度抽取地下水，野蛮开发矿产资源，毫无顾忌地向空中排放工业废气、生活废气等，致使空气、土壤、水、阳光等人类生存必需的自然资源受到根本性破坏，水灾、火灾、地震等自然灾害频繁发生。现在，人类共有的大气层中的臭氧层正在变薄并出现巨大空洞，已经对人类造成直接威胁。这些问题已不是一个国家的力量所能解决的，它需要各国政府协同配合，有效地保护环境。

（二）国际政治环境

和平与发展作为当今时代的主题，仍然是当代国际环境的基本趋势和主要特点，要和平、求合作、促发展，仍是世界各国人民的共同愿望。但是，到目前为止，两大主题一个也没有解决，世界仍不太平，主要表现在：两极格局解体后，世界向多极化方向发展，但国际政治新秩序的形成仍是长期的、复杂的过程；贫困、冲突和战火在世界的一些地区依然蔓延；因民族、宗教、领土等因素而引发的局部冲突时起时伏；以“新干涉主义”为“理论”表现的霸权主义和强权政治依然是威胁世界和平与发展的主要根源;恐怖主义对当今世界的和平与安全构成严重威胁,已经成为世界各国人民的公害。

(三)国际经济环境

当前国际经济环境的主要特点表现在:首先,世界经济的全球化趋势加速发展,已成为当今国际经济竞争的显著特点。但是,世界经济全球化是在市场经济的基础上发展起来的,发达国家无疑可以从中获得极大的好处,而发展中国家明显处于不利的地位;其次,以科技为先导、以经济为中心的综合国力竞争不断加剧,受经济全球化的影响,凡是未被战争和动乱困扰的国家,尤其是各大国都继续把精力集中于发展经济、提高综合国力的竞争上;再次,以高科技为核心的新技术革命,正以它巨大的社会创造力和影响力改变着旧有的国际秩序,加速公正、合理的国际新秩序的形成;同时,国际经济发展的不平衡性进一步加剧,广大发展中国家并未充分享受到经济全球化和科技进步带来的好处,国际政治、经济旧秩序的存在依然是阻碍发展中国家发展的一个最大障碍,而且,不合理的国际经济秩序造成富国愈富、穷国愈穷的现象,已成为阻碍国际经济发展的严重障碍。

目前,源于美国的金融危机已席卷全球,并蔓延到了世界经济几乎所有的重要领域。全球股市低迷,油价暴跌,贸易受阻,实体经济下滑,许多国家陷入了经济衰退,经济发展信心严重受挫,整个世界的经济前景一片灰暗。此次金融危机将世界主要国家都推进了一个政治经济的“收缩、调整、重构”的进程中,其结果可能不仅决定着他们各自未来的前途与命运,也会强烈地左右着世界政治秩序的前景。

【案例分析】

风起电来

近日,记者来到位于中旗川井苏木的中电投中旗巴音杭盖风电项目区:只见一排排几十米高的风力发电机在广阔的草原上依次排开,巨大的三棱叶片迎着风不停地旋转,一行行整齐的高压输电架直通草原深处,场面蔚为壮观。

据该项目负责人介绍,工程一期 4.95 万千瓦风电场项目工程已完工,66 台风机全部并网发电,1~8 月份累计发电 2 713 万度。

“一年一次风,从春刮到冬。”这是对乌拉特草原气候环境的真实描述。近年来,乌拉特中旗充分开发利用境内丰富的风能资源,加快发展风能绿色能源产业。如今中旗风电开发已进入黄金期;据悉,今年年底,中旗风电装机容量可达到 50 万千瓦,年发电约 12.25 亿度,实现产值 6.2 亿元、税收 5 270 万元。中旗已经在打造“全区风电第一旗”上迈出了坚实的一步。

中旗风电项目仅仅是我市发展风电产业的一个缩影。

近年来，我市紧紧抓住国家发展绿色能源的机遇，依托资源、区位和交通优势，把开发利用风能资源作为我市转变经济发展方式的重要举措，大力发展风电产业。

强化规划引导突出基地建设

“我市风电产业之所以呈现出健康有序的发展态势，有一个成功的经验就是我市对风电产业进行了科学规划。”市发改委基础产业科负责人介绍。

我市是自治区风能资源较为丰富的地区之一。风能资源主要集中在中旗、后旗、磴口县阴山以北地区以及乌拉特前旗乌拉山北坡一带。据初步估算全市的风能资源总储量为 9 800 万千瓦，技术开发量 6 900 万千瓦。

为使我市丰富优良的风能资源得到规范、有序开发利用，2005 年，我市成立了新能源建设项目协调领导小组办公室，就风电产业的开发建设建立了组织领导体系。并组织编制了《巴彦淖尔市 2005—2020 年风电发展规划》。按照规划目标，2010 年风电场建设规模达到 300 万千瓦，2015 年达到 600 万千瓦，2020 年达到 1 000 万千瓦。规划区域为中旗、后旗、前旗和磴口县。重点建设赛乌素、海力素、巴音杭盖、乌兰等 17 个风能规划区，规划面积达 9 300 km^2，并将这四个旗县先后建成百万千瓦级大型风场，中旗和后旗率先要建成。

实施“双优”战略促进风电产业规模化发展

我市在总结国内外和我区风电产业发展经验的基础上，不断完善风电发展的相关规划，提高准入门槛，运用市场化机制，优选有产业背景、建设运行经验、投资能力强的投资者，优化配置，实现优势资源与优势企业的结合。通过“双优”选择，带动风电规模化、集中化发展。

据悉，从 2004 年开始，有十几家风电项目业主来我市投资兴业，在自治区发改委大力支持下，目前已核准项目 17 个，进驻企业 10 个，合计容量 110 万千瓦(包括 30 万千瓦风电特许权项目)。在进驻的企业中，大部分都是像国电龙源、山东鲁能、国电电力、富汇风力发电公司、神华集团国华能源投资公司等国内甚至国际知名的企业。

龙源巴彦淖尔风力发电有限责任公司总经理齐来生说：“龙源巴彦淖尔风力发电有限责任公司在川井风电场安装风机 9.8 万千瓦，完成投资 8 亿元，去年发电量 730 千瓦时，今年我们将在川井风场再建 10 万千瓦的风电，届时将完成投资共 16 亿元，全年发电量将达 5 亿千瓦时，每年上缴利税 2 000 万元。巴彦淖尔市已经成为我们公司重要的风电基地之一!”

实现经济生态效益双赢

“戈壁滩上的风很大,过去是灾害,现在却能给我们吹来无尽的财富。”中旗发改局负责人说。

“风能实现了对煤炭等不可再生能源的替代,对生态环境的影响也几乎为零。我们可以在此基础上依托风力发电的人造景观和蒙古族风情开发特色旅游项目,积极打造规模型、环保型的草原风电旅游观光景区。”发改委基础产业科负责人说。

风起电来。我们有理由相信:依托资源、区位、交通优势,风电产业必将在我市新型工业化道路上一路凯歌。(来源:巴彦淖尔日报,2008-10-13)

问题:

1.影响行政管理活动的环境因素有哪些?本案例中所提优势环境因素主要是哪些?

2.巴彦淖尔市发展风电的经验对经济落后地区发展经济有哪些启示?

【思考与练习】

1. 简述行政环境的含义和特点。
2. 试述行政环境问题的提出及意义。
3. 分析行政环境要素及对行政管理的影响。
4. 试述行政环境与行政管理的互动关系。

第三章 行政职能

【导入案例】

政府在国家与社会发展中扮演着越来越重要的角色，尤其是全球化的21世纪，新经济时代赋予政府更加复杂化的行政职能。2007年起源于美国的“次贷危机”，迅速演变成美国的金融危机，波及全球，影响全球的实体经济，最终导致全球第二次世界大战后最严峻的经济危机。各国政府，为尽快摆脱困境，在2008年下半年进行了不懈的努力，如我国政府从原来的货币紧缩政策到适度宽松的货币政策，中国人民银行不断地利用利率、存款准备金率等工具，以及年底推出4万亿的扩大内需措施等，这些都是政府行政职能的具体表现(来源：根据新华网新闻稿件编写)。

分析政府职能的多样性。

第一节 行政职能概述

一、行政职能的含义

(一)行政职能的含义

职能又称功能、职责，就国家现象而言，职能是一个与公共权力、公共责任紧密相关的概念。行政职能又称公共行政职能，在某些条件下亦称政府职能，是指政府在社会中应当承担的职责与发挥的功能，即政府依法对国家政治、经济和社会事务进行管理时所承担的职责和任务，是国家职能的一个重要组成部分。概括地说，行政职能是国家行政机关承担的国家职能。行政职能反映了政府管理活动的内容和基本方向，决定了一国政府治理一个国家的管理方式，它是政府活动内容的总概括。其核心的要点在于回答了政府"应该做什么"、"不应该做什么"等问题。行政职能在本质上反映国家的阶级属性，同时履行国家的社会职能。

行政职能是一个广泛的概念，在宪政体制不同、历史文化不同的国家里，其性质、内容、规范和作用方式等都存在明显的差别，即使在同一个国家里，不同的历史时期也有不同的规范和特点，即关于行政职能的规定性，在客观上会随着社会物质文明的发展进步而发生变化，在主观上则会随着人们对国家或政府的再认识而发生变化。

就国家职能而言，行政职能是立法职能、司法职能的对称，是国家公共职能重要的一个方面。国家的公共行政职能主要就是国家行政机关承担的职能。在静态的意义上，行政职能指宪法和法律对国家行政机关功能和任务的界定和赋予；在动态的意义上，行政职能是指政府依据宪法和法律赋予的责任、权利和义务，通过行政行为管理国家事务和社会事务的活动，因而会随着国家职能的变化而相应的发生变化。在实际的过程中，静态意义上的行政职能与动态意义上的行政职能由于复杂的原因有时是不相吻合的。

(二)行政职能的特征

行政职能的实质是对国家权力的执行，即通过实施行政行为实现国家行政权，是政府活动内容的全面概括，反映了国家行政管理活动的性质和方向。从总体上考察，行政职能具有以下特性：

(1)阶级性。行政是国家意志的执行。行政职能代表在国家中占统治地位阶级的利益，执行的也是这个阶级的意志。在不同的历史类型的国家，行政职能必然具有不同的阶级属性。我国是工人阶级领导的、以工农联盟为基础的人民民主专政的社会主义国家，它同以私有制为基础的剥削阶级占统治地位的国家，其行政职能的性质、管理的方式与方法，都有本质的区别。

(2)共同性。任何一个国家的行政职能，都必须适应国家、社会发展的需要，都具有统治功能和社会功能，以及计划、组织、控制、监督、协调、领导等功能。这些功能都产生于行政管理自身运动的内在机制和过程之中，它贯穿于整个行政管理活动的始终。即使是不同时期、不同制度的国家，行政职能也都有其共同点。

(3)差异性。一是由于国家阶级本质的不同，管理主体和客体的不同，决定了行政职能的特殊性及差别性；二是行政职能不同于立法职能和司法职能，虽然行政职能也有行政立法、行政执法和行政司法，但它都是以法律为依据的；三是不同于非国家活动职能，如企业追求的是利润最大化，政府更多的是承担公共事务管理和公共物品的功能，往往不是以利润最大化为目标；四是政府内部，不同系统又有不同的行政职能。

(4)动态性。在不同的社会形态下，在不同的历史时期，行政功能的主次关系、侧重点及作用对象等，都必然发生变化。例如，在我国夺取政权的革命战争年代，解放区行政管理系统的主要职能是组织一切力量去夺取战争的胜利；新中国成立后的社会主义改造时期，行政职能主要是建立以公有制为主体的社会主义经济基础；社会主义改造基本完成后，是集中精力发展生产力，以经济建设会中心；改革开放的今天，就是建立社会主义市场经济体制，推动经济社会"又好、又快"地可持续健康发展。

(5)系统性。行政管理的范围涉及国家和社会生活的方方面面，因此，行政管理的职能具有较强的系统性，既包括政治、经济、社会服务和文化教育等基本行政职能，也包括管理过程中的决策、执行、组织、协调和控制等运行职能。从管理层次上分，又有高层、中层和低层等行政职能。从管理对象上分，有内部管理职能和外部管理职能。

二、行政职能的类型

行政职能的种类很多，构成一个职能体系，对诸多的行政职能可以从不同的角度去考察研究。

从国家性质的角度出发，行政职能可以划分为奴隶制国家的行政职能、封建制国家的行政职能、资本主义国家的行政职能、社会主义国家的行政职能。

从政府职责的领域看，可以划分为政治职能、经济职能、社会职能、文化职能。这些职能集中体现了国家行政管理在国家社会生活中所起的整体作用，所以又将这些职能称为行政管理的基本职能或总体职能。

从政府职责所起作用的属性看，有统治职能、保卫功能、扶持功能、管理功能、服务功能等。随着社会经济的发展，上述职能还可进一步划分，如服务职能又可分为咨询服务、信息服务、生活服务、卫生服务、保险服务等。

从管理过程的角度看，政府管理的不同类型的公共事务又有管理功能的相似性，可以划分为计划职能、组织职能、指挥职能、控制职能、协调职能、执行职能、决策职能等。这些职能是维持行政管理自身良性运转所必须具备的共同的主要职能。

从行政管理控制的幅度角度看，可以划分为高层行政职能、中层行政职能、基层行政职能。

也有学者从职能结构的角度，将政府职能区分为政治统治、社会管理、社会服务和社会平衡四大职能。

三、政府行政职能的产生与发展

随着社会发展行政职能不断拓展自己的内容和范围，呈现出动态发展的过程。古代社会政府职能简单且具综合性，历史上，各国行政官吏主要做三件事情，一是收税，二是组织军队，三是维持皇(王)权机构日常运转。在相对发达的国家，官吏们还有限地负责维持地方治安、处理民事纠纷、监督官方意识形态的传播(包括教育管理)。相比较而言，古代东方社会政府的经济职能要相对发达一些。古代东方社会大都是以村社为组织形式的农耕型经济。我们知道，水利是农业的命脉，农业生产离不开水利，需要兴建、管理水利工程，而分散的小生产者无论是在人力、财力和物力上，都无法承担这项任务，这就需要皇(王)权的力量，运用国家的权威，集中社会资源，统一组织和管理全国的水利灌溉事业和其他公共工程，如中国古代建造的都江堰、大运河等水利工程都是依靠国家力量组织和修建的。在古代埃及、印度还设有专门维护水利的“护渠官”，而西方古代的政府职能中则无此项经济职能。经济职能反过来又强化了政治上的中央集权，政府社会管理的权力和动员社会的力量也比较强大。与东方政府不同，古代西方政府由于受到社会和公民(古希腊)或地方的制约而一直很有限，因而政府的社会动员能力和政治强制力不如东方专制政府。但是与东方政府相比，西方政府的社会职能较为突出。从古希腊、罗马、中世纪直到封建专制时代，西方政府用于公共服务设施和支付年金(只限于贵族阶级内部)等社会服务项目的开支是巨大的。

但是总体上讲，古代政府的职能尚未分化，统治职能和社会管理职能处于一种浑然一体的状态，管理手段也比较单调。这与当时社会生产力发展水平不高，自然经济中人际间社会交往不多，公共事务简单等状况是直接相关的。

工业化是推动政府职能的不断丰富和发展的直接动力。同古代相比，现代社会的政府职能已大大丰富，涉及社会生活方方面面。它的显著特点是公共事务的外延大大深化了公共事务的内涵，随着行政职能的分化又进一步推动外延的拓展。政府职能的扩展既是一种世界现象，也是历史的必然。新的生产力出现带来新问题、新领域、新行业、新需求；分工的精细化给人们带来的社会角色意识；整个社会的实践理论水平及公民对权利与义务的认识程度；信息的数量激增和传播范围扩大化。这些变化既大大提高了为解决新问题而协调社会行动的需要，又大大增加了社会成员扩大政治参与和广泛表达政治要求的可能性。不难理解，正是社会生产力水平的极大提高，导致了这些变量的变化，使行政职能的具体内容大大丰富起来，这也是一个社会不断发展和有序运转所不可缺少的因素。工业社会中政府职能的迅速膨胀，可从各国政府公共支出的猛增中得到说明。1930 以前，世界各国公共支出的相对规模上升比较缓慢，以后开始加快。从 20 世纪以来，无论是绝对额还是占国民生产总值的比重，都呈上升态势。有关统计资料表明，英国 1890 年的公共支出为 2.8 亿英镑，1995 年已经达到 2 927 亿英镑；而美国的公共支出由 1890 年的 8 亿美元上升到 1995 年的 15 907 亿美元。德国经济学家瓦格纳在 100 多年前就提出随着工业化的到来，政府职能将呈现为极度扩张的趋势，以后的实践验证了他的预言，被称之为“瓦格纳定理”。

四、行政职能研究的意义

研究行政职能，把国家行政管理看作一个完整的职能体系，科学地认识、确定行政管理各个方面，各阶段的职能和保持它们之间的有机联系，并适应环境和形势的变化及时地转变职能，对有效进行行政管理具有十分重要的意义。

(1)行政职能是建立国家政府行政机构的主要依据之一。行政机构实质上是行政职能的载体，是行政职能的执行者，有什么样的行政职能就应该设立相应的执行机构。

(2)科学地认识和确定行政职能，对于建立合理的行政组织系统具有重要意义。行政职能是行政机构设置的重要依据。要科学的认识和把握行政组织体系，必须明确政府应该做什么，不应该管什么以及怎么管、管到什么程度等问题。

(3)科学地认识和确定行政职能，是改革行政组织系统的依据和关键。行政组织的变革必须紧紧围绕行政职能这个中心。在行政职能没有转变的情况下，采取精简人员、撤并机构的措施，治标不治本。只有以职能为基础来设置、改革行政机构，才能科学地认识哪些机构是应该加强的，应该建立健全的，哪些机构是多余的、重复设置的、功能冲突的，应予以合并、撤销或者调整等。

(4)科学地认识和确定行政职能，对于实现行政管理过程的科学化也具有重要意义。行政管理的过程，正像现代“大机器”那样运转，是决策、组织、协调、控制等职能有序运行的过程，每项职能都是不可或缺的环节。对其中任何环节的疏忽，将会直接影响整个管理系统，导致行政功能失效。只有科学地认识和把握行政管理职能及其相互关系，充分发挥其作用，才能保证整个管理系统高效地运行。

第二节 行政职能体系及其实现方式

一、行政管理的基本职能

国内外关于行政职能的理论纷繁多样。有的侧重于政治学视角的界定，有的主要围绕政府与市场的关系来界定。世界银行在其 1997 年的世界发展报告中将每一个政府的核心使命概括为五项最基本的责任，大体上反映了现代政府所行使的职能，主要包括：确定法律基础；保持一个未被破坏的政策环境，包括保持宏观经济的稳定；投资于基本的社会服务和社会基础设施；保护弱势群体；保护环境。

从理论研究的角度讲，迄今为止，革命导师马克思、恩格斯对政府作用所作的科学论述，仍然是我们理解政府职能的基础并起着重要的指导意义。恩格斯指出“一切政治权力起先总是以某种经济的、社会的职能为基础的”，“政府统治只有在它执行了它的这种社会职能时才能持续下去。”

据此，政府的基本职能从宏观上划分为两个方面，即政治职能和社会职能，前者体现了政府职能的阶级性，后者体现了政府职能的社会性。但是也应看到，由于马克思、恩格斯所处的时代中阶级矛盾尖锐，无产阶级面临的主要任务是夺取政权，加之当时政府的社会职能十分有限，革命导师更强调政府的阶级统治职能而非社会职能，同时对政府社会职能的论述也比较简单。

在政府职能极大拓展的 21 世纪，政府的社会职能进一步分化为相对独立的不同领域，以此为基础，行政管理的基本职能可概括为政治职能、经济职能、文化职能和社会职能。

(一)政治职能

政治职能是由政府在社会政治体系中的作用决定的。除了传统上的对外防御外敌入侵，保卫国家的独立和主权，对内镇压被统治阶级反抗，保护公民的生命、财产安全，维护政治秩序和社会秩序，以及组织军事力量的保卫职能、镇压职能、军事职能等职能外，现代社会中政府还有着更为广泛的政治职能。

首先，保护产权。保护产权是政府的首要职能。所谓“产权”，不仅仅局限于生产资料所有权，也不同于法律意义上的财产权，而是一个具有更广泛意义的概念。产权是对各种权利的一种总称，指在不同财产所有权(广义的财产权，包括知识产权、劳动力所有权等)之间对各自权利与义务之间的进一步划分与界定，其实质是向社会上一切合法利益集团与个人提供利益保障。从最一般的意义上讲，产权是权利主体与权利对象之间形成的权利关系，具体包括权利主体对权利对象所拥有的使用权、转让权和享用权。排他性、可转让性是衡量产权是否完整的标准。界定产权的核心问题是人与人之间权利与责任的划分。在市场经济条件下，明确界定产权是市场机制有效运作的首要前提。“如果没有这种权利的初始界定，就不存在权利转让和重新组合的市场交易。”产权界定得越清楚，每个行为主体的责、权、利就越明确。政府是掌握国家公共权力的公共管理机关，唯有它才有能力借助其权威性地位和拥有的强制性手段界定和维护产权。一方面去维护明晰的产权，另一方面则是去干预产权不易界定的领域，以尽可能地减少交易费用。在产权明确界定的领域，公民的利益能够得到有效保护，市场能够使资源得到最优配置。早在18世纪，洛克就提出国家的职责是保护产权的思想，他在其自然法和社会契约理论中强调指出，人们建立国家的“重大的和主要的目的，是保护他们的财产。”财产权是人的最基本的权利，保护财产权是国家的根本职能。不过，在现代社会中，政府界定和保护产权职责的内涵有了扩展，包含着与社会要求相一致的更为丰富的内容。2007年10月1日起实施的《中华人民共和国物权法》，是我国政府在保护产权方面具有里程碑的意义法律文件。

其次，制定公共政策。传统理论将政府看作被动执行政策的观点早已不合时宜。在现代社会，政府广泛介入社会生活诸领域并发挥积极作用，政府作为公共政策制定者的角色日益明显。政府通过制定政治、经济、文化和社会政策为社会发展选择目标，引导社会健康有序和协调发展；运用政策调整各种社会关系，使之有利于社会发展的目标。

再次，调节各种利益关系。在某种意义上，社会就是人们为实现自身利益而相互协作的结合体。社会的发展必然要产生人们之间、行业之间、地区之间的利益分化，形成不同的利益群体、阶层和集团，随之而来的利益矛盾和利益冲突在所难免。政府管理在一定程度上讲，就是通过各种手段调节利益矛盾和冲突，维护正义、秩序和稳定的过程。政府作为利益的调节者，其主要职责就是运用政策手段协调各种利益矛盾，在政策制定中尽可能平衡整体利益、局部利益和个人利益，即兼顾国家、集体和个人的利益，使三种利益之间能够协调和统一。当然，由于不可排除的阶级属性，使得政府在利益协调中始终是以经济上占统治地位的阶级的利益为基础进行利益协调的。

(二)经济职能

随着经济在社会发展中的地位日益重要，经济职能已分化为一项独立的职能并居于政府职能的核心地位。现代社会政府的经济职能已从农业社会中的财政活动(税收及开支)扩展到管理经济，引导国民经济持续、稳定和协调发展。中国政府提出的科学发展观就是一个典型例子。

由于国民经济划分为微观和宏观两个领域，政府的经济职能也分为对微观经济的管理和对宏观经济的管理。微观经济高效率，宏观经济稳定是政府管理经济的目标。

1. 微观经济管理

微观经济是以经济个体为主体进行的经济活动，由于经济个体的行为主要以追求自身利益为目标，是在市场的自发调节下进行的自主决策，如果没有一定的限制，追求个人利益的行为就有可能带来损害他人和社会利益的结果。对此，宏观调控是管不到的，这就需要政府运用强有力的法律和制度对微观经济进行管理，以保证微观经济有秩序地运行，促进微观经济的发展。政府对微观经济管理既要放开搞活，又要限制其消极作用，主要的职责有以下 4 个方面。

(1)为市场经济的有效运行提供必要的制度、规则安排。当人们在谈论市场经济的效率和功能时，实际暗含着一个前提，即在市场之外有一个精致的制度体系来保证市场机制的发挥。自愿交易不会发生在“制度真空”中，市场经济也不能离开由国家维持的有效的法律、法规和制度而存在。现代经济社会也是政治社会，离开政治体系为其制定的游戏规则和经济活动框架，市场机制就不能有效发挥作用，经济体制也就无法正常运行。为此，政府要为诸如合同的执行，为货币、度量衡、公司章程、破产、专利、版权等提供标准，并通过国家的强制力来保障实施。

(2)价格管制。在市场经济条件下，虽然大部分商品的价格由供求关系所决定，但是市场自发调节的价格又有盲目性，对经济不一定最有利，也不一定符合社会的长远利益。如当农产品过剩时，农产品的价格会大幅度下降，这种下降会抑制农业生产。政府通过支持价格或对有些商品实行最高限价，对那些关系到国计民生的物品(如粮食、棉花、石油等战略物资)进行价格管制。为防止盲目和过剩生产，预防伤及全民利益的事情发生，其价格则由政府依据一定规则来制定。如在美国，交通运输、银行保险、能源和农业部门的价格就是由独立管制机构根据规范化的定价方法来制定的。

(3)维护公平的竞争秩序。市场功能的发挥程度，取决于市场的竞争程度。但是市场主体间的竞争并不总能持续地进行，不受限制的竞争有可能会导致对竞争的破坏。竞争者有可能会由于兼并形成对市场的垄断，或就生产、价格、销售条件等的串谋和协议而结束竞争，以及价格歧视、欺诈行为等，因此需要政府干预以确保竞争的真正实现。政府通过制定包括公平交易与价格仲裁法、证券交易法、公司法、反垄断法和消费者保护措施，以及运用保护和扶持中小企业的政策措施，如提供贷款、银行担保、筹集资金等来维护和增进市场竞争。为了防止少数巨型公司和企业集团相互勾结起来操纵市场、秘密分配市场份额，政府必须采取强硬的手段，运用公共权力予以法律制裁，以保证公平竞争的秩序。

(4)质量安全管制。在市场经济条件下，对于商品的质量必须有严格的规定，以防止假冒伪劣商品的出现。如出售的药品必须经过药品管理部门的批准，肉类必须符合国家的质检标准，各种车辆必须符合交通管理部门的安全条例等。政府通过质量管制，以保证人们的生命、健康和财产安全。2008 年的"三鹿事件"，中央和石家庄市地方政府在食品安全出现危机之后，发挥了重要的作用。

2. 宏观经济管理

宏观经济管理的重点是在经济目标的实现上，是指政府运用公共权力对经济运行进行调控，以保持宏观经济的持续、稳定、健康的发展，实现高增长、高就业和低通胀的经济目标。宏观经济的稳定是整个国民经济正常运行的基本前提，而市场自发运行总是以商业周期的波动、繁荣和衰落交替出现为特征的。不可避免的经济波动和失衡，将损害每个人的利益，因此需要代表公共利益的政府运用经济政策对市场经济的宏观运行进行间接调控，以及为经济的发展提供良好的基础。政府的宏观经济管理职能主要包括：

(1)财政政策。经济过热了，财政政策被用来降温；经济发展速度过缓了，财政政策被用来刺激经济。财政政策也因其见效快而经常成为各国政府优先考虑和使用的政策手段。

(2)货币政策。货币政策是国家采用的调整和控制货币供应量的种种政策。货币政策发挥作用的主要政策工具有：法定准备金、贴现率、公开市场业务等。与财政政策相比，货币政策调控市场运行的方式相对更间接一些，政府利用公共权力执掌货币流量的总开关，借助利率杠杆间接调控宏观经济，而不直接插手扩张或抑制总需求，有助于保护市场固有的配置效率。

(3)产业政策。产业结构合理化是国民经济保持总量均衡发展的重要条件，一国范围内生产力的布局与产业结构的调整不能完全依靠市场来解决，尽管市场可以推进技术进步使高新技术产业化，使产业升级换代，实现产业的调整和优化，但这些都需要在科学的产业政策引导下进行。

(4)提供经济基础设施。经济基础设施指的主要是基础科学研究、市政基础设施和公共交通、电力、通讯系统等，是经济发展的基本环境条件。基础科学研究由于可以增加全社会的知识存量，带来技术进步和技术创新，使各种生产活动能共同受益。

(三)文化职能

文化职能指政府指导和管理文化事业的职能，是国家行政机关对全民的思想道德建设以及教育、科技、文化、卫生、体育、新闻出版、广播影视、文学艺术等方面的管理，与社会的意识形态、价值观和精神文明状况相联系。

文化职能是政府通过制定和实施各项文化政策加以实现的，其核心在于政府通过对文化事业的管理，维护和弘扬一种意识形态，用以说明和论证统治与治理的合法性。与国家用强制性的方式维护自己的统治地位相比，意识形态以软的方式影响人们的思想，以达到对社会的控制。政府维护对社会思想的统治是通过政治社会化来实现的。政治社会化就是形成、维护和改变社会成员的态度、信仰和感情的过程。政府的教育行政部门、文化管理部门等职能部门就是负责管理执行社会化的机构，并通过家庭、学校、大众传播工具和政府组织等具体机构履行这一职能。如教育行政部门通过对教学内容的审查，培养未成年公民对国家和民族的认同意识；通过对教学内容的规定，培养公民良好的道德品行和强烈的社会责任感。一个公民对国家和民族的心理认同意识，来源于各种形式的早期教育，这关乎一个国家政治统一、民族团结的社会心理基础，如果一个政府的公共教育政策甚至不能加强公民对自己祖国和民族的认同感和凝聚力，就是公共教育政策的最大失败。

此外，政府的文化职能还包括在全社会支持、鼓励、引导和提倡反映人类进步文明的积极的价值取向（如进取精神、社会责任感、自尊自爱等）、伦理道德（如公共道德等）、行为模式和健康的生活方式等，防止和制止那些不健康的、有害于社会公共环境氛围的劣性文化现象的出现和蔓延，净化社会环境，促进社会精神文明的发展。

（四）社会职能

社会职能是指政府承担的社会服务和社会保障职能。它是政府管理中内容最为广泛、丰富的一项基本职能，凡致力于改善、保证人民物质文化生活都在社会职能的范围内，如城市规划、医疗卫生、旅游娱乐、社会保险制度等。政府社会职能的内容主要有以下 3 个方面。

(1)提供社会保障。社会保障也称为“社会安全”，是社会对其成员提供一定的经济资助、物质帮助或服务，以保障社会成员基本生活需要得以满足的综合性事业。社会保障是对公民基本生存权利和基本生活条件的保障，这是政府的公共伦理要求，追求的是社会公平，因而又属于政府的社会职能。

政府作为公共利益的代表，无疑是社会保障制度的责任主体。政府通过建立社会保障体系，为那些无力竞争或失去竞争能力的社会成员，以及那些基本生活暂时出现困难的社会成员提供种种保护性措施。一个文明的社会必须有健全、完善的社会保障体系，以保证其成员都能享受到最基本的生活资料。

(2)人口政策。人口政策与行政管理的相关性主要集中在对一个国家人口数量、质量及其结构的控制，属于公共管理的重要内容之一。一个家庭生几个孩子表面上是个人的事情，但是人口的数量和质量又对宏观经济和社会发展带来巨大影响：降低或提高人均收入水平；增加或减少社会总需求；社会福利和公共产品供给不足；加剧或缓解人口与自然资源的矛盾影响未来的就业岗位数目和就业率等。显然，如果人口数量变化速度超出经济社会发展客观允许的可吸纳程度，不仅会严重恶化宏观经济的运行态势，使市场配置资源功能的发挥受到很大限制，而且带来诸如教育、住房、交通等大量的社会问题，直接影响到人们的生活水平和生活质量。因此，人口问题需要由政府运用公共权力，依据人口发展规律制定符合国情的人口政策，用政策手段调控人口的增减，并通过相应的职能机构推行实施。

(3)保护自然环境。政府保护和治理环境主要是决定环境保护的政策问题，如布局政策，资源开发政策、投资政策、价格政策等，制定环境保护的法规和标准，从宏观上处理好环境与经济的协调发展。政府对环境管理具体涉及三方面内容：一是环境计划管理。主要包括工业、交通污染防治计划、流域污染控制计划、自然环境保护计划和环境科学发展计划等。二是环境质量管理。主要包括组织、制定各种环境质量标准，各类污染物排放标准和环境监察工作、调查和评价环境质量状况以及预测境质量变化趋势等。三是环境技术管理。主要包括确定环境污染和破坏及防治技术路线和技术政策，确定环境科学技术发展方向等。在市场经济体制下，政府治理环境的方式主要是使外部性内部化并运用法律措施和经济手段(如税收和补贴)加以解决。

二、行政管理的运行职能

上述行政管理的基本职能，必须通过各个管理环节才能实现，因此，从行政管理过程来看，行政职能又包括一系列的运行职能。关于运行职能的内容，国内外很多学者从不同的角度作了不同的概括和表述。被誉为"工业管理之父"的法国管理学家法约尔在《工业管理和一般管理》一书中提出了"计划、组织、指挥、协调和控制"的5职能论；美国管理学家卢瑟·古利克等提出了著名的"计划、组织、人事、指挥、协调、报告、预算"的7职能论；还有学者也提出了15要素论、18职能等说法。在这里，我们将行政运行职能归纳为决策、组织、协调和控制四项职能。

(一)决策职能

著名管理学家西蒙强调指出，管理就是决策，决策贯穿于管理过程的始终。决策职能是行政管理过程中最重要的职能，是指政府为实现一定的行政管理目标，针对一定时期的某一问题而进行的调查预测、拟订方案、评估选优、拍板定案等行为过程。简而言之，行政决策职能包含确定行政目标和制定行政计划两个基本方面。

决策正确能使行政运行目标明确、协调有序，因此，决策科学与否，计划是否得当，将直接关系到行政管理过程中其他运行职能能否有效履行，以及行政管理整体功效能否有效发挥。所以，增加决策的透明度和公众的民主参与程度，建立健全行政信息系统和决策咨询系统，强化领导、专家智囊、民众相结合的民主决策机制，是政府行政决策职能有效发挥的保证。

(二)组织职能

任何管理目标和管理任务都要通过一定的组织机构和具体的指挥活动才能够完成，所以组织是一项重要的运行职能。行政管理的组织职能是指行政主体为实现既定的行政决策，通过设置行政机构、划分行政职权和配备行政人员等活动，将行政组织内部的各个要素联结成一个分工明确、结构严密的有机整体，使得人、财、物得到合理的使用。

行政管理的组织职能具体表现为：对机构的设置、调整和有效运用，搞好编制管理；对组织内部的职权进行划分和人员的选拔、调配、培训以及绩效考核；对具体行政工作的指挥、监督等。

(三)协调职能

协调活动是行政管理过程重要的一个过程。行政决策的实施，必然会涉及行政环境、行政组织、个人等各个方面，作为行政领导机关就必须不断地对行政组织和行政环境之间、不同行政组织之间、行政组织和个人之间、个人与个人之间的关系进行协调，以确保行政管理目标的顺利实现。通过行政协调，理顺、沟通各方面的关系，减少、消除不必要的冲突和能量损耗，也正因为有了协调，才能达到“1＋1＞2”的效果。

行政管理的协调职能主要表现为：一是协调行政系统内部的关系；二是协调行政组织与其他社会组织以及公众之间的关系。

(四)控制职能

行政管理的控制职能是依据行政计划标准，来衡量计划完成情况并纠正计划执行中的偏差，以确保行政目标和计划目标实现的管理活动。即行政领导者或上级部门按照行政决策及其计划目标所确立的标准，衡量行政计划的完成情况，对具体执行机构和人员进行检查和督促，纠正行政执行中的偏差，以确保行政计划目标的实现。

为有效实现行政管理的控制职能，必须具备以下条件：一是所要控制的各个环节是有机衔接的；二是必须要有健全的行政控制组织机构和有力的控制手段。

三、行政职能的实现方式

行政职能的实现方式主要有法律方式、行政控制方式、经济利益调节方式、行为科学方式等四种。不同的实现方式,对行政计划实施的效果有不同的影响。

(一)法律方式

法律方式是指政府依据法律,实施行政,以实现行政职能的方法,即政府机构根据国家权力机关制定的法律,以及根据自己的法定权限制定行政管理法规,使得政府在社会管理时有法可依、有章可循。

法律方式具有严肃性、权威性、规范性等特点。

(1)严肃性。行政法规一旦颁布,便具有相对的稳定性,不能随意滥加修改。

(2)权威性。行政法规是国家行政法律体系的一个组成部分,是国家意志的表现,每个公民都必须遵守。

(3)规范性。行政法规必须是内容清楚,语言准确,以避免在执行过程中发生误解,同时,行政法规不得与宪法和法律相抵触。

(二)行政控制方式

行政控制方式是指政府行政机构直接通过行政权力的行使和运用以达到实现行政职能目的的方式。政府运用行政权威,通过行政命令,采取行政措施,从而实现行政职能。政府对于任何有悖于社会伦理规范、侵犯他人合法权益等越轨行为,违法乱纪行为,都要依法采取行政控制措施,予以制止或制裁。

行政职能实现的行政控制方式具有如下特征:权威性、强制性、直接性、具体性、垂直性、无偿性。

(三)经济利益调节方式

经济利益调节方式指政府根据客观经济规律,以价格、利率、税收、利润、工资、奖金、经济合同、最低工资等经济杠杆,来调节各种不同经济利益之间的关系,以实现行政职能的方法。

经济调节与法律、行政控制方式相比,最大的特点是控制的间接性。它不是依靠直接的强制力,而是通过一系列具有利益调节中介环节,来引导社会成员和群体的行为。

(四)行为科学方式

行为科学方式在我国行政管理活动中的具体体现为思想政治工作,是指依靠宣传、说服、沟通、精神激励等方式,以实现行政职能的方式。政府应该充分运用所掌握的各种舆论宣传工具,并要求社会大众传播机构宣传国家的宪法、法律、行政法规和各项方针政策等，通报社会动态，树立先进模范人物，弘扬新时代的新风尚、新观念。

行为科学方式常见的主要有如下3种：灌输法、激励法、典型示范法。

第三节　行政职能的转变

一、行政职能转变的含义

随着社会的不断发展，政府的行政职能一直处于发展变化过程之中。从总体上看，世界范围内，各国政府将行政职能的重心逐步从原来的阶级统治职能过渡到社会管理职能。

政府职能转变是对政府行政职能的动态考察。政府作为社会大系统中的子系统，其职责不是由自己规定的，政府应该管什么，不应该管什么，取决于社会发展变化的需要和政府基于对环境的认识之上的自我调节和适应。

政府职能转变是指政府职能结构的重心发生的重大变化。所谓职能结构指政府职能的构成及各类职能在政府职能总体中所占的比重和相对地位。政府职能转变意味着：①随着时空的变化，政府职能结构的重心从某个职能转向另一个职能。由于历史传统、经济状况、文化背景、社会价值观、现代化的发展进程等因素的影响和制约，不同国家的政府职能结构往往是不同的。即使同一国家的政府职能结构在不同的历史发展时期也存在着差异。从各国政府职能的演进历史看，传统社会政府职能结构的重心在于政治职能，通过暴力和专政来保证统治阶级的统治地位，因而镇压和暴力统治是政府的主要职能。而当代各国的政府职能体系中，政治职能逐渐弱化，暴力手段在"悄悄地"弱化并处于相对次要的地位，而保持经济发展和提供社会服务的职能趋于加强，经济职能和社会职能居于主要地位。政府职能的这种转变是人类文明发展和社会进步的规律。而且人类文明愈发展，社会愈进步，政府的社会公共管理职能会愈加强。②在政府职能结构的重心位移的同时，政府职能结构中各职能的内涵会发生或多或少的变动，收缩或扩张。这是政府为适应不同时期社会环境对政府职能重心的不同要求而作出的整体性结构调整。如前所述，传统社会中政府的社会职能简单且具综合性，主要是有限地调节社会纷争和灾后救济等，而现代社会中政府的社会职能极大扩展，出现了传统社会中不曾有的或不显得重要的社会公共事务，如人口、环境和社会保障等。③政府职能重心变化必然会引起职能行使方式的变化。职能方式是实现政府职能所采取的手段，而不是政府职能本身。但是手段是实现职能的保证。与职能的要求相吻合,职能重心发生变化,职能行使的方式也会随之调整。例如,传统社会政府对社会事务的管理方式是政治性、行政性和直接性的,到了现代社会,政府对社会事务的管理则是采取经济性、法律性、间接性的方式。

需要指出的是,任何历史阶段,任何性质国家的政府,其基本职能均涵盖政治职能、经济职能、文化职能和社会职能四个方面,政府职能转变,职能重心从某个职能转向另一个职能,并不意味其他职能的消失和不重要,处于职能体系重心地位的职能既不能取代其他职能,也不等于全部职能。其他处于职能结构非重心地位的职能,虽退居次要位置,但仍然与处于职能结构重心地位的职能是一个不可分割的整体,围绕处于重心地位的职能发挥作用。它们之间相互联系,相互渗透,一起构成职能体系,共同行使其职责,而不是这些职能退出历史舞台。例如,政府职能重心转向经济建设后,政治职能就主要转向调节好社会各种利益矛盾,维护政治安定,为经济发展争取稳定、良好的政治环境。

二、行政职能的历史变迁发展趋势

对政府职能的论述可以追溯到古希腊的亚里士多德。早在 2 000 多年前,亚里士多德在论及古希腊城邦时就指出,人之所以需要城邦是由于城邦能使人过上优良的生活,只有能够维护公共利益,保证人们过优良生活的政府才是正义的、善的政府。亚里士多德同时列举了政府应履行的一些重要职能:负责市场管理、监护城区公共财产、维护并修理损害的建筑和街道、解决民间纠纷、征收并保存公共财产收益、办理民间契约和法庭判决的注册事务、执行判决、负责城防等,并指出只有具有这些功能,城邦生活才能健康发展。中世纪的著名神学家托马斯·阿奎那认为,国王或者政府的职能在于"殚精竭虑地增进公共利益"。只有增进公共利益的政府才是正义的政府,否则是非正义的政府。不过,古代社会的亚里士多德和阿奎那对政府职能的论述是基于一种传统社会的伦理职能观,以正义与非正义、善与恶为基础和标准,带有浓厚的伦理学烙印,这与以后关于政府在社会中功能定位的角色职能观是有区别的。

近代以后,工业化进程使得商品经济在社会中逐步居于主导地位,在新的经济秩序下,政府的职能及其作用成为突出问题。对于政府应当承担诸如维护社会秩序、保证国家和公民的安全等服务于公共利益的职能,一般没有多大分歧,对于政府职能的纷争主要集中于政府与经济生活的关系,诸种见解和争论以至于持续到今天。关于政府职能的界定和论述大体可分为亚当·斯密的"守夜人"政府职能论、凯恩斯的干预主义政府职能论以及科斯的有选择地干预"市场失败"三种理论。

下面我们来梳理一下西方国家行政职能的演变历史。主要分为如下 4 个阶段。

1. 前资本主义时期的行政职能

前资本主义时期是指奴隶制和封建制社会时期。奴隶制时期国家行政职能的重点在于政治统治，通过强化政治职能，采取残暴的统治方式来维护奴隶主阶级政权的生存和发展，经济职能十分微弱，社会管理职能也很少。

前资本主义时期的行政职能体现出两方面的特点，一方面是政治统治职能的极端强化；另一方面是社会管理职能的相对微弱，这是由奴隶社会和封建社会条件下的自然经济及其经济基础所决定的。

2. 自由资本主义时期的行政职能

自由资本主义时期是资本主义发展的上升阶段。这一时期，英国古典政治经济学家亚当·斯密等以理性经济人假定为基础，极力推崇市场机制这只“看不见的手”，反对政府干预经济生活，认为最好的政府就是最廉洁的政府。因此，自由资本主义时期政府采取自由主义的管理方法，以保障资产阶级的自由、平等、民主权利为目的，通过政治统治职能对新生的资产阶级政权的巩固和发展起着“守夜人”的作用，奉行“政府管得越少越好”的信条，主要依靠市场这只“无形的手”来调节和引导社会经济及其他各项事业的发展。

3. 垄断资本主义时期的行政职能

进入垄断资本主义时期以后，资本主义所固有的矛盾日益尖锐，自由主义的统治方法已不适应这个时期的统治要求，形成了凯恩斯的干预主义的政府职能论。这一时期资本主义国家充分地运用和强化了政府的政治统治职能，行政权力扩大，专政镇压职能大大加强，民主职能有所削弱。在经济领域，强调政府对社会经济的调节和干预，垄断代替了自由竞争，垄断资本和国家政权紧密结合，政府的经济职能和社会职能都扩大和加强了，如政府通过行政手段和法律手段来保证市场秩序，通过预算和高额税收、发行国债等办法承担某些社会公共事务，在收入及分配领域采取一系列福利措施等。

4. 当代资本主义的行政职能

当代西方学者既不赞成政府只承担“守夜人”职责的自由主义，也不同意政府全面干预经济的干预主义，而主张有选择地干预“市场失败”，代表人物是科斯。当代西方国家的行政职能呈现出如下发展趋势：

首先，行政职能逐渐扩大。政府社会职能的扩大尤其明显，如就业、住宅、交通、人口控制、老龄化、环境保护、生态平衡、空气污染、水污染等都是当代重要的社会服务职能。

其次，政治职能中的暴力职能相对减弱，而保持社会稳定的调节职能趋于加强。这种调节职能表现为，政府通过与各种利益集团、各种社会力量之间的妥协来达到平衡；通过吸收工人和人民群众参与管理等，以缓和劳资矛盾、改善劳资关系；通过对上层建筑和生产关系的调整与改革来适应经济基础及生产力的发展需求，保持现实和未来发展平衡等。

最后，政府的宏观调控、综合协调职能的强化与行政职能的社会化同步进行。为确保行政管理活动的顺利进行和经济活动的相对稳定发展，当代资本主义国家在行政改革中都进一步加强政府宏观调控职能，通过政府的宏观协调，将一部分职能交还给社会，由社会组织替代政府进行直接管理，实现社会职能社会化，这是当代政府职能发展的新特点、新趋向。

三、我国政府职能的转变

(一)我国政府职能转变的必然性

1978 年党的十一届三中全会的召开标志着中国进入一个新的历史时代，中国政府的职能转变由此拉开序幕。改革开放以来，中国政府职能是在两个层面上发生转变。从 1978 年到 1982 年中共十二大，党和国家实现了指导思想和方针政策的转移，党和国家的工作重心从“以阶级斗争为纲”转向“以经济建设为中心”，现代化建设开始成为“最大的政治”。多年来被人为扩大的专政、镇压职能得到控制，国家的社会管理和经济建设职能很快得以扩展。这意味着政府职能实现从政治职能为重心转向以经济职能为重心的第一重转变，在此基础上，经济体制改革得以展开。20 世纪 80 年代中期以来，随着我国经济体制改革的深入，尤其是党的十四大确立了建立社会主义市场经济体制的改革目标后，我国的经济体制开始发生根本性转变。经济基础的这一重大变化必然要求包括行政体制在内的上层建筑进行适应性调整，变革计划经济体制下高度集权的政府经济管理体制，调整和转变政府行政职能的政府体制改革被推向改革的前台。由此促动了第二重意义上的政府职能转变，即政府的经济职能从计划经济取向向市场经济取向转变。尤其是 2001 年 12 月 11 日后，我国正式加入 WTO，这时的政府职能转变成为推进政府机构改革和行政体制改革，进而推进更深层次的政治体制改革的起点。

因此，我国政府职能转变是社会主义市场经济体制改革发展的必然要求。

我国原有的计划经济体制是建国初期在资金短缺的发展经济中，为建立一个完整的重工业体系的特定国情下所作出的制度安排。其基本特征是国家掌握着全部社会资源的分配权，并采取直接的行政手段管理经济事务和社会事务。政府居于全社会生产指挥中心，垄断了生产、流通、交换和分配的各个领域，并附之以指令性计划、一平二调、统收统支等制度措施指挥企业的生产经营活动。其结果，企业和各个单位不过是政府的附属物，失去其作为经济组织、社会组织的属性；反过来，企业、事业单位又承担了本应由政府承担的大量社会事务，企业办医院、办学校，并承担了职工生老病死的终身保障。政企不分、政事不分造成政府职能结构的失衡和严重错位，政府不得不以大量的时间与精力忙于给企业下达指令性计划，分指标、分任务，从事搞项目、分钱分物的直接管理和微观管理，使政府管了许多管不了，也管不好的事，其结果是“种了别人的田，荒了自家的地”，也导致政府机构中管理经济事务和社会事务的部门特别臃肿，管理队伍特别庞大。如中央政府即国务院的管理部门，从1956年的81个单位，发展到1981年的100个单位，其中大部分从事经济和社会事务的直接管理。庞大的政府管理部门带来管理上的困难，机构多、职能乱、冗员多、相互推诿、相互扯皮等弊端又加大了政府运作的成本，降低了政府的效率。因此，按照市场经济的要求转变政府的经济职能，加强社会服务职能，调整政府的职能结构，理顺职能关系，是建立符合社会主义市场经济体制的行政管理体制的前提。

(二)我国政府职能转变的主要内容

1.政府职能重心的转变

在我国建立社会主义市场经济的背景下，政府的职能重心、职能方式和职能关系发生了根本性变化。政府职能重心从重政治统治职能轻社会管理职能以及重阶级斗争轻经济建设转向以经济建设为中心。以经济建设为中心意味着政府职能重心转向为市场运行、为经济发展提供政策环境、制度环境、基础设施环境方面，履行好公共管理与公共服务职责。因而，中国政府职能转变主要是围绕政府与市场关系这一轴心展开和确立的。

首先，政府作为公共产品的提供者，要为市场发育、运行提供公共基础设施条件，为经济发展营造必不可少的良好的硬环境。其次，作为制度的供给者，政府要为市场经济提供政策、制度、法规及包括政府效率在内的软环境。第三，作为宏观经济的调控者，政府运用财政政策、货币政策、产业政策等宏观经济政策，调控宏观经济，弥补市场缺陷，防止市场失灵，引导经济平稳、协调地发展。概而言之，政府的经济职能要转变，社会职能要加强，服务职能要强化。

2.政府职能实现方式的转变

与政府职能重心的转移相应，政府职能方式、方法上也发生了转变，这就是从旧体制下的直接管理、微观管理转向间接管理、宏观调控，政企分开，政事分开，将企业的自主经营权还给企业；从运用行政控制方式为主转向以经济协调方式、法律方式、行为科学方式为主，并辅之以行政控制方式。

3. 政府职能关系的调整转变

政府职能重心和职能方式转变要通过职能关系调节的途径来实现，这是实现政府职能转变的关键环节。职能关系是指不同的管理职能该由谁来行事，以及管理主体的职责权限的划分问题，涉及职责、权限、结构等。结合我国职能转变的实际，在职能关系调整中，政府与社会的关系、中央与地方的关系、政企关系、政府内部各职能部门的关系是着重要解决好的问题，也是难点问题。其总的要求是：清理职能、调整结构；下放权力，理顺关系；微观放开搞活，宏观调控服务。

首先，要理顺中央和地方、上级与下级的关系。其基本的方向是权力下放。权力是职能的保证，职能是权力的落实。旧体制下权力格局的特征是各种管理权限主要集中在中央、上级，形成头重脚轻的职能构架。一方面，地方与下级没有自主权，其积极性难以发挥；另一方面，中央集宏观与微观管理于一身，不仅陷入繁重的微观事务而削弱了宏观调控的职能，也因信息易失真、不及时带来决策失误。理顺中央和地方、上级和下级职能关系的原则是既要维护中央的权威，保持政令统一，又要充分调动地方的积极性，使之有因地制宜地解决问题的自主权。此外，在政府与社会的权力关系中，要把属于社会的权力还给社会，国家和政府对社会集中、全面控制的范围缩小了，“体制外”的空间增大了，才有助于推进公民社会的发展。

其次，理顺政企关系。这是政府职能转变的核心问题，也是难度最大的问题。政企不分有其存在的深刻原因，这就是原有的国有制经济关系和利益结构。在单一的国有制形式下，政府作为国有资本财产所有者的代表(委托人)，它赋有监督国有资产的使用和处置、防止代理人损害国有资本的行为发生、保证资本增值的使命。但是政府管企业又会导致权力滥用和低效率发生。建立社会主义市场经济体制要解决政企分开问题，使企业真正成为按市场法则的硬性预算约束，而不是靠外在的政府的软约束运转。

第三，理顺政府内部各职能部门的关系，合理配置政府职能体系。依据政府职能重心转变的要求，对职能进行分解与分析，明确各自的职责与分工，克服职能不清、职能交叉、人浮于事、推诿扯皮的弊端。

【案例分析】

争议的公共事业特许经营

长期以来，我国城市公用事业一直采取国有国营、地方政府运作的发展模式。

2002年深圳市政府提出了对5家大型国有独资企业进行改革,引进战略投资者的目标。在这5家企业中,有3家属于公用事业,即水务、燃气和公交。

2003年,深圳市政府出台《深圳市公用事业特许经营办法》(下称《办法》),对特许经营相关情况,包括政府监管、价格调整程序、企业义务等作出了规范性规定,并于当年5月1日起施行,但该办法对于特许经营权的授权情况并没有具体明确。

2006年3月1日,几经修改和审议的《深圳市公用事业特许经营办法》(下称《条例》)终于出台并正式实施。从2003年的《办法》到现今的《条例》,深圳在公用事业经营和管理上作出了自己的探索,这是一个每走一步都充满争议的艰难之旅。

争议一:特许经营之竞争机制论?

市民李红光女士一直坚持着自己的看法。"深圳管道燃气的垄断必须打破,否则受害的是老百姓。"李红光无法理解,为何在对公用事业实行特许经营时不能引入竞争机制,允许多家企业同时经营。她告诉记者,深圳有3家规模较大的燃气公司:岩谷燃气公司、深南燃气公司和燃气集团,而前两者各自的市场份额都占到1/3,燃气集团与其他燃气公司相加才占1/3,可最后特许经营权却给了燃气集团。李红光认为,《条例》应该进一步明晰特许经营的范围,拿燃气供应为例,未建的管道和瓶组站应该不是特许经营的范围,根据国务院投资体制改革决定是社会资金投资的范围。

争议二:特许经营之政府监管?

如何保证公用事业价格的相对稳定和服务质量是《条例》的另一核心。《条例》第四十条明确规定,公用事业价格应当依据社会平均成本、经营者合理收益、社会承受能力以及其他相关因素予以确定。

在公用事业价格调整方面,《条例》规定可以由经营者或者公用事业公众监督组织、消费者组织、行业协会监管部门向价格主管部门提出书面申请,价格主管部门或者其他有关部门根据价格法有关规定也可以直接提出定价、调价方案。价格主管部门收到申请后进行审核。通过后开展社会平均成本和社会承受能力调查,并在作出受理决定之日起3个月内举行听证会。据知情人士透露,这些年来,深圳管道燃气价格都是由燃气集团申请提价,市物价局批准,从未经听证程序。国际市场涨价时申请涨价,但是降价却少之又少。

《条例》对此项建议有所体现,第五十一条规定,市政府应当分不同行业设立公用事业公众监督委员会,代表公众对特许经营活动进行监督。委员会成员中非政府部门的专家和公众代表不得少于2/3。经营者应当按年度向公众监督委员会通报经营情况。公众监督委员会可以通过听证会、座谈会、问卷调查等方式收集公众意见，提出立法、监管等建议，代表公众对特许经营进行监督（来源：根据2006年3月8日《南方日报》，洪奕宜、黄伟的《深圳：公用事业改革一路争议一路前行》整理编写）。

问题：

1. 案例体现了政府的那种基本职能？深圳公用事业市场化改革给我们带来了什么启示？

2. 如何界定政府在市政公用事业市场化改革中的职能？

3. 你如何评价深圳市政府在公用事业特许经营中引入竞争机制和政府的监管行为？

【思考与练习】

1. 行政职能的含义是什么？

2. 行政职能的类型有哪些？

3. 行政管理的基本职有哪些？

4. 行政管理的运行职能包括哪些？

5. 我国政府职能的转变的必然性及其主要内容是什么？

第四章

行政权力

【导入案例】

2003年下半年，湖南省嘉禾县政府在珠泉商贸城项目建设中，制定出“四包”、“两停”这样的强硬措施，以行政命令搞强制拆迁，并要求县里的公职人员负责各自亲属的拆迁工作，否则将被暂停工作，停发工资，引起当地群众的强烈不满。“谁影响嘉禾一阵子，我就影响他一辈子”这条在珠泉商贸城开工仪式上打出的标语，读来似乎让人能感觉到嘉禾县领导对嘉禾发展认真负责的态度，实际情况如何呢？一个商业开发项目、政府不惜违规介入，甚至专门出台了“四包”、“两停”这样以株连手段推动拆迁的文件，在“四包”、“两停”文件实施的10个月当中，嘉禾有160多名公职人员因为拆迁工作受到牵连，至少6～7人被调离原单位；还出现了夫妻离婚、父子反目的诸多事例。而在一些拆迁户合法利益受到损害并不断反映问题的半年多时间里，珠泉商贸城的拆迁工作依然在紧锣密鼓地进行中，嘉禾县有关领导是否对嘉禾的群众和拆迁户的利益负了责？一方面是动用行政权力迫使群众向开发商让步；另一方面又不惜违反国家有关法律法规对开发商层层让利，这些看不懂的举动也不仅让人发问，嘉禾有关领导到底在为谁负责（来源：新京报，2004-05-08）？

分析案例讨论嘉禾县政府违反了哪些权力运行规则？

第一节　行政权力概述

一、行政权力的含义

(一)权力及行政权力的含义

1.权力的含义

权力是一定的社会组织中被少部分人控制掌握以支配他人及财、物的力量。权力关系反映了人们之间的社会关系。权力由权力主体、权力客体、权力目的、权力作用方式和权力的实现5个要素组成。权力主体即权力的实质或形式上的拥有者,它是取得一定资格的人或组织,权力主体与权力客体是一对相互对应的概念。在一定的权力关系中,处于主体和支配地位者即为权力主体。权力客体是相对于权力主体而言的一个概念,是权力作用的对象。从终极意义上,权力本身并不是目的,而只是权力主体为达到某种目的而动用的一种手段。权力主体为了实现自己的目的,制约或支配权力客体的方法和机制就是权力作用方式。权力的实现是权力主体作用于权力客体后所收到的实际效果。

2.行政权力的含义

行政权力是国家政治权力的重要组成部分。国家政治权力按其组织和内容的不同,可分为立法权力、司法权力、行政权力、军事权力等。行政权是英国政治思想家洛克最早提出的,他把国家权力分为立法权、行政权和对外权3种。法国思想家孟德斯鸠在总结洛克分权学说的基础上使该学说进一步完善化。他把国家权力分为立法权、行政权和司法权。随着社会、经济、文化等的发展,行政权的内涵并不那么简单。无论从其涉及的范围看,还是从它的强度看,都具有强烈的现代意义。至少有两个表现非常突出的特征,即膨胀化和技术化。

(二)行政权力的内容

行政权力作为政治权力的一种,它是国家行政机关以特定的强制手段,有效执行国家意志而依靠宪法原则对全社会进行管理的一种能力。行政权力的这一定义,应该包括以下5个方面的内容。

(1)行政权力的主体是国家行政机构。这就是说,行政权力的行使必须以国家行政机构为依托,离开了行政机构的行政权力是抽象的和无实际作用的。在各个政治共同体中,行政机构各不相同。美国为总统和行政部门,日本、英国为首相和内阁，法国为总统和总理结合的行政体制，德国、意大利等国为总理和行政部门，瑞士为联邦委员会，我国为总理和国务院。

(2)行政权力的职能是执行国家意志。从本质上说，国家意志代表着统治阶级的意志，但从形式上说，国家意志则代表着公共意志。行政权力的职能就是执行立法机构所确定的国家意志，使之能够实现。在政治时代，意志或利益实现过程已经成为政治过程中占主导地位的、最为重要的组成部分。对此，美国的戴维·M·奥尔森曾指出，当今的时代是一个"执行权统治的时代"。

(3)行政权力的作用方式是强制性地推行政令。行政权力具有强制性或权威性，原因在于它是社会中公认的和法定的，并有强大的国家机器作后盾，因而它所推行的政令是权力作用对象必须接受的。

(4)行政权力的客体是全社会。行政权力具有普遍性，它的作用对象是全体公民、全部社会组织。

(5)行政权力的性质是一种由社会上少数人行使的管理权力。

二、行政权力的特征

通过对行政权力内容的分析可见，行政权力具有一般国家权力所表现出的合法性、强制性和普遍性等特点。然而，我们同时也看到，行政权力具有独特的结构，这又是它不同于一般国家权力的，也就是说，行政权力还有着自己独自的特性。这些特性主要表现在：

1. 公共性

作为一种国家权力，行政权力本来就属于公共权力。它的运作集中体现为公共管理和公共服务等活动，这些活动的本质属于集体性行动。集体性行动的目的在于提供公共物品、维护公共利益。但因为集体物品的非排他性，行政权力的公共性又引发一系列问题。当然，学术界对于公共利益有颇多的争议，这直接影响到人们对于行政权力公共性的理解：公共利益指一种抽象的价值规范；公共利益与某种特殊利益相关；公共利益和政治竞争相连；公共利益就是公共机构的利益。我们认为，公共利益乃公众利益制度化的表现，而作为公共权力之一的行政权力，就是实现公共利益的手段。

2. 手段性

行政权力本身不是目的，而是实现目的的手段。行政权力要实现的目的并非产生于行政系统本身，而是来自于行政权力之外。从法理上讲，行政权力属于派生性的权力，它必须执行赋予它权力的公民或国家立法机关的意志。所以，威尔逊在其行政学的开山之作《行政学之研究》当中就曾揭示道：行政管理就是“政府的执行、政府的操作”。毫无疑问，行政权力也具有决策功能，但这种决策功能不同于立法决策权或政治决策权。从整个国家权力的运行过程来看，行政权力是在立法权力的输出功能之后起作用的，行政决策属于国家权力输出过程中的决策。如果说输入过程是国家目的的形成过程，那么，输出过程乃是通过一定的手段实现该目的的过程。行政权力所充当的正是这种手段。它与政治权力相比，不能不说更加带有策略性和手段性。

3. 自主性

行政权力的自主性即行政权力的相对独立性，主要表现在两个方面：即相对于社会权力的自主性和相对于统治权力的自主性。行政权力相对于社会权力的自主性源自于其公共性。马克思认为，由于私人利益和公共利益之间的矛盾，公共利益才以国家的姿态而采取一种和实际利益(不论是单个的还是共同的)脱离的独立形式。这也就是说，行政权力代表的利益，是独立于社会上各种单个的或集体形式存在的特殊利益之外的，公共政策应该免受个别势力的直接干预。行政权力相对于统治权力的自主性，主要指它在执行管理国家事务和社会公共事务的功能时，必须保持社会公平，而不能偏向于某个强势集团。作为对国家法律的执行权力，它必须坚持非人格化的原则。当然，由于行政权力独立于社会权力和统治权力的特性，加之其本身的操作性、技术性和事务性，它也可能存在用自身利益置换公共利益的可能性，这是一种非常态的行政权力自主性。但是，行政权力作为执行国家意志的手段，并不是完全脱离于政治权力之外的东西。所以，行政权力的自主性也只能具有相对意义。

4. 一元性

行政权力的一元性表现在 3 个方面：①在一个国家内，拥有和行使行政权力的组织系统只能是一个，否则，如果存在其他主体的干扰，行政权力的强度、轨道和效能都将受到影响，最终还会影响到行政权力目标的实现。②在一个国家的行政系统内部，只能存在一个权力中心。“政出多门”必然带来行政客体的无所适从。由于行政权力作用方向和方式的特殊性，集中和统一就成为行政权力的固有特点。所以，首长负责制是一般行政管理机关的领导原则。③行政权力主体与客体之间的不可逆性，亦即行政权力运行的单向性。行政权力作为国家权力的输出端，其运行是从较高势能点出发的自上而下的线性运动过程，其原因在于行政权力要执行的是已经集中了的国家意志。

5.时效性

如果说立法权力重在公正表达公共利益，司法权力重在明了界定公共利益的话，那么行政权力则主要是要有效地执行国家意志，以迅速实现公共利益。所以，时间就成为行政权力结构中重要的坐标，效率也就成为行政权力所追求的直接目的。注重时效是行政权力明显的特征之一。当然，从时间角度看，时效还可以有短期、中期和长期之不同。所以，注重时效并不一定意味着单纯追求时间距离的长短。否则，行政权力的运作就会出现短期行为，不利于行政管理长远目的的达成。这也就是说，效率和效能是两个互相关联的概念，效能更加偏重于行政权力运行的结果和长期效应。时效的概念应该包括效能在内。时效性还涉及效率和民主的关系问题。需要指出的是，不能将效率和民主两个概念进行简单对立，还应该看到效率的追求和民主的发展之间并行不悖的关系。这里所涉及的其实是人类政治社会长期存在的公平与效率之间的二律背反问题。这种二律背反在当代社会通过权力分工得到了一定程度的统一。立法权力是达成社会公正的必要途径，行政权力是实现效率的必备手段。可见，民主与立法权力相关，效率与行政权力相连。二者不可偏废。二者之间的有机结合，正是现代社会所发现的实现公平与效率相结合的必由之路。

6.膨胀性

行政权力还有一个很重要的特性，即自我膨胀特性。这种特性表现为两种情况：一种是行政权力的自然增长，属正常状态；另一种是行政权力的恶性膨胀，属异常现象。行政权力的自我膨胀性源于行政权力的自身结构、行政权力的性质以及行政权力客体的状况。行政权力的运动是自上而下的放射结构，且每经过一层中介，其放射都要扩大一定的范围；而由于自主性的逻辑，各级权力的行使者又常常产生扩大权力的本能冲动，这就使行政权力具有一种无限延伸的能力；随着社会的发展，行政权力作用的对象也必然日益增加，行政权力也就随之扩大，这样又自然会带来行政权力结构的变化，形成连锁反应。如此三种因素相互作用，行政权力的膨胀也就成为不可避免的事情。

以上诸方面，就是行政权力的主要特性。正是这些特性，才把行政权力与其他政治权力区别开来。也正是这些特性，决定了行政权力的不断发展变化。

三、行政权力体系

现在，我们将更进一步，以系统的眼光对行政权力进行深入剖析。作为承载着一定政府职能、支撑整个公共行政“大厦”、保证政府部门得以运转的体系之一，行政权力自然有一套与公共行政部门配套的结构体系。对于这个结构体系,我们可以分别从静态和动态两个角度来观察。从静态角度来讲,行政权力体系的结构可以说是为公共行政“大厦”提供了钢筋水泥的架子;从动态角度来看,行政权力体系结构则为政府部门得以运转提供了动力。因此,静态结构涉及的是行政权力的安排问题,而动态结构涉及的是行政权力的运行问题。

(一)行政权力的静态结构

行政权力的静态结构是指由系统内部承载各种不同功能的行政权力所组成的一种网络构架。它表现为行政权力关系及其制度安排的总格局,是各种行政活动赖以展开的基本框架。

行政权力的静态结构是一种外在的、可被观察的结构。通过对这种结构的描述,可以使我们得到一种有关行政权力的表象认识。由于“权力”这个概念本身是抽象的,因而对行政权力的静态观察多依赖于与权力结合的主体:个人或部门。总的来看,行政权力的静态结构呈“金字塔”形,与传统组织的形状相一致。同时,它也包括纵向和横向两个空间维度。纵向上,行政权力处于层级式分布状态,体现出权力主体在垂直方向上的差异,等级越高,权力范围越大。对此,马克斯·韦伯曾做过经典概括,在他的理想模型——官僚制模型中,这种按等级秩序排列的权力,每一级的权力的各个方面都是既定而且明确的,上级对下级有着完全的命令和监控权。横向上,行政权力的静态横向结构,体现的是权力主体在水平方向上的差异,这主要是由于公共行政活动需要专业化分工。与纵向结构相对应的是,等级越高,横向结构中的同级权力的掌握者数量越多。

(二)行政权力的动态结构

行政权力的动态结构也可以说是公共行政部门的动力系统,它主要涉及的是一个动态过程。通常,我们把行政权力的动态结构定义为:由行政权力作用的动力、方式、效率及结果等因素构成的运行模式。

首先,我们来看看动力问题。行政权力作用的动力主要来自于公共行政的目的。权力实际上只是实现政府职能的工具。

其次,作用方式问题。行政权力的作用方式有3个方面的特征:一是强制性;二是单向度的自上而下;三是层级式。这3个方面的内容是紧密联系在一起的。如果把第一点和第二点放在一起,我们可以得出:强制性的命令会自上而下传递。再加上第三点,我们的结论就变成:强制性的命令从中央一层一层往下传递,而这也就是行政权力普遍的作用方式。

倘若将这种作用方式同行政权力的静态结构结合起来,那么呈现在我们眼前的将会是一幅扇形的作用轨道图。图中的每一道权力作用线都指向圆心。

再次,效率在行政权力动态结构中也是一个不可忽略的因素,这里的效率指的纯粹是程序效率,也就是强制性命令传递的速度。根据上面的描述,尤其是我们权力作用轨道图,我们会发现不同轨道上的行政权力只有在圆心处才能发生关系,这必然会使低层级权力之间的联系非常困难。在现代社会环境下,这个矛盾更是日显突出。对效率的追求,是行政权力的动态结构区别于静态结构的一个重要特征。公共行政学的先驱学者亨利·法约尔就注意到了这一点,为了解决这一问题,他提出了"跳板原则"。因为,行政权力在运行的过程中,有时会有跨出轨道、跳跃层级的现象,其目的就是为了追求效率。

最后,作用结果问题。行政权力的作用结果的重要性在于:它反映了行政权力的运行效果。在此,行政权力的作用结果指的是权力主体迫使客体服从的程度,亦即社会成员及其赖以存在的组织对于政府的服从情况。作用结果往往是检验行政权力之目的和公众需要之间距离的重要标尺。

值得一提的是,行政权力的动态结构和静态结构并不是彼此独立存在的,而是同一事物从两种角度分别考察的结果。这样做的目的,当然是为了方便分析和理解。如果"解剖工作"完成得不错,那么将其"归复原貌"以后,我们将看到的是:行政权力沿着其静态结构所确定的框架,以特定方式持续运行的动态景象。

(三)影响行政权力体系的因素

行政权力体系是指行政权力内部的关系状态和有序运行的过程。在上一部分,我们对行政权力结构体系从静态和动态两个角度分别进行了说明。虽然我们分析得非常仔细,但我们始终没有跳出行政权力系统内部这个圈子。事实上,外界环境中的许多变量都会对该系统,尤其是其运行结果产生影响。因而,就具体的行政权力体系构成而言,当今世界,各国都不尽相同;即使是同一个国家,在不同时期的行政权力体系也有区别。在这里,我们只是从影响行政权力体系的一般原因上进行探讨。

(1)政治因素。政治因素是直接影响行政权力的因素,包括国家政治体制、政治领导人、各种社会政治力量及利益集团等的状况。它的影响也是最全面的,几乎涉及行政权力结构体系的各个方面。

(2)经济因素。纵观历史长河,从古至今各国行政权力结构的总体趋势是职能性权力的扩大,而社会发展和技术进步带来了经济的繁荣往往就是其主要原因。同时,经济发展状况还直接关系到一国的财政收入,财政收入的多少又会对行政权力可调用的资源数量有重大影响,从而最终影响到权力作用的效果。

(3)公务员。公务员是行政权力的最终载体,其素质状况对行政权力的运行也有重要影响。公务员的公共精神、职业道德状况以及能力素质都会影响到行政权力实际作用的大小。

(4)政府绩效。虽然行政权力来源于国家权力,是以国家强制权力为后盾的,但政府的绩效水平会在很大程度上影响到社会以及国家对该政府的认可。因此,如果政府的绩效水平太低,那么行政权力的权力基础就会被削弱,严重的还会引发公共行政改革,进而影响到权力体系的各个层面。

(5)法治状况。一个国家的法治状况不仅会影响到行政权力在作用过程中得到遵从的程度,而且还会影响到该权力本身的异化程度。倘若是法治畅行,则行政权力明确规范,不会随意张弛,社会的遵从程度也就会比较高。否则,相反的情况就会出现。

(6)行政改革。公共行政改革的最终结果虽然是利益结构的变化,但其本质却是对行政权力体系结构的重新安排。由于公共行政改革会打破既有的利益格局,因而在权力体系调整的过程中,旧的体系通常会表现出一定的“恋恋不舍”来。

(7)文化因素。社会的传统文化以及现阶段的科技发展水平,是影响行政权力体系的两大文化因素。社会传统文化往往源自于一定的社会历史背景,是一定地域共同体内部世代相传所形成的民族心理积淀。文化因素对行政权力体系的影响,主要是通过影响人们的行为选择而间接实现的。

(8)社会的自治精神。社会自治精神是能够与公共权力相抗衡的一种力量,它在现实中的表现是大量非政府部门、中介组织、行业组织的兴起。如果一个共同体内有很强的社会自治精神,那么它必然会对行政权力的扩张起抑制作用,从而影响到行政权力的介入范围。

第二节　行政权力的配置

行政权力是行政管理的基础和动力。与行政管理对象的复杂性与多样性相适应,行政权力在国家权力体系中必须进行科学分工,即行政权力的合理配置。行政权力配置包括 4 个方面的内容:中央政府行政权力的配置,地方政府行政权力的配置,中央与地方政府行政权力的配置以及行政权力的区域配置。

一、行政权力在中央的配置

行政权力在中央的配置形成了中央政府体制,它是最高国家行政权力和职能的划分,这种配置的实质反映了行政权力在国家权力体系中的配置,实际上就是行政机关在政治体制中的职权范围和权力地位，一般由宪法和法律作出明确规定。行政权力同其他国家权力的关系如何，这是由国体和政体所决定的。一般说来，行政权力在国家权力体系中的分配主要有以下 4 种类型。

(1)三权分立型。资本主义国家普遍采用的类型，国家权力分为立法、行政、司法三权，分别由议会、内阁(或总统)和法院掌握，各司其职又相互制衡。这种类型又有总统制、内阁制和委员会制的区分。在总统制下，总统一般由公民直接或间接选举产生，直接对公民负责，不对议会负责。总统身兼国家元首和政府首脑(在"半总统制"国家，总统和政府首脑分设)，直接组织和领导政府。政府不对国会负责，只对总统个人负责，国家的立法机关和行政机关完全分立，人员不交叉。与总统制相对，在内阁制下内阁以议会为基础产生，内阁总揽国家行政权力并对议会全权负责，内阁总理(首相)是内阁政府首脑，通常由在议会中占多数席位的政党或政党联盟的领袖担任，总理(首相)主持内阁会议，总揽政务，负责制定和执行国家对内对外的重大方针政策；内阁接受议会的监督，定期向议会报告工作。当会议通过对内阁的不信任案时，内阁必须集体辞职，或者提请国家元首解散议会。与总统制和议会制不同，在委员会制下，实行合议制的委员会是国家最高行政机关，瑞士是实行委员会制的典型。瑞士联委员会是最高行政机构，由联邦议会两院联席会选出 7 名委员组成，从中再选出正、副主席各 1 人，主席主持委员会会议、对外代表委员会行使国家元首的各种礼仪性的职责。各委员之间地位平等，一切政务均须集体议决，以委员会名义执行。委员会对议会通过的一切法律必须执行。委员会无权解散议会，议会也无权通过不信任投票推翻委员会。

(2)议行合一型。是社会主义国家普遍采用的类型。议行合一型可以分为两种：一种是立法权和行政权属于同一个最高权力机关，如巴黎公社委员会统一掌握立法权和行政权；另一种是国家行政机关为代议机关的执行机关，由代议机关选举产生，对代议机关负责，如我国的人民代表大会制和前苏联的苏维埃制等。值得指出的是，"议行合一"并不排除国家权力之间的分工，与三权分立不同，"议行合一"规定代议机关在国家机关体系中的至上性。

(3)军事独裁型。军事权力是整个国家权力的核心和基础，军事权力和行政权力合二为一，立法机关、司法机关都受军政府操纵。如一些拉丁美洲、非洲、亚洲国家的军人政权。

(4)政教合一型。政权和教权合二为一，国家元首、行政首脑、宗教领袖由一人兼任。少数阿拉伯国家采用这种类型。

二、行政权力在地方的配置

地方政府是设置于地方各级行政区域内的行政管理机关。行政权力在地方的配置形成了地方政府体制，行政权力在地方的配置可以分为以下 3 种类型。

(1)自治型。这种配置方式的特点是地方自治政府具有“权力合一”特点，行政与立法分权比较模糊，没有一个十分确定的强有力的地方行政首长。地方政府以由议员们选举产生的地方会议为中心，由地方议会和各委员会组成。地方政府的职责、权限由议会立法确定，在法定范围内地方政府有充分的自治权，中央政府不予干预。中央政府对地方政府只有监督关系，在法律上是一种伙伴关系。英国和美国都实行这种地方权力配置方式。

(2)行政体型。这种配置方式的特点是地方政府成为中央政府的一个行政体，遵循“地区整体从属”原则。上级政府负责制定政策、法律和规章，地方政府负责执行。上级政府只负责那些下级政府不能履行的社会公共事务。这种地方权力配置方式的代表是德国。

(3)民主集中型。以民主集中的原则来分配地方政府行政权力，形成了民主集中型的地方政府体制。我国采用这种配置方式。它的特点是：中国地方政府是中央人民政府的下级执行机关，下级政府是上级政府的执行机关。各地方政府由各级人民代表大会选举产生，是各级人民代表大会的执行机关。各省、直辖市都有一定的自治权，自治区有自治权，中国香港和澳门特别行政区有高度自治权。各级地方政府必须接受上级政府和同级的中国共产党委员会的领导，执行党的常委会和委员会所作的决定和制定的政策。政府的主要领导是党的常委会成员。

三、行政权力在中央和地方之间的配置

(一)行政权力在中央和地方之间配置的主要途径

行政权力在中央和地方之间的配置实际上是行政权力在行政体系内部的垂直分配，也称为层次性分配。层次性分配是根据行政权力的层次性而进行的纵向垂直分割。此种分配所形成的结果是行政组织的层次性权力。层次性权力的大小与其所在权力层次的高低成正比。层次越高，管理幅度即权力越大，反之亦然。行政权力垂直分配的主要途径有：

(1)行政授权。由上级行政机关或行政首长授予下级管理有关事务的职权。逐级授权是行政权力分配的主要途径。

(2)权力下放。把原来属于上级行政机关的权力让给下级行政机关行使，扩大下级的自主权，如地方分权。

(3)地方自治。由地方的全体居民组成地方自治团体，按照法律的规定，在国家的领导或监督之下，组织地方自治机关，处理本地区公共事务。

(二)行政授权

行政授权是行政权力垂直分配的主要途径,在行政授权关系中,授权者向被授权者授予权限和责任,被授权者对授权者负责,必须服从授权者的领导和监督并向授权者报告工作。正确授权在行政管理中具有重要的意义。首先,它是领导者的分身术,有利于减轻上级行政机关和行政人员的负担,使他们能够集中精力研究和处理重大问题;其次,使下级增强责任心,充分发挥工作的积极性和主动性;再次,使上下级分工合作各司其职,提高工作效率。

1. 行政授权的分类

行政授权根据不同标准,可以分为不同种类。

(1)根据授权者对被授权者的控制程度不同分为一般授权和特定授权。一般授权是上级行政主体对下属仅指明工作范围、所要达到的目标和若干原则,被授权者具有较大的自主权,能够进行创造性工作;特定授权是行政领导对下属的工作范围、目标、责任以及具体的步骤、途径和方法等都有明确的规定,下级必须严格执行。

(2)根据授权所凭借的媒介不同分为口头授权和书面授权。口头授权是上级行政领导对下属用语言进行授权;书面授权是上级行政主体以正式文件或其他文字形式对授权事项进行明确规定。

(3)根据行政授权是否严格依照法律进行分为正式授权和非正式授权。正式授权是上级行政主体严格按照法律的规定对下属进行的授权;非正式授权是上级行政主体在无法律特别规定的情况下或不按照法定程序对下属进行的授权。

2. 行政授权的原则

为了保障行政授权的顺利实施,行政授权必须遵循一定的原则。这些原则包括:

(1)逐级授权原则。必须按照管理层次逐级授权,只有在特殊情况下才能越级授权。

(2)权责一致原则。权责必须明确,不能出现有权无责或有责无权的现象。

(3)适当授权原则。授权的内容、对象、方式等要符合实际和有关法律、政策的规定。不能把该由自己行使的权力授予下级,也不能独揽一切权力。在授权时,还应考察被授权者的素质。

(4)监督原则。授权后,既要让被授权者在所授职权的范围内具有自主权,又要对被授权者的行为进行监督。对被授权者违反授权范围、触犯法规的行为,授权者应该及时予以纠正。

(三)行政权力在中央和地方之间配置的结果

行政机关垂直分配的结果是在纵向上形成了集中或分散的权力结构。集中式权力结构是指行政权力集中于上级,集中于单个行政主体,形成了集权制。分散式权力结构是指下级拥有较大的自主性,行政权力分割为由多个行政主体行使,形成了分权制。一般来讲,复合制国家倾向于分权,单一制国家倾向于集权,但两者都必须有一定的集权,只是程度不同。

四、行政权力的区域配置

行政权力的区域配置是指根据一定的原则将行政权力划分给相应的行政管理区域,并在此基础上设置相应的行政机关,行政权力的区域配置实际上是行政权力在纵向和横向上进行交叉配置,形成行政区划。

(一)行政权力区域配置的原则

(1)政治原则。国家在把行政权力进行区域配置时,首先必须考虑它有利于国家领土完整和有利于国家主权的完整统一,能够有效地防范国家分裂。

(2)尊重历史传统原则。行政权力的区域配置往往考虑历史传统。中国有的县行政区划可以上溯到秦的县制。

(3)有利于发展原则。行政权力的区域配置必须有利于该区域的经济和社会发展。将行政权力进行合理的区域配置虽然不是社会进步和经济发展的决定因素,但也有一定的制约作用或促进作用。传统类型的行政区划有时会限制社会进步和经济发展。大工业生产以后发展起来的行政区,具有人才密集、知识密集和资源密集的特点,它更有利于社会进步和经济发展。

(4)有效管理原则。行政权力的区域配置是行政权力纵向横向划分的交叉点,必须合理处理管理幅度和管理层次的关系,实现行政效能的最大化。

(5)民族自治原则。在一个多民族国家,各民族的人口多少差异很大,风俗习惯和历史传统不同,经济发展水平有差别,社会情况也不一样,所分布的地理空间大小也有区别,因此实行民族自治,尤其是在一个民族的人口占大多数,占据地理空间较大的国家,更应该实行民族自治。行政权力的区域配置注意民族自治原则,不仅是为了确保民族平等,也为了保证和促进少数民族地区的政治、经济和社会的全面发展。

(二)我国行政权力的区域配置

我国行政权力分为 4 个层次进行区域配置,第一个层次是省、自治区、直辖市;第二个层次是设区的市;第三个层次是县和不设区的市;第四个层次是乡、镇。此外，还有一些特区市、省会所在地的市等。目前我国行政权力配置幅度较大，层次较多，建制不够规范，不利于发展，要逐步予以改革。

第三节　行政权力行使

行政权力的行使过程就是行政权力主体对客体施加影响、并使客体按照主体意愿采取行动的过程。这一过程包括计划、组织、用人、指挥、执行、控制、监督和反馈等一系列具体行为。行政权力的行使需要一定的基础和手段。在不同情况下，行政权力行使的程度会有所区别，这种差别反映出一个政府的效能。为保证政府廉洁高效地运转，必须注意克服行政权力在行使过程中出现的负效应。

一、行政权力的基础和手段

(一)行政权力的基础

行政权力行使的目的在于让行政客体服从行政主体。这种服从是与行政权力的基础分不开的。行政主体获得了相应的权力基础，也就拥有了使行政客体服从的手段。由于权力基础的多样性，因而行政主体行使权力对客体施加影响的手段也是多种多样的。按照相应的基础，行政权力大致可以概括为以下 6 种情况。

(1)报酬性权力。这种权力的基础是主体对于资源的控制而这些资源又正是客体所希望得到的东西。行政主体一旦控制了资源本身或控制了取得资源的途径，它就拥有了相应的权力。譬如在人力资源方面控制了工资报酬、职位和升迁的途径，也就赢得了人事权力。客体的服从是因为他们希望得到相应的资源。

(2)强制性权力。这种权力的基础是行政组织的层级性结构及其所拥有的威胁和惩罚手段。行政主体可以依赖权力，利用物理的力量进行制裁或威胁，强迫行政客体服从就范，这种权力最原始的形式就是体罚、鞭挞等手段的运用。现代社会则以层级的强制为主，暴力通常只是一种后盾。行政客体对强制性权力的服从是因为他们惧怕惩罚。

(3)制度性权力。这种权力的基础是行政组织结构赖以运行的制度规则，包括一些象征性的规范。这与强制性权力主要依赖组织结构及其物理手段不同。新制度主义曾经着力区分了组织与制度两个不同的概念。行政主体通过集体行动的规章制度，可以迫使客体按照主体的意愿去行动。行政客体对于制度权力的服从是由于它们认为行政主体的权力是具有合法性的。

(4)人格性权力。这种权力取决于具有充任行政主体资格的个人。他们的才能、品德、智慧等，都可以构成一种影响力，使得客体服从。人格性权力集中体现为个人魅力，人们的服从来自于对于作为行政主体的人的尊敬与爱戴。

(5)知识性权力。这种权力来源于专业、技术和信息等知识性资源，集中体现为专家的权力。专家所掌握的关于人、事件或其他有助于预测未来行为方向的信息资源是行政权力的重要基础。人们的服从来自于对专家知识水平的认可。

(6)关系性权力。这种权力的基础是与行政主体相关的人际关系、社会网络、非正式组织等。人际关系处理技巧和行政客体的情感支持是关系性权力的基础。行政客体对于关系性权力的服从是基于一种非正式约束。

上述手段共同构成了行政权力的基础。这些手段可以单独使用，亦可混合使用。它们虽然表现形式不同，但其目的都是为了实现行政主体的意志，体现了行政权力所固有的权威性。

(二)行政权力与权威的统一

构成行政权力基础的上述手段有些带有直接的强制性，有些则属于间接性。但当影响行政主体与客体关系时，都可以造成某种不得不服从的效果。然而，这种服从和心悦诚服的效果是不同的。为此，必须弄清权力和权威两个不同的概念。

人们知道，权力是主体根据自己的目的去影响客体行为的能力，而权威则是权力和威信共同作用的结果。也就是说，权威是主体令客体服从的一种权利资格，它是建立在主客体双方认同的基础上的，可见，权力和权威之间有着明显的区别。它们是：

(1)权力主要指一种力量，依靠这种力量可以造成某种特定的局面，使客体的行为符合于主体的目的；权威则主要是一种社会心理过程，它依靠某种威势或威望来取得信任与赞同。

(2)权力通常是以强力作为后盾，具有某种强制性；而权威则主要是以合法性、正当性、合理性作为依靠，具有一定的影响性。

(3)权力的作用不一定带来服从的结果，客体的对抗和不服从是时常发生的；权威所起的作用则往往是心悦诚服，客体一般是基于认同而进行的服从。

可见，虽然权力和权威之间具有相关性，而且在多数情况下权力和权威是一致的，但由于它们之间存在着区别，故在特殊情况下，二者之间也可能发生分离。分离的一种情况是，权力在组织活动中不起作用，不为客体所接受，导致有权力而无权威现象的出现；另一种情况是，某些人并不处于一定的权力地位，但却拥有相当大的影响力，出现无权力而有权威的现象。因此，在行政权力行使过程中，行政主体应该力求权力与权威的统一，并保证合法与合理的统一。

二、行政权力行使的程度

(一)行政权力的行使程度与政府治理能力

行政主体在行使权力过程中,由于所采用的行政手段的权威性与正当性不同,其所获取的服从状况不尽相同。也就是说,行政主体对于行政客体施加影响的过程,会表现出不同程度的差别。行政客体对于行政主体可能服从,也可能部分服从,还可能不服从。行政客体服从于行政主体的状况,一般也就是社会成员对于政府的服从状况。在这里,完全服从一般是不多见的,而不服从的情况也只有在反政府的过程中才会出现,经常见到的情况是部分的服从。部分服从又有程度不同的差别。如果客体对于主体的反应能够通过正常渠道发生反馈作用,或者社会公众能够保持正常的参与政府的活动,公民普遍拥护政府的政策,这就说明行政客体的服从度是比较高的。如果行政客体对于行政主体的正当性表示怀疑,社会公众不满意政府的政策,常常通过非正常的渠道抗议政府,如非暴力反抗或局部暴力抵抗等情况发生,那么这就是行政权力服从度较低的表现。

行政客体对行政主体服从情况的差别,表示了行政权力的不同实现程度,这种情况简称行政权力程度。行政权力程度是一个综合指标,它不仅反映政府工作的效率,而且也反映政府工作的能力。效率和能力的统一便是政府的效能。所以,有效政府必须是既有效率又有能力的政府。

历史进入 21 世纪,政府治理的有效性成为世界各国所普遍追求的目标。与此相关,政府能力也就成为人们普遍关注的问题。所谓政府能力,指的是政府推行管理活动的可能性与效力,包括政府能否有效采取集体行动和能否广泛促进社会的集体性行动两个方面,其判断标准在于政府政策目标的实现过程中对于社会发展的推进。作为政府在治理社会过程中所表现出的潜能和效力,政府能力绝非政府一厢情愿的事情。从本质上讲,它应该是政府与社会互动关系中政府活动的可能性与限度,这里包含着作为治理者的政府和作为被治理者的社会之间双向的互动机制。所以,政府能力实际上是行政权力主体在其与客体的互动关系中所表现出的能动性,这种能动性既受到行政客体的影响,又受到行政权力主客体关系状况的影响。在行政权力的主客体关系中,政府能力一方面体现了行政权力实现自主性目标的潜能,另一方面则体现了行政主体向客体提供服务的供给状况。行政权力的自主活动潜能和服务活动潜能在主客体互动关系结构中所形成的限度,体现了政府能力的实质。所以,理解政府能力,既要考虑到行政主体的权力行使,又要考虑到行政客体的服从。综合这两个方面,判断当代中国政府的能力,主要看是否有利于发展社会生产力,是否有利于增强国家的综合国力,是否有利于提高人民的生活水平。

(二)影响行政权力行使程度的因素

行职权力的行使程度是由多种因素决定的。

首先,行政权力的目的和手段的合理性与正当性是一个根本的因素。目的的合理性与正当性直接影响到行政权力自身的权威性。行政权力的目的直接体现为政策目标,这是与国家目标相关的,其合理性与正当性也就反映了国家权威的合法性。拥有合法性的国家权威往往体现了能够为社会公众所接受的价值体系。合法性的政策目标是行政客体之所以服从的前提。行政权力目的的合理性与正当性也会影响到行政手段的正确与否。而不同的行政手段,又能产生不同的行政管理效果。当然,在某些情况下,正确的目的也可能与某种不正确的手段相联系。但是,从整体上讲,保证行政权力目的与手段的合理与统一,是实现有效政府的首要前提。

其次,影响行政权力行使程度的另一个因素是行政权力的强度。强度的大小取决于行政权力的结构,更取决于行政权力的基础。行政权力的结构无论是静态方面还是动态方面,一般是相对稳定的,只有在改革调整时期才发生明显变化,影响到行政权力的强度。而行政权力的基础则经常以变量的形式出现。它包括两个大的主要方面,其一是分配的基础,其二是个人的基础。所谓分配基础,是指与职位相关的行政权力。它是通过行政权力分配而来的,在行政权力行使过程中体现为职务权威和法的权威。这种基础虽然与行政权力结构相关,也具有相应的稳定性,但因为行政权力人格化与非人格化的张力集中体现于此,所以其变动性也相当突出。加之,不同层次上及不同功能方面的职位权力,其权威的大小也是不一样的,因而在行使过程中的作用也各不相同。所谓个人的基础,是指作为行政权力主体的个人自身可能带来的某种权力,包括品质、经验、知识、专长等方面的影响力。个人权力在行使过程中体现为人格权威和技术权威。这种权威的大小是因人而异的,所以,用人是行政权力行使过程中非常重要的环节。个人权力在行政权力行使过程中的作用不容忽视。在现实中,经常出现一种现象,因其在位人员不同,相同职位权力的行使程度也会有所不同,原因就在于此。

再次,影响行政权力实现程度的因素也包括行政客体的潜在能力问题。作为行政客体的个人,其财富的多寡、教育水平的高低、文化知识的多少和技术能力的强弱,都在很大程度上影响到行政客体的认知与行为能力,影响到客体对于政府政策与法令的认同与反应程度。就作为行政客体的社会集团与社会组织来说,它们潜在能力的最佳组合与整体效应,对其每一个成员能力的发挥都有很大的影响。

第四,影响行政权力实现程度的因素也包括行政权力作用的范围。范围的大小需要视权力强度、权力基础、权力手段、社会发展水平等情况而定。超越行政权力的能力发展，无视行政客体的认同，而一味追求过大、过宽的管理范围，行政权力在行使过程中就有可能发生衰减或衰变，影响行政权力的最终实现。

最后，影响行政权力实现程度的因素还包括行政环境问题。无论是政治环境、社会环境、文化环境和国际环境等外部环境，抑或行政文化、行政氛围等内部环境，都对行政权力的行使起着一定的制约作用。

三、行政权力行使过程中的负效应及其克服

(一)行政权力行使过程中的负效应

在行政权力行使过程中，与有效治理相对应，有一种例外的情况必须引起人们的足够重视，那就是其负效应问题。行政权力的负效应是行政主体在行使权力过程中所产生的某种结果，这是一种违背公共利益和行政根本目的的现象。它主要表现为：

(1)利益倒错。行政权力的根本目的是要实现表现为国家意志的公共利益。但是，由于行政权力在行使时必然有一个人格化的过程，也就是说，行政科层制结构中需要安排大量拥有固定职位并领取一定薪俸的公职人员，他们不可避免地都有自己的特殊利益。如果缺乏相应的利益协调机制和权力制约机制，公职人员不能通过正常渠道满足自己的利益要求，那么，在行政权力行使过程中，他们就有可能为了追求自己的特殊利益而置国家利益于不顾，用公共行政权力去满足私人的需要。这样一来，行政腐败现象就会发生，公共管理者就可能变成贪官污吏，甚至由社会公仆变成社会主人。

(2)权力角逐。从本质上讲，行政权力只是实现国家目的的一种手段。但是，由于行政权力自身的层次性能够带来利益的差别，加之行政权力又拥有有效的行为手段。这样，在行政权力行使过程中，人们就容易产生“权力崇拜”意识。在权力崇拜意识的支配下，人们有可能为追求权力而角逐，甚至把权力追求作为自己一切行为的主要目的，不择手段地往上爬，最后达到自己所不能胜任的职位。组织理论中著名的“彼得原理”就解释了这种现象。权力角逐的结果，会导致行政权力手段与目的的本末倒置，这比因官僚制度中人们过分遵从而带来的“目标置换”更为严重。

(3)职权扩张。行政权力作为政治权力的一种，同样具有能够对社会价值进行权威性分配的功能。正因为如此，公职人员有可能利用手中的权力攫取私利。在正常情况下，行政权力不仅具有集中统一的特性，而且存在一种自然增长的趋势。当遇有权力行使对象不明、范围不清或其他有利可图的情况，行政越权现象就可能

发生。而当遇有不利于自己的情况时，行政权力主体又可能利用权力进行规避。这就是为什么特权现象在行政权力行使过程中时有发生的根本原因。

(4)权力滥用。在行政权力既归少数人所有又归少数人支配行使的社会形态中，利益倒错、权力角逐和特权化等腐败现象是司空见惯的事情。在现代民主社会，行政权力本质上归全体公民所有。这本来是人类历史的重大进步，但由于经济与社会发展水平的限制，社会分工结构的制约以及行政权力本身集中的特性，公共行政权力又不得不由少数人来行使。因此，在相当长的历史时期，行政权力依然保留着许多原有的特性，滥用权力的现象依然存在。

(二)行政权力的制约

行政权力行使过程中负效应出现的原因多种多样，有政治背景的影响，有经济发展的制约，但更主要的还来自于行政权力作为权力自身的特性。阿克顿勋爵解释了权力腐败的铁律，即“绝对权力导致绝对腐败”。孟德斯鸠又解释了防止腐败的方案。他明确指出“一切有权力的人都容易滥用权力，这是万古不易的一条经验。有权力的人们使用权力一直到遇有界限的地方才休止”。因此，对于行政权力的制约应该是与行政权力同生并存的东西。这就要求人们在完善行政权力的同时，必须建立完善合理的制约机制，以求最大限度地防止和克服随时可能出现的负效应。

行政权力的制约机制首先包括他律机制。孟德斯鸠认为，“从事物的性质来说，要防止滥用权力，就必须以权力约束权力”。分权与制衡是现代政治权力安排的必然规律。所以，他律机制在行政权力制约机制中带有根本性质。他律机制也就是其他政治权力以及行政客体对于行政权力主体的制约，这主要包括立法权力和司法权力等行政权力之外的国家权力的监控、政党政治权力的监督、舆论权力的监督、公民和公民集团的监督等多种形式。需要清楚的是，监督制约绝不等于干涉内部事务或越俎代庖，而是要通过法律制度形成一套规则体系，并形成发现违反规则和纠正违反规则的机制。这样，才能真正适应现代政治经济与社会发展的趋势，实现法治行政。

行政权力的制约机制还包括自律机制，即行政权力自身所应具备的防范措施与制度等，这主要包括利益协调机制、行政责任机制和行政伦理机制。行政权力的自律机制意味着，行政主体内部的利益分配与利益协调必须有一套健全完善的制度，行政主体必须具有明确的责任与义务并忠实履行之，公务人员必须忠诚努力、遵守纪律、执行法律、履行行政职责、服从上级指挥、尊重公民权利、关注社会未来。这里需要指出的是，自律机制必须是建立在相应的权利义务关系之上的机制，自律机制还必须和他律机制有机结合起来，行政权力才能真正得到制约，其行使也才能真正符合于公共利益。

【案例分析】

江苏泰州行政权力网上公开运行

如果你要创业，只要上网打开“中国泰州”政府门户网站，点击“泰州市行政权力网上公开透明运行系统”，就可以进入泰州市网上政务大厅，了解办事手续、流程和材料，并在网上实时查询办理进程。如果超过时限尚未办结，不仅工作人员会收到预警信息，其上一级领导和市纪检监察部门也会知道这一情况，该单位及办事人员的绩效评估就会被扣分。

昨天下午，省纪委副书记、监察厅厅长谢秀兰，市委常委、纪委书记陈国华，市委常委、常务副市长杨峰共同启动水晶球，宣布泰州行政权力网上公开透明运行系统正式启动。至此，市级机关44个部门(单位)共4 115项行政权力全部实行网上办理。

据悉，我市是全省首家实现行政权力网上公开透明运行的地级市。

所谓行政权力网上公开透明运行，就是在依法对行政权力进行清理规范的基础上，运用现代信息技术，将行政权力运行流程固化为计算机程序，实现全程电子化网上运行，并进行实时网上监督。

去年6月起，我市开始强力推进行政权力网上公开透明运行，并在市环保局、规划局开展试点。今年1月底，两家试点单位的所有行政权力在网上试运行。市公开办随后多次召开培训会，推广试点单位做法，并对工作方法、操作程序和审核标准进行进一步规范。

在试点工作取得良好效果的基础上，市公开办对行政许可、行政征收、行政处罚、行政强制等11类行政权力进行全面清理。清理过程中，我市对没有法律法规依据的职权一律取消，对涉及多个部门的职权重新加以明晰，对没有法律法规依据，但不经常使用的，暂不纳入此次网上运行的范畴。经审核确认，市级机关44个部门(单位)共核定保留行政权力4 115项。

随后，市公开办又对这4 115项行政权力进一步优化路径，逐项明确相关人员的职责权限和工作标准，绘制成权力运行流程图，统一固化上网，接入网上政务大厅。

按照“外网受理、内网办理、外网反馈”的要求，受理和反馈将统一在泰州政府门户网站进行。所有工作人员都在网上审阅材料、填写意见、制作文书、作出决定，每个环节的操作时间和内容均由计算机进行记录，既能提供优质、高效、便捷的服务，又做到全程留痕、可查可控、便于监督。

据介绍，实行行政权力网上运行后，44个部门的电脑系统均接入了纪委的监控平台。在市公开办的监控电脑上，可以随时查看各联网单位任一办事项目、任一程序的办理情况。如果某个程序工作人员办结时限要到了，系统会发出黄色预警，工作人员、其上一级领导、公开办的电脑上都会收到这一信息，便于主动查问。如果到了办结时限，系统会发出红色预警，这样，该单位及办事人员的绩效评估就会被扣分。

"现行的行政权力运行模式，在过去发挥了应有的作用，但一些地方的少数部门存在行政权力低效、暗箱操作、以权谋私等问题，损害了党和政府的形象，影响了地方经济社会发展。泰州实行行政权力网上公开透明运行，将执法监察、效能监察和廉政监察融为一体，实现事前、事中、事后监察相统一，发挥了超前防范、动态监管和硬性约束的作用，可以有效推进机关作风的转变，有利于行政机关不断提高管理水平和工作效率。"谢秀兰说（来源：中国廉政文化网，2009-08-27）。

问题：

1. 分析行政权力运行公开的必要性。

2. 分析对行政权力的运行进行公开的监督意义。

【思考与练习】

1. 试述行政权力的特征。
2. 分析影响行政权力体系的因素。
3. 阐述影响行政权力行使程度的因素。
4. 如何实现行政权力的制约？

第五章
行政组织

【导入案例】

2008 年 3 月，国务院机构改革方案引起了民众广泛的关注。

新组建国家能源局，由国家发展和改革委员会管理。将国家发展和改革委员会的能源行业管理有关职责及机构，与国家能源领导小组办公室的职责、国防科学技术工业委员会的核电管理职责进行整合，划入该局。

新组建工业和信息化部。将国家发展和改革委员会的工业行业管理有关职责、国防科学技术工业委员会核电管理以外的职责、信息产业部和国务院信息化工作办公室的职责，整合划入工业和信息化部。

新组建交通运输部。将交通部、中国民用航空总局的职责，建设部的指导城市客运职责，整合划入交通运输部。保留铁道部，继续推进改革。不再保留交通部、中国民用航空总局。

新组建人力资源和社会保障部。将人事部、劳动和社会保障部的职责整合划入人力资源和社会保障部。组建国家公务员局，由人力资源和社会保障部管理。不再保留人事部、劳动和社会保障部(来源：新华社，国务院机构改革方案，2008-03-15)。

分析行政组织的改革对行政管理的影响。

第一节　行政组织概述

一、行政组织的含义和特征

（一）行政组织的含义

“组织”一词的现代含义可分为名词和动词两大类。作为名词的组织是指特定类型行为发动的主体；作为动词的组织是指特定类型行为的操作过程。而特定类型一般泛指社会分工。古代中国曾借用将丝麻编制成布帛的过程，重点强调组织是对相关要素的人为组合。西方对组织原意的理解，出自于对人体“器官”独特功能的引申，偏重于局部自成系统的独立性，以及局部构成整体的结构性。从最一般的意义上讲，“组织”概念是用来表示一切由相互依赖和相互作用的各个部分所构成的，具有一定功能的整体。

行政组织是社会组织中重要的一种组织形式，除具有“组织”的一般含义外，还有其特定的含义。行政组织是指为执行一定的行政任务所建立起来的有统属关系和办事程序的机构。

行政组织有广义和狭义之分。广义的行政组织是泛指一切具有计划、组织、指挥、协调等功能的组织机构。它包括政府行政机关，也包括立法、司法等部门中的管理行政事务的机构，同时也包括政府部门以外的企事业单位及社会团体中的管理行政事务的机构。狭义的行政组织仅指政府中的行政执行部门。通常我们所说的行政组织，一般是指国务院及省、自治区、直辖市和地（市、州）、县、乡各级政府及其办事机构。

行政组织有静态和动态之分。从静态上说，行政组织是指国家为执行政务而依法组建的行政机关体系；从动态上说，则指行政机关作为管理系统发挥领导和管理国家政务职能而产生的各种组织活动。

研究行政组织应从3个层次去分析考察：一是组织机构实体。即从静态考察政府机构如何设置，职能如何确定，职权如何划分等问题，使机构设置合理化。二是功能运行过程。就是从动态考察实现管理功能的活动过程。三是意志和智能的组合。即政府机关的行政人员怎样才能齐心协力，既具有统一意志，形成一个合力，又具有相应的管理知识和技能，形成一个合理结构。

（二）行政组织的特征

为了更加深入地理解行政组织，有必要对行政组织的特征进行阐述。行政组织的特征如下：

1.鲜明的政治性

行政组织的政治性是由国家的本质决定的，我国是工人阶级领导的以工农联盟为基础的人民民主专政的社会主义国家，这就决定了我国行政机关的社会主义性质，它代表工人阶级和广大人民的利益。

2.普遍的约束性

行政机关执行国家宪法和法律，并依法制定行政管理法规，采取行政措施，除各级行政组织自身必须遵守和受其约束外，对各企业事业单位、各群众团体和全体公民均有约束力。

3.严密的体系性

作为管理国家事务、行使国家行政权的行政机关，从中央到地方各级政府，均按宪法和法律规定，结成上下沟通，密切配合的阶层式组织体系，以保证国家行政权的正常运行。

4.特殊的强制性

任何权利都有强制性。行政机关行使国家行政权更有其特殊的强制性。这种强制性以国家权力为后盾。我国行政组织对行政权的行使，体现了强制性和民主性的统一。

5.本质的服务性

服务性是行政组织的基本属性。任何国家政府的行政组织都具有服务的性质，它产生于社会，高于社会，又要服务于社会。政府作为上层建筑的一个实体，要适应和服务于经济基础建设，要为国民经济的稳定和发展服务。特别是社会主义国家的行政人员，他们是人民的“公仆”，行政组织就是要把为人民服务、为祖国利益服务、为社会公共利益服务作为宗旨。

二、行政组织的构成要素

行政组织是对人、财、物和信息进行组合，以发挥功能，达到一定的行政目标，它是由若干要素组成的有机体。构成行政组织的主要要素有：

1.组织目标

组织目标是行政组织赖以建立和存在的前提和基础，也是行政组织活动的出发点和归宿，因此，行政组织首先要有自己明确的目标，然后对目标进行分解，构成行政组织的“目标网络”。

2. 管理方式

行政组织是行政管理的主题，要以一定的管理方式，对管理对象施加定向的影响，才能实现行政组织的功能。

3. 机构设置

机构是行政组织的实体，是履行行政职能、实现组织目标的载体，设置科学合理、精干高效的行政机构，是行政组织建设的核心内容。

4. 权责体系

行政组织是一个纵横交织的权责体系，必须合理划分权利和职责，探求行政组织集权和分权的最佳点。

5. 职位配置

要在行政组织机构内部，实行科学的职位分类，合理确定职位、职数、职级等，并且明确每个行政人员的职责，对行政人员做一个合理的配置。

6. 人员结构

行政人员是行政组织中的主角。一个合理的行政组织，如果缺少一定素质和合理结构的行政人员，是无法体现这个行政组织的优越性的。行政人员的能力结构、学历结构、性别结构等都是行政组织中的一个不可忽视的要素。

7. 法律规范

法律规范是行政组织依法行政的根本保证。法律规范的完善程度、健全程度，是衡量行政组织是否健全的主要标志。行政组织是不可离开法律规范的。

8. 运行程序

行政管理是一个动态运行过程。在行政管理活动过程中要有一定的办事程序、信息流程。这个程序要采用科学的方法来提高行政办事效率。

三、行政组织设置原则和类型

(一)行政组织设置的原则

国家设置行政机构，应从管理的实际需要和现代行政管理的功能考虑。行政学者对行政组织设置的原则提出了不少有用的见解。古立克和伍尔韦克确认了一些较有影响力的组织设置原则，如酋长制原则、协调原则、权责相应原则、行政幅度原则。这些原则为美国历届行政改革委员会所接受。受古立克和伍尔韦克理论的影响，穆尼和雷利也总结出如下的组织设置原则：阶梯原则、功能原则、参助原则、协调原则。同样,美国管理学者孔茨提出授权原则、指挥一致原则。近代管理理论先驱巴纳德、西蒙等都从各自的角度对组织设置的原则进行了研究。

我国政府历来重视行政组织的设置,并在实践中形成了一些原则,归纳起来主要有如下5点:一是需要原则。即组织的设置必须符合经济、社会和文化发展的需要。二是精简原则。我国宪法规定:“一切国家机关实行精简原则”。三是统一原则。设置国家机关必须“上下贯通”,“左右协调”,即在中央的统一领导下,实行地方服从中央、下级服从上级、局部服从全局的民主集中制。四是服务的原则。一切行政机构归根到底都是为最广大的人民群众服务。五是法制的原则。国家行政机关的设置必须法制化和规范化。

综合国内外的研究成果,我们可以总结如下7点行政组织设置的原则。

1.服务社会经济发展需要原则

行政机关是上层建筑,它必须与经济基础和生产发展相适应。经济和社会发展的结构,导致行政机关有增有减。例如,当前我国完成的大部制改革,都是为了适应社会当前经济发展的需要。

2.精简精干原则

精简精干原则要求在设置行政机构时,行政组织的层次应尽可能地减少,尽量压缩编制,行政人员的人数和组织管理层次保持在最小的限度。

3.依法设置原则

行政组织的设置必须依照法定程序,以宪法和相关法律为准绳,防止随意设置、撤销、合并行政组织。

4.命令统一原则

行政组织内部各级管理机构必须服从它的上级管理机构的命令。一个下级只能对应一个上级,避免“政出多头”,导致多头领导而使下级无所适从,同样,各级管理机构不应越级指挥。

5.管理幅度适中原则

管理幅度适中是指职位上的领导者直接领导的下属机构或人数不能超出有效的限制,否则会造成领导缺失或者领导不力等现象。

6.分工协作原则

行政组织内部要有明确的分工。使每个职位都有专人负责,各部门的任务、目标、权责要明确。

7. 权责明晰原则

行政组织的各个机构、职位设置，其定位一定要准确，而且其权利、责任、利益等都要进行详细的界定，以避免有功劳大家都来邀功，有责任大家互相推诿。

(二)行政组织的类型

行政组织作为一个庞大复杂的组织体系，其组织类型可以从不同的角度来划分。以上下级的权限关系为标准，行政组织可分为集权制与分权制；以各组织机构的职权性质和范围来划分，可分为层级制与职能制；以组织内部行使最高决策的人数划分，可分为首长制、委员会制和混合制；以组织的不同功能和作用来区分，又可分为领导机构、执行机构、监督机构、咨询机构、信息机构、办公机构、派出机构等。

第二节　行政组织理论

一、西方行政组织理论的演变

组织实践和人类的产生一样久远，远在古代社会，组织问题就引起人们的关注和研究。行政组织理论的发展依据研究方法、研究侧重点的不同，大致分为古典行政组织理论、新古典行政组织理论和现代组织理论。

(一)古典行政组织理论

古典行政组织理论树起组织理论的第一个里程碑，其代表人物主要有以泰勒为代表的科学管理组织理论；以法约尔、古立克为代表的行政管理组织理论和以韦伯为代表的科层组织理论(官僚组织理论)。这一时期研究者们的注意力主要集中在组织的结构、功能和活动方式等基本问题，并以制度规范为中心去设计合理的组织体系，认为组织应该是一个目标明确、专业分工、层级结构、权责一致、法度完备的体系。对职责进行明确的限定，用法律形式固定下来使个人权责合法化；层级制为基础的指挥链；对管理人员有一套严格的工作纪律和监督方式；管理人员依据能力而非个人偏爱选拔等。

古典理论时期最为典型的代表人物是韦伯。他站在更高层次和更广阔的背景上考虑组织问题，概括出他认为适应于一切复杂组织的最有效的组织形式——官僚模型的组织理论，并获得了“现代组织理论之父”的美誉。

韦伯十分强调权威在维系和支配一个社会组织中的作用，据此提出了社会组织在演进过程中的三种完全不同的组织形态：一是“神秘化组织”。它建立在具有超凡魅力的领袖人物的个人权威之上，因此组织的基础不稳固，领袖人物去世后，它若通过继位方式产生新的领袖，则发展为“传统组织”；若通过已有的法律方式产生新的领袖，则过渡到“官僚组织”。二是“传统组织”。它建立在传统的“家长政治”基础之上。继任的领导者力图以过去的一套习惯、规则、不成文制度，来确立自己新的权威——服从链。三是“合理—法律化”的组织形态，即“官僚组织”形态。顾名思义，在合乎理性的前提下，再用法律的形式把合理的制度固定下来。韦伯认为，唯有官僚组织才是效率最高的组织形式，“精密、速度、明确、档案知识、连续性、仲裁权、统一性、严格服从、减少冲突和人事成本——这些都是严格的官僚制组织具有优势条件的特点。”

韦伯官僚组织理论的基本点是：对每个成员的权力和责任是唯一的收入来源。韦伯组织理论中包含许多合理内容：它强调组织结构的形式要经过科学设计而不能仅仅诉诸经验上的合理性；它突出效率原则并以此作为组织设计的中心法则；它重责、权、利的有机结合；它主张从组织结构上保证“法治”而不是“人治”；它强调“一个人员一个上司”等，这些思想直到今天仍有不可忽视的意义。

韦伯的组织理论是传统组织理论的最高成就，但是，对组织本身制度完备性的过分追求又典型地暴露出这一时期组织理论的共同缺陷。其一，封闭静态的研究方法。只注重组织自身的结构、活动和状态，而忽视了组织所处的社会环境，使组织成为一个自我封闭的体系，缺乏适应社会发展变化的能力。其二，忽视了组织中人的需求、行为，把人这一重要因素看作不变的常量，未揭示人的诸多需求、行为对组织活动的重要影响。

(二)新古典行政组织理论

新古典行政组织理论又称行为科学组织理论。从 20 世纪 30 年代起，行政组织理论的研究逐渐引进行为科学的方法，把人的行为和人际关系作为研究组织的基点，来揭示组织的社会心理特征及其本质，形成了新古典组织理论。主要有以梅奥为代表的人际关系组织理论，以巴纳德为代表的组织平衡理论和以西蒙为代表的决策过程组织理论。

梅奥在《工业文明中的人类问题》一文中首先提出“社会人”假设而拉开人际关系研究的序幕。巴纳德的组织理论既没有停留于组织的表面特征与结构，也不是仅仅关注组织中人的作用，他对组织理论的贡献在于提出以下理论：一是组织本质的系统论观点；二是权威接受理论；三是组织平衡理论。西蒙以决策为中心建立的决策过程理论是这一时期的又一重要成果。西蒙的贡献主要在于他的中心思想，即为了对组织进行研究，就必须对影响人的行为的全部决策过程的复杂网络进行研究。西蒙认为，行政组织的基本功能是决策，决策贯穿于管理的全过程，管理就是决策。

新古典行政组织理论的特点是以组织中人的问题为中心，从动态的角度研究人的行为对于组织的影响及其相互关系。但局限于人和组织行为的研究，只注重社会科学实证的研究方法，忽视组织结构、法规及环境的作用等。

（三）现代组织理论

20 世纪 60 年代以后，组织理论的研究引进系统论、控制论、信息论的成果，使西方组织理论进入了一个新的发展阶段。主要有以卡斯特、罗森茨韦克为代表的系统分析组织理论和以劳伦斯、洛西、伍德沃德为代表的权变组织理论。

传统的分析方法对事物局部特性的分析可以说是有见地的、深刻的，但是由于缺乏整体联系的观点，因而得出的结论尽管适合于一定的局部条件，但是对事物全局的把握难免有欠缺之处，一些局部性结论如果强调过分，也会走向反面。

卡斯特的系统分析组织理论则用系统分析方法研究行政组织，认为行政组织是"一个结构的技术系统"，由许多分系统组成，包括目标与价值分系统、技术分系统、社会心理分系统、结构分系统和管理分系统。组织是一个有机的开放性系统，是受社会经济、文化等环境影响的生态系统，它在与社会环境的互相作用中建立和维护自身的工作流程，从而保持组织功能与社会环境的动态平衡。

权变组织理论是在系统理论的基础上产生的。权变组织观的中心思想是，在承认系统论关于组织与环境以及各个分系统之间存在相互联系、互动作用和一致性的基础上，制定特定条件下组织的最有效的管理方式。一种组织模式和管理方法的有效性，将随着组织内外各种因素的变化而变化，一切都取决于时间、地点、条件，只有权变，没有不变。

不难看出，系统—权变的组织观为人们研究组织提供了新的指导思想和方法论。它强调组织的部分、部分之间的交互影响、部分之和组成的整体的重要性，强调组织对环境的影响和环境对组织的影响，把组织看成一个相互联系的、动态的、开放的系统，同时在组织管理领域中不再寻求最好的模式，而是从正规性、标准化转向灵活性和多样性。从而使人们对组织的一般性质和一般发展规律有了更深刻的认识，这无疑将行政组织的研究朝着绝对真理的方向大大地向前推进了。

二、马克思主义的行政组织理论

1. 马克思、恩格斯的行政组织理论

马克思、恩格斯在总结巴黎公社经验的基础上，对社会主义国家行政组织的建设提出了重要的原则构想。马克思、恩格斯对未来社会的基本设想是"劳动者自由联合体”,强调民主作为政治组织的现实基础;马克思、恩格斯认为政府只有“为数不多的重要职能”,即“小政府,大社会”的思想;马克思、恩格斯主张社会主义国家采取议行合一的组织形式,突出代议制机构(如人民代表大会)的地位;马克思、恩格斯非常强调“廉价政府”,认为政府及其工作人员都是社会和人民的公仆,“廉价、负责”是马克思、恩格斯给政府下的定义。

2.列宁的行政组织理论

列宁是第一个马克思主义政府组织理论的践行者。十月革命后,列宁非常重视政府管理工作。在实践中,列宁提出了行政组织建设的若干重要理论原则,主要有:一是大力主张精简机构;二是非常强调政府的民主管理;三是密切关心行政组织的效能问题;四是要坚决克服行政组织中的官僚主义现象;五是重视民族自治和发展民族干部队伍。

3.毛泽东、邓小平的组织理论

中国共产党在革命战争年代和社会主义建设时期,把马列主义和我国实际国情相结合,积累了丰富的组织管理理论经验,极大地发展了马克思主义的行政组织理论。

毛泽东同志提出了许多适合我国实际的行政组织原则,主要包括:坚持共产党对行政组织的领导;依靠人民大众管政府;强调行政组织的设置必须适应革命中心任务的需要;实行民主集中制的原则;较好地划分中央政府与地方政府的职权,调动各方面积极性;实行精兵简政,要求“达到精简、统一、效能、节约和反对官僚主义五项目的”;注重行政组织的作风建设,强调实事求是,密切联系群众等;加强思想政治工作,形成官兵一致、军政一致、军民一致的良好人际关系。

邓小平在领导我国社会主义现代化建设和改革开放的过程中,进一步丰富和发展了马克思主义的行政组织理论。针对我国存在的机构臃肿、层次重叠、手续繁杂、效率极低的问题,明确提出“精简机构是一场革命”的论断,指出改革的目标是建立“精简、统一、效能”的行政组织体系;改革的方针是“胆子要大,步子要稳,走一步,看一步”。提出了理顺党政关系,实现了政企分开、政事分开的理论设想,在实践中理顺了执政党和行政组织,政府与企业组织、事业单位的关系,初步达到了“简政放权”的目标。建立社会主义宏观调控体系理论,改变了过去计划体制下政府组织这支“看得见的手”到处大包大揽的做法,很好地利用了市场这支“看不见的手”。

马克思行政组织理论自从诞生以来,就发挥了它巨大的作用,这些理论在今后仍将是指导我国行政组织实践的宝贵理论。

第三节　行政组织的结构与体制

一、行政组织的结构

行政组织结构是行政组织的基本框架，是指构成行政组织各要素的配合和排列组合方式。它包括行政组织各成员、单位、部门和层级之间的分工协作以及联系、沟通方式。只有通过行政组织结构的设置，才能显示出组织内部成员之间的权责关系以及各部门之间的分工合作关系、工作程序、活动方式、控制方式，也才能表达出组织内部许多变量之间的关系，如权威、责任、专业、分工、专业化及部门之间的依赖关系等关系模式。结构合理、运转灵活的行政组织是实现行政目标，提高行政效率的重要组织保证。

在系统论的方法中，要素分析、结构分析和功能分析三者中结构分析最重要。因为相同要素的不同结构决定功能输出不同，不同要素的相同结构决定功能相似。

在行政管理实践中发展出来的纵向层级制和横向职能参谋制是行政组织最基本的结构形式，前者是对自上而下指挥命令链条延伸过程的解释；后者是对由职能分工所产生的部门间协调、协同关系的解释。

（一）行政组织的纵向结构——层级制

行政组织的纵向结构又称为直线式结构，是纵向分工形成的行政组织的层级制。它是上下级政府之间以及上下级政府所属部门之间所形成的关系形式。在这种结构中，职位、职权、职责在合法基础上，从组织最高层向最低层垂直分配，形成不同的等级系列。每个层级拥有所管辖范围的决策、指挥全权。不同层级所管辖的业务性质大体相同，只是管辖的范围随层级的降低而缩小，也就是说，层级越高，管辖范围越大，职责与权力越大，组织数量也越少；层级越低，管辖范围越窄，组织数量愈多。不同层级间垂直的领导与被领导、服从与被服从的上下级关系是这一结构形式最突出的特点，由此纵向上呈现出“金字塔”形的垂直领导关系。层级制是产生最早、也最为常见的组织结构形式，传统工厂中的厂-车间-班组，政府行政组织中的国务院-省-县-乡均为层级制结构。

层级制是由管理公共事务的性质决定的，若无一种等级从属关系相互牵制，就会破坏行政活动的统一性和一致性，而各层级之间上统下属的隶属关系使其相互制约，具有指挥灵便、行动统一的优点，所以统一指挥是层级结构的基本精神。它具有事权集中、权责明确、指挥统一、便于控制等优点。其缺点是组织内没有专业化的管理分工，各级行政首长管理过多，责重事繁，容易顾此失彼。

实践中，层级式结构仅适用于从事简单作业活动的组织，当社会分工精细复杂，行政管理承担的任务加重时，层级式结构就远远不能满足需要，还要有其他结构形式作为补充。其特点是上级直接领导下级，行政指挥和命令按照垂直方向自上而下地传达和贯彻。

（二）行政组织的横向结构——职能制

行政组织的横向结构又称为职能式结构，是横向分工形成的行政组织的职能制，即同级行政机关和各级行政机关内部各组成部门之间的组合方式。职能制结构是以行政组织内部各功能单元之间以协同与相互制约关系为主要内容的结构形式，即在层级制的统一系统外，按专业化原则设置的职能系统，它是组织横向专业化分工的结果。从现代行政管理的运行过程来看，一般都要先决策，然后执行，而决策前、执行后都要调查研究，这就需要信息。为使决策适应复杂多变的情况，还需要参谋咨询。从现代管理功能看，每级政府内部都由决策、执行、咨询、信息和监督等部门组成，如果这样来设置机构和配备人员，将是一种比较科学的横向结构。

由于行政组织管理公共事务内容的复杂多样性，单靠任何一个层级的行政组织都不可能胜任。因此就需要在划分层级的基础上，按业务性质的不同，设立平行的不同部门，以便分门别类地管理好各种事项，可见专业分工是职能制的要义。横向职能部门直接对上级行政首长负责。一方面，对行政首长提出工作建议，履行参谋职能；另一方面，对下级职能部门进行管理。职能制结构的产生较早也较为常见，政府及企事业单位、社会团体内部各个职能部、委、司、局、处、科等均属职能结构的典型形式。在实际操作中，横向职能部门的划分宜粗不宜细，能一个部门做的事，尽量不要涉及多个部门。要尽可能地在总目标的统帅下，按照职能、业务、地域相近的原则进行归类，以两个圆的关系喻之，就是只能相切，不能相交。

职能制结构的优点在于有助于发挥组织的技术专长。其一，在职能化结构中，专业分工、业务相似，往往伴随着作业者专业技能的迅速提高，易于提高效率；其二，组织与环境之间输入输出人流、物流、信息流较为有序，使组织运行获得许多缓解外部和内部冲击力的支撑点（职能部门）；其三，使行政首长摆脱日常具体业务，集中精力筹划全局的决策领导。

同样，职能制在运行中也存在着缺陷。第一，如果划分职（能）不当，分工过细，容易造成机构臃肿、部门林立、管理失控。第二，增加了协调的难度。各职能部门在获得专业化授权后既成为组织内部的分系统，客观上又都是相对独立的利益单元，当狭隘的部门利益超越组织的总目标时，彼此间的协调就成了问题，从而损害了组织的效率。阿尔蒙德认为，“专业化的好处使得分化程度迅速提高。但是随着越来越多的分化，协调各单位的困难和代价也就越来越大，并且使进一步分化受限制。最后，协调所花费的代价形成了一个极限。”第三，职能部门之间通常是平行协商关系，当职能部门间缺乏主动协调时，上级不得不陷于没完没了的协调中，易于降低决策质量。第四，由职能部门形成组织多支撑点的稳定结构的优点，也可能变为阻碍一个组织创新、发展的保守因素。

(三)行政组织纵横结构的统一

正因为单纯的层级制、职能制结构各有其优点和缺点，在社会分工、分化复杂的现代社会，行政组织不可能采取单纯的纵向型层级结构或横向型职能制结构，实际上它们也不可能单独使用，而是将两者有机结合起来，形成现代各国政府组织的网络型的(层)级职(能)综合制(又称为直线职能制)。其特点是行政领导者的统一指挥同职能专业部门相结合，吸收了直线式和职能式结构的优点，扬弃了部分缺点，使其互相补充、制约，它是前两种结构的发展。“级职综合制”结构设置的具体程序是，先按管理范围划分组织层级体系，然后再对每一层级按管理性质划分部门。

我国的行政组织采用的是层级制和职能制相结合的层级职能制体制。从纵向看，从中央到地方按范围大小划分为中央(国务院)—省(自治区、直辖市)—地(市、自治州)—县(自治县)—乡(民族乡、镇)5个层次，每一层次内又再作进一步的层次划分。从职能看，每级政府内部又按业务性质平行划分为若干职能部门，各部门所管业务内容不同，但管辖范围大体相同，地位平等。它们主要对同级政府和首长负责，同时也接受对口的上级职能部门的领导。我国行政组织由此构成纵横交错、相互配合的层级职能体系。

行政组织不管是采取纵向的层级制结构还是横向的职能制结构，它们都要面临一个管理层次和管理幅度的问题。并且管理层次和管理幅度问题是影响行政组织结构形态的两个决定性因素。管理幅度是指一个层级的行政机构或一位行政首长直接控制的下级机构或人员的数目。管理层次指行政组织纵向结构的层级。

管理层次与管理幅度在组织结构中呈反比关系。如果组织规模一定，那么层次越少，幅度则越大，即每个层次所包容的基本单位和人员就越多。反之，每个层次所包容的基本单位和人员越少，则层次就越多。这是行政组织中客观存在的管理幅度与管理层次间的制约关系。这种制约关系使组织形态及其功能有明显差异。第一,幅度小而层次多,行政组织的外部形态呈"尖三角"形,这种结构集权优势比较突出。实践中,尖三角组织形态多用于军事性、程序性组织类别。第二,幅度大而层次少,行政组织的外部形态呈"扁三角"形。这种结构分权优势比较明显,有利于发挥各单位及成员的积极性;组织信息流转快、失真度小,但由于下层幅度的扩大而使上层发出指令的难度增加,不易准确指挥控制。

由此可见,管理层次和幅度是需要综合权衡的两个方面,如何设置需受到一定变量的制约,如工作性质及难易程度、管理者水平与手段先进与否、被管理对象能力的大小、工作内外部条件等。

二、行政组织的体制

行政组织体制是指制度化了的行政组织形式,通常指行政组织各层级、各部门之间行政关系的法制形态。具体地说,就是依法建立的管理国家行政事务的组织结构形式和工作制度。行政组织体制的核心内容是行政机关职权的划分。这种划分首先是以行政组织结构为基础,通过组织结构形式表现出来的。按照"金字塔"形结构,其权限自上而下层层划分,层层分解,构成一个比较完整的行政管理权限运行体系。同时,行政职权的划分又影响和决定着组织机构的设置和变革,它的集中和分散都要引起组织结构的相应变化。

目前,世界上大多数国家的行政组织体制大体分为以下 3 种类型。

(一)首长制与委员会制

(1)首长制。亦称行政首长负责制,又称独立体制,是指重大事务在行政领导班子集体讨论的基础上由行政首长定夺,具体的日常行政事务由行政首长一人负责,并同时承担行政领导责任的组织体制。1982 年我国宪法明确规定:"国务院实行总理负责制","各部、各委员会实行部长、主任负责制","地方各级人民政府实行省长、市长、县长、区长、镇长负责制"。

(2)委员会制。亦称集体负责制或会议制,指行政权力交由若干人组成的集体共同负责,并集体承担领导责任的组织体制。委员会制的优点是能集思广益,考虑问题周到,委员分工合作,互相补短,便于发挥群体的智慧,避免个人的武断决策;缺点是权力分散,责任主体不清晰,行动时间代价高昂,容易导致久议而不决,决策过程缓慢。

(二)层级制与职能制

(1)层级制。亦称分级制,是指行政组织纵向结构各个层级的工作性质相同,但管辖范围随层级下降而缩小的一种组织体制。组织的每一个层级在性质上基本相同,在范围上和领域上不相同。指挥统一是层级制的精神。

(2)职能制。亦称分职制,指横向划分部门的组织体制。职能制的特征是将组织一定层级上的职能,按照一定的标准分配给平行的、不相统属的机关去完成。与层级制相反,职能制所形成的每一个部门,在性质上都是不相同的,在范围上和领域上却是基本相同。技术分工是职能制的要义。

(三)分权制与集权制

(1)集权制。亦称完整制,指行政权力集中于上级,下级处于被动服从和严格受控地位,其行政行为基本上取决于上级指令的一种组织体制。在该体制下,下级行政组织没有或者很少有自主决策权。最大优点是政令统一,力量集中,标准一致,指挥有力;缺点是缺乏弹性和灵活性,下级的积极性受到影响。

(2)分权制。亦称分离制,指将行政权力较多授予下级的一种组织体制。分权与集权历来是一个重大政治问题,也是一大组织管理问题,所以它是有关行政研究的一个长期课题。

目前,我国实行的是在集权基础上给下级和地方政府放权的体制,即在集权指导下的分权和在充分放权基础上的集权。这种行政组织体制是符合我国民主集中制原则和行政管理的实际的,既保护了中央的集中统一领导,政令统一,又充分调动和发挥了地方的积极性。对少数民族地区实行民族区域自治,给它们更多的权力,使得他们能够因地制宜,发挥民族地区的特有优势,为我国社会主义建设做更大贡献。

三、行政组织设置的趋势

1.结构的扁平化

随着通信技术和信息技术的发展,行政组织层级数量的大幅度减少成为可能,尤其是基于IT技术的因特网的极大发展,使得政府的组织设置有了更大的灵活性。扁平化给行政组织带来了执行效率,使得决策层更容易接触到第一手真实信息。

2.职能的拆分与合并

政府行政组织的职能一方面不断拆分,使得专家管理某一专长领域成为可能;另一方面各职能部门也在不断的合并整合,发挥共有优势,降低管理成本,如我国将原来的社保部和人事部合并成为现在的人力资源和社会保障部。

3.机构和人员的灵活化

行政机构固定化趋势越来越减少，众多的政府机构变得更加灵活而有序，人员工作任务的设置不仅人性化，而且丰富化，岗位调换、变更使得政府人员的工作单调性大大降低，提高了工作生活质量。

4.工作单元的团队化

将来越来越多的行政事务不是由个人完成的，而是基于工作团队，工作团队在今后的行政组织中越来越常见，发挥着越来越重要的作用。

5.组织系统的开放化

行政组织系统作为一个整体，它不是封闭的，而是与周围的环境系统进行信息流、物质流、资金流的交换，包括企业组织系统、事业单位系统、学校、科研机构、咨询智囊团队、社会团体等。

6.管理手段的人性化

行政组织的执行者，将采取人性化的管理手段、管理方式来完成行政目标，而不是像过去那样经常采取忽视人性或者没有充分重视人性。

第四节　行政组织的编制管理

一、编制管理的含义及其意义

(一)编制管理的含义

编制有狭义和广义之分。狭义的编制是指一个法定社会组织内人员的数额及职位的配置。广义的编制则指一个法定社会组织的职能范围、机构设置、隶属关系、规格级别、人员数额、人员结构及职位的配置。我们通常所说的行政组织的编制是广义上的。

行政组织的编制管理，就是按法律规定的制度和程序，对行政组织的职能范围、机构设置和人员配备等进行的管理。它包括职能管理、机构管理、人员编制管理三方面。从实际运作来看，编制管理的具体内容包括：

(1)制订编制方案；

(2)合理确定各部门的职能范围，进行科学的职能匹配；

(3)审批机构与人员；

(4)监督编制执行状况；

(5)做好编制统计；

(6)制定相关的编制法规。

为加强编制管理工作，我国县以上的各级政府都设立了机构编制委员会，根据统一领导、分级管理的原则，对编制工作进行具体的管理。

(二)编制管理的意义

(1)编制管理是建立精干高效的行政组织体系的重要前提。一定的机构和人员编制，是进行行政管理活动的基本条件。而建立精干合理的行政机构，配备精明的工作人员，使整个行政组织体系高效协调地运转，必须依靠科学的编制管理。这是在行政管理体系中居于较高层次的管理，有人称之为“母管理”。

(2)编制管理是防止官僚主义，密切政府与群众关系的重要手段。官僚主义的表现形式很多，产生官僚主义的原因也很复杂。但实践证明，机构臃肿、层次繁多，必然运转不灵、反应迟钝，影响领导与群众之间的及时沟通，使之脱离群众或者瞎指挥；人浮于事、职责不清，也必然造成互相推诿、拖拉扯皮、办事缓慢等官僚主义作风的产生。而科学的编制管理依靠法律手段，严格按照编制设置机构和人员，这就可以有效地改变上述状况，为改进机关作风，密切政府与群众的联系，防止和铲除官僚主义创造良好条件。

(3)编制管理有助于节省国家财政开支。行政机构的经费开支由国家财政拨款。机构和人员过多，势必增加国家财政支出，并相对减少用于经济建设和人民消费的资金。而科学的编制管理是节省行政经费的一项重要措施。近年来，我国把机构设置、人员编制与行政经费挂钩，超编者财政不拨款，银行不开支，这对节省经费收到较好效果。

二、编制管理的原则和方法

(一)编制管理的原则

编制管理直接涉及政府机构的设置和人员配备，政策性强，影响深远。为切实搞好编制管理，应遵循下述基本原则：

(1)精简原则。我国宪法第 27 条规定：“一切国家机关实行精简的原则”。这包括两方面内容：一是精简机构，减少层次。即机构和层次定多少，应严格根据行政管理职能、管辖范围等情况。凡重叠和可有可无的机构与层次，应合并或撤销。二是精简人员，实行合理定编定员。即采用科学方法，通过必要程序，合理确定机构人员数额，并严格按数额配备适合的工作人员。凡多余或不称职者，要调离现岗位并作妥善安排。

(2)统一原则。这包括三方面内容:一是统一领导,严禁以"土政策"、"土制度"、"土办法",借口"工作需要"或其他原因擅自建立工作部门,任意扩大编制。二是统一职能目标,明确划分各行政机构的职责权限,保证同类行政事务由同一行政机构负责,防止机构重叠,政出多门。三是机构设置要统一完整。不仅每个行政机构各自形成有机的整体,而且任何行政机构都是全国政府机构的一部分,从而形成既有最高指挥,又有逐级指挥与服从;既有分工、又有合作的上下衔接、左右配套、功能齐全的组织体系。此外,机构的名称、级别也要大致统一,不得自立称号,随意升格。

(3)编制立法原则。我国唐、明、清等朝代都对编制有明文规定,对违反编制者也有相应的惩罚条文。如《唐律·职制律》规定:"诸官有员数,而署置过限,及不应置而置(谓非奏授者),一人杖一百,三人加一等,十人徒二年。"古代尚能如此,今天为了搞好社会主义行政组织建设,使之更好地履行行政职能,更应作好编制立法,对各级政府、各个部门的机构设置、人员配备和审批手续及违反编制纪律的惩治办法等作出明确规定,使编制管理有法可依。

(二)编制管理的基本方法

(1)行政方法。是指编制管理部门依靠行政组织的权力,按照组织系统对编制进行直接管理的方法,这是编制管理中传统的基本管理方法。它包括制订编制方案、核定编制总额、具体审批编制、进行编制监督等。

(2)经济方法。是指按照物质利益原则,运用经济手段对编制进行调控的方法。它包括经费预算管理、编制与工资基金结合管理、编制包干、经济奖罚等。

(3)法律方法。是指运用法律规范,对机构设置和人员编制等进行调控管理的方法。这是有效控制编制的一种方法。但从现阶段看,我国的编制立法工作比较薄弱,行政机关组织法规还有待完善。为了使我国的编制管理尽快纳入法制的轨道,我们必须抓紧编制立法工作,制定编制管理、机构设置、人员编制、审批程序等方面的法律规范。

【案例分析】

2003年中国第五次行政管理体制改革

1982—2003年中国经历了五次比较大的机构调整,整体上没有跳出"精简—膨胀—再精简—再膨胀"的怪圈。进入21世纪,中国行政管理体制改革的目标和理念发生着变革：由相对单一的“精简、统一、效能”向“着力转变职能、理顺关系、优化结构、提高效能”转变，更加注重“决策、执行、监督”三者之间的关系。同时，改革的内涵也从单一的以政府机构设置调整为主进一步扩展到法律法规、制度建设等相关领域，行政管理体制改革日益成为一项综合性、系统化的改革。

2003年开始的行政管理体制和机构改革，主要包括以下5个方面。

1. 国务院机构改革

国务院机构改革的主要内容包括：按照政企分开的原则和深化国有资产管理体制改革的要求，设立国务院国有资产监督管理委员会；为提高宏观调控的有效性，将国家发展计划委员会改为国家发展和改革委员会；为健全金融监管体制，成立中国银行业监督管理委员会；为适应内外贸业务相互融合的发展趋势和加入世贸组织的新形势，组建商务部；组建国家食品药品监督管理局；将国家经贸委下属的国家安全生产监督管理局改为国务院直属机构。

2003年开始的机构改革所涉及的问题十分重要，初步体现出了“大部制”的管理思路，并且强调了政府宏观调控的有效性。

2. 地方政府管理创新

我国政府管理模式开始由管制型向服务型转变，主要表现：我国地方政府在政府管理创新方面取得了许多积极成果，如服务型政府建设、政府绩效评估体系建立、责任政府建设、政府信用体系建设等；行政审批程序和方式发生变革与创新。许多部门和地方都建立了行政审批中心，推行行政许可集中办理制度；一些地方政府将行政业务流程优化、行政审批上网工程、电子政务发展结合在一起；深圳市等一些地方政府开展了政府问责制建设，取得积极成果；福建等省市开展了政府绩效管理与评估的实践；政务公开促进社会和谐。例如，学校、医院等单位公开收费项目和收费标准。

3. 事业单位改革

按照公共财政的要求对事业单位进行定位、分类，重新界定事业财政供给范围，解决财政供给范围偏宽的问题，实行政企分开、事企分开，调整结构布局，优化事业资源的配置，缩减编制，节约开支。

4. 电子政务建设到了新阶段

2006年1月1日，中央政府门户网正式开通，标志着国家的电子政务建设发展到了一个新的阶段。

5. 行政法制建设

2003年8月，《中华人民共和国行政许可法》通过，并于2004年7月起施行。2005年4月《中华人民共和国公务员法》通过，自2006年1月起施行（来源：根据相关资料编写)。

问题:

1.第五次行政体制改革体现了我国行政组织变革的哪些趋势?

2.结合案例,谈谈我国行政组织设置的基本原则。

【思考与练习】

1.行政组织的含义和特征是什么?

2.行政组织设置原则和类型有哪些?

3.集权制与分权制的不同有哪些?

4.马克思主义的行政组织理论的主要内容是什么?

5.行政组织的结构类型有哪些?

6.编制管理的原则和方法有哪些?

第六章 人事行政

【导入案例】

2008年共有139个中央机关及其直属机构和参照公务员法管理的机关(单位)面向社会公开招考。国家机关的招录职位是6 691个,共招13 619人。其中,中央党群机关有306个职位,共招536人;中央国家行政机关568个职位,招录713人;中央国家行政机关直属机构和派出机构3 492个职位,共招录8 348人;国务院系统参照公务员法官管理事业单位1 707个职位,共招录2 806人;其他单位618个职位,招录人数1 216人。而全国最热的农业部办公厅“综合处科员”的职位,计划招录与报名人数的比值已经达到了1∶3 592(来源:扬子晚报,2007-11-06)。

分析案例中公开招录对提高公务员素质的影响。

第一节 人事行政概述

一、人事行政及其相关的概念

“人事”一词,历史悠久。在人类的社会生活中,凡是与人有关的事,都可以称为人事。但是行政管理学研究的人事,不可能囊括社会中的全部人事,只能研究其特定范围内的人事。现实社会中，人类在生产、生活过程中，必然在人与人之间、人与事之间、个人与群体之间，产生一定的联系，并逐步形成特定的人事关系。因此，行政管理学指的人事，就是在特定的社会条件下，对发生在人与人、人与事、人与组织之间相互关系的总称。

人事行政，是行政管理学广泛使用的概念，它是指国家人事机关，依法对国家机关、企事业单位的人事工作进行的综合性管理活动。人事行政由以下要素构成：

(1)人事行政的主体是国家行政机关。我国各级人民政府的人事部门，包括国家人力资源和社会保障部，地方各级人民政府的人事厅(局)是人事行政的主体。

(2)人事行政的客体是国家机关(包括国家权力机关、行政机关、司法机关)、党派、群众团体、企事业单位等各类组织及其工作人员。其主要管理对象是国家公务员。

(3)人事行政的内容是综合管理本行政区域内的行政人员、专业技术人员和机构编制等工作。其主要职责是进行有关人事管理和机构编制的政策、规章、实施细则的制定，并具体负责其组织、协调、检查、监督和控制。

在现实生活中，人们往往把人事行政与人事管理两个概念混合使用。的确，两者之间有密切的联系，它们都是以人事为对象而进行的管理活动。在管理过程中，两者所遵循的主要原则和基本原理，也大致相同或相似。

人事行政与人事管理还是有区别的：人事行政是各级人民政府行政活动的重要内容，它是国家人事行政机关代表国家行使人事行政权，履行人事行政职能，以求得人事与行政工作的最佳组合，最终实现国家行政目标的宏观人事管理活动。人事管理则是指社会各类组织，根据自身特点，进行组织、管理和协调所辖范围内的人与人、人与事之间的关系，以实现人与事的最佳组合。它属于一种具体的、微观的人事管理活动。不同的社会组织，由于其人事管理的具体对象、范围、内容不同，其管理方式也有很大的差别。

通常，人们将政府的人事职能活动称为人事行政，而将其他组织，如企业、公司、学校、科研单位等的人事职能活动称为人事管理。

二、人事行政的特征、职能和任务

(一)人事行政的特征

人事行政的特征可以从两个层次上理解，即一般特征和现代特征。

人事行政的一般特征是：①人事行政是静态的，它通过规定政府公务员与国家之间的权利和义务关系，形成了人事行政的法定结构体系；②人事行政是动态的，它通过不断设计公务员履行行政职能的行政行为方式，形成反映政府职能变化的人事行政的发展过程；③人事行政是生态的，它通过更新公务员知识结构和提高公务员的行政能力，形成人事行政保证实现政府管理任务的管理价值；④人事行政是心态的，它通过促进公务员之间的意见沟通和情感交流，培植整体价值观念，形成人事行政，稳定成员情绪、调动成员积极性的社会价值。

人事行政的现代特征，主要表现为较传统人事行政的发展和变化：人事行政观念变化，由单纯的人事行政管理，转向综合的人事管理与开发；人事行政范围扩大，由固定的工作对象和内容，转向非固定的对象和内容；人事行政方法改变，由传统的单一工作方法，转向现在复杂的工作方法；进一步加强功绩制原则，以工作实绩的优劣，作为升降去留的主要依据，并以此丰富了考绩方法；进一步推行专业化和专家行政，由通才人士转向专才人事；法治与人治相结合，在强化法治行政的同时，强调首长负责制；重视和发展人事行政技术，变经验人事行政决策为科学人事行政决策；重视和应用“人性激励”，变被动的执行为义务感、责任感之上的自发、主动的行政精神；进一步强化人事监督，并使这种监督经常化、定量化和制度化；重视和实施人事行政改革，并以改革推动人事行政适应社会环境变化的要求。

(二)人事行政的职能

人事行政的职能表明了国家行政组织在行政人员管理方面的工作内容和作用。为便于分析，可将人事行政的职能划分为下列 4 种类型。

(1)人员录用。要求履行的职能是为国家行政组织补充所需要的各类人员。录用是外部人员进入国家行政组织的门户，起着把关的作用。

(2)人员开发。要求履行的职能是逐步提高国家行政组织在职人员的素质和工作潜能，其中包括在职培训、脱产培训、进修、学历教育等多种形式。

(3)人员维持。要求履行的职能是为组织成员努力工作创造良好的组织环境和工作条件，保持其工作安心和稳定，其中包括工资制度、社会福利、退休制度等。

(4)人员使用。要求履行的职能是检查、引导、监督和激励组织成员积极、主动、创造性地工作以提高工作质量和行政效率，其中包括考核制度、奖励制度、纪律、岗位责任制、晋升机制等。

(三)人事行政的任务

人事行政的基本目的是以适当的人力和财力保证公共行政组织的高效运行，较好地实现行政目标和社会目标。其任务是：

(1)根据所要完成的工作，确定相应职位或工作岗位。人事行政的总体要求和总的工作任务是人与事的最佳结合,这要通过确定职位或工作岗位的中间环节来实现。

(2)使任职人员的素质和能力符合具体的职位要求,做到因事择人、事得其人。

(3)使任职人员安心在其岗位上工作,做到因人任用、人尽其才。

(4)使任职人员努力工作,认真履行自己的职责,做到人尽其责。

三、人事行政的地位和作用

(一)人事行政在行政管理中居核心地位

人事行政是国家行政职能中的首要职能,因此它在国家行政管理中居核心地位。因为人是行政的根本,事是行政职能的具体形式。人事行政就是通过制定政策、法规、实施细则来执行国家意志,发挥政府职能对国家和社会公共事物实施管理的作用。

一切行政管理工作,包括行政决策、行政执行、行政沟通、行政协调和行政监督等,都要通过人的活动来实现。

在实践中,如何使一定量的工作任务,与完成任务所需要的人员数量基本一致,素质基本恰当,永远是行政研究的课题。能否科学合理地选人、用人,是行政管理成功与否的关键。人本原理一直视人事为现代管理的核心与本质,也正是这个道理。

以"因事择人,因人任用、事得其人、人尽其才"为目标开展行政管理活动,已经被实践证明是正确的、有效的。科学的人事行政,不仅可以使行政管理中的人、财、物、信息等各种行政资源得到最佳组合和充分利用,并且能够顺利达到行政活动的预期目的。相反,行政管理如果不以人为本,就只能浪费人才,压制工作人员的积极性和创造性,使已经具备的主客观条件不能发挥作用,最终延迟或妨碍行政事业的发展。

(二)人事行政是加强人才队伍建设的重要保证

我国是世界上人口最多的国家,又是经济比较落后的国家,正处于社会主义的初级阶段,要想在不久的将来,把我国建设成政治、经济、文化全面发展的社会主义现代化强国,就必须合理地开发利用人力资源,加强人才建设,培养一支高素质的社会主义建设队伍。

科学的人事行政,就是开发利用人力资源,加强人才建设的保证。它通过录用、选拔、考核、任用等制度,创造条件,使优秀人才脱颖而出,保证他们顺利进入国家机关，走上重要的工作岗位。它通过升降、交流、回避等制度，不断调整人与事的组合关系，尽可能使多数人与其所做的事、所处的岗位，达到最适应的状态。人才教育和培训制度，更是对人才的关心和爱护。所以说人事行政是开发利用人力资源、加强人才队伍建设，提高人才队伍整体素质的重要保证。

（三）人事行政是推动政治民主化的重要途径

现代化建设需要优秀人才，人才优势的发挥关键在于开启人才智力，而人才智力的开发，积极性与创造性的迸发，必须具备一个公开、平等、竞争、择优的社会环境。政治民主化，就是实现这一社会环境的根本条件。

我国社会主义制度的建立已经为政治民主化奠定了政治基础，人事行政则为政治民主化的实现开辟了有效途径，提供了现实的保证。

人事行政保证公民依法享有选举权和被选举权。公民有权选举和任命各级政府机关组成人员，也有权经过法定程序，通过录用考试，担任政府机关工作人员。

人事行政保证公民行使对任何国家机关和工作人员提出批评和建议的权利，保证公民对对任何国家机关和工作人员的违法失职行为行使申诉控告或检举的权利。

人事行政保证公民对人事行政实施的录用、考核、奖惩制度行使监督权。

人事行政的保证作用，主要是通过政府的行政权力和法律的权威来实现的。任何人都没有超越法律、侵犯和剥夺公民合法权益的特权。人事行政应当坚持民主原则，实现人事行政民主化，鼓励和保护公民参政、议政、关注国家大事的积极性，不断改变一切不适应生产力发展的行政模式，在不断完善和更新中，实现高度民主。

（四）人事行政促进社会经济健康发展的重要武器

以经济建设为中心，发展社会生产力，是党和国家为全国人民制定的新时期的中心工作任务。科学的人事行政，对社会经济的健康发展具有巨大的促进作用。这种作用，是通过对人事的有效管理来实现的。

首先，人力资源的合理开发和利用，为国家的社会主义现代化建设组织了一批庞大的建设队伍。改革开放以来，随着我国各项人事制度改革的不断深化，极大地调动了社会各方面的积极性，充分发挥了人力资源的优势。

其次，通过对社会人才资源余缺的调剂，促进了优秀人才进入经济建设的主战场。一批有较高素质、学有专长的人才，采用先进的技术设备和科学的管理方法，不断地在各条战线上创造出新的业绩，取得了令人瞩目的成就。

第二节　国家公务员制度的产生与发展

一、西方国家公务员制度的产生与发展

公务员制度又叫文官制度，最早产生于英国，随后在美国、德国、法国、日本等国家相继建立。

英国最早实行的公务员制度类似于古代的中国采取品位分类，以公务员个人所具有的资格条件为主要分类依据，并以此为依据，对公务员分类管理。

20 世纪 60 年代，品位分类已经显示出许多弊端。1968 年的《富尔顿报告》提出了英国公务员制度的六大缺陷，认为品位分类形成了反应迟钝的组织机构，妨碍了工作效率的提高。在品位分类制度下，英国的文官大多来自于几所名牌大学，毕业后直接进入文官系统，缺乏社会经验。其他行业的优秀人才，难以进入文官队伍，造成了人力资源的浪费。不同职责的文官，大多无法流动，造成了文官系统等级结构的死板与僵化，难以形成人力资源的合理配置。

美国是世界上最早实行职位分类制度的国家。美国的公务员制度贯彻四条原则：一是因事设岗原则，即一个政府有多少事，需要设立多少个岗位，必须事先经过精确计算，不得随意确定。二是因岗选人原则，只有符合岗位要求，并按规定程序进入的人员，才能取得公务员的相应岗位。三是同工同酬原则，即相同工作难度和工作责任的岗位，工资报酬相同。四是规范标准原则，即对所有的职位，都编成"职位规范"，对职位的名称、特征、任务、权限、责任、待遇等都有详细规定。

20 世纪 70 年代以后，英国通过借鉴美国职位分类制度的优点，对传统的品位分类制度进行了一些改革：一是将文官分为工业类和非工业类，其中工业类文官主要分布在国防和环保部门；非工业类文官包括文书、办事人员、科学家、工程师、统计员等。二是将非工业类文官分为 10 类。三是针对传统品位分类的"封闭"弊端，实行"开放结构"的文官分类制度，公开所有非工业类职位，实行统一的分类等级，各类文官之间可以按一定程序流动。

以英国为代表的品位分类，过于简单，对公务员的工作优劣难以区分，运行效果不理想。以美国为代表的职位分类制度，职位分类往往过于繁琐，也影响工作效率。目前，两者都在相互借鉴，西方国家公务员制度呈现融合的趋势。

二、西方国家公务员制度的管理机制

(一)西方公务员制度的特有原则

1. 政治中立原则

政治中立主要是指常任公务员不能参加和支持党派活动,不能参加政治性竞选活动,不得以党派偏见影响决策等。坚持"政治中立"原则,有利于公务员以公正态度处理行政事务,并保持政府工作的稳定性,因此许多国家都以立法形式确定该项原则。在党派政治范围内,如果公务员申请参加政治性竞选,必须先辞去常任公务员职务,否则即为违法。

2. 两官分途原则

两官是指政务官和事务官。两官分途是指两类官员在产生方式、管理形式、职责范围等方面属于两种不同类型的公务员,应当有所区别。两类公务员不能交换任职,其职责也不能交换履行。

根据西方法律规定,国家政务官由选举或政治任命产生,国家按照宪法、选举法和国家组织法对他们进行管理。政务官对选民负责,负责政策制定和重大行政决策,并与内阁共进退,实行任期制。事务官对行政首脑负责,通过竞争性考试或考核产生,依照公务员法进行管理,负责政策执行,不与内阁共进退,实行常任制。

3. 分权制衡原则

分权制衡是指权力分立,以权制权,这是西方国家政权形式的重要原则,也是其人事制度的基本原则。西方人事制度的分权制衡机制不仅体现在立法、行政和司法之间,而且也反映在国家与地方、政府的不同部门之间的相互制约关系中。

西方国家的公务员立法和监督工作一般由议会负责,行政首脑需向议会报告政府人事工作情况。有的国家还规定公务员工资调整等重大事项也必须经议会决定或通过。公务员的日常管理一般有政府人事管理机构负责。对公务员申诉事项,有的国家在司法机构中专门设立了行政法院或法庭,有的国家规定经人事仲裁机构调解无效的,可以由法院进行判决。

(二)西方公务员的更新机制

1. 公务员录用

英国、美国是西方最早实行考试录用公务员的国家。1855 年,英国就成立了由 3 人组成的文官事务委员会,负责统一组织考试。1870 年,英国政府推行文官制度改革,规定凡未通过考试获得资格证书的人,不得担任事务文职,英国的公务员制度正式确立。1833 年美国也开始实行考试录用制度。

继英美之后,西方其他国家都逐步实行了考试录用制度,其共同特点为:一是以竞争性考试录用为主,竞争激烈,录取率低;二是考试录用程序非常严格;三是考试合格只是取得录用资格,最终是否被录用,由录用机关按照规定在合格者中挑选。

2.公务员培训

西方各国都十分重视公务员培训,认为培训不是公务员个人的私事,而是政府人才开发的需要。西方国家公务员培训的共同特点是:一是培训法规健全;二是实行分类培训,如录用培训、任职培训、经常性培训、专门知识培训等;三为分工培训,将公务员培训分为部外和部内两种,部外培训由国家人事机构组织,培训具有共同性的知识和技能;部内培训由各部门组织,进行具有部门专业特点的专业培训和岗位培训。

3.公务员退休保障

西方各国公务员退休的共同特点为:一是健全的退休法规。二是退休待遇比较优厚。一般的国家公务员在职期间的待遇相对低于社会其他从业人员,但退休后的公务员即享受全民养老保险,又享有国家对公务员退休的补充保障经费,其待遇要高于社会其他阶层。三是实行养老社会化管理。公务员退休后,就脱离了与原工作单位的关系,由社会服务组织办理其退休经费和有关保障的支付。

(三)西方公务员的激励机制

1.公务员考核

西方国家普遍认为,加强考核是对公务员进行有效管理的重要手段,因此各国非常重视考核制度的建设。各国通常都以年为单位,根据考核结果,决定公务员的任用、留用、晋升、培训、降职或免职等。各国的考核标准繁简不一,共同面对的难题是,如何保证考核的公正性与客观性。

2.公务员奖励

英国对文官的奖励设有荣誉奖、物质奖和晋升奖。在美国,公务员通过提建议或者具有突出的工作表现,对政府工作具有重大贡献的,将给予精神的或物质的奖励。各国都设有不同的奖励种类,并由专门部门对各项工作进行经常性检查和评估,坚持物质奖励和精神奖励相结合。

3.公务员晋升

从总体上看,西方国家公务员晋升法规比较健全,权限划分比较明确,透明度较高。晋升的方式主要有4种:一是考试晋升,通过统一的或内部的考试,作为公务员晋升的依据;二是功绩晋升,依据公务员的工作能力或成绩,通过严格的考核决定公务员晋升;三是年功晋升,将公务员工作和任职的年限,作为是否晋升的硬性条件,年功晋升多侧重于晋升工资等次;四是破格晋升,对能力和水平特别突出的,许多国家都允许公务员破格晋升。

此外,西方国家公务员晋升有晋级和晋职之分。晋级就是级别的变动,个人可以增加工资。晋职就是职务的变动,通常职务变动时,级别也会相应变动。

4. 公务员工资福利

总体而言,西方国家都制定了公务员工资福利的专门法律法规。确立公务员工资级别和标准是国会或议会的职权,政府只是执行者,只有向国会或议会提建议和报告的权力,但没有最终决策权。

西方国家严格实行等级工资制。大多数国家都采取先分等,然后将每等划分为若干级,以确定公务员的工资标准。公务员的工资标准以社会平均工资和零售物价变动为参考依据,通常是与社会同类人员在私营企业的收入情况作比较,并定期公布物价指数,指导公务员工资调整幅度,正常情况下,公务员工资增长幅度,略高于物价增长幅度。

(四)西方公务员的调控机制

1. 公务员义务

从总体上看,西方国家对公务员的义务要求,都强调效忠国家、专心工作、严守纪律、为公民服务等。从具体内容上看,大致可以分为两类:一是必须作为的义务,主要包括效忠国家、服从上级、服务公民、尽职尽责、廉洁奉公、遵纪守法、保守秘密等;二是不得作为的义务,主要包括不得参与反对政府的活动,不得从事法律法规所禁止的各项行为,如罢工、赌博、受贿等。

2. 公务员惩罚

西方国家将违反公务员纪律的行为,分别有刑事处分和行政处分两类惩罚方法。刑事处分由法院实施,行政处分一般由主管部门或政府人事部门实施。也有的国家规定由行政法院实施行政处分,如警告、减薪、降职、撤职、开除等。

三、中国公务员制度的建立与发展

(一)国家公务员制度的含义

公务员是指依法履行公职、纳入国家行政编制、由国家财政负担工资福利的工作人员。我国的国家公务员范围包括七类机关工作人员：①中国共产党机关；②人大机关；③政协机关；④行政机关；⑤审判机关；⑥检察机关；⑦民主党派机关。

国家公务员制度是指国家对其公务员依法进行科学管理的各项法律法规制度的总称。

（二）中国传统干部人事制度的缺陷

新中国成立后运行的干部人事制度，初创于战争年代，形成于新中国成立后的计划经济时期，适应了高度集中的计划经济模式下社会经济发展的需要，对创立和巩固新生的共和国，发挥了重要作用，但是，随着经济发展和社会环境的变化，传统干部人事制度明显暴露出许多问题和不足。

(1)"国家干部"范围过于笼统，缺乏科学分类。新中国成立以来，党和国家机关的工作人员、群众团体的工作人员、企事业单位的管理人员和技术人员，都统一称为"国家干部"，用统一的方式进行管理，这样，被管理的干部队伍日益庞大，管理手段日显僵硬。

(2)管理权限过分集中，管人与管事相脱节。传统的干部人事制度中，国家干部由中央及地方各级党委组织部门进行统一管理，掌握重要的人事管理权，如录用、考核晋升等。部门行政首长缺乏自主权，不能根据工作需要任用和管理人员。这样，用人单位没有决定的权力，管人部门并不对用人的情况负责，人事管理脱离用人实际。

(3)管理方式单一，限制人才发展。传统的干部人事制度采取简单的管理方法，对所有的干部都套用行政级别进行管理，工资、住房、其他社会保障都与行政级别相对应。对科教文卫等各类专业技术人员，进行"干部身份认同"，使得各类机关、企事业单位等不同类型的组织纷纷行政化，进一步助长了"官本位"思想。

(4)管理制度不健全，用人缺乏法制。传统的干部人事制度对干部的录用、考核、晋升、奖惩等缺乏统一规范，灵活性、随意性较大，因人而异，因事而异的情况比较明显。用人缺少法制，使得用人上的不正之风和腐败现象明显增多，阻碍了人事行政的现代化进程。

（三）中国公务员制度的建立与发展

1. 中国公务员制度的建立

党的十一届三中全会以后，邓小平同志多次提出要改革干部人事制度。1980年，邓小平同志在中央政治局扩大会议上强调："坚持解放思想，克服重重困难，打破老框框，勇于改革不合时宜的组织制度、人事制度。"在邓小平同志思想的指导下，我国开始了改革传统干部人事制度的探索，确立了领导干部“革命化、年轻化、知识化、专业化”的“四化”方针，废除了干部职务终身制。

1984—1986年，根据中共中央书记处的要求，中共中央组织部和劳动人事部着手起草《国家机关工作人员条例》，先后征求了几百位专家，十几个省市、几十个部门的意见，它是《国家公务员暂行条例》的前身。

1986年下半年，根据邓小平同志的建议，中央成立了政治体制改革领导小组，下设干部人事制度改革专题组。专题组根据中央指示精神，借鉴西方文官制度的特点，对《国家机关工作人员条例》作了适合我国国情的重大修改，并将其更名为《国家公务员暂行条例(草案)》。

1987年10月，中国共产党十三大明确提出：“当前干部人事制度改革的重点，是建立国家公务员制度”。

1988年，为更好地推行公务员制度，中央决定成立国家人事部，主要负责推行国家公务员制度。

1989年，经中央批准，首先在国务院六个部门即审计署、海关总署、国家统计局、国家税务局、国家环保局和国家建材局进行公务员制度试点。1990年，又在哈尔滨、深圳两市试点。

1993年4月24日，国务院常务会议审议通过《国家公务员暂行条例》，并于1993年8月14日正式颁布，同年10月1日起施行。《国家公务员暂行条例》的颁布，标志着我国公务员制度的正式确立。

2.《中华人民共和国公务员法》的颁布

《国家公务员暂行条例》实施十余年的实践表明，公务员制度是一套符合中国国情的、科学合理的人事管理制度。但公务员制度作为一项重要的人事管理制度，从法律体系上看，应当具有基本法的地位，但是，《国家公务员暂行条例》仅仅是一部过渡性的行政法规，这与依法治国，建设社会主义法治国家的要求不相适应，因此加强干部人事制度的法制化建设，实现对党政机关干部的依法管理、依法监督和依法保障，是一项迫切的任务。

2005年4月27日，第十届全国人民代表大会常务委员会第十五次会议通过了《中华人民共和国公务员法》，并从2006年1月1日起施行。

同《国家公务员暂行条例》相比，《公务员法》调整了公务员的范围，确立了分类管理的原则，调整了公务员的职务级别制度，并对职位聘任制度作出了明确的规定，从而进一步完善了我国的公务员制度。

第三节　中国国家公务员的基本制度

一、中国公务员制度的特点和原则

(一)中国公务员制度的特点

我国是有中国特色的社会主义国家。公务员制度作为国家政治制度的一个组成部分,必然取决和服务于国家的根本社会制度。因此,和西方文官制度相比,我国的国家公务员制度具有以下特点:

(1)不搞“政治中立”。中国共产党的基本路线是建立中国公务员制度的根本指导原则。建立公务员制度的目的就是要为贯彻和执行党的基本路线提供制度保证。所以,要求公务员必须始终与党中央保持一致,坚决捍卫和执行党的路线、方针、政策。而西方文官制度则强调所谓“政治中立”的原则,要求文官不得参加党派等政治活动,在公务活动中不得带有党派的政治倾向性等。

(2)坚持党管干部。新公务员法第四条明确规定坚持党管干部原则。中国共产党是领导各项事业的核心力量,公务员制度是党的干部制度的一个组成部分。在公务员的管理上,强调要坚持党的组织领导,贯彻党的组织路线,保持党对政府重要领导人选的推荐权。而西方文官制度则强调文官管理必须独立于党派之外,“不受任何党派干预”,“与党派政治脱钩”,是独立的管理系统。

(3)不搞“两官分途”。我国公务员制度没有“政务官”与“事务官”的划分。这是由于我国是共产党执政的国家,不搞多党轮流执政,所以不存在政务官与事务官的截然分界。而西方文官制度则实行“两官分途”,强调政务官的所谓政治化和事务官的所谓职业化,这是两个截然不同的职官体系,相互之间不能转任。

(4)坚持服务于民的宗旨。做人民公仆,为人民办事,对人民负责,受人民监督,这是中国公务员最根本的行为准则。中国公务员没有自己集团的特殊利益,也不存在任何形式的特权。而西方国家的文官则是一个独立的利益集团,它受雇于政府,是政府的雇员,一切服从政府需要,为政府利益服务。

(二)中国公务员制度的原则

1.德才兼备、任人唯贤原则

德才是贤能的标志。德才兼备、任人唯贤是中国共产党在长期革命和建设实践中形成的干部路线,是我国人事行政的首要原则。

在社会主义初级阶段，德是指人的政治素质、道德品质和思想作风。包括对“一个中心、两个基本点”的基本路线的态度和执行这一路线的表现，同时也要求其具有全心全意为人民服务的精神，廉洁奉公、不谋私利，愿做人民公仆。才主要是指人的业务水平和管理能力，包括岗位所需的文化水平、专业知识、业务技能和管理能力。

德才兼备，就是德与才的有机结合。先要观其德，同时观其才，德才兼有，不可偏废。落实在人事行政过程中，即不能重才轻德，也不能重德轻才，而是要以德率才，德才兼备。和任人唯贤的用人原则相对立的是“任人唯亲”。任人唯亲从一己私利出发，按照同自己的关系亲密程度、感情好坏等标准来任用干部，而不管其德才如何，这是我国人事行政所不能容忍的。

2. 功绩原则

功绩，即工作实绩和贡献。功绩原则就是注重和强调工作人员的工作实绩和贡献。它要求根据较为客观的标准，来确定每个人的才能及其他素质，决定其是否被录用、升降、奖惩。我国人事行政的功绩原则，主要用于对公职人员的考核和任用上。在考核中坚持功绩原则。就是在坚持德才兼备、任人唯贤用人标准的基础上，注重考察公职人员的工作实绩和贡献。功绩是一个人德才水平的综合体现和结果，比较容易量化，具有较强的可比性。以功绩作为考核、评价的标准，有利于评价的准确，也有利于引导公职人员将精力放在干实事、讲质量、求效率上。

在人事任用中贯彻功绩原则，有助于实现任人唯贤，避免在人事任用、升降、赏罚上，出现的个人好恶以及亲情干扰，强化干部管理中的竞争机制。消除论资排辈和不求进取等消极心理影响，促使广大干部争先创优，追求更大功绩。

3. 适才适用原则

适才适用，是指人事行政根据每个人的政治素质、道德品质、思想作风、业务水平、管理能力和工作实绩等有关条件，把他们安排到相应的职位上，做到因事而求才，因才而施用，事得其人、人尽其才，事得其功。

坚持适才适用原则，当正确处理好人与事的关系，切实做到知人、识事、善任。

知人是适才适用的基本条件。无论就自然条件，还是社会条件看，人都千差万别，不可能千人一面，整齐划一。知人就是运用各种方法，对每个人的品德、专长、性格、兴趣、优点和缺点等进行全面的了解和掌握，为人与事的合理配置提供现实依据。识事是适才适用的前提。它要求围绕工作中心，把工作的类别、性质、特点、需要条件等一一了解清楚，在此基础上去择人，而不能因人设事，照顾关系，把不称职或不合适的人安排到工作岗位上，因人而害事。善任是适才适用的关键。它要求坚持因事择人的原则，根据人和事的各自特点和需求，把适当的人用在适当的职位上，大才大用，小才小用，使每个人都能各随其志、各得其所、各尽其才、各献其功。

坚持适才适用原则，还要注意坚持扬长避短，反对求全责备。社会工作千万种，每个职位需要的德才水平和管理能力不尽相同。只有坚持量才使用，用人之长，避人之短，才能充分发挥各类人才的作用。

4. 分类管理原则

分类管理原则是我国人事行政借鉴科学管理领域的成果形成的一项重要原则。

分类是科学管理的基础。分类管理主要是依据一定的标准，把构成社会的各种组织划分为不同类型，分别实行相应的、符合各自条件的人事管理制度。

我国的人事制度，是在革命战争年代干部制度的基础上形成的，一直使用统一的模式，统管着党政机关的干部，企事业单位的管理人员和技术人员没有分类，没有实行严格的责任制和规范的考核。

随着《公务员法》的实施，不同类别、不同特点的人事管理制度，将逐步建立和实施，各类社会组织将会在社会经济发展中更好地发挥各自的职能作用。

5. 公开、平等、竞争、择优原则

公开是衡量一个国家政治民主化的重要尺度。社会主义民主政治的核心，是人民当家做主，享有管理国家和企事业单位的权力。民主与政治生活、社会生活的公开性密切相关。所以人事行政必须公开化。有关人事行政的法律法规和政策，除了按规定需要保密的以外，全部要公开。人事行政执行的录用、考核、升降、奖惩、工资等制度的原则、标准、程序、结果等内容要全部公开，将人事行政工作自觉地置于广泛的社会监督之下。平等指所有的公民在法律面前人人平等。具体到人事行政工作，主要是为公民担任国家公职，提供平等的权力和机会，不得因性别、民族、出身、党派和家庭等因素的不同，而影响其参加平等竞争，确保公民在平等的条件下，被择优录用。竞争与公开、平等密不可分。人事行政的平等竞争，必须在公开的环境中进行，必须面向全社会，将竞争的目标、资格条件、原则、程序、结果等一律公布于众，让所有符合条件的公民，在竞争规则面前平等地参与。择优是竞争的目的，就是通过公开平等的竞争，把德才水准较高、工作成绩突出、勇于开拓、善于管理的优秀人才选拔出来，加以重用。

贯彻公开、平等、竞争、择优原则，有利于扩大识人视野，拓宽选人渠道，广开进贤之路，促使优秀人才脱颖而出；有利于防止和克服人事管理中“任人唯亲”、拉关系、走后门等不正之风。

6. 依法管理原则

依法管理就是把人事行政的目的、要求、内容、步骤和方法，通过立法程序规范起来，用法律手段确保人事行政管理的有效实施。依法管理原则要求，从公务员的录用、考核、晋升、培训、工资福利直至退休，整个管理过程都有法可依，依法管理；公务员行使职权、履行职责，同样要依照法律规定，依法行政。

只有依法管人，才能依法行政；只有依法行政，才能依法治国，才能彻底变人治为法治，使我国人事行政步入法制化的科学轨道。

二、中国公务员制度的主要机制

1. 职位分类机制

我国的职位分类制度，是以职位分类为基础，职位分类与品位分类相结合。其主要特征是，以事为中心，又兼顾人的因素。在职位设置和编制职位说明书等方面，主要采用职位分类的原则和方法，而在区分职位等级等方面，则同时兼容品位分类和职位分类的原则和方法。

2. 更新机制

为确保公务员制度的生机与活力，我国公务员制度引入了新陈代谢机制，在公务员的进、出口上严格把关，规范管理。在入口上，通过录用和交流形式，在全社会范围内选拔优秀人才进入公务员队伍；在出口处，在坚持正常退休制度的同时，开辟了新渠道。符合规定的公务员有申请提前退休的权利，有申请辞职的权利，行政机关也有辞退公务员的权利。

3. 激励机制

我国公务员制度，在“进”与“管”两大环节上，引进了竞争激励机制。在进口上，公开考试增强了竞争性。在管理方面，公务员制度规定，公务员的任用、晋升，必须坚持竞争机制，打破论资排辈的习惯做法，考核是激励公务员的重要手段。公务员考核全面评价其德、能、勤、绩、廉五方面表现，并以考核结果为依据，对公务员进行奖惩、培训、职务晋升、工资晋升等管理活动。

4. 调控机制

为了规范公务员的行为，我国公务员法明确规定了公务员的权利和义务，规定了公务员应当遵守的纪律。对严重违反纪律的公务员，还规定了惩处制度。

三、国家公务员的义务与权利

(一)国家公务员的义务

义务,通常指为或不为一定行为的约束。我国《公务员法》规定,国家公务员应当遵守下列义务:

(1)模范遵守宪法和法律;

(2)按照规定的权限和程序认真履行职责,努力提高工作效率;

(3)全心全意为人民服务,接受人民监督;

(4)维护国家的安全、荣誉和利益;

(5)忠于职守,勤勉尽责,服从和执行上级依法作出的决定和命令;

(6)保守国家秘密和工作秘密;

(7)遵守纪律,恪守职业道德,模范遵守社会公德;

(8)清正廉洁,公道正派;

(9)法律规定的其他义务。

(二)国家公务员的权利

权利,通常指为或者不为一定行为以及要求他人为或者不为一定行为的自由。我国《公务员法》规定,国家公务员可以享受下列权利:

(1)获得履行职责应当具有的工作条件;

(2)非因法定事由、非经法定程序,不被免职、降职、辞退或者处分;

(3)获得工资报酬,享受福利、保险待遇;

(4)参加培训;

(5)对机关工作和领导人员提出批评和建议;

(6)提出申诉和控告;

(7)申请辞职;

(8)法律规定的其他权利。

四、国家公务员管理制度的基本内容

(一)职务与级别

国家实行公务员职位分类制度。公务员职位划分为综合管理类、专业技术类和行政执法类等类别。

公务员职务分为领导职务和非领导职务。领导职务层次分为:国家级正职、国家级副职、省部级正职、省部级副职、厅局级正职、厅局级副职、县处级正职、县处级副职、乡科级正职、乡科级副职。非领导职务层次在厅局级以下设置。

综合管理类的领导职务根据宪法、有关法律、职务层次和机构规格设置确定。综合管理类的非领导职务分为：巡视员、副巡视员、调研员、副调研员、主任科员、副主任科员、科员、办事员。

综合管理类以外其他职位类别公务员的职务序列，国家另行规定。

公务员的职务应当对应相应的级别。公务员的职务与级别是确定公务员工资及其他待遇的依据。公务员的级别根据所任职务及其德才表现、工作实绩和资历确定。公务员在同一职务上，可以按照国家规定晋升级别。

(二)录用与考核

录用担任主任科员以下及其他相当职务层次的非领导职务公务员，采取公开考试、严格考察、平等竞争、择优录取的办法。

中央机关及其直属机构公务员的录用，由中央公务员主管部门负责组织。地方各级机关公务员的录用，由省级公务员主管部门负责组织，必要时省级公务员主管部门可以授权设区的市级公务员主管部门组织。

报考公务员，应当具备公务员一般条件：①具有中华人民共和国国籍；②年满18周岁；③拥护中华人民共和国宪法；④具有良好的品行；⑤具有正常履行职责的身体条件；⑥具有符合职位要求的文化程度和工作能力；⑦法律规定的其他条件。

下列人员不得录用为公务员：①曾因犯罪受过刑事处罚的；②曾被开除公职的；③有法律规定不得录用为公务员的其他情形的。

公务员录用考试采取笔试和面试的方式进行，考试内容根据公务员应当具备的基本能力和不同职位类别分别设置。

招录机关根据考试成绩、考察情况和体检结果，提出拟录用人员名单，并予以公示。

公示期满，中央一级招录机关将拟录用人员名单报中央公务员主管部门备案；地方各级招录机关将拟录用人员名单报省级或者设区的市级公务员主管部门审批。

新录用的公务员试用期为一年。试用期满合格的，予以任职；不合格的，取消录用。

对公务员的考核，按照管理权限，全面考核公务员的德、能、勤、绩、廉，重点考核工作实绩。

公务员的考核分为平时考核和定期考核。定期考核以平时考核为基础。定期考核的结果分为优秀、称职、基本称职和不称职4个等次。定期考核的结果应当以书面形式通知公务员本人。

定期考核的结果作为调整公务员职务、级别、工资以及公务员奖励、培训、辞退的依据。

(三)职务任免与升降

公务员职务实行选任制和委任制。领导成员职务按照国家规定实行任期制。

选任制公务员在选举结果生效时即任当选职务;任期届满不再连任,或者任期内辞职、被罢免、被撤职的,其所任职务即终止。委任制公务员遇有试用期满考核合格、职务发生变化、不再担任公务员职务以及其他情形需要任免职务的,应当按照管理权限和规定的程序任免其职务。

公务员任职必须在规定的编制限额和职数内进行,并有相应的职位空缺。公务员因工作需要在机关外兼职,应当经有关机关批准,并不得领取兼职报酬。

公务员晋升职务,应当具备拟任职务所要求的思想政治素质、工作能力、文化程度和任职经历等方面的条件和资格。

公务员晋升职务,应当逐级晋升。特别优秀的或者工作特殊需要的,可以按照规定破格或者越一级晋升职务。

机关内设机构厅局级正职以下领导职务出现空缺时,可以在本机关或者本系统内通过竞争上岗的方式,产生任职人选。

厅局级正职以下领导职务或者副调研员以上及其他相当职务层次的非领导职务出现空缺,可以面向社会公开选拔,产生任职人选。

确定初任法官、初任检察官的任职人选,可以面向社会,从通过国家统一司法考试取得资格的人员中公开选拔。

公务员晋升领导职务的,应当按照有关规定实行任职前公示制度和任职试用期制度。

公务员在定期考核中被确定为不称职的,按照规定程序降低一个职务层次任职。

(四)奖励与惩戒

对工作表现突出,有显著成绩和贡献,或者有其他突出事迹的公务员或者公务员集体,给予奖励。奖励坚持精神奖励与物质奖励相结合、以精神奖励为主的原则。奖励分为:嘉奖、记三等功、记二等功、记一等功、授予荣誉称号。对受奖励的公务员或者公务员集体予以表彰,并给予一次性奖金或者其他待遇。

公务员执行公务时,认为上级的决定或者命令有错误的,可以向上级提出改正或者撤销该决定或者命令的意见;上级不改变该决定或者命令,或者要求立即执行的,公务员应当执行该决定或者命令,执行的后果由上级负责,公务员不承担责任;

但是，公务员执行明显违法的决定或者命令的，应当依法承担相应的责任。

公务员因违法违纪应当承担纪律责任的，应当给予处分。处分分为：警告、记过、记大过、降级、撤职、开除。受处分的期间为：警告，6个月；记过，12个月；记大过，18个月；降级、撤职，24个月。公务员在受处分期间不得晋升职务和级别，其中受记过、记大过、降级、撤职处分的，不得晋升工资档次。受撤职处分的，按照规定降低级别。

公务员受开除以外的处分，在受处分期间有悔改表现，并且没有再发生违纪行为的，处分期满后，由处分决定机关解除处分并以书面形式通知本人。解除处分后，晋升工资档次、级别和职务不再受原处分的影响。但是，解除降级、撤职处分的，不视为恢复原级别、原职务。

（五）培训

机关对新录用人员应当在试用期内进行初任培训；对晋升领导职务的公务员应当在任职前或者任职后一年内进行任职培训；对从事专项工作的公务员应当进行专门业务培训；对全体公务员应当进行更新知识、提高工作能力的在职培训，其中对担任专业技术职务的公务员，应当按照专业技术人员继续教育的要求，进行专业技术培训。国家有计划地加强对后备领导人员的培训。

公务员培训情况、学习成绩作为公务员考核的内容和任职、晋升的依据之一。

（六）交流与回避

国家实行公务员交流制度。公务员可以在公务员队伍内部交流，也可以与国有企业事业单位、人民团体和群众团体中从事公务的人员交流。交流的方式包括调任、转任和挂职锻炼。公务员在挂职锻炼期间，不改变与原机关的人事关系。

公务员之间有夫妻关系、直系血亲关系、三代以内旁系血亲关系以及近姻亲关系的，不得在同一机关担任双方直接隶属于同一领导人员的职务或者有直接上下级领导关系的职务，也不得在其中一方担任领导职务的机关从事组织、人事、纪检、监察、审计和财务工作。公务员担任乡级机关、县级机关及其有关部门主要领导职务的，应当实行地域回避，法律另有规定的除外。

公务员执行公务时，有下列情形之一的，应当回避：①涉及本人利害关系的；②涉及与本人有亲属关系人员的利害关系的；③其他可能影响公正执行公务的。

（七）工资福利保险

公务员工资包括基本工资、津贴、补贴和奖金。

国家根据经济社会发展水平提高公务员的福利待遇。

公务员实行国家规定的工时制度，按照国家规定享受休假。公务员在法定工作日之外加班的，应当给予相应的补休。

国家建立公务员保险制度，保障公务员在退休、患病、工伤、生育、失业等情况下获得帮助和补偿。

公务员因公致残的，享受国家规定的伤残待遇。公务员因公牺牲、因公死亡或者病故的，其亲属享受国家规定的抚恤和优待。

(八)辞职与辞退

公务员辞去公职，应当向任免机关提出书面申请。任免机关应当自接到申请之日起 30 日内予以审批，其中对领导成员辞去公职的申请，应当自接到申请之日起 90 日内予以审批。公务员有下列情形之一的，不得辞去公职：①未满国家规定的最低服务年限的；②在涉及国家秘密等特殊职位任职或者离开上述职位不满国家规定的脱密期限的；③重要公务尚未处理完毕，且须由本人继续处理的；④正在接受审计、纪律审查，或者涉嫌犯罪，司法程序尚未终结的；⑤法律、行政法规规定的其他不得辞去公职的情形。

担任领导职务的公务员，因个人或者其他原因，可以自愿提出辞去领导职务。

领导成员因工作严重失误、失职造成重大损失或者恶劣社会影响的，或者对重大事故负有领导责任的，应当引咎辞去领导职务。领导成员应当引咎辞职或者因其他原因不再适合担任现任领导职务，本人不提出辞职的，应当责令其辞去领导职务。

公务员有下列情形之一的，予以辞退：①在年度考核中，连续两年被确定为不称职的；②不胜任现职工作，又不接受其他安排的；③因所在机关调整、撤销、合并或者缩减编制名额需要调整工作，本人拒绝合理安排的；④不履行公务员义务，不遵守公务员纪律，经教育仍无转变，不适合继续在机关工作，又不宜给予开除处分的；⑤旷工或者因公外出、请假期满无正当理由逾期不归连续超过 15 天，或者一年内累计超过 30 天的。

对有下列情形之一的公务员，不得辞退：①因公致残，被确认丧失或者部分丧失工作能力的；②患病或者负伤，在规定的医疗期内的；③女性公务员在孕期、产假、哺乳期内的；④法律、行政法规规定的其他不得辞退的情形。

(九)退休

公务员达到国家规定的退休年龄或者完全丧失工作能力的，应当退休。

公务员符合下列条件之一的，本人自愿提出申请，经任免机关批准，可以提前退休：①工作年限满 30 年的；②距国家规定的退休年龄不足 5 年，且工作年限满 20 年的；③符合国家规定的可以提前退休的其他情形的。

公务员退休后，享受国家规定的退休金和其他待遇。

(十)申诉与控告

公务员对下列人事处理可以申请救济：①处分；②辞退或者取消录用；③降职；④定期考核定为不称职；⑤免职；⑥申请辞职、提前退休未予批准；⑦未按规定确定或者扣减工资、福利、保险待遇；⑧法律、法规规定的其他情形。

公务员申请救济的方法包括申请复核、申诉、再申诉。

公务员申请复核的，应当自知道该人事处理之日起 30 日内向原处理机关申请。

自接到复核决定之日起 15 日内，按照规定向同级公务员主管部门或者作出该人事处理的机关的上一级机关提出申诉。公务员也可以不经复核，自知道该人事处理之日起 30 日内直接提出申诉。公务员对处分的决定不服，应该向监察机关提出申诉，按照行政监察法规定的程序进行。公务员对省级以下机关作出的申诉处理决定不服的，可以向作出处理决定的上一级机关提出再申诉。

复核、申诉期间不停止人事处理的执行。公务员申诉的受理机关审查认定人事处理有错误的，原处理机关应当及时予以纠正。

公务员认为机关及其领导人员侵犯其合法权益的有权控告。控告可以向上级机关或者有关的专门机关提出。如法院、检察院、审计部门、监察部门、党的纪律检查部门等。控告不得捏造事实，诬告、陷害他人。

【案例分析】

公开招考公务员引起的思考

几个月前，S 市报纸上登出了新成立的监察局招考公务员的启事。

登出启事后的 3 天内，就有 150 多人打听报名情况，正式报名的有 31 人，但到考试那天，应试者只有 19 人。

市政府的一位 25 岁的司务长，看到启事后，便认定自己应当报名。他所在的行政科知道后，赶紧相劝，并许了许多愿：您一结婚就分给房子，而且是带液化气设施的，还可以调到行政科……年轻人很快打消了报名的念头。

有的单位听说本单位有人报名，领导的脸色顿时来了个大变化：您不想呆在本单位？肯定是认为本单位不好，否则干嘛要走？报名者一般是要考虑后路的，万一不录取，还在原单位工作，自己的日子也不好过，人家也有权力啊，譬如穿个小鞋什么的。

市妇联3个报名的，考试前一天开了个会，决定3人要考一块考，不考一块不考，“法不责众”。

还有一位青年人开了个不大不小的玩笑：这位自学大专毕业的公安局干部，以考试第3名的成绩列入录取名单。谁想青年人严肃声明拒绝被录用。他说，我不是本地人，在本地没有任何社会关系。我看了报纸，就想试验一下，看是不是又来花架子。看来你们这次是搞真的。

当然，这场公开招考也使许多人如愿以偿：一位原轻工局组织科的副科长，市里曾几次调他到别的单位，他都不同意，这次他参加了考试，并被正式录取（来源：根据相关资料编写）。

问题：

1. 结合实际，谈谈公开招考公务员的积极意义。

2. 结合案例，谈谈人们对公开招考公务员产生种种误解的原因。

3. 结合案例，谈谈完善我国公务员录用制度的思考。

【思考与练习】

1. 简述人事行政的一般特征与现代特征。

2. 中国公务员制度的原则是什么？

3. 国家公务员的法定义务有哪些？

4. 对比分析中西方公务员制度的激励机制。

第七章
行政领导

【导入案例】

老刘担任领导多年，以前在单位他说的话别人一般是不会反对的，可是近些年来，他突然发现了一些变化，前几年搞了一个竞争上岗，他自己差一点就失去了领导岗位，这让他很意外，近年来他又发现单位的许多同志敢于发表与自己不同的意见了，有些同志对于自己的一些任命也提出了不同的见解，自己事无巨细全要管的做法（老刘认为这是自己最大的优点）有些同志也表示不理解，老刘深感困惑：自己一心一意为集体，怎么会有这么多的问题出现？领导真的是越来越难当了啊（来源：根据相关资料编写）！

分析行政领导活动对行政管理的影响。

第一节　行政领导概述

一、领导的含义和特点

（一）领导的含义和特点

领导是中国人最熟悉的一个词，但多数人对领导的理解都是片面的，或者说多数人一般认识到的是领导的名词含义，即领导者，而很少去注意领导的动词含义，即领导者领导下的活动，而领导活动是自人类社会产生以来就有的，心理学研究已经表明，凡是有人类聚集到一起，并进行有目的的活动就需要领导的组织和协调，也就是说，领导是存在于任何人群中的。随着人类社会的发展，领导活动也发生了很大的变化，那么，究竟现代意义上的领导应该如何定义呢？西方学者主要从领导者中心说、互动说、结构说、目标说四个角度来定义领导，这 4 种说法各有特点，但都没有揭示领导的本质所在。从作为动词的领导来看，领导是指领导活动的过程，实际上也就是指领导活动本身，显然动词意义上的领导已经把名词意义上的领导包括在内了，所以作为动词的领导是广义的领导，我们研究的领导更多的是这个意义上的领导。因此，我们可以给领导一词作如下定义：领导是领导者与追随者之间的一种特殊的相互作用过程，是领导者通过一定的组织形式，率领和协调追随者，为实现预定目标，共同作用于领导环境的一种行为过程。

从概念中我们可以看出领导具有如下 4 个特点：

(1)系统性。领导是一个由领导者、追随者、领导环境三个基本要素构成的社会组织系统。没有追随者也就谈不上领导者，而领导者和追随者都处于特定的共同的领导环境之中，需要改造这个领导环境，三个要素缺一不可，相互作用，相互结合，构成完整的领导活动。

(2)动态性。领导是一个动态过程，具体表现为领导者的决策和决策的执行，都要由追随者的具体行为才能体现出来，而领导者的决策和追随者的实施都是在一定的领导环境中进行的。

(3)权威性。主要反映在领导者与追随者的关系上，领导者通过权力来指挥追随者，追随者则表现出对这种权力和指挥的认可和服从，从而使领导活动得以顺利进行。

(4)综合性。领导是一种高层次的管理，需要考虑政治、经济、文化等各方面的因素，需要对不同的利益进行综合。

(二)行政领导的含义和特点

关于行政领导的定义，学者们见解不一，但归根到底行政领导就是广泛领导现象的一种复杂的类别，是国家行政管理系统中的领导，因此，对应于领导的含义，我们给行政领导作如下定义：行政领导是指为实现一定的行政目标，国家行政管理活动中的各级领导者以及他们依法行使国家权力，组织和管理行政事务所进行的行政活动的过程。

对于行政领导，我们要注意把握以下 4 点：第一，行政领导者，包括个体领导者和群体领导者是行政领导的行为主体。第二，行政机关工作人员和社会公众是行政领导的行为客体。第三，行政领导的内容包括决策、指挥、控制、协调、监督、检查等，是一个动态的过程。第四，行政领导行为实现的基础是国家强制力。

行政领导作为国家行政管理系统中的领导，在内容和形式上具有以下一些重要特点：

(1)行政性。行政领导主要进行的是事务性的活动，是对“行政”的领导，即行政领导的主要内容是基于实现一定的行政目标而进行的决策、指挥、控制、协调、监督、检查的活动，是为了保证国家行政权力的正确行使。

(2)权威性。行政领导的权力是宪法和法律赋予的，这样就使行政领导具有了合法的领导地位，具有了权威，行政领导者发出的行政命令，追随者必须服从，从而保证了行政管理过程的有序进行。

(3)动态性。主要表现在以下一些方面：首先，行为过程是动态的；其次，行为内容也是不断发展变化的；再次，行政领导是一个历史范畴，不同的历史阶段有不同的领导方式和领导体制；最后，主体也具动态性。

(4)服务性。这是行政领导的本质所在。人民是国家的主人，领导权力是由人民赋予的，这种特性决定了行政领导必须为人民服务。

(5)综合性。主要表现在两个方面，一是行政领导内容的复杂性，它不仅是对政府外部事务的管理，同时也是对政府内部事务的管理。二是行政领导者素质要求的综合性。

(6)政治性。行政领导的政治性是由行政机关的政治性决定的。行政机关的设立是为了完成居于统治地位阶级的使命，所以在这种行政机关中任职的行政领导进行行政领导活动时，必须要把政治摆在首位，为特定的阶级和阶层服务。

二、行政领导者的职位、职权和责任

行政领导者的职位、职权和责任共同构成了行政领导者的职责，三者相互关联，相互统一。首先，行政领导者要有行政职位，这是行政领导者行使职权、履行责任的前提。其次，行政领导者要有行政职权，它是行政职位所具有的一种由法律规定的权力，是行政领导者履行责任的必要依据。第三，行政领导者在国家行政机关中处于一定的职位，具有一定的职权，就要承担国家所委托的一定工作任务，并对国家负有责任，这就是行政领导者的行政领导责任。作为行政领导者，责任是第一位的，职权是第二位的，职权是尽责的手段，责任才是行政领导的真正属性。

(一)行政领导的职位

行政领导的职位，是指根据相关法律与行政程序，由国家权力机关和政府人事部门选拔和任命行政领导者担任的职务及其履行的责任。每个职位都有相对应的工作量和职责范围，以及相应的职权，所以说，职位是行政领导者行使职权、履行职责的前提。如果没有一定的职位，也就不存在职权和职责，没有一定行政职位的人，就不可能行使行政职权，也不可能负行政责任，“不在其位，不谋其政”说的就是这个道理。我国的行政领导职位有一个发展演变的过程，新中国成立后相当长时期缺乏法律的有效约束，没有处理好职位、职权和职责三者的关系，甚至可以说比较混乱，结果致使政府部门人员规模越来越庞大，人多了，办事效率却下降了，所谓人浮于事，所以我国开展了以精简人员为目的的行政改革，但达不到理想的目标，不久这种现象再度出现。历史上我国在行政改革中一度出现行政人员“精简—膨胀—再精简—再膨胀”的怪现象，为了解决这个问题，我国借鉴了西方国家公务员管理经验，并且吸取了过去我国干部队伍管理的经验教训，于 1993 年 8 月 14 日颁布了《国家公务员暂行条例》，在我国开始推行以职位分类为核心的现代公务员制度，以此为依据对政府部门的职位设立进行较为严格的管理。经过十多年的实践，我国在 2005 年 4 月 27 日第十届全国人民代表大会常务委员会第十五次会议通过了《中华人民共和国公务员法》，使之升格为法律，从而使我国政府的职位管理有了法律的保证。

(二)行政领导者的职权

所谓职权，指的是处于一定职位时所拥有的权力。行政领导者的职权是指行政领导者在行政管理活动中，依据其行政职位而享有的受法律保护的行政权力。职权是职位派生出来的，和行政领导者个人没有直接的联系，职权也是法定的，它的授予和收回都有法定的程序，任何人不得以任何形式转让。随着社会的不断发展进步，政府在整个社会进步中的作用已经越来越突出，这也就意味着拥有公共权力的行政领导者所承担社会责任也越来越大。在我国，行政领导者的职权代表的是国家和人民的利益，所以能否真正做到“权为民所用”，已经成为行政领导者和整个社会极为关注的问题。要做到科学合理地运用公共权力，以下 3 个问题要特别注意。

(1)要科学界定行政职权的范围。伴随着现代公民社会的发育，传统体制下的“大政府、小社会”已经不能适应社会发展的需要，取而代之的是“小政府、大社会”，即政府不再是对社会实行全面管理的权力主体，政府之外的第三部门组织、企业和个人有能力也有意愿作为权利的主体实现自我管理。这种变化必然会导致行政领导者职权范围的变化，所以要科学界定行政领导者的职权范围以便其能合理运用权力。

(2)要依法行使公共权力。资产阶级启蒙思想家孟德斯鸠认为：“一切有权力的人都容易滥用权力，这是万古不易的一条经验。有权力的人们使用权力一直到遇有界限的地方才休止。”现代社会通过制定完善的法律体系来限制公共权力的不合理运用，依法行政成为整个社会普遍接受的价值规范。但法律并不是万能的，其自身也有局限性，它不可能涉及公共权力运用的所有方面，这就需要运用道德的力量，通过发展行政道德来弥补法律的不足，从而使行政职权能够以恰当的方式被运用。

(3)要恰当地行使公共权力。公共权力的行使方式可以概括为两个方面：一是积极（正面的）方面，包括制定政治规则、下达政治命令、展开政治说服、实施政治激励；二是消极（反面的）方面，包括直接动用武力、使用政治威胁、实行政治处罚。积极方面以奖励为手段，消极方面以惩罚为选择。要使政治统治或者政府管理有序进行下去，公共权力行使的“消极”方式是必要的，它暗示人们必须服从并用惩罚手段来对待和矫正不服从的行为。但是，政治统治要稳定长久或者政府管理要获得最佳效果，就不能只局限于公共权力实现方式的“消极”方面，而应追求其“积极”方面。

行政领导者在行使自己掌握的公共权力时一定要明确哪些权力是需要积极行使的，哪些是需要消极行使的，避免给社会带来不必要的负面影响。

(三)行政领导者的责任

行政领导的责任是指行政领导者在相应的行政职位上所应承担的具体的工作责任和法律上应负的行政责任。行政领导责任可以分为以下 4 种。

(1)政治责任。即行政领导者对国家和人民所负的责任。主要表现为维护社会制度、维护国家的法律体系、维护国家安全、维护人民的生命财产安全、保障社会稳定等。

(2)法律责任。即指行政领导者必须依法行政，必须在国家法律、法令和条例允许的范围内工作。

(3)行政责任。即指行政领导者在本职岗位上，由于违背工作纪律所应承担的后果。

(4)道德责任。即行政领导者的行为违背了行政职业道德和社会道德所要承担的责任。其中前 3 项是最主要的，第 4 项由于行政领导的服务性特点越来越突出也随之被重视，甚至于许多国家还专门制定有关行政道德的法律，如韩国 1981 年制定的《韩国公职人员道德法》、美国 1993 年颁布了《美国行政部门雇员道德行为准则》等，以期用道德的力量强制行政领导者的行为，使其对社会发挥出积极的示范、表率作用。

具体来说，行政领导的责任主要包括以下 7 个方面的内容：

(1)维护国家和社会的安定，保障人民的生命财产安全；

(2)负责贯彻执行法律、法规以及权力机关和上级行政机关的决定；

(3)主持制定本地区、本部门的工作计划；

(4)负责制定公共行政决策，决定公共行政工作中的重大问题；

(5)正确地选拔、使用和培养人才；

(6)负责对本部门和下级行政机关的工作实行监督、检查；

(7)做好协调工作，保证各部门、各单位人员团结协作，共同完成行政管理任务。

三、行政领导在行政管理中的地位和作用

行政领导是整个行政管理系统的中心，也是行政运作的指挥中心。行政领导的作用，具体表现在以下3个方面。

(1)行政领导是行政管理协调统一的保证。行政管理活动是一个复杂的管理过程，行政领导在这个复杂的过程中发挥着导向和指挥作用，统一指挥不同部门的公务员，协调各方面的相互冲突的利益，从而使行政系统有序和畅通，保障了行政目标的顺利实现。

(2)行政领导贯穿于行政管理的全过程。行政管理过程与行政领导过程是交叉的。就具体过程来看，行政管理实质是一个不断制定和执行政策的过程。“出主意”、“用干部”是行政领导的根本职责。正是这两种领导职责构成了有效的行政管理活动，并贯穿于行政管理活动过程的始终，所以说行政领导是行政管理活动的核心。

(3)行政领导对行政效能具有决定性作用。行政管理的宗旨在于提高行政效能，以高质量、高效率实现行政目标。从行政管理的社会效益和效率来看，都与行政领导的决策、指挥有关，从一定意义上讲，行政领导是行政管理成败的关键，对行政管理的效能会产生决定性影响。

第二节　行政领导制度

社会学告诉我们：制度已经构成组织和组织化的个人活动的条件。对于行政领导活动，不管是何种形式，都不可能建立在主观随意性的基础上，都必须在行政领导制度的保证下，才可能有序且有效地进行。

行政领导制度是指有关规范行政领导活动的一系列制度的总和，即用严格的制度来保证行政组织进行的决策、指挥、监督等领导活动的具体制度或体系的完整

性、一致性、稳定性和连贯性的体系。行政领导制度是行政领导活动规范化、科学化的重要保证。

行政领导制度主要划分为两种类型:一是根本性的制约行政活动的制度安排。二是有一个保证日常行政领导活动顺畅开展的制度性措施。

一、根本性的行政领导制度

根本性的行政领导制度主要有民主集中制和个人负责制。

(一)民主集中制

民主集中制是相对于专制集中制而言的。民主集中制是在高度民主的基础上实行高度集中的制度,是民主基础上的集中和集中指导下的民主相结合,在民主集中制中,民主与集中是辩证统一的关系,民主是集中的前提和基础,集中是民主的指导和结果。

1. 民主集中制的基本内容

(1)民主制的基本内容。指在国家生活中,人民群众当家作主,有权以不同方式积极参加对国家大政方针、重大决策和法律的讨论,参加对国家事务、经济和文化事务及社会事务的管理,充分体现人民参政议政的民主权利;一切国家机关及其工作人员必须对人民负责,受人民监督,这是我国社会主义本质的体现。

(2)集中制的基本内容。坚持在高度民主基础上实行高度集中,实行少数服从多数、个人服从组织、下级服从上级、全党服从中央,这是建立全党和全国的正常秩序,实现集中统一和行动上一致的基本保证。

2. 民主集中制是根本的行政领导制度

民主集中制是我国根本的行政领导制度。我国宪法把民主集中制作为人民民主专政国家政权的组织原则和国家的根本领导制度确立下来。具体表现为:①全国人民代表大会和地方各级人民代表大会的代表,都由民主选举产生,对人民负责,受人民监督;②国家行政机关、司法机关都由人民代表大会产生,对它负责,受它监督;③中央和地方国家机构职权的划分,遵循在中央统一领导下,充分发挥地方的主动性、积极性的原则。民主集中制的领导制度贯穿于各级行政领导的全部实践活动中,是社会主义根本制度的直接体现,它决定和影响着其他行政领导制度,其他行政领导制度是民主集中制领导制度的具体化,是由其决定和衍生出来的;其他具体的行政领导制度,离开了民主集中制,就难以实现和发挥作用。

(二)集体领导与个人负责制

胡锦涛在十七大报告中指出:“严格实行民主集中制,健全集体领导与个人分工负责相结合的制度，反对和防止个人或少数人专断”。集体领导和个人负责制是我国各类组织普遍实行的一种领导制度，是民主集中制原则在党的领导生活中的体现，是指党委既要坚持集体领导，又要坚持个人分工负责，二者不能偏废。

集体领导是党的领导的最高原则，这是我们党在领导制度上不同于其他政党的重要区别，是我们党的优良传统。集体领导是指集体决策共同负责的制度，即对重大问题，由领导集团全体成员讨论决定。一经决定，必须共同遵守，不得违背和随意推翻。

个人负责就是行政领导集团内各成员为执行集体领导的意志而密切配合，各司其职，各尽其责，这是由行政机关的性质决定的。行政机关是立法机关的执行机关，行政执行的基本要求是：事权集中，责任明确；办事果断，当机立断；指挥统一，行动迅速。个人负责正适应上述要求。

在我国各种组织中实行集体领导与个人负责制有不同的具体形式。这里仅简述行政首长负责制。行政首长负责制是相对于委员会制而言的，是民主集中制和集体领导与个人分工负责制相结合制度的一种具体形式，它是指重大事务在集体讨论的基础上由行政首长定夺，具体的日常行政事务由行政首长决定，行政首长独立承担行政责任的一种行政领导制度。

1982 年我国宪法第一次明确规定：国家各级行政机关实行首长负责制。《宪法》第 86 条规定：“国务院实行总理负责制，各部、各委员会实行部长、主任负责制。”第 105 条规定：“地方各级人民政府实行省长、市长、县长、区长、乡长、镇长负责制。”同时《宪法》也明确规定，由总理召集和主持国务院全体会议、国务院常务会议，国务院工作中的重大问题，必须由全体会议和常务会议决定。

行政首长负责制的基本内容有：①领导本级政府的工作。在行政首长领导下，通过办公机构（如国务院办公厅，省政府办公厅，县政府办公室）负责处理日常工作。②召集和主持本级政府的全体会议和常务会议。这是实现集体领导，充分发挥行政领导群体每一个成员的积极性、创造性，集思广益，贯彻少数服从多数的民主原则，以求优化抉择的重要保证。③向本级人民代表大会及县级以上常务委员会负责。行政首长要执行本级人民代表大会及其常委会的决定，对其负责，报告工作，受其监督。地方各级政府还要向上一级国家行政机关负责并报告工作，受其监督。④同工作部门首长负责制以及工作责任制相结合。在中央，国务院总理负责制同各部委部长主任负责制相结合；在地方，各级政府行政首长负责制同县以上的职能部门工作负责制相结合。

集体领导和个人负责是辩证的统一、有机的结合，是不可偏废或分割的。集体领导是个人负责的前提，个人负责是集体领导的基础。一般说来，集体领导强调的是决策,个人负责强调的是执行,集体领导的决策是个人负责的方向、目标,个人负责是集体领导意志实现的途径。离开集体领导就无所谓个人负责或是家长制;离开个人负责的集体领导就是一句空话。

二、日常性的具体行政领导制度

日常的行政领导制度是根本的行政领导制度在行政管理实践中的具体化。日常的具体行政领导制度主要包括3种:行政领导密切联系群众制度、上下级行政领导之间的联系制度、行政领导班子内部成员联系的制度。

(一)行政领导密切联系群众制度

我国是人民当家作主的社会主义国家,密切联系群众是党的优良作风和政治优势,"从群众中来,到群众中去"是我党的基本领导方法,所以行政管理离不开人民群众,要全心全意依靠人民群众。常设的制度主要有以下5种。

(1)群众接待日制度。即主要领导干部定期接待来访群众,面对面倾听群众的呼声,有效地解决群众的问题。这一制度有利于与群众建立有效的沟通,尽快、妥善地处理他们的问题。

(2)信访制度。信访,是指公民、法人或者其他组织采用书信、电子邮件、传真、电话、走访等形式,向各级人民政府、县级以上人民政府工作部门反映情况,提出建议、意见或者投诉请求,依法由有关行政机关处理的活动。这是使行政领导者及时地了解民情,掌握民意的重要渠道。

(3)咨询会制度。这是一种政府在决策中公开听取群众意见的制度,扩大了公民的政治参与权,使行政领导者的决策奠定在民主化的基础上。

(4)对话制度。即围绕群众关心的热点、难点问题,由行政领导者面对面地听取人民群众的意见,对群众提出的问题,给予明确答复,限期解决。这一制度有力地推动了干群关系的良性发展。

(5)民主评议制度。这是中国共产党加强党内民主监督的一项制度,是群众对领导干部在某一个阶段中的工作进行综合评价的基本制度。这是强化行政领导的"公仆"意识,对人民负责,接受人民监督的一项制度化措施。

(二)上下级行政领导者之间联系的制度

为了使行政活动有序、有效地开展,上下级行政领导者之间要加强联系,密切配合,共同支持,以下3种制度正是为了实现这个目的而存在的。

(1)通报征询制度。即定期或不定期地将上级的意图、决策、部署等通过会议、网络或简报等形式传达给下级领导,并主动征询下级领导的意见,以调动下级领导的工作主动性和积极性。

(2)报告指示制度。指的是对涉及全局性的问题,或超出自己职权范围的问题或其他重大问题、重要情况,要及时向上级领导汇报的制度。这一制度有利于上下步调一致,推进行政行为的有效性。

(3)检查反馈制度。这是上下级领导之间互动性的一种制度,上级领导要及时地检查下级领导执行或完成工作任务的情况,下级领导则要及时地将执行的有关情况反馈给上级领导,以利于上级领导根据实际情况来决策。

(三)行政领导班子内部成员联系的制度

行政领导班子内部关系的协调状况如何,对整个行政管理活动及其结果有很大影响。这种内部关系协调的制度包括以下方面:

(1)办公会议制度。定期或不定期地召开,以利于及时地向领导班子成员通报部门有关重要情况,讨论解决的措施。

(2)集体学习制度。这是从中央到地方已经制度化的一种形式。主要是定期组织领导班子学习经济、政治、法律、文化、科技、历史、国际问题、社会、军事、党建等方面的重大问题,提高领导班子成员的政治素质和思想文化素质,提高领导班子成员领导中国特色社会主义现代化建设的能力。

(3)民主生活会。这是党章规定的一项制度。主要内容是汇报自己一个阶段内的思想情况、开展批评和自我批评、总结经验教训,有利于领导班子成员交流思想、交流意见、增进团结,提高集体战斗力。

第三节 行政领导者的素质及其结构优化

一、行政领导者素质结构

领导者的素质,是指在一定先天禀赋的基础上,通过后天实践锻炼和学习所形成的,在领导活动中经常发挥作用的本质要素,具体地说,包括领导者先天的生理、心理素质和后天形成的文化、思想、政治、道德素质等,它们都是领导者进行领导活动的根据和条件。

行政领导素质是指行政领导者在从事行政领导活动中必须具备的基本条件,主要有以下 5 个方面。

(一)政治素质

这是对行政领导者的首要要求。行政领导者不同于一般的行政工作人员,他们是一个部门、一个地区乃至一个国家的重大方针政策的制定者及组织实施者。我国社会主义的国家性质，决定了行政领导者必须具备更高的政治素质。具体包括：

(1)政治思想觉悟要高，也就是说要有坚定的政治立场，有牢固的共产主义信念，坚持四项基本原则，自觉执行党的路线、方针和政策，勤政为民，廉洁奉公。

(2)政治理论水平要高，也就是说善于运用马克思主义的立场、观点和方法分析问题和解决问题，对中国特色社会主义现代化建设过程中出现的问题要有一个理性的认识，对党自身的问题要有一个理性的认识，能够驾驭和解决面临的复杂情况。

(二)文化素质

作为一名现代的领导者，必须要具备现代科学文化知识，这样才能走在时代的前列。一般意义上来说，行政领导者的文化素质至少应该做到以下 3 个方面。

(1)有广博的知识面。就是行政领导者要争做“百科全书式”的人物，马列主义的基本理论，党的路线、方针、政策，法律法规，经济知识尤其是社会主义市场经济的知识，基本的科学知识以及当地的风俗习惯等方面的知识都应该有所涉猎，这样在领导活动中才可能做到眼界高，视野阔。

(2)有精深的专业知识。主要是指行政领导者对于从事某个领域或某个行业所必需的专业知识要学得深，学得精，只有成为内行和专家，才能与自己领导下的成员有共同语言，尤其是一些技术性要求突出的部门，这样工作起来才能得心应手，行政效能才能达到最大化，体现出高超的领导水平。

(3)有相当的领导和管理知识。主要是指从事领导工作所必须具备的管理学知识和领导科学知识等。领导和管理是一门科学，有自身的规律和特点，难以想象一个不懂领导学和管理学知识的领导能使本部门上下一心，发挥出最大的能量。

(三)能力素质

能力是在长期的领导实践中发展起来的，是各方面条件综合作用的结果。可以说，能力是行政领导者的一种内在素质，主要体现在 4 个方面。

(1)思维能力。行政管理工作是复杂的，也是琐碎的，这就要求行政领导者必须能够在复杂的社会现象当中发现问题，并及时解决问题。而这种及时发现问题的能力是与行政领导者的思维能力高低密切相关的。

(2)决策应变能力。行政领导者必须要有自己的独立见解和判断能力，必须要善于把握不断变化的决策信息，随时修正自己的决策，以符合实际情况的需要，这样才能掌握工作的主动权。

(3)组织协调能力。也就是协调人际关系的能力,行政管理工作是一个系统工程,由不同的部门、不同的工作人员组成,因此,行政领导者必须具备一定的组织协调能力,要善于团结人,善于化解各种人际矛盾,最终实现共同的既定目标。

(4)创新能力。创新是一个民族积极进取的不竭动力,现代行政管理活动也要求创新,只有这样,才能提高效率,节约社会资源,这就要求行政领导者在行政管理过程中要敢于创新、勇于创新。

(四)道德素质

行政领导者的道德素质如何直接关系到在人民群众中的威信,关系到党和政府在人民群众中的威信。对于行政领导者来说,应具备的道德素质主要有:

(1)大公无私。行政领导者代表的是国家和人民的利益,必须全心全意为人民服务,牢固树立“公仆”意识,服务意识,不谋私利,一心为公,执政为民。

(2)尊重科学,实事求是。一切从实际出发,不唯书,不唯上,不随波逐流,不姑息养奸,对上对下负责一致。

(3)严于律己,宽以待人。要发扬批评与自我批评的传统优良作风,敢于承认自己的缺点和不足,只有严格要求自己,行政领导者才能在下属面前树立起自己的良好形象,增强自己的人格魅力,巩固权威。

(4)遵纪守法。行政领导者是国家机关的公职人员,应该成为遵纪守法的楷模。

(五)身心素质

健康的体魄和健康的心理对于行政领导者也很重要,这是他们尽职尽责的基本物质基础,也是更好地为人民服务的基本条件。

(1)身体要健康。只有健康的身体才会有旺盛的精力,健康的体魄是事业之本,是从事繁重的领导工作和提高自身其他素质的基础。

(2)心理要健全。行政领导者要具备良好的个性心理品质,要有积极的进取心,要有坚强的意志,要有良好的心理承受力等。雄心壮志、平易近人、处变不惊的领导才是成功的领导。

二、行政领导班子素质结构及其优化

行政管理工作的复杂性决定了单一的行政领导是不可能使行政组织有效运转的。只有建立一个精明强干的行政领导班子,发挥他们的整体效能,行政管理活动才能顺利、有序地进行。

(一)行政领导班子的素质结构

(1)年龄结构。指行政领导班子成员年龄的组合状态。年龄不同,工作经验、工作经历、管理水平、成就心理、知识结构也就不同,所以领导班子要有合理的年龄结构,这关系到最佳群体效能能否发挥。行政领导班子的理想年龄结构应该遵循梯队原则、动态原则和弹性原则。

所谓梯队原则是指整个行政领导班子中老中青三者各占适当比例,呈梯队结构。结合我国干部队伍年轻化的要求和现代科学研究的结果,也就是从 18～49 岁这个年龄,是比较好的年龄,所以行政领导班子应该以中青年为主体,占多数或大多数。

动态原则是指行政领导班子的组成人员不能一成不变,要建立正常的新陈代谢机制,要常有人调入和调出,使行政领导集体能够不断补充新鲜血液。

弹性原则是指不同部门、不同层次的行政领导集体可以根据实际情况有不同的年龄结构。在我国一般来讲,行政层次越高,行政领导集体的平均年龄会大一些,年龄结构也会偏老。

(2)性别结构。主要是指行政领导班子中的男女成员的比例结构。在现阶段主要是适当提高女性干部的比例。

在行政领导班子的结构问题上,也有一个如何性别互补的问题。女性由于其特有的细心、耐心、容忍和认真,在某些方面从事领导工作是很有利的,所以要创造条件发挥女性在领导群体中的作用,形成性别互补的优化效应是非常有意义的。一个领导群体只有刚柔相济、动静共存才能立于不败之地。

(3)专业知识结构。指领导班子中各类专业人员的组合状况。为了使行政决策合理、正确、高效,行政领导班子就必须具有合理的专业结构。这包括两个方面:一方面,从行政领导班子成员的学历结构讲,要与职位相当。通常情况下,高学历的人能够更好地分析和处理现实问题。现阶段,我国对行政领导者在学历上也提出了要求,通过考试进入行政机关的公务员一般都要求具有大专以上学历。近些年来,针对行政领导干部还开设了 MPA 专业学位教育。另一方面,从行政领导班子整体来讲,要通才和专才兼备。即班子整体要形成一个专业知识的立体结构,总体上具有可以解决与不同专业相关的各种问题的能力。因此领导班子在配备时要注意将各种不同专业背景的人进行有机的结合。

(4)能力结构。众所周知,每一个人的能力肯定是有差异的,这种差异主要表现在能力水平和能力类型的不同。期望班子中的每一个人是“全才”是不现实的,我们应该遵循能力互补的原则来优化领导班子结构,让一个个有不同能力的个体组合成能发挥高效能的整体。通常情况下,一个理想和高效的行政领导班子至少应该包括三种人，即能够统观全局、头脑清醒、善于运筹帷幄，审时度势做出决策的帅才；善于组织协调，有较强的指挥能力、驾驭能力和控制能力的将才；具有较强的实践能力、操作能力，能身先士卒，以身作则的实干家。

(5)性格气质结构。一个合理而完整的行政领导班子成员的性格和气质应该是协调的。我们注意到了人与人之间在性格和气质方面的差异也是比较大的，心理学家把人的气质分为四类：多血质、胆汁质、黏液质、抑郁质。现实生活中的大多数人为中间气质型，即以某种气质类型为主，兼有其他气质的一些特征。每一种气质类型所适合从事的工作也是不同的。人的性格相应地也分为内向、外向、顺从、独立等不同特征。不同人的性格和气质不同，但不是说人因为这些不同就有优劣之分，其实每个人都是既有积极的一面，也有消极的一面。我们要做的就是让班子的成员个性互补，彼此协调一致，形成一个高效而富有战斗力的行政领导班子。

前三个是静态的，有明确的标准可以进行衡量，而后两个却是动态的，很难有一个衡量的标准，而在更多的情况下，对于一个行政领导班子来说，能力、性格和气质的互补对于发挥班子整体的效能却更为关键。

(二)行政领导班子素质结构的优化

1.行政领导班子素质结构优化的内容

要实现领导班子的整体效能最优，根本的途径与方法就是实现和保持领导班子结构的优化组合。主要应该注意以下3点。

(1)加快领导体制改革。长期以来，由于党政不分和高度集权，造成领导机构臃肿，层次过多，推诿扯皮现象严重。因此我们必须改革旧的领导体制，在党政合理分工的基础上精简机构。另外，在人事干部管理制度方面，要不断完善公务员制度，真正建立一支权责明确、流动合理、精干高效的公务员队伍。

(2)合理搭配领导班子。从年龄、知识、智能、心理等多方面综合协调领导班子结构，形成年龄合理、知识全面、能力互补、性格相容的领导班子。

(3)加强干部队伍自身建设。首先，要贯彻执行干部队伍“四化”方针；其次，加强领导班子民主集中制建设；再次，要加强领导班子廉政建设；最后，要做好后备队伍的培养工作。

2.行政领导班子素质结构优化的原则

要使行政领导班子更为高效，实现班子素质结构的最优组合，必须注意以下4个原则。

(1)注重领导班子整体素质的最优化。一个出色的行政领导班子，其中的每一个成员不一定是最优的，但整体却一定是最优的。如果我们只把最优的成员进行简单地组合，这个领导班子却不一定是最优的群体。我们更应该注重的是成员之间的互补作用，根据所管理部门的特点来选择领导班子成员，把该部门需要的人（而不是只看学历、经验等）进行优化组合，就能使这个领导班子的整体效能充分发挥出来。

(2)注重性格、气质等动态组合的最优化。行政领导班子结构是动态的，以前的最佳组合，会随着时间和外部环境的变化而发生变化，这既包括成员个体素质的变化，也包括整体发挥效能的变化，这样看来在组成行政领导班子时只注重年龄、学历等静态化的指标就不太适合了，而更应该注重性格和气质等动态化的因素，只有把性格和气质互补的成员进行组合，班子的整体才能具有更强的凝聚力和战斗力。

(3)注重“能位相称”，不可求全责备。在选择行政领导班子组成人员时，要注意到个体能力的差异性，不是非得要求个体体貌、学历、经验、能力样样都好，而是要根据所任职岗位的特点有所侧重，只要能力和任职岗位相称，能发挥个体的特长和优势，从而使整个班子结构最优即可。

(4)建设和培训与配备和调整并重。行政领导班子结构的优化是一个动态过程，只有适时地对班子进行调整，对班子成员进行调配，才能长期保持领导班子结构的相对合理和平衡。实现领导班子结构的优化配置，保持其动态平衡，是相对的而不是绝对的。因此，需要研究班子结构中的动态部分，对班子的运行情况进行跟踪了解，随时掌握班子的动态，了解班子成员的思想脉络，并根据班子的实际情况，采取思想政治工作、组织调整交流等方式，进行恰当地调节。

第四节 行政领导的方法、方式与艺术

行政领导的领导方法、方式和艺术构成了一个有机的整体，其中行政领导方法是根本性、指导性、普遍性和原则性的，适用于行政领导的一切领导活动中，行政领导方式和艺术则是行政领导方法的具体化和应用。行政领导是实现行政领导目标、完成行政领导任务的基础，就是科学的行政领导方法和高超的行政领导艺术。

一、行政领导方法

行政领导方法就是行政领导者在领导活动中所采取的各种手段和方法的总和。在我国，根本的行政领导方法就是经过长期实践检验的马克思主义领导方法，它主要包括以下 3 种。

(一)实事求是的方法

这是我国的领导制度决定或要求的根本性的行政领导方法,也是我国行政领导最基本的思想方法和工作方法。实事求是的领导方法要求做到:

(1)一切从实际出发,反对主观主义。在行政管理活动过程中,行政领导要结合本地区、本部门的实际,创造性地执行党的路线、方针、政策。

(2)发挥主观能动性。行政领导者在进行决策的时候,要结合客观实际,充分运用自己的专业知识进行分析、判断,最终做出科学的决策。

(3)坚持用实践检验和发展真理。要求行政领导者在行政执行中及时地发现错误,修正错误,保证本部门行政管理活动的有序开展。

(二)群众路线的方法

古人讲,"民可载舟,亦可覆舟",只有"令民与上同意"才能实现领导目标,这实际上揭示了群众与实现领导目标的关系。中国共产党是人民根本利益的代表者,是全心全意为人民服务的政党。党领导下行政工作必须反映群众意愿,表达群众心声,使党群同心,目标、步调一致。

群众路线的方法要求我们在实施行政领导活动中,要相信群众、依靠群众、虚心向人民群众学习,要倾听人民群众的疾苦,要充分调动人民群众参政的积极性,急人民之所急,想人民之所想,切实做到执政为民,权为民所用。

(三)矛盾分析方法

矛盾分析法是做好行政领导工作的根本保证之一。矛盾分析方法要求行政领导者在实施行政领导工作中要注意以下3个方面。

(1)要具体问题具体分析。行政领导者必须坚持对事物的主要矛盾与矛盾的主要方面、矛盾的不同性质以及解决矛盾的不同方法进行具体分析,凡事从实际出发,因地、因时制宜,防止和反对"一刀切"、"一风吹"、"一个模式"等简单化的做法。

(2)要全面地看问题。行政领导者必须全面地、系统地和发展地思考问题,处理矛盾,防止和反对片面性。

(3)要创造条件,做好矛盾的转化工作。行政领导者必须善于从各方面创造有利条件,使矛盾朝着正确的方向转化。

随着现代科学的进步,除了上述3种方法外,在现代行政领导实践中,也引入了系统论、信息论和控制论的方法。所谓系统论的方法是指现代领导活动的每一个要素都不是孤立的,而是相互联系的,它既在一定的系统之内,又同系统之外的因素产生联系。领导活动自身既是一个系统,同时它也是一个子系统,与其他系统存在着普遍的联系。信息论方法是指把系统的联系和变化抽象为一个信息的过程,即信息的输入、加工、转换、传递和输出的过程,并使这一过程为一定的目的服务的科学方法。控制论方法是指一个有组织的系统要不断地根据内外部各种条件的变化而不断调节,使系统保持一定的状态或促使事物从一种状态向另一种状态转变的方法。现代领导活动本身就是一个系统、一个信息过程、一个控制过程,掌握系统论、信息论和控制论的方法有助于提高领导者认识世界、改造世界的能力,增强领导效能。

二、行政领导方式

行政领导方式是领导方法的具体表现,是实施有效领导、实现领导目标的重要环节,合理的领导方式能够创造和谐的工作环境,能够保证行政管理工作的顺利展开。根据不同的分类标准,行政领导方式有以下几种。

(1)根据行政领导工作侧重点的不同,可将行政领导方式分为以人为中心、以事为中心和人事并重型。

①以人为中心的行政领导方式。这种行政领导方式首先考虑的是建立良好的人际关系和宽松的工作环境。在这种领导方式下,领导者尊重下属的人格,相信下属,权力下放,不随便干预,注意对其进行积极的鼓励和奖赏,尽力发挥下属的主动性和积极性,同时给予下属合理的待遇,改善其工作环境,解决其生活问题,使其保持身心健康、愉快。

采取以人为中心领导方式的领导者,与下属的关系比较平等、融洽,上下级的私交比较好。在这种行政领导方式下,成员的满意度较高,组织凝聚力较强,但由于疏于对工作任务的指挥、控制和监督,可能导致组织的工作效率低下。

②以事为中心的领导方式。这种方式下的领导者,往往看重的是工作的进程,强调工作的高效率,评价下属优劣只看工作的数量和质量。这种领导者一般情况下待人较严厉,重组织、轻个人,通过严格的工作纪律和命令来实施领导。在这种行政领导方式下,组织的工作任务通常可以完成,但组织活力不足,自动调节能力较差,成员缺乏创造性,情绪不稳定,人际关系紧张,组织整体凝聚力较低。

③人事并重型领导方式。这种领导方式比较人性化,既重视人,也重视工作,把满足成员需要和完成工作任务紧密结合起来;既改变工作条件和环境,充分发挥人的主观能动性,使下属有饱满的工作热情和主动负责的精神;又对工作严格要求,赏罚分明,使下属保质保量地完成行政工作计划,创造出最佳成绩。人事并重的领导方式,是多数成功的领导者共同采取的。

(2)根据行政领导者对其下属施加影响的方式不同,可将行政领导方式分为强制命令式、说服教育式、激励式、示范式。

①行政命令式。指行政领导者为了使本组织的意志统一、行动一致、效率提高，凭借行政职权发布命令来约束和引导行政人员言行的一种行政领导方式，体现了现代行政组织的特性，这是计划经济时代运用最普遍的行政领导方式。行政命令的方式并不意味着行政领导者可以滥用权力，这种方式必须以行政组织正式授权为依据，以相应的法律、法规和纪律作为保障，以直接惩罚为外在特征。这样，对于行政领导者来说，既维护了其权威，保障行政命令能被切实地实施，又保障权力在制度的范围内得到行使，使之不被滥用；对于被领导者来说，则使他们免受行政领导者滥用权力的威胁，保证了他们的合法权益。随着社会的进步和转型，行政命令式的领导方式已经越来越不能适应服务型政府的需要。

②说服教育式。指行政领导者运用启发、劝告、诱导、商量、建议等双向沟通的方法，使下属心悦诚服地接受并贯彻自己意图的一种行政领导方式，这是现代行政领导者经常采用的一种领导方式。这种行政领导方式的优点在于：通过上下级之间的双向沟通，双方可以增进了解，易于形成情感上的认同，从而使下属能心悦诚服地贯彻领导者的意图，自觉自愿地完成工作，领导者也能根据实际情况的发展变化适时地调整工作的目标和进程。但此方式也是有局限性的，那就是说服教育需要一定的时间，所以在某些特定情况下往往不适用说服教育的领导方式，如完成高度保密的紧急任务等。

③激励式。指行政领导者使用物质或精神的手段激发下属工作的积极性，以实现行政目标的一种领导方式，这是一种最直接服务于提高领导效能的领导方式。根据组织行为学的启示，对组织中的成员进行不同方式的激励，有利于提高他们的工作积极性，从而提高工作效率。激励的方式，大致可以区分为普遍激励和特殊激励两种。普遍激励，在对象上是针对组织中所有成员的，在方式上包括改善工作条件和提高工作报酬。由于普遍激励属于行政领导者通常使用的经常性工作方式，因此还必须要有特殊激励，才能收到激发积极性和提高工作效率的作用。特殊激励的对象是那些工作积极、态度端正、成效显著、贡献较大的人员，对他们予以特殊的精神与物质奖励，既可以促使他们产生更大热情，还可以产生榜样效应，从而激发其他工作人员的积极性，激发整个组织的积极性和活力。

④示范式。指行政领导者通过自己的"言传身教"发挥模范带头作用，从而带领下属实现行政管理目标的领导方式。领导者是一个组织的象征，他们的精神面貌、行为方式、工作方式、工作动机、价值观念乃至个人趣味，对本组织的人员都会产生明显的或潜移默化的影响。

(3)根据行政领导者对组织权力的控制和运用程度，可以分为集权式、分权式和均权式。

①集权式。指决策权高度集中在行政领导集体和个人手中，并控制决策的执行过程，强调指挥与服从。这种方式的优点效率比较高，职权集中，责任明确，缺点是使下属发挥的余地非常小，会导致他们唯命是从，逐渐失去工作的主动性和责任感，也容易出现大权独揽的局面。

②分权式。指行政领导者只决定重大政策目标和任务，完成则通过授权的方式充分发挥下属积极性、主动性，从而完成行政管理任务的一种领导方式。这种领导方式有利于充分调动下属的积极性，群策群力完成工作任务。但是行政领导者一旦对下属监控不力，就容易导致组织失控。

③均权式。是指行政领导者掌握一些重大权力，同时适当分权给下属，强调分工负责和分层负责。这种领导方式结合了集权式领导方式和分权式领导方式的优点，但如何把握均权的度是此种领导方式在行政领导实践中的最大的难点。

以上这 3 种领导方式并无优劣之分，在实际的领导活动中，往往是多种领导方式并用的，主要是根据工作任务、人员素质、时间因素等多种因素，适时地变换领导方式，切忌拘泥于某一种方式。

三、行政领导艺术

行政领导艺术是行政领导方式、方法在实践中的创造性发挥，是领导方法的个性化和艺术化。为了处理纷繁复杂的行政事务，提高领导效能，行政领导者要能够灵活地运用各种领导艺术。领导艺术没有系统的理论体系，要因时、因地、因人而异，但一般说来，以下 5 种领导艺术是行政管理活动中常用的。

(1)授权艺术。授权指的是在行政组织内部，上级将一定职权和责任委任给下级行使和担负的行为。授权艺术也是行政领导用权艺术的核心。通过授权，行政领导者可以从复杂的具体行政管理事务中分身出来，集中精力抓主要的工作，达到事半功倍的效果，同时可以激发下属的积极性和责任心，充分调动他们的工作热情，从而提高行政效能。

合理授权要把握以下 5 点：①权限合法。即要做到在法定的权限范围内授权，按法定程序授权。②授权留责。行政领导者将权力授予下级后，如果下级出了问题，下级要负责任，领导也应负领导责任。③视能授权，也就是说要根据下属的能力大小来适度授权，以利于提高行政效能。④逐级授权。行政领导者只能向其直属下级授权。⑤授权追踪。即领导者要对被授权者保持适度的监督和控制，以保证权力的正确运用。

(2)用人艺术。在用人问题上，最高的境界是“人尽其才”、“才尽其用”。而要做到这一点的首要条件，就是行政领导者要“知人善任”。怎么才能做到“知人善任”呢？①贵在知人。知人是善任的前提，要做到知人，要注意两点：首先，领导者要用心知人，也就是说领导者要全面把握下属的德、识、才、学、体及性格、特长和不足，并能设身处地地为对方着想，这样才能知人；其次，领导者要慧眼识人，即要全面地、历史地、发展地、实践中看人。②合理用人。知人、识人的目的是为了用人。在用人问题人，要做到：量才任用、放手用人、提携新人、用人唯贤。③用养结合。这是现代人力资源管理特别注重的一个方面，即人不是一个静态的能力载体，而是一个不断发展变化的能力载体，行政领导者不仅应该根据每个下属现有的能力特点来合理使用人才，而且要根据他们的性格特点，有目的有方向地加强对他们的培训，挖掘其潜力，为将来的工作储备人力资源。④合理激励，才尽其用。在外部条件不变情况的下，工作绩效的高低在很大程度上取决于下属被激励的程度。所以行政领导者要善于运用各种激励手段调动组织成员的积极性，挖掘他们的潜力，发挥他们的创造力。

行政领导者在运用激励艺术时应遵循以下基本原则：第一，奖惩有序原则。坚持奖优罚劣，奖勤罚懒，才能更好地发挥激励的作用。第二，适度原则。即奖罚要合情合理，以不损伤下属的积极性为最低限度。第三，时效性原则。奖励有很强的时效性，即奖励要及时给予。第四，层次性原则。一是按需实施奖励；二是量功授奖。第五，精神激励与物质激励相结合的原则。要以精神奖励为主，适当加大物质奖励的比重。

(3)处事艺术。行政领导者每天都要处理大量的行政事务。合理地确定工作任务的轻重缓急，做好统筹安排，学会“弹钢琴”，是行政领导者处事艺术的根本要义。

(4)运时艺术。时间对于行政领导者来说，不仅是个人的问题，而且关系到事业的成败。许多的行政领导者天天忙，但是效果却不甚理想，主要原因就是时间的利用不合理。因此，利用时间的技巧对于行政领导者来说也非常重要的。主要应该注意以下 3 点：①科学安排时间。要明确工作任务，将工作内容分类，按轻重缓急排好顺序，集中精力办大事、难事和急事，有条不紊地进行工作。②要提高开会的效率。如要及时到会，准时开会等。③充分利用现代科技手段，如电脑、通讯、交通等手段，提高单位时间的工作效率。

(5)谈话艺术。在行政领导活动中，上级行政领导者要把领导的意图、要求传递给下级，并获得所期望的结果，就必须具备一定的语言表达能力和掌握一定的沟通技巧。①要善于引导谈话。上下级谈话一般来说气氛是沉闷的，这就要求领导者要善于运用语言的艺术，如说话的态度、语气、声调等，创造一种平等的、开诚布公的气氛，让下属敢于表达自已的观点，从而达到谈话的目的。②要善于倾听。倾听对方谈话，不仅是尊重对方，而且可以获得对方的信任，倾听时要让对方感到你在用心地听他讲话，使他愿意多讲，从而达到良好的效果。③要善于提问和答问。提问时领导者应该有谦逊的态度，问题要有弹性，不要让下属难以回答，在回答下属的问题时，要给对方以明确的表示，不要模棱两可。总之，要使下属感到可以和上级进行沟通，达到了解情况的目的。

【案例分析】

领导不齐心，我们没信心

某厂现在职工195人，整厂设有一正一副两位厂长。该厂的职工经常不无感慨地说："看来我们厂是一年不如一年了。想当年，老王当厂长那阵子，我们厂干得多红火，现在……唉！"

说起老王，大家是打心眼里佩服他。老王是老高中毕业生，曾长期从事领导工作，有着丰富的领导经验。虽然已是50多岁的人了，但精力还是那么充沛。他性子急，比较容易冲动，但头脑反应迅速、分析能力强、工作有魄力、办事果断，在职工中有较高的威信，职工们都很尊敬他。也有人说，老王当厂长时成绩显著，与副厂长老张的努力是分不开的。老张40多岁，中专文化程度，在业务上较内行，遇事沉着老练，办事公正、认真仔细，力求平衡稳妥。老王曾多次当着多人的面说："老张年龄比我小，但考虑问题比我周到。"当二人搭班子领导该厂时，真是有令必行，有禁必止。厂里正气上升，职工干劲倍增，产值和利润直线上升。

后来，老王调走了，老张接替老王成了厂长，原厂办公室主任老陈被提升为副厂长。老陈40多岁，是高中毕业文化程度，他不仅能写会算，而且是个实干家，做事有耐心，总是不慌不忙的，性格上也较随和，从不与人争高低，职工们都说他没有"官架子"，平易近人。老张和老陈也挺合得来，从来没有发现他们为什么争吵过。这一年厂里过得很平稳，人际关系很协调，生产上也没有出现大起大落，产值与利润基本与上年持平。

又过了一年，老张和老陈先后调离了该厂。考虑到干部年轻化的要求，组织上把原来机修车间主任小李提升为厂长，把技术员小韩提升为副厂长。这两人都是30出头，小李高中毕业，很有个性，很好强自信，总想干一番事业。小韩是中专文化程度，有一定的技术专长，但性情急躁，对问题常有自己独立的见解，不愿意随波逐流。看着这么有朝气的两个年轻人走上了领导岗位，大家都充满了期待……。但事与愿违，他们两人上任不久，就为设备更新的问题发生了矛盾，谁也说服不了谁。最后小李以厂长的权力作了决定，但小韩很不服气，跟别人说小李根本不懂技术，是官僚。还有一次，小韩提出要搞一次试验，可小李认为根本没这个必要，结果又搞得不欢而散。此后，类似事情时有发生，矛盾冲突不断，小韩的工作小李不支持，小李的决定小韩也不拥护执行。职工们都说："领导不齐心，我们没信心。"结果，厂里的工作不断走下坡路，职工们精神状态不佳，产值和利润也不断下降（来源：根据相关资料编写）。

问题：

1. 为什么三次领导班子的组合会产生不同的结果？
2. 从这则案例中我们可以得到什么启示？

【思考与练习】

1. 理解领导、行政领导的含义。
2. 理解行政领导职位、职权和责任的关系。
3. 我国现行的行政领导制度有哪些？
4. 你认为一个优秀的行政领导者应该具备什么样的素质？
5. 理解行政领导的方式的重要性。
6. 联系实际谈谈行政领导艺术的运用。

第八章

行政决策

【导入案例】

某县原有乡镇企业250多个，但截至上年底，有将近50%的企业已经关停或倒闭，如果以现存企业每年上缴的利润分文不动地全部用来偿付关停企业的银行贷款，至少也需要十多年才能还清债务。这么多乡镇企业之所以关停倒闭，除了信息不灵、技术不过关、产品质量差等因素外，和县乡领导的决策失误也有密不可分的关系。例如，在农村兴起“磷肥热”的时候，县领导不顾本地的实际情况，颁布行政命令，要求各乡镇都办磷肥厂，结果各乡镇一哄而上，花了不少钱，厂子也都办起来了，但因技术不过关，不久就纷纷关停并转。通过此例可见，由于行政领导的决策失误而导致的经济资源的浪费非常严重(来源：根据相关资料编写)。

分析行政决策对行政管理的重要性。

第一节　行政决策概述

一、行政决策的含义和特点

(一)行政决策的含义

行政决策属于管理决策的一种，它主要是指国家行政机关工作人员在处理国家行政事务时，为了达到预定的目标，根据一定的情况和条件，运用科学的理论和方法，系统地分析主客观条件，在掌握大量的有关信息的基础上，对所要处理的公共事务，作出决定的过程。对行政决策的理解应注意以下4点：①行政决策的主体必须是有行政权的行政组织和行政工作人员。行政机关以外的机关和社会组织，除经国家行政机关或法律授权外，都不是行政决策主体，只能在其自身业务范围内作出决定。②行政决策的客体是整个国家和社会的公共事务。③行政决策的依据是法律，指依照宪法、法律、行政法规，包括党的方针、政策作出的决定。④行政决策以国家权力为后盾，通过行政方式作用于社会，具有强制力。

(二)行政决策的特点

行政决策具有一般管理决策的共性，如目的性、预见性、选择性、实践性、优化性等，同时，国家行政管理的特殊性，决定行政决策具有区别于其他决策形式的特点。

(1)行政决策主体的确定性。只有国家行政机关及其工作人员（主要是行政领导者），才能成为行政决策的主体。我国宪法和有关法律规定中央和地方各级国家行政机关的行政权都有明确的规定，各级国家行政机关只能在各自职权范围内进行决策。依照宪法、法律规定或授权，除国家行政机关以外，某些国家机关和社会组织，如妇联、某些事业单位等也拥有一定的行政权，也可以成为行政决策的主体。

(2)行政决策内容的广泛性。国家行政管理范围和内容的广泛性，决定了行政决策和一般决策相比其内容更加广泛。行政决策的内容涉及各个方面，主要指政府依法处理国家事务、社会事务和经济事务，如国家的政治、经济、文化、军事、卫生、体育、计划生育、行政和监察。在解决问题的过程中，牵涉面极广，涉及很多机构，动用的人力、物力、财力数量之大，是其他社会组织无法比拟的。

(3)行政决策目的的明确性。行政决策同其他决策，特别是同经济决策、企业决策相比较，特点之一就是在决策过程中，它的根本目的是把社会效益放在首位。实际上，经济效益和社会效益都是行政决策追求的目标。但企业决策作为一种经济行为，总是把经济效益放在第一位。而国家行政机关的任何决策，都必须以国家和社会公共事务为决策对象，实现对国家和社会的有效管理。因此，行政决策作为一种政府行政行为，必须首先追求社会效益最大化。

(4)行政决策依据的法律性。行政决策主体根据法定的权限，依法制定和实施其相应职权范围的行政决策，并依法保障各级独立的行政决策权。

二、行政决策的原则和类型

(一)行政决策原则

行政决策是一项高度综合的复杂活动,要使行政决策准确无误,必须遵循一定的原则。所谓行政决策的原则,就是在行政决策实践中总结出来的行政决策活动的固有规律的总称。

由于各类国家性质不同,政治体制不同,行政决策的目的、性质及其职能也就不同。我国是社会主义国家,行政决策体现广大人民群众的意见,坚持为人民服务是社会主义行政决策的根本性指导原则。中国共产党是中国人民根本利益的集中代表,坚持党的基本路线、方针、政策是我国行政决策的方向性保证。所以坚持党性原则也是我国行政决策的根本指导原则。现代行政决策除了各国有不同的根本指导原则体现其各自的政治方向外,还有以下一些共同的基本原则:

(1)目标原则。任何一项决策都是为了实现一定的目标,行政决策的正确与否与决策目标的明确和适度有密切的关系。因此,行政机关和行政人员在进行行政决策时,首先要确定与实际相符合的目标,这样才能使决策更加接近现实,使整个决策过程更加有效率。

(2)信息原则。决策者在进行行政决策时,必须掌握大量、及时、准确的信息,信息是决策的基础。另外,决策者不但要充分掌握信息,而且还要对信息进行分析、筛选和处理,去伪存真、由表及里,为得出正确可靠的决策提供科学依据。

(3)预测原则。预测是由过去和现在的已知,运用各种知识和科学方法来推断未来的未知。行政决策是对未来的行政行为所作的一种设想,必然带有一定的预测性。要使行政决策正确可行,必须对行政决策对象的未来发展作出科学的预测。对未来所作判断的正确程度将决定行政目标实现的程度。

(4)可行原则。行政决策是对主客观条件进行可行性分析,作出决定并加以实施的过程。因此,在决策中要认真安排,使人力、物力、财力及科学技术各方面都得到保证。

(5)动态原则。社会系统是发展变化的。任何一项行政决策的制定、执行、修改都是一个动态的过程。具体来说,任何一项行政决策的制定都必须着眼于未来,保持可调节的弹性,以辨证的思维方式进行决策,同时,在行政决策实施中,注意信息反馈,随时检查、调节、验证,一旦发现决策与客观情况不相适应时,就应及时进行调整。

(6)民主原则。行政决策的民主原则是指决策者要充分发扬民主作风,调动决策参与甚至包括决策执行者的积极性和创造性,共同参与决策活动,并善于集中和依靠集体的智慧与力量进行决策。民主原则包括两层含义:一方面是行政决策体制要保证政府及其首长在行政决策过程中严格执行人民的意志,即制度上的民主;另一方面是要求行政决策主体在决策过程中广泛征求各方面意见,即方法上的民主。

(二)行政决策的类型

国家行政管理范围和内容的广泛性和复杂性,决定了行政决策种类的多样性。行政决策从不同的角度可分为不同的种类。如从行政决策的层次来划分,可分为国家决策、地方决策和基层决策;从行政决策所涉及的问题是否重复出现来划分,可分为常规决策和非常规决策;从行政决策的人数来划分,可分为集体决策和个人决策;从行政决策的决策方式来划分,可分为经验决策和科学决策;从行政决策的内容来划分,可分为政治决策、经济决策、文化决策、社会决策;从行政决策的地位和作用来划分,可分为战略性决策、策略性决策、战术性决策;从行政决策所具有的条件和可靠程度来划分,可分为确定型决策、风险型决策和不确定型决策,等等。我们在这里将主要介绍战略性决策、策略性决策和战术性决策,经验决策和科学决策,确定型决策、风险型决策和不确定型决策。

1.战略性决策、策略性决策和战术性决策

战略性决策是指具有全局性、方向性特征的重大决策,其影响深远,涉及范围广,这种决策一般由高层领导人作出,主要表现为路线、方针和重大规划的确定。如我国国务院制定的实施国民经济和社会分层十年规划、“十一五”规划等,属于战略决策。策略性决策是为保证战略性决策的实现而作出的局部性决策,如西部各省区结合辖区实际出台相应政策,落实国家西部大开发的战略决策。战术性决策是指保证实现战略性决策的具体方法和步骤,是战略性决策和策略性决策的配套措施。上述三个方面的决策是密切联系、相互补充的。一般来说,战略性决策为策略性决策和战术性决策规划了远景,而策略性决策和战术性决策是战略性决策的具体化和实现保证。

2.经验决策和科学决策

经验决策是指决策者根据自己的工作经历、生活经验、自觉判断等个人认知作出的决策,决策的成功与否主要取决于行政领导者的经验是否丰富、知识是否渊博、感觉是否敏锐等因素。历史上绝大部分决策都是经验决策,但是随着时代经济的快速发展,所面临的社会问题日益复杂化和多样化时,对于有些决策问题的解决,单凭个人的经验阅历是远远不够的。在这种情况下,科学决策应运而生。科学决策是指以科学理论、科学预测和科学计算为依据的现代决策方法。科学决策根

据决策目标的不同、变量的多寡、约束条件的差异等，采用适当的数学方法加以计算或通过试验或模拟后作出选择。适用于解决多变量、大系统的需要统筹安排的问题。科学决策具有准确、可靠、客观的特点，这是经验决策所达不到的。但是这并不排除经验决策方法的使用，科学决策必须是量化的，而很多公共事务和行政管理实际上是不能量化的，有很多变数，在这种情况下，适用于经验决策方法进行判断。实际决策中往往是科学决策和经验决策相互配合使用的。

3. 确定型决策、风险型决策和不确定型决策

确定型决策是指确定的目标面临一种自然状态，决策结果具有唯一性的决策。风险型决策是指在可供选择的方案中，存在多种影响决策效果的自然状态，各种自然状态的概率可以预计。因此，决策者在进行风险型决策时，一定要充分估计到各种方案可能产生的后果，应该将重点放在对自然状态的了解上，不断减少风险。在现代风险型决策中，可以利用“损益期望值”的方法计算。不确定型决策是指可供选择的方案中存在两种或两种以上能够决策效果的自然状态，并且对自然状态出现的概率难以估计。不确定型决策对于决策者来说是难度最大的一种决策。决策者在进行此类决策时可遵循“最大最小原则”。

三、行政决策的作用和方法

（一）行政决策的作用

行政决策是行政管理的中心环节，贯穿于行政的全过程。行政决策在行政管理过程中起着决定性作用。具体表现在以下 3 个方面。

（1）行政决策是行政管理活动的基础。从行政管理的进程来看，行政管理包括计划、组织、协调、控制等基本活动，而行政决策贯穿于这些活动的始终。计划是对决策目标和任务作出的安排；组织是为决策目标的实现进行物质和人力资源的准备；协调是调动和调整各方面的力量，使之形成合力，加快决策目标的实现；控制是对行政决策执行过程中的各种因素进行控制，保证行政管理活动不偏离行政决策的目标。因此，从某种意义上说，没有行政决策，一切行政管理活动都无法进行。

（2）科学的行政决策是行政管理科学化的前提。没有科学的行政决策，就不可能有科学的行政管理。这是因为，行政决策是行政管理活动的方向，是实现行政目标的行动方案。只有在遵循行政管理对象的客观规律的基础上作出的科学合理的决策，才能保证行政管理的良好效果。反之，错误的行政决策会延误行政管理的时机，甚至造成极其严重的后果，给国家和社会造成巨大的损失。

（3）行政决策的正确与否直接关系到国家的兴衰和民族的存亡。国家意志主

要通过各种各样的法律法规和行政决策表现出来，行政决策在国家意志表达中占据更加显著的位置，其正确与否对于政权的巩固和经济的发展起着直接促进或延缓甚至破坏的作用。正确的、科学的行政决策会带来国家的兴盛、经济的腾飞、民族的振兴；错误的行政决策就有可能给国家和人民带来不可挽回的损失。

(二)行政决策方法

行政决策是一种以定性分析和经验判断为主、辅以定量分析和计算的工作。根据行政决策的性质可以把行政决策的方法分为两大类：一类是定性决策方法，另一类是定量决策方法。

1. 定性决策方法

国外常称为“软技术方法”，是指在决策中主要依靠决策者或有关专家的智慧来进行决策的方法。具体地说，决策者运用社会科学的原理并依据个人的经验和判断能力，采取一些有效的组织形式，充分发挥各自丰富的经验、知识和能力，从对决策对象的本质特征的研究入手，掌握事物的内在联系及其运行规律，对企业的经营管理决策目标、决策方案的拟订以及方案的选择和实施作出判断。

2. 定量决策方法

国外常称为“硬技术方法”，它主要用于数量化决策，应用数学模型和计算机技术解决决策问题，即是运用数学工具、建立反映各种因素及其关系的数学模型，并通过对这种数学模型的计算和求解，选择出最佳的决策方案。对决策问题进行定量分析，可以提高常规决策的时效性和决策的准确性。运用定量决策方法进行决策也是决策方法科学化的重要标志。美国著名运筹学家匹兹堡大学教授托马斯·L·萨蒂于 20 世纪 70 年代初提出的“层次分析法”就属于此类方法。

在现实生活中，真正科学的行政决策应该把两种方法结合在一起，使之相辅相成，才能取得更好的效果。

在行政管理领域，常用的决策方法主要有以下 3 种。

(1)头脑风暴法。是指把一定数量的专家召集在一起开会，共同就决策的某一问题进行分析、研究，提出创造性设想，作出集体判断。与个人判断法相比，头脑风暴法专家团体所拥有及提供的知识和信息量远远多于单个专家所拥有的知识和信息量；专家团体所提供的备选方案比单个成员单独思考所提供的备选方案更多、更全面；它使专家团体交流信息，相互启发，产生“思维共振”。头脑风暴法显著优势在于当缺少足够的统计数据和没有相关经验可以借鉴的情况下，它能够引起非常有效的预测效果。利用这种方法更能提高决策的科学性、合理性和创新性。

头脑风暴法程序如下：

◆ 邀请有关专家(人数 10 人以内为宜)参加会议。

◆ 由主持人介绍议题,介绍时不能带有任何个人意见倾向或暗示。

◆ 请专家就议题提出个人观点,欢迎畅所欲言,鼓励提出更多的设想。

◆ 在提建议时,不批评别人的意见,在没有讲完所有的意见和建议之前,不以任何方式评论,对别人的建议提出改进和加以补充。

◆ 在一轮建议提完之后,归纳和补充该建议,欢迎对别人的建议提出改进和加以补充。

◆ 经过多轮议题的讨论后,最后由主持人总结所提意见,将最优的待选方案提交决策者。

(2)德尔菲法。德尔菲法又称函询法,是美国兰德公司于 1946 年发明并首先应用于技术预测领域,它围绕某个社会、政治、经济发展问题,以背靠背的函询方式,向有关专家和权威人士征求意见,并把每一轮得到的意见汇总整理后,再发给这些专家进行新一轮的分析判断,几经反复,在各个征询项目上取得较为一致的意见,从而产生相对可靠的预测结果和决策方案的方法。德尔菲法特点如下:

◆ 匿名性。德尔菲法采用匿名调查表形式向专家进行调查咨询,参加预测的专家之间互不公开身份,不见面,它保证了专家在预测过程中的独立性,避免各种心理因素对专家造成的影响。

◆ 反馈性。多轮反馈是德尔菲法的核心。德尔菲法采用多轮反馈的形式,经过多次发放和回收调查表,并将必要的统计数据反馈给专家,使专家之间通过反馈信息进行交流,了解到其他专家的看法,相互启发,再进一步作出评价和判断,从而提高预测的准确性和可行性。

◆ 统计性。德尔菲法对回收的专家意见采用一定的统计方法进行分析和描述,所以能使最终的预测结果更具有效性和科学性。

(3)列名小组化。即召开一个有各方面专家参加的正式会议,程序如下:

◆ 公布问题,由各位专家在纸上写下自己对问题的看法和解决问题的几种可行办法,不要跟别人商量。

◆ 经过规定的时间(一般 15 分钟),每个与会者开始向大家介绍自己的想法,每次只能发表一个意见。

◆ 当个人发表意见时,记录员在纸上记下这些意见,一直到大家意见发表完毕为止,不记这个意见是谁提出的。

◆ 对记下的每项意见都按它的优点、可行性和特点进行讨论。

◆ 群体对各种意见以无记名的方式进行投票,得票多的就成为全体最终决策。

第二节　行政决策模式和体制

一、行政决策模式

行政决策模式是指有规律的、反复出现的,可以使决策者照着做的标准样式。为了提高行政决策的科学性,决策者必须重视行政决策的多样性,了解行政决策模式的功能、特点和适用范围。常见的决策模型有以下 4 种。

(一)完全理性决策模式

完全理性决策模式也称为纯粹理性决策模式,思想渊源可以追溯到古典经济学理论时期。亚当·斯密提出的“经济人”假设是完全理性决策模式的理论基础。在这一模式中,人被假定为全知全能的理性人,他们能够始终坚持理性化活动,在决策时能够遵循最大化原则,选择最优方案,谋求自身最大的社会利益。

完全理性决策模式是一种理想化和规范化的决策模式,主要特点是在目标上追求最优化,使决策方案达到收益最大,损失最小,效用最高。但是将完全理性决策模式应用于实际的决策过程中,存在诸多困难。因为在现实中,决策者受到知识、能力、资源、时间等条件的限制,难以具有完全的理性及认识能力,不可能做出最优选择。不过,它对传统决策方式向现代决策方式的转变,其有重要意义。

(二)有限理性决策模式

有限理性决策模式也称为满意决策模式,它是由美国经济学家和管理学家赫伯特·A·西蒙提出的一种决策模式。赫伯特·A·西蒙从知识的不完备性、选择范围的有限性、预见的困难、时效的局限四个方面论述了理性的限度。与完全理性决策模式相比较,有限理性决策模式要点主要有以下两项。

1.“行政人”代替“理性人”

有限理性决策理论假设决策者是“行政人”,他们不具有“经济人”那种绝对的理性,而只具有“有限的理性”。西蒙认为“经济人”与“行政人”主要差别在于:经济学家们给“经济人”赋予了一种全智全能的理性,寻求最优方案。而“行政人”受时间、认识的限制,他们在决策过程中获取资料信息的能力以及预见能力是有限的。因此,“行政人”在决策过程中遵循的是“满意原则”而不是“最优原则”,符合要求或令人满意是他的决策标准。

2."满意原则"取代"最优原则"

有限理性决策理论提出在现实决策中只要找到符合或超过目标值的方案即可。"满意原则"可能并不是最优化的,但从实践角度看,却是最有效的。

有限理性决策模式认识到完全理性决策模式的不足之处,在有限理性的基础上提出了"满意准则",强调决策模式理论的实用性,从而使决策理论与决策实践相一致,具有积极意义。

(三)渐进决策模式

这种决策模式是由美国政治学家和政策科学学家查尔斯·E·林德布洛姆提出来的,它是以现存决策为基本方案,经过较长时间的修改、补充和调整后形成新的方案的决策过程。

渐进决策模式论者认为,由于人的知识能力不足、政治问题、决策技术、时间的变迁等因素的存在使得完全理性决策模式成为不可能,这就需要采取渐进的决策模式。和理性决策模式相比,渐进决策模式有如下特点:

(1)政策目标是逐渐明确的,在尚未确定清晰目标之前,先制定和实施一个大致的方案,在摸索前进中明确目标;

(2)政策制定者没有必要考虑几乎所有的政策备选方案,而只需要考虑那些与现行政策有着密切联系的,是现行政策渐进式发展的政策;

(3)与政策方案的有限性、政策结果的有限性相联系,政策修正也是有限的,但政策修正过程是持续进行的。

渐进决策模式理论以历史和现实的态度,将决策的运行看成一个前后衔接的不间断过程。强调在改变现状时必须维持社会和组织的稳定,具有不可低估的作用。但是运用这种决策模式的必要条件是有一个比较安定和变化不大的社会环境。如果社会环境发生急剧变化,要求对政策进行彻底改变时,其作用就非常有限。另外,它过多地关注眼前的目标和短期目标,容易忽略对全局和长远目标的把握。

(四)综视决策模式

这种决策模式又称为混合扫描决策模式,是由美国社会学家和政治学家阿米泰·埃特奥尼首先提出来的。这一决策模式是对理性决策模式和渐进决策模式的有机综合。

综视决策模式理论认为,理性决策模式虽然在主观构想上是好的,但在现实中却无法达到。渐进决策模式虽然接近现实,具有可操作性,但有着明显的保守倾向,因为它的注意力主要集中在短期目标上,只考虑改变现行政策的某些方面,往往忽视了根本性的决策,缺乏政策创新意识和变革意识。因此,综视决策模式力图克服理性决策和渐进决策两种模式的缺点,综合两者的合理性方面,既要考虑带根本性的决策,又要考虑渐进决策。作为一种决策模式,它要求决策者在进行决策时,首先及时地、系统地确定一个较大的决策范围,能将决策区分为根本性的决策和非根本性的决策。根本性决策主要通过理性决策的方法进行决策,非根本性决策主要通过渐进方式进行决策。在现实的决策中就要把两者有机地结合起来。

综视决策模式重点挖掘了理性决策和渐进决策二者的理性,极力客服二者的缺点,在政策制定方面有较大的灵活性、创新性,对于现实的行政决策过程具有重要指导意义。其不足之处在于,这种决策模式有待于通过对决策实践经验的不断总结,进一步完善其理论。

二、行政决策体制

行政决策体制是指行政决策机构和人员所形成的组织结构体系以及制定决策的有关制度。建立科学合理的行政决策体制是正确进行行政决策的基本前提,也是现代科学行政决策的组织保证。现今世界中行政决策体制主要有以下 3 种类型。

(一)独裁制

独裁制是指国家的决策权由君主、宗教领袖或其他权威人物掌握。权威人物不是由人民选出或议会选出,而是由继承、政变的方式产生。独裁制主要有下列 3 种表现形式。

1. 宗教领袖型

在一些神权制国家中,宗教领袖掌握最高决策权,他可以不受任何机构或法律的约束。

2. 君主亲政型

这是传统君主专制在现代社会的延续,在这种决策体制下,君主既是国家领袖,又是政府首脑,君主之下设大臣会议,它近似于内阁,拥有立法权和行政权。君主往往通过运用大臣的选择权和监督权而成为实际上的最高决策者。

3. 军人独裁型

军队首领发动政变,获得政权后掌握国家的最高行政决策权。军人掌权后有两种可选择的方式:一是镇压反对派,加强专制统治,成为最高决策者;二是还政于社会。当军队认为大权在握时,采取还政于民的方式,鼓励新的决策者参与,并通过举行大选来建立新的“民主”程序。此种形式通常最后形成一种近似于议会-总统制的决策体制,军队首脑往往被选为总统,并拥有比一般总统更大的权力。

(二)议会制

议会制是建立在西方的人民主权论和代议制理论基础上,是当今资本主义国家普遍采用的行政决策方式,其基本模式是:首先由公民选出自己认为能代表自己意愿的代表或议员,然后由代表或议员来代表公民直接或参与作出行政决策,维护自己的利益。各国的议会制主要有以下 3 种形式。

1. 总统-议会制

国会议员和总统都分别由选民直接选出,各自对选民负责;总统负责组阁,他既是国家元首,又是政府首脑,具有最高行政决策权;内阁成员不得兼任国会议员;国会通过的决策方案在总统签署后方能生效,总统对国会的决策方案具有否决权;国会有权弹劾总统;但总统无权解散国会;总统在国家事务中的一些重要决策要受国会制约。

2. 内阁-议会制

议会是国家最高权力中心,内阁由议会产生,对议会负责并受议会监督;内阁掌握国家行政权,国家元首只是名誉"虚位";内阁所作的重大决策必须得到议会多数支持;内阁首脑由议会多数党领袖担任,内阁成员通常都是议会多数党成员;议会可对内阁提出不信任案,内阁也可提请国家元首解散议会,由重新大选所产生的议会决定内阁的去留。

3. 委员会-议会制

议会是最高权力机关,不仅具有立法权,而且具有行政权;由议会产生的委员会领导日常行政事务,但委员会只是议会的一个执行机关,委员会成员可以为议会的最后决策提供咨询;委员会不能解散议会,议会也不能解散委员会;委员会所作的决策须经委员会集体讨论通过;委员会委员的选任不受党派关系的约束;委员会主席或副主席的权限与委员会其他成员是一致的。

(三)人民代表大会制

人民代表大会制属于民主集中制决策体制的一种,它既与在"三权分立"基础上的西方议会制有本质的差别,也不完全等同于苏联十月革命后建立起来的"苏维埃"制,是一种有中国特色的民主决策体制。人民代表大会制是我国的根本政治制度。

人民代表大会制的主要内容包括:各级人民代表大会都由民主选举产生,对人民负责,受人民监督;各级人民代表大会及其常委会严格按照民主集中制的原则集体行使权力；实行“议行合一”，国家行政机关、审判机关和检察机关都由人大产生，对它负责，受它监督；中央和地方国家职能的划分遵循在中央统一领导下，充分发挥地方主动性、积极性的原则，但全国人大对地方人大不是领导关系，而是法律监督、选举指导和工作联系关系；在各少数民族聚居的地方实行民族区域自治。

人民代表大会制的另一个重要特点是，中国共产党在人民代表大会制中起着领导作用，主要体现在：国家的重大决策是由党首先提出建议，再由人民代表大会或其常委会讨论决定的；党培养、选拔优秀干部到国家机关去工作。因此，中国共产党在中国的行政决策体制中占有重要地位。

三、行政决策的科学化、民主化

行政决策的科学化和民主化是现代行政决策发展的一个基本趋势。行政决策的科学化是指行政决策应当按照行政管理的客观规律办事，严格地遵循决策科学的理论、决策程序、决策的原则和决策的方法来进行。其中主要是确定明确而又正确的决策目标，选择一个能有效实现目标的满意方案。实现行政决策科学化的基本要求如下：

首先，行政决策体制的科学化。就是要求建立一个科学的决策体制，这种决策体制应该是一个既符合精简、效能的原则，又符合现代决策科学化要求的，机构设置合理、人员结构优化、运行机制灵活高效的组织系统。

其次，行政决策程序的科学化。科学决策程序是行政决策科学化的保证之一。行政决策从调查研究开始，到决策拍板，直至跟踪反馈、修改完善，全过程都应该遵守规范化，使政府的管理水平不断提高。

最后，行政决策方法的科学化。即要求对行政决策的科学方法加以深入研究，在实践中逐渐形成一整套科学的决策研究方法和决策方法，并在行政决策的实践中广泛采用这些方法进行决策。

行政决策的民主化是指行政决策者在决策过程中充分发扬民主，与社会和公众保持密切联系，最大限度地让人民群众，包括各级领导者、各方面的专家学者真正参与决策，使他们能通过各种有效的信息渠道，充分表达对各种未定方案的意见和建议。实现行政决策民主化的基本要求有：

第一，提高行政决策过程中的公民参与度。要不断提高广大人民群众的参与度，进一步落实群众的知情权、参与权、监督权，坚持从群众中来，到群众中去，把群众路线贯穿于决策的过程。

第二，提高行政决策的公开化。行政决策公开化也是民主化的体现，它不仅要求行政决策过程公开，从行政决策方案的制订、论证、修改到审定都要为公众开辟方便、有效的渠道，充分听取社会各方面的意见。利用公众传媒进行广泛宣传，真正做到政务公开，保障人民群众的知情权，以便组织实施。

第三，实施依法决策。加强行政决策的法制建设，实行依法决策，也是行政决策民主化的一项重要内容。党的十五大提出了"依法治国"的号召，各级政府机关必须把行政决策民主化纳入法治化的轨道。

行政决策的科学化和民主化在本质上是相辅相成，辩证统一的。决策民主化是科学化的基本前提和可靠保证，只有建立了一个民主的、宽松和谐的环境，决策过程中的科学原则才能得以实现。另外，决策科学化是民主化的目的和归宿。行政决策的科学化是决策民主化所要追求或达到的目标，通过决策的民主化实现决策的科学化。因此，民主化和科学化是决策过程中一个问题的两个方面，不能顾此失彼，使之偏颇，只有两者的综合，才能进行理性的决策。

第三节　行政决策系统和决策过程

一、行政决策系统

从系统的观点来看，行政决策的主体是一个完整的组织系统。它主要由行政决策信息系统、行政决策咨询系统、行政决策中枢系统三个部分组成。

(一)行政决策信息系统

行政决策信息系统是由掌握信息技术的专职人员、设备组成的人机系统，是为行政决策系统收集、加工、传送、储存及时准确而全面的信息的综合机构。现代社会是一个复杂多变的社会，要作出一项正确的决策，必须有大量的信息。因此，行政决策信息系统是行政决策的基础，在行政决策过程中具有重要作用，主要表现在以下 4 个方面。

1. 收集信息

行政决策需要一旦确定，首先要有明确的收集计划，确定收集信息和措施、人员配备、物质条件；其次，专职人员着手通过各种手段和途径，建立畅通的信息网络，千方百计地收集内部和外部的相关资料；最后，要保证收集的相关信息做到广泛、真实、全面、可靠。

2. 加工信息

行政决策信息系统收集的信息是行政决策的依据，因此必须准确适用。而收集的原始资料不仅包括大量有用信息而且还包括许多无用信息，这就需要对收集来的信息进行加工处理。信息处理要遵循去粗取精、去伪存真、由此及彼、由表及里的原则。不仅要从大量的原始信息中发现真实反映行政决策需要的信息，剔除多余的虚假资料，而是要按照行政决策的需要，对收集的原始资料进行分筛或合并处理。经过信息处理环节，大量的有用的信息就会全面表现出来。

3. 传递信息

信息传递方式主要有以下 3 种类型：一是纵向传输渠道，主要是将不同行政级别的行政组合之间的信息进行传输；二是横向传输渠道，主要是同一级别的行政组织为了各自的决策相互协调而将他们各自的信息互相进行传输；三是综合传输渠道，即既有纵向传输，又有横向传输。无论采取何种信息传输渠道都必须保障传递的及时性和准确性。

4. 储存信息

行政信息存贮也是行政信息决策的一个重要环节。行政信息都是对过去行政决策过程的反映，通过对行政信息的研究，我们能够更好地掌握行政决策发展变化的规律，为以后的行政决策工作服务。因此，已经收集、加工处理过的信息资料，无论是使用过的还是未使用过的，都应当以文字、图片、光盘等形式储存起来。

(二)行政决策咨询系统

行政决策咨询系统又称智囊系统，它是由各类专业科学研究机构和政策研究机构及其人员组成，为行政决策提供服务的辅助机构。行政决策咨询系统在政策制定活动中是以建议、参谋等形式为决策机关和行政领导者服务，向他们提供合理科学的决策方案，主要作用包括以下 4 点。

1. 分析决策问题，提供决策相关资料

咨询机构及其工作人员运用现代科学知识、方法及技术，对决策问题发生的起因、环境、决策问题的性质等进行客观的分析，为行政决策者制定行政决策方案提供背景资料。

2. 拟订决策方案

现代行政决策问题非常复杂，一个决策问题往往可以有多个选择方案，方案的论证需要多方面的专业知识，而行政决策者工作繁忙，缺乏潜心研究的时间，因此决策方案的谋划和设计工作按咨询系统来完成。

3. 预测行政活动的发展变化

科学的预测是正确制定政策的基本前提之一，而行政领导者要处理复杂的日常行政管理事务，这就需要行政决策咨询机构发挥他们的优势，多角度、多层次地全面分析不断变化的信息，协助行政决策者在较短的时间内，把握行政发展变化的趋势，有预见性地作出行政决策。

4. 参与评估论证决策方案

在政策实施过程中，行政决策咨询系统参与政策评估，并起到信息反馈系统的作用，尤其是分析决策系统中的问题，要提出对策，并及时提供给政策制定部门，以便修正现有政策中的某些问题，使政策更加完善。

（三）行政决策中枢系统

行政决策中枢系统又称行政决策中心，是拥有行政决策权的领导机构及其人员组成的中枢机关，是由政策制定活动的组织者领导政策制定过程。行政决策中枢系统在整个行政决策系统中居于核心地位，主要作用有以下 3 项。

1. 提出决策问题和确立政策目标

行政决策中枢系统通过调查研究、收集大量信息，了解客观现实，并依次为基础提出创建性的，符合实际的科学决策研究目标。

2. 选择决策方案

对决策方案的最终决定是行政决策中枢系统的一项至关重要的任务，也是行政决策中枢系统行使决策权的一种重要表现。行政决策中枢系统必须具有决断的能力和魄力，能够高瞻远瞩，综合权衡，作出正确的决策。

3. 领导和监督决策方案的实施

决策方案一旦确定，行政决策中枢系统就要全面领导决策方案的实施，同时加强对决策方案实施的监督。

二、行政决策过程

行政决策过程也称为行政决策程序，是指进行行政决策所采取的逻辑顺序和基本步骤。行政决策过程具体包括哪些环节或步骤，不同的学者有不同的看法。但大体说来，主要包括以下 4 个阶段。

（一）发现问题，确定目标

行政决策实际上就是认识问题和解决问题的过程。要解决问题，首先必须发现问题。行政决策问题是指行政运行中出现的偏离或背离既定目标的现象或情况。要发现问题，就必须深入实际，调查了解行政管理工作各个方面的情况，并进行认真的分析研究，透过现象看本质，及时发现隐藏在各种情况背后的问题。发现和分析问题的步骤包括:①确认问题及问题在哪里;②界定问题,即弄清问题的性质、类型、范围、程度、特征、影响等;③分析原因,就是依据已有的经验和知识,运用科学的方法和手段,对问题产生的主观原因和客观原因、主要原因和次要原因、直接原因和间接原因等进行估量、核查和证实。

明确了行政决策所要解决的问题后,就要为决策确定目标。在整个行政决策过程中,确定目标是十分关键的一步。决策目标关系到行政决策的方向和行政决策的效果。确定行政决策目标要注意以下 4 点。

1. 目标的针对性

行政决策目标的针对性要求在制定行政决策目标时必须把握问题的本质,突出问题的主要矛盾,有针对性地提出行政决策目标,从而保证行政决策的有效性。

2. 目标的可行性

行政决策目标能否实现,在很大程度上取决于其可行性。行政决策目标的可行性,主要体现在是否具备了实现目标所需的政治条件、经济条件、组织条件、信息条件和技术条件。

3. 目标的明确性

决策者确定行政决策目标时,首先,表达要明确,不能含糊其辞,避免歧义和多义;其次,应有明确的指标体系,以标明行为的程度;最后,要有明确的时间要求,标明目标实现的期限。

4. 目标的规范性

行政决策目标顺利实施,不仅要符合客观实际情况,符合人民的根本利益,而且要符合政策和法律的规定。

(二)调查研究,拟订方案

确定决策目标后,就要设计具体的决策方案,以实现这些目标。行政决策方案是基于对错综复杂的各种决策制约因素、政府的能力范围,以及各种社会关系的综合调查分析而获得的实现决策目标的途径和方法。这一阶段是影响决策效果的关键,需要充分发扬创新精神,广泛运用智囊技术。拟订备选方案的一般步骤如下:

1. 方案酝酿

设想大概可以提出多少个能解决问题的方案,并将各个方面的轮廓初步勾画出来。设想必须以事实和科学论证为依据,发扬勇于创新精神和丰富的想象力。从不同角度设想各种方案的轮廓,保证方案的齐全、多样、丰富,从而为抉择提供广泛的基础。

2.方案构思

充分研究信息资料,搞好科学预测,精心设计方案的具体内容。这一阶段必须发扬求实的精神,通过科学预测,反复计算,确定备选方案的有用、可行、合理、科学,从而为抉择提供坚实的基础。

3.方案形成

该阶段是将构思出的若干方案雏形转变为正式的备选方案的活动。方案形成的目的是为决策提供可选择的方案,所以要注意备选方案数量适当,过多的备选方案会增加评价选择的难度,应把精力集中在最有希望的方案雏形上。要保证备选方案详细、具体,从过程和结果两方面使之具体化,如工作条件、内容和方式,以及方案产生的各种后果等,以便使方案切实可行。

(三)评估选优,抉择方案

这是制定行政决策方案的关键。抉择决策方案是指行政决策主体对各种备选方案进行综合评价,确定最优方案的阶段。

任何评价都是活动结果与预测目的的比较,这种比较可以从不同方面进行。从行政决策研究的角度看,真值性评价和价值性评价是我们着重研究的问题。

真值性评价和价值性评价是以评价尺度的不同设置作为区分的标准。真值性评价是以方案是否符合客观事物及其规律作为标准,来判断决策方案是否正确可靠,是否具有真理性的结论。价值性评价是以决策者的需要作为评价尺度,对决策方案所规定的过程及活动结果进行的评价,所得出的方案是否优越、合意等结论。由此可见,真值性评价的主要任务是审查方案是否符合客观规律,而价值性评价主要审查方案是否满足主体需要,只有通过这两种评价的备选方案才有被采用的可能性。围绕着真值性评价和价值性评价,对备选方案的择优,一般根据以下具体标准进行评判。

1.决策方案要有利于决策目标的实现

评选方案的优劣,必须从决策目标出发去衡量,要审查决策方案与决策目标两者之间的一致性程度。能使决策目标实现的方案是优化方案或满意方案,反之则是无效方案。由此可见,确立目标的实现程度属真值性评价。

2.决策方案要体现出尽可能大的效益

在保证目标实现的前提下,能够实现尽可能大的效益的方案就是优化方案。效益包括经济效益和社会效益,行政决策应把社会效益放在首位。确定决策方案的效益性属真值性评价。

3. 实现决策目标要承担的风险尽可能小

在评选方案时，要从风险这个角度考虑问题，选择风险系数尽可能小的可行方案。

4. 实现决策目标所带来的负效应尽可能小

任何行政方案在实施过程中或者实施之后都可能产生一定的负效应。在选择方案前，首先对消极作用进行分析、预测和评估，再选择负效应尽可能小的方案。

（四）决策实施，追踪反馈

行政决策方案一旦确定，就要抓住有利时机积极地组织实施。在实施决策的过程中还必须抓好以下3个环节：一是进行试点，为了避免行政决策在重大范围内出现失误，造成恶劣影响，先让决策在小范围内实施，决策方案经过初步的检验后，才能进入全面实施阶段。二是宣传和组织工作，即建立实施决策的职能机构和规章制度，安排实施方案的具体细节，明确各个部门的工作职权。三是落实责任，检查监督，确保严格按照实施方案付诸执行，解决现实问题，实现决策目标。

追踪反馈是指在决策实施过程中，随着环境的变化和决策制定过程中没有考虑到的因素影响，行政决策很可能会出现一些问题，为了使决策方案更加完善，就需要及时发现政策执行中的问题，进行决策修正。追踪反馈大体有以下3种类型。

1. 局部调整型追踪决策

决策方案实施后，效果同既定目标基本一致，只有某些方面或局部存在偏差，只需对方案作局部的调整与修改即可。

2. 重大修改型追踪决策

当决策方案实施后发现，该方案与目标偏离很大，如不对方案进行重大修正则决策目标就无法实现，在这种情况下，必须对原方案进行重大修改。

3. 重新决策型追踪决策

由于出现了不可控的因素导致整个事情的发展变化超出了人们的预料，改变了事情的方向和进程，原方案必须被放弃，这种情况就需要重新制定决策方案。

决策中的追踪反馈有以下3个特征：①回溯分析。实施追踪决策，必须对原方案进行剖析，从其起点开始进行回溯分析，按顺序逐个环节找回失误的原因，从中总结经验教训。②非零起点。以新情况下主客体条件为起点，在新的环境里，按照科学决策程序重新进行最优化决策。③心理效应。追踪决策是对原方案的调整和修正，由于决策实施者对原方案的某种情结会导致割舍原方案的痛苦。对此，应注意做好解释、宣传工作，采取各种有效措施，帮助人们尽快地理解和认识经修正后的决策，使新的决策得到顺利实施。

【案例分析】

决策为何连连失误

安徽淮北市的人民路，过去是条不出名的市郊马路，去年却出了一番风头。淮北市民被告知，路东和矿山集镇塌陷区将建起亚洲最大的高尔夫球场，相距不远处，还要建起投资 30 亿元的“温哥华城”。淮北这座煤城将彻底改变其工业城市的面貌，成为一个供人们休闲旅游的“绿色家园”。然而时隔半年，“绿色家园”成了半拉子工程，打基础留下的大坑像是几个深深的问号，至今静静地躺在那里。

淮北是我国五大煤矿基地之一，过去地方经济对煤电产业的依赖性很强。着眼于淮北的未来，当地提出了城市转型的思路：建设一个现代化的工业、商贸、旅游城市。为实现这个目标，淮北积极招商引资，发展开放型经济。

然而，几个大的招商项目接连搁浅，让人不能不重新审视城市的转型之路应该怎么走。

画在纸上的绿色家园

2000 年，北京一家民营公司找到淮北市有关领导，希望在淮北建一个亚洲最大、世界第二的高尔夫球场，称为新世纪生态家园高尔夫 6+1 球场。项目直接投资 30 亿元，间接投资超百亿。面对这么大的外来投资，淮北人喜出望外，像接待贵宾一样，先后 6 次接待这家公司的董事长和公司决策人员，并划出 9 800 亩土地，承诺以每亩 10 元的价格给投资商，供他们在距市区 10 公里的矿山集镇塌陷区兴建 6 个连体国际锦标型球场，在市郊人民路东段建一个公益性娱乐球场。

2001 年 4 月，该项目举行了规模空前的启动仪式。谁知工程奠基至今一年多，工地成了一片荒地。而安徽省国土资源厅至今没有收到这个项目的用地许可申请。

正当高尔夫球场工程搁浅，成为街谈巷议的话题时，有人又介绍来一位加拿大客商，带来的项目计划是，建设一个国内一流的生态住宅区，包括国际会展中心、五星级酒店、国际新闻中心、豪华公寓及其他公共配套设施，取名为“温哥华城”。眼看投资巨大，淮北市又决定开辟出 4 150 亩建设用地，将其列为“重中之重”项目，希望 3 年内初步建成；2001 年 10 月之前，先建一个别墅群。

淮北有的是煤矿塌陷地，但许多已复垦，种上了庄稼，要实施这两大工程，许多已经复垦的土地贡献了出来。“温哥华城”的建设需要郊区余庄、梁庄、暗楼村的部分土地，当地居民给予全面配合。去年8月11日，“温哥华城”一期工程——别墅苑举行了奠基仪式。然而到10月，这个工程挖下4个大坑之后，就动不起来了。记者日前在工地上看到，4个大坑在太阳下暴晒，其中一个占地近20亩的大坑灌满了水，周围杂草丛生。钢筋水泥基础已打了一半，一些裸露在外的钢筋锈迹斑斑。

命运坎坷的招商项目

淮北是个有190多万人口的地级市，城镇居民年人均可支配收入5 000多元，农民人均年纯收入2 200多元，该地区知名度较高的旅游景点不多。在这里建亚洲最大的高尔夫球场可行性何在？多少人会来此玩高尔夫？在一次新闻发布会上，有记者提出这个问题。答复是：可以建飞机场，请东南亚的大财团老板开着私家飞机来淮北打球。此语一出，引来哄堂大笑。同样，建设高档的“温哥华城”，在淮北有多大的销售市场？

不切实际的项目，从一开始就埋下了坎坷的伏笔，这样的结果，作可行性研究报告的时候都分析到了吗？其实，这些工程开工后，外商并没有再投入多少资金，而是用这些土地进行“再招商”。前不久，记者遇到“温哥华城”工地上的人员，他说，这工程去年10月就停工了，挖坑的钱还是市里拿的呢。

不该付出的“学费”

上述项目没有上马前，淮北的宣传广告早已铺天盖地。一年内，淮北举行了3次规模较大的活动，做广告，请明星，开新闻发布会，花费谁也说不清。有知情者说，仅几个新闻发布会和奠基仪式，就超过200万元。当地一些干部的说法是：“外商出面，淮北拿钱，捞个虚名。”

在淮北采访时，许多人对我们说，搞经济工作，难免会有失误，我们也能体谅。但如果是为了追求形式和制造“政绩”，人民是不愿意承担这笔学费的。淮北的市民告诉我们，群众心里自有衡量干部政绩的一杆秤。去年淮北市人大常委会对副市长进行述职评议，有32名人大常委出席会议，负责这些引资项目的副市长不称职票达到16张。几个招商项目的流产和搁浅，如今已引起淮北市委、市政府的高度重视，他们痛定思痛，认真总结经验教训，开始走一条务实的招商引资之路。最近一段时间，淮北开展了热烈的解放思想大讨论。市里领导提出，在加大招商引资力度的同时，要对每一个项目进行充分论证和调研。据悉，市里正在启动南洋工业园，将有制衣、新型建材、机械制造、电子等行业的50家外商投资企业进驻淮北（来源：人民日报，2002-05-29）。

问题：

1. 试述造成淮北市决策连连失误的主要原因。

2. 进行一项决策需要考虑哪些因素？如何才能保证决策的科学性和有效性？

3. 通过这一案例，政府的决策活动有哪些启示？

【思考与练习】

1. 阐述行政决策基本含义。

2. 行政决策有哪些主要特点？

3. 现代行政决策体系由哪些部分构成？

4. 比较分析经验决策与科学决策。

5. 试述决策咨询在行政管理过程中的主要作用。

6. 简述行政决策基本过程。

第九章

行政实施

【导入案例】

随着天气转冷，我国甲型 H1N1 流感疫情出现重症病例和死亡病例不断增加、聚集性疫情病例比重较大等新情况。面对严峻的形势，各地应根据当前疫情的变化和需要，进一步加强防控工作。

前几个月防控甲型 H1N1 流感的成功经验值得借鉴。在人口众多、各地医疗条件不平衡的情况下，我们有效控制了甲型 H1N1 流感在全国的集中爆发和蔓延，着实令人欣慰。前一阶段行之有效的各项防控措施应该坚持和完善。不过，要继续做好下一步防控措施，必须密切跟踪疫情变化，科学研判疫情发展趋势，不断完善应对预案和工作方案。

同时，应积极有序做好疫苗接种工作。要给群众讲明道理，按照知情、自愿、免费的原则，精心组织，科学安排，加快接种进度，使老人、孩子、医护人员等易感染高危人群和重点人群尽快得到保护。有关部门要进一步挖掘疫苗生产企业的生产能力，加快疫苗生产。

在当前疫情防控的关键时期，政府相关部门必须加强协作，整合资源，绝不能这边“干着急”，那边“掉链子”。更为重要的是全社会共同努力，万众一心。

甲型 H1N1 流感病毒是一种新型病毒，有关部门要在开展防控的同时提高信息透明度，让公众实实在在了解疫情的相关情况。每位社会公众据此提高警惕，加强自身预防，根据需要适时就医，并积极配合政府及相关部门工作，做到不隐瞒、不添乱。

在清醒认识、统一思想的基础上，只要我们应对得当，措施得力，形成防控“统一战线”，一定能够把防控工作继续做好，最大限度减少疫情带来的损失（来源：中央政府门户网站 www.gov.cn，2009-11-01）。

分析以上案例，了解国家政策的有效实施对行政管理的影响。

第一节　行政实施概述

行政实施是国家行政机关最根本的职能，是行政权的集中表现。行政管理的基本任务就在于有效地实现由国家的意志所决定的政府目标。国家意志的形成属于政治活动，将国家意志转化为政府目标是通过行政决策来实现的，而政府目标的实现则必须通过行政实施来完成。在行政管理活动中，从行政决策形成起到决策目标实现为止，都存在着将决策目标付诸实施的经常性活动，便是我们所要介绍的行政实施。

一、行政实施的含义和特点

所谓行政实施，是指国家行政机关及其工作人员为贯彻实施决策机构制定的决策指令，实现决策目标的全部活动。行政实施的含义有广义和狭义之分。就广义而言，整个行政管理过程，包括决策、执行、协调等都是行政实施的活动；就狭义而言，行政实施不包括决策、协调、监督等方面，而单指行政管理的执行行为。在本节中，我们所研究的是狭义的行政实施。

广义和狭义的行政实施也是相对而言的。在实际的管理活动中，它们常常是互相交叉、互相渗透的。一个行政机关对上级行政机关来说，是执行上级的决策；对于下级行政机关来说，它的决定、命令又是下级机关所要执行的决策。同时，行政实施本身也是一个复杂的过程，在执行中常常会遇到一些困难和问题，也需要采取补救措施，进行重新决策和修正决策。因此，在行政管理活动中，既要重视决策和其他环节，又不能轻视行政实施。行政实施既不能等同于全部的行政管理，也不能将其仅仅视作行政决策的内容之一，这两种观点都抹杀了行政实施自身的特点及其存在的意义。因此，要想真正理解行政实施的含义，就必须掌握行政实施以下一些特点：

（1）目的性。行政实施是一种具有目标导向的活动，其目的在于实施决策，因此整个实施过程中的一切行政措施和行为，都是为了按期或提前实现决策目标。这是行政实施的宗旨。

（2）综合性。行政实施涉及面广泛，牵涉的人、财、物力的因素较多，这就决定了在行政实施过程中必须要有各机关、各部门的紧密配合，以形成一个合力来保证行政实施活动的顺利进行。同时，行政实施是一项十分复杂的管理活动，因此，必须综合使用包括行政、法律和经济等在内的各种手段，才能有效地完成行政实施的任务。

（3）经常性。行政管理的过程事实上就是一个制定决策和实施决策的过程，其中行政实施是一项经常性、例行性或重复性的活动，国家行政机关及其工作人员的大部分工作时间和精力都主要放在行政实施方面。特别是基层实施操作层，可以说是不间断的实施，经常还是几个、几十个决策重叠在一起进行的。

（4）时效性。行政实施是一项具有明确时限要求的活动，它要求行政实施机关及其人员必须做到迅速、果断，在规定的时间内完成规定的工作与任务，以确保决策目标的实现。

（5）灵活性。行政实施是实施决策的活动，因此，要求忠实于决策目标，为实现目标服务。但不能机械地、僵化地去实施决策，必须根据实际情况，因时、因地制宜地进行。在不同的主客观条件下，行政决策执行的方式、途径、方法、手段也应有所不同，不可能有固定的模式或公式。只有坚持从实际出发，灵活处理，才能积极、有效地使决策得以真正的贯彻实施。

（6）强制性。行政决策的制定是以法律法规为依据的，一经制定就具有法律效力，因此它具有一定的权威性和强制性。行政实施强制性的特点，表现在当上级决策下达之后，下级必须认真地、不折不扣地贯彻执行，不准讨价还价。强制性与灵活性是相辅相成的，灵活性是在确认决策的强制性和权威性的基础上进行的，而强制性主要体现在决策方向、目标和原则上，在实施决策的具体措施上可灵活机动。

（7）务实性。行政实施是一种实施性质的活动，空谈是不能解决问题的。因此，要求执行者必须充分发挥主观能动性，采取具体有效的措施或实际行动来实现决策。

（8）连续性。在行政实施中，决策→实施→反馈→再决策→再实施→再反馈是一条不断循环、反复的锁链，不可将其割裂开来。

二、行政实施的原则

行政实施是一项十分复杂的活动，要采取许多必要的措施和行动，涉及许多动态因素。为了保证行政实施的顺利有效,行政实施就必须严格遵循以下基本原则。

1. 准确原则

行政实施是贯彻国家法律和法令、上级指示和决定,实现组织的目标。在实施过程中必须忠实于决策,深刻领会决策精神,使贯彻执行不走样。因为再好的决策,如果在执行中不照办,就等于没有作出决策。因此,就要求行政领导者和行政工作人员要了解和分析决策及具体工作任务,准确地把握工作要求,以对人民负责的态度,按组织系统保质保量、不折不扣地贯彻实施。如果对决策一知半解,敷衍了事地执行,必然会偏离决策,这样不但落实不了决策,而且还可能劳民伤财,造成巨大的浪费。

2. 规范化原则

依法行政是行政管理活动的基本要求,行政实施活动应遵循一定的行为规范。行政实施的规范化集中表现为行政执行活动的制度化和法律化。所谓制度化是指完成行政实施任务必须要按照规程或行为准则办事;所谓法律化是指以法律的形式规定执行机构及其权限,规定各种权能行使的人、财、物等条件,以法律的手段来解决行政实施过程中可能出现的各种问题,做到有法可依,有法必依,执法必严,违法必究。

3. 创新原则

行政实施既要求准确、忠实于决策,又要求一切从实际出发,创造性地、灵活地贯彻实施行政决策。所谓忠实,是指忠实于决策的基本精神和目标,而不是“句句照办”。所谓创新就是要依据当时、当地的实际情况,创造出最为有效的实施方式的方法,取得最好的效果。这二者看似矛盾,实际上是统一的。优秀的行政实施者应正确领会决策者的意图,明确决策所要达到的目标,将上级的决策与客观实际情况结合起来,创造出灵活有效的实施方式和方法,这样才能保证行政实施卓有成效和决策目标的圆满实现。

4. 服务原则

这一原则要求行政实施活动必须要确立为促进经济发展服务,为巩固国家政权服务,为人民服务的观念。常言道:管理就是服务。在行政实施过程中,一方面,要努力做到公开、公正、周到、热情地为人民办实事、办好事,坚持以人民满意,人民赞成,人民拥护作为衡量行政实施工作的唯一标准。另一方面,必须不折不扣地服务和服从于法律、决策、政策,因为,在我国法律、决策和政策是人民意志的集中表现,贯彻执行法律、决策和政策,是符合广大人民的根本利益的。

5.迅速原则

行政决策要如期实现目标,即要求在行政实施过程中要坚决有力,迅速把决策目标变为现实。一般来讲,正确的决策一经作出,贯彻执行越坚决、迅速、有力,效果就越好。因此,要求行政工作人员在行政实施活动中如期圆满地实现决策目标,及时解决问题,不拖拉、不积压、不欠账。否则失去时机,就会贻误大事,决策就失去意义。坚持迅速原则,还须防止走向极端,切不可操之过急,如果简单图快,则可能导致难以准确地实现决策目标。

6.计划原则

行政实施是一个系统工程,涉及很多因素,这就要求行政实施人员在实施活动中要统筹兼顾,合理安排,使各项工作有条不紊地进行。要求行政人员善于抓住主要矛盾,分清轻重缓急,一切围绕中心工作去做。要善于把各项工作密切结合,环环相扣,分工合作,齐心协力,完成任务。否则,就会陷入忙忙碌碌的事务中,使实施工作变得杂乱无章。

7.监督原则

为了防止和纠正行政实施过程中的偏差失误,就要坚持跟踪检查、民主监督。督察实施过程中有没有偏离原决策,行政机关和工作人员是否都依法办事,是否遵循工作程序,有无官僚主义现象。实施中要随时随地检查、监督、考核,实施完毕还要全面跟踪检查。除了按行政组织系统进行跟踪检查外,还要有人民群众对行政机关工作人员进行广泛监督检查。

三、行政实施的步骤

行政实施作为贯彻实施行政决策的过程,它是具有阶段性的。一般认为,行政实施的步骤主要体现在两个阶段上,即实施前的准备阶段和实质性的工作阶段,每一个大的阶段又由若干环节所组成。

(一)行政实施前的准备阶段

行政实施前的准备阶段即行政实施的预备时期,是行政实施的基础。行政实施的准备阶段重点是要解决如何具体地为行政实施提供前提条件的问题。具体包括以下内容:

1.计划准备

凡事三思而后行,谋定而后动。决策落实前,实施机关得先作行动计划,把决策加以具体化。计划准备是指制定具体的实施决策的行动计划,通过编制具体步骤和具体的程序，使行政实施活动得以固定下来，成为规范和衡量行政实施活动的依据。制订行政实施计划就是对决策整体目标进行分解、计算并筹划人力、物力、财力，确定实施方案、方式及有关的具体制度、规定。通过制订行政实施计划，预先研究做什么、怎么做、谁来做这三个方面的问题，在实际条件下把决策规划成有序的连续的工作过程，以便做到实施工作有条不紊，按部就班，顺利地将决策付诸实施。

2.法律准备

现代管理实质上是一种法律管理，因此，行政部门不管推行任何决策，首先都有一个行政决策合法化的问题。在采取具体措施之前，要检查行政决策是否有法律依据或者是否与有关的法律法规相抵触，必要时还要写出可行性论证报告并向上级申报以取得上级行政机关的批准与认可，不得先斩后奏或边斩边奏。或者根据实施活动制定必要的程序规则，这样可使实施活动有法可依，有章可循，如有纠纷，也能明辨是非、判明责任、及时处理。

3.组织准备

组织准备主要是指建立与确定从事行政实施活动的机构和人员，通过这些机构和人员使行政决策和计划变成现实。行政实施的各项计划和指标都要通过组织机构落实下去，因此，在实施决策之前，要确立组织结构，配备胜任的负责人和工作人员，确定职位、职责、职权，进行有效的指挥，协调相互关系，并制定必要的规章制度，将组织内各环节、各要素联结成一个有机的整体，使人力、物力、财力得到最合理的利用，以保证决策实施过程中组织功能达到最好发挥。另外，有时遇到特殊性问题，还可专门抽调适当的人员建立临时办事机构，负责实施某项决策。

4.思想准备

思想准备是指通过宣传、动员等多种方式，使执行者和执行对象能比较全面和深刻地了解行政决策和法令的内容、意义，从而以积极的态度、旺盛的精力投入行政实施中去的过程。在行政决策付诸实施之前，行政领导首先要对各方面有足够的估计，做到知己知彼，使行政实施顺利进行。由于行政实施的任务是由许多行政人员一起协作完成，因此，必须使所有实施人员都要了解和理解政策，并决心努力去实现政策。对决策目标和计划，认识越清楚，思想准备越充分，实施起来就越自觉、越果断，效率也就越高。此外，思想准备还包括对行政客体的思想动员工作。要利用各种手段充分发动行政客体，不仅要使行政客体理解工作内容和意义，而且要设法将其变为行政客体的自觉的活动。

5.物资准备

行政实施的物质准备即资金与各种办公物资的筹备、购置和分配。只有物资充足、交通工具、技术装备和办公设备齐全以及工作人员的生活起居条件有充分的保障，才能为将来创造各种有利的条件和环境，进而提高工作效率。常言道：巧妇难为无米之炊。如果仅有组织的、法律的、思想的等方面的准备而没有相当的物质条件，行政实施就很难顺利完成。在进行物质准备的过程中，要坚持以最小的投入，获得最大产出的原则，做到既要经济、适用，反对浪费，又要保证最基本的物质需求。

6.技术准备

技术问题既属于物质准备但又不完全是物质准备可以解决的。现代管理不是任何机构、任何组织具备了一般物质条件都能随意承担了的。因为社会事务日益复杂、科学技术蓬勃发展，所以在实施某项决策之前，技术条件、技术力量也是一个不得不考虑的因素。这里既包括技术设备的适当水平，又包括技术人员与专家力量的使用。仅仅依靠行政领导的经验是难以进行科学管理的。

(二)实质性工作阶段

各项准备工作就绪后，随之而来的便是投入实质性的工作阶段，各项工作进入了实质运行阶段，才算是真正意义上行政实施的开始。具体的实施阶段是由管理工作的若干功能性环节所组成的，这些环节主要包括行政指挥、行政沟通、行政协调和行政控制等环节。下面将分别来讨论。

第二节 行政指挥

行政管理的目的在于调动各级各类人员的积极性以实现行政目标，完成行政任务。但作为许多人和人群参与的有组织的大规模活动，必须有统一的意志和权威来进行指挥才能完成。

一、行政指挥的含义和作用

行政指挥是指行政领导者在行政实施过程中，按照既定的决策目标和实施计划，通过命令和引导等方式或方法对其部属进行领导、指导和调度，推动下属从事某种活动，以实现行政实施活动的全过程。行政指挥是行政实施的重要环节之一，是领导作用在行政实施过程中的直接体现，尤其在现代行政实施过程中参与的人员多、分工细、协作性强，各项工作相互联系、相互制约，必须有高度统一的指挥。

在行政实施过程中，行政领导的指挥能力直接反映着领导者或者领导集团是强还是弱、是好还是差。所以，行政指挥有着重要的意义和作用。一切规模较大的直接社会劳动或共同劳动，都或多或少地需要指挥，以协调个人的活动，并执行生产总体的运动，就像一个乐队就需要一个指挥一样。恩格斯在《论权威》一文中也非常强调权威与服从的关系，指出联合劳动如果没有统一指挥是无法组织起来的。著名管理学家 H·法约尔也曾从企业管理的角度，指出了指挥的重大作用，认为指挥的目的是为了整个企业的利益，从该单位全体人员中取得最大的效果。古今中外，行政指挥的作用不论在理论上还是在实践中都极其重要。在历史上因一国三公指挥紊乱而导致兵败亡国的比比皆是，在当代因缺乏指挥或指挥不当而导致困难局面的也随处可见。因此，必须充分认识指挥的重要作用。具体来说，行政指挥在行政实施过程中具有以下一些作用。

(1)行政指挥是保证行政实施活动协调一致的重要手段。现代社会的联合劳动、互相依赖的工作过程，正在取代各个人的独立活动。随着社会化大生产程度的日渐提高，工作分工日趋精细，协作日益复杂，且连续性增强，唯有高度统一的指挥，才能使各部门的实施活动协调一致，使行政目标得以迅速有效的实现。

(2)行政指挥是高效地贯彻行政决策目标的根本保证。在行政决策已经作出，计划、方案等已经确立，责权利均已划定的情况下，唯有行政指挥才能把行政管理从静态推向动态，从观念变为行动。所以，行政指挥可以被看作是行政实施的发动机，它可以使行政管理活动沿着既定的方向和轨道前进。

(3)行政指挥是保证各种行政资源得以充分利用的必要条件。有效的指挥还可以使各种行政管理资源得以充分利用，尤其是人力资源。通过指挥可以激发人们的士气，发掘潜在的积极性、主动性和创造性。

(4)行政指挥是衡量行政领导者政策水平和组织领导能力的重要标准。

二、行政指挥的原则

1. 统一指挥原则

行政指挥的目的是为了达到统一。任何决策的实施，如果仅有完美的计划，没有强有力的、有权威的指挥系统，就必然会造成组织混乱，决策目标就不能得到很好实现。统一指挥原则就是指指令必须从一个口子下达，必须有一个权威的指挥，不能形成多头指挥。它有两个方面的含义：一方面是行政指挥主体只能对其直属下级发布命令和指示，一个下级只能服从一个上级的指挥；另一方面是指挥主体所发出的指挥命令应保持稳定统一，协调一致。多头指挥就会使领导者之间产生不同意见，甚至造成相互猜疑和对立，最终必然使权力受到损害，秩序受到扰乱，从而影响目标的实现。

2.法定权威原则

行政指挥是一种具有强制性的管理形式，行政领导者必须拥有一定的强制权力，才能够命令下级。因此，行政机关在授予行政指挥者一定的行政职位的同时，应明确赋予其相应的法定权力，包括指挥权、命令权、审批权、奖惩权等，并规定统一的纪律和制度。

3.果断有力原则

果断就是看准了就拍板，迅速作出决定。行政领导工作由于是执行性的，需要解决的问题往往时间紧、任务急，因此，行政领导在进行行政指挥时应养成意志坚定、多谋善断、雷厉风行、百折不挠的工作作风。推动各项工作要坚定有力，迅速及时。但也要切忌鲁莽、盲目拍板定案。应该在周密地权衡利弊得失的基础上，不失时机地作出决断。坚持果断有力的原则，对于行政领导来讲具有特别现实的意义。

4.坚定不移原则

行政实施特别是重大的行政决策的实施是一个比较长的活动过程，在实施指挥时会遇到各种阻力与干扰，因此，指挥者需要有坚强的毅力、持之以恒的精神，才能将决策贯彻到底。行政指挥的坚定不移原则，就是要求行政指挥者在遇到困难和阻力时，不为困难所吓倒，不为表象所迷惑，能够在危难之际，不乱方寸，指挥若定，指挥被领导者取得胜利。如果遇到困难就动摇，半途而废，决策就无法得到贯彻实施，预定目标永远不会实现。

5.灵活权变的原则

灵活权变的原则就要求指挥者在行政指挥过程中，当情况发生变化时能审时度势，随机应变，灵活地调度人力、物力，灵活变换行动的方式方法和战略战术，而不墨守成规，刻板行事。当然行政指挥的灵活权变绝不是主观随意、朝令夕改，否则，指挥会失去权威性，从而影响指挥的合理性和有效性。

三、行政指挥的方式

行政指挥的方式大致可分为以下4种。

1.口头指挥

口头指挥就是领导者运用口头语言进行面对面的直接指挥。口头指挥简单明了、及时方便，是指挥者广为采用且深受欢迎的指挥方式。据美国《幸福》杂志曾做的一次民意测验,就经理人员来说,55%以上的人都喜欢把下属叫到面前作口头汇报。随着科学的发展与管理手段的进步,口头指挥已不只局限于面对面的交谈,电话指挥也占有重要的位置。在运用口头指挥时,应注意语言艺术,对不同对象要有语气区别。

2. 书面指挥

书面指挥就是通过指示、简报、通知等各种行政公文形式进行行政指挥,这是行政机关最为常见的指挥方式。书面指挥一般是因地域、时间及指挥层次等方面限制,不便口头指挥时所采用的方式。书面指挥可以使责任明确、信息准确并能保留较长时间,又便于核查。运用书面指挥要注意规范性和严肃性,规范性就是要按照国家行政机关公文的规范形式进行指挥,严肃性是要严格控制书面指挥的质量和数量,防止文牍主义现象。

3. 会议指挥

会议指挥就是领导者运用各种类型的会议进行指挥。开会是保证指挥统一的很有用的手段,会议指挥也是一种常用的指挥方式。要有效地运用会议进行指挥,必须注意会议的类型、会议的准备、会议的组织技巧、会议效率及对会议主持人的要求等问题。运用会议进行指挥还要特别注意提高会议质量,防止会议过多或过长。

4. 现代通讯指挥

这是一种运用现代信息网络系统传达上级意图、下达工作任务的指挥方式,是一种高效率的现代化指挥方式。随着现代信息技术的发展,这种指挥方式的运用将会越来越广泛。

上述的口头方式、书面方式和会议方式等都有各自的使用范围和优点,指挥者要善于运用各种不同的指挥方式。

第三节 行政沟通

从某种意义上说,行政指挥的过程也是一个上情下达的信息传递过程。在行政实施过程中,同时还有一个下情上达以及左右互通信息的问题。这种包括行政实施过程中上下左右的各种信息传递方式,就是我们所要讲的行政沟通。

一、行政沟通的含义与作用

(一)行政沟通的含义

“沟通”一词,在汉语中最早见之于《左传》,原意是指开沟而使两水相通,后泛指彼此相通。信息概念出现以后,沟通就成为了传播信息的桥梁,使人与人之间进行相互理解、相互认识并达成共识,实现情感交流和行为协调的活动。因此,沟通主要表现为信息沟通。所以,人们之间的沟通常常被看作是一个信息沟通的过程。一切沟通在本质上都是人的思想和情感的沟通,尽管现代社会更多地是在组织间进行沟通,但任何组织之间的沟通,归根结底还是人与人的沟通。

行政沟通是指在行政管理活动中,国家行政组织和人员在内部以及内外之间,凭借一定的媒介,进行的政务信息的交流与传递,以达到相互理解、协同合作的一种管理活动。简言之,即行政系统内、外政务信息的交流和传递。

(二)行政沟通的作用

行政沟通可以看作是行政组织的血液,正是沟通赋予了行政机构的生命力,它在行政管理中起着不可低估的作用,主要表现为:

(1)行政沟通是使行政系统内各要素形成密切联系和协调一致的必要手段。众所周知,要克服行政组织的无序状态,必须进行行政协调,而行政沟通是行政协调的前提。在行政系统中,纵向上分为众多的层次,横向上分为众多的部门,为了将各层次各部门的活动有效地联系起来,协调一致,离不开行政信息的沟通。纵向的信息沟通可以加强决策指挥中心和实施机构的联系,使实施机构及时准确地获取信息,实施决策。决策指挥中心也可及时获得有关实施机构的实施信息,从而有效地控制实施机构的活动。而横向的信息沟通可使各部门获得决策实施上的协调一致。

(2)行政沟通是调节矛盾,提高行政效率的前提条件。在日常工作中,条块分割、互相扯皮、互相推诿等现象时有发生,这些现象的存在与蔓延,导致行政组织各自为政,影响了行政效能的提高。而产生上述现象的原因之一在于,各职能部门由于管理职能与职责上的差异,在互通信息不够的情况下,就容易出现思想和步调不统一。完善高效的沟通制度,可以加强行政信息传递交流速度,使决策机构的命令、指示和实施机构的请示、汇报、建议及时准确地上传下达,这样将会大大地提高行政工作的效率。

(3)有效的行政沟通可以鼓舞士气,并协调好人际关系。通过沟通,一方面可使行政人员有机会充分表达自己的观点和意见,能增进行政组织内部人与人之间的友谊，增强认同感和凝聚力，以高昂的士气投身到行政管理活动中去；另一方面可使行政人员及时获得应当知道的信息。这样可以增强行政人员的主人翁意识，从而激发行政人员工作的积极性和主动性。此外，良好的信息沟通，可以减少人际矛盾，增进领导与领导之间、领导和下级之间以及下级与下级之间的了解和理解，改善和协调人际关系。

(4)行政沟通是实现行政决策科学化、民主化，克服官僚主义的有效措施。行政沟通能够加强行政组织及其人员与社会公众的联系，广泛听取群众的意见和建议，并依据其正确、合理的意见及时制定或修改决策，以减少官僚主义的发生，实现行政决策的科学化、民主化。

(三)行政沟通的特点

行政沟通是社会沟通的一种，因此，它具有社会沟通所共有的社会性、创造性、机动性、选择性、互助性等特点。同时，由于行政组织的性质决定其还有自身的一些个性：

(1)行政沟通的双方至少有一方为行政组织或其工作人员。行政沟通既包括行政系统内部各机关、各部门之间，各部门与人员之间，人员与人员之间的沟通，其沟通双方显然都是行政系统的，也包括行政机关及其人员与其他社会组织、人员的沟通，但沟通的双方或多方中必须至少有一方是行政机关或其工作人员，否则，就不能称其为行政沟通。

(2)行政沟通渠道主要是正式沟通。行政沟通渠道是指传递和接收行政信息的通道，它本质上是某种行政关系的体现。行政沟通的渠道主要是正式沟通渠道，辅之以非正式沟通渠道。所谓正式沟通渠道，是指依据正式的行政组织程序，按照行政组织规定的线路进行沟通所建立的交流途径。非正式沟通渠道，是指正式规定的渠道、正式程序以外的沟通，是人们在交往中自然形成的、无法定组织关系、无固定形式的交流传递信息的途径。如私下交流意见、传播小道消息等。

(3)行政沟通的内容基本是有关行政管理的广泛信息。行政管理对象的范围广泛，涉及社会各领域的公共事务，行政沟通的内容也广泛涉及社会公共事务的方方面面。

二、行政沟通的类型

行政沟通可按各种标准划分为各种不同类型，如按沟通工具可分为语言沟通、非语言沟通；按沟通渠道产生方式可分正式沟通、非正式沟通；按沟通主体规模可分为人际沟通、群体沟通、组织沟通与国际沟通；按沟通客体可分为思想沟通、情报沟通、心理沟通或经济信息沟通、政治信息沟通、思想文化信息沟通等。最常见的行政沟通类型是按行政组织结构和信息流向划分，目前主要有以下几种划分方法：

(1)根据行政沟通线路的结构不同可分为：正式沟通和非正式沟通。

①正式沟通是通过正式的组织程序和组织所规定的正式渠道进行的沟通，是沟通的主要形式。正式沟通又可根据不同的标准进一步划分，如根据信息流向分为纵向沟通和横向沟通等。正式沟通的优点是沟通效果较好且有较强的约束力。因此，重要的消息一般通常都采用这种沟通方式。正式沟通的不足之处是沟通速度较慢。

②非正式沟通是指通过正式规章制度和正式组织程序以外的各种渠道进行的沟通。非正式沟通是人们自然愿望的产物，在行政管理活动中经常出现，其效力有时甚至越过正式沟通。它往往是通过小团体等非正式组织的线路或者是人们私下之间闲谈的渠道而进行的。可以传递正式沟通所无法和不便传递的信息，从而弥补正式沟通的不足。但是，非正式沟通有时可能误传信息，造成失真现象，引起混乱，行政管理者在运用非正式沟通时要慎重对待。总之，现代管理既强调正式沟通，又重视非正式沟通，而管理者更应使两种沟通扬长避短，相互补充，以达到加强行政沟通的目的。

(2)根据行政沟通的方向不同可分为：下行沟通、上行沟通和平行沟通

①下行沟通是指依照行政系统的隶属关系，由上而下进行信息的传递和交流的过程。下行沟通既表现为决策协调中心与具体实施的联系，又表现为领导者与被领导者之间的联系，在行政管理实践中，通过这种沟通，可以使下级及时获得上级组织的决策内容和意图，有助于下级改进工作，实现决策目标。在下行沟通过程中，既要注意不能机械死板地居高临下，养成官僚主义作风，也要注意由于错误理解逐步导致的失真现象。

②上行沟通是一种自下而上的沟通，是指由下而上地将下级的信息反馈给上级机关和领导者的过程。这种沟通方式既可以提供下级参与、发表有价值意见的机会，使下级获得心理上的满足；又可以提供决策中心修正决策的实际资料；还可以使上级了解下情，使领导者及时掌握下级的工作状况，并作出相应的控制和调整。这种沟通缺点是有些下级可能会为了投上级所好，报喜不报忧。因此，上级切忌偏听偏信，更不可闭目塞听。

③平行沟通，即横向沟通，是指同一组织中同级部门之间或同事之间的沟通。这种类型的沟通在行政机关中尤为重要，它可以弥补上行沟通与下行沟通的不足，加强组织内各平行机构的联系，促进团结，增进配合，避免互相“扯皮”现象，解决共同的问题。在行政管理中，许多工作往往涉及多个部门，如果部门与部门之间不能有效沟通，那将会直接影响行政工作的进行，影响政府职能的实现。平行沟通一般

具有业务性质，与纵向的通过命令或指示等进行的沟通不同，它是通过协商、合作来解决问题的。

(3)按沟通的线路不同可分为：单向沟通和双向沟通。

①单向沟通是一方只发出信息，另一方只接收而不反馈信息的沟通，发送信息者与接收信息者之间地位不变，两者不存在反馈的信息交流活动，故亦称无反馈沟通。如作演讲、做不要出声的动作等就是单向沟通。其优点是速度快、秩序好、干扰少。缺点是效果不如双向沟通好。

②双向沟通是指发送信息者与接收信息者之间的地位不断变换，发送和反馈往复多次，直到双方共同理解的沟通活动。标准式的沟通，应是双向沟通。因为双向沟通既可调动双方的积极性，增加沟通容量，利于发展关系；又可使沟通的信息更加明确，为正确决策、加强群体凝聚力奠定基础，但因需反馈，信息传递速度较慢。

(4)根据行政沟通的方法不同可分为：口头沟通、书面沟通、多媒体沟通和其他沟通。

①口头沟通是通过面对面或者用电话进行信息传递的沟通方式，在直接接触的方式之中，口头沟通是最理想的传递信息方式，是最快的沟通形式，有助于提高人们的参与感，但也容易掺杂个人的情感因素。

②书面沟通是以书面文件的方式进行的信息传递的沟通方式，有助于确定职责，是组织记录储存的一部分，它不像口头沟通那样快。主要存在于众多成员分布于广阔的地域而难以进行口头沟通的情况下。

③多媒体沟通主要是政府利用信息网络等数码符号传递方式所进行的信息传递，它是信息时代的产物。这种传递的工具包括电报、电话、广播、电视、网络等多种电子媒体。电子媒体沟通比以往各种媒体沟通的速度都大为提高，存储量也激增，这为行政管理的效率和能力的提高带来了空前的变化。但这种沟通对于技术条件的要求比较高，成本也较高。

④其他沟通是指非语言、非文字的沟通形式，包括动作、表情等，还包括借助工具进行沟通，如吹口哨等。诸如此类的沟通方式，也和口头沟通、书面沟通一样，在传递信息的过程中起着极其重要的作用。它们有时作为单独的沟通方式存在，有时附属于口头或者书面沟通。

三、行政沟通的障碍与克服

(一)行政沟通的障碍

行政沟通要求准确无误差、速度快，才能取得良好的效果，但是，在沟通过程中，往往也会出现沟通效果不佳的情况，其障碍可能来自沟通要素、沟通过程的任何部分，一般主要有以下6种。

1.观念习俗障碍

行政沟通的重要内容之一是思想交流、观念交流，因此，观念是行政沟通的一项内容，但不正确的观念却会成为影响行政沟通的一个障碍。因为人们总是在一定观念的基础上进行思维活动的，有时因观念不合时宜而造成沟通无法如愿以偿。例如，死抱封闭观念，就必然与外界隔绝不沟通，就会阻碍市场经济发展和改革开放政策的实施；在自我封闭的条件下，一个地区、一个单位就成了一个独立王国，缺乏与外界的联系与交流，使行政沟通受阻。习俗是在一定文化历史背景下形成的具有固定特点的调整人际关系的风俗习惯。不懂得各国家各民族的礼节习俗，也可能导致误解以致造成沟通障碍。

2.心理障碍

沟通的实质是人与人之间的交往，是人的活动通过信息符号传递的延伸。不可避免地会因认知不当、情感失控、态度欠妥等而造成沟通的心理障碍，有时这种影响是具有决定意义的。人们参加沟通活动总是带着某种情感状态的，例如，有的自己心情压抑，不愿与人交流沟通；有的领导缺乏正确对待批评的心理承受能力和宽容心态，一听到不同的意见就暴跳如雷或表现出一种不耐烦的态度。久而久之，下级有问题、有意见也就不再向上级反映，造成了下情无法上达的沟通障碍。又如，有的人具有“井底之蛙”的自我陶醉心理，不愿意也不主动与人们进行沟通，对上情或下情都漠不关心，不少信息到此就出现了“肠梗阻”，既不上传也不下达。

3.语言障碍

语言是口头和书面沟通的重要工具，语言极其复杂，出现了障碍就会导致沟通失真或失灵。首先，语言有语系、语族、语支、语音等差别，可使沟通发生障碍。不同民族和国家之间语言交流往往只能通过翻译来进行。即使在同一国家、同一民族之间，由于地区上的差异，也会形成不同的相互难以听懂的语言，如我国就有八大方言之差异，这也成为沟通的障碍之一。同时，同样的语言，不同的语气、语调也会反映出不同的情感，把握不好会容易产生误会，影响沟通的效果。再如语词不明造成歧义，语句结构不当造成费解、误解等。

4.职务与专业障碍

职位有别，视角不同。担任不同职务的人，由于其所在的位置不同，看问题的角度有所差异，得出的结论也就不同。有的下级为了讨好上级，在汇报情况的时候，报喜不报忧，专拣领导喜欢听的话说，使上级无法得到准确、全面、真实的信息；

有的上级官僚主义摆架子，听不得批评意见，对于不同的意见轻则训斥，重则打击报复，使下级与之拉开距离，阻塞了情感的交流和意见的传递。同时，因专业分工不同，不同部门、专业的人，相互之间不仅缺乏共同语言，也容易产生专业上的偏见。在行政管理活动中出现了分歧，往往都从各自的专业来考虑问题，各执一端，互不相让，使正常的沟通难以顺利进行。

5. 组织结构障碍

组织结构障碍主要表现为组织结构不合理，机构数量多，传递层次越多，相互重叠交叉，严重影响着行政沟通的速度和准确度。管理理论认为，行政层次越多，行政距离越长，行政信息的失真度也就越大，尤其是口头传话的失真率更大。凡机构设置繁多、重叠的地方，行政沟通速度也越慢。

6. 信息障碍

信息的来源不同，对信息的理解不同，势必造成行政沟通的障碍。从信息源来看，有的信息来源的渠道单一，信息量少，无法进行正常的沟通；有的信息来自小道消息，流言蜚语，当谣言四起之日，就是对行政沟通造成障碍之时。从对信息的理解来看，人们在传递和接受信息的过程中，往往自觉不自觉地掺杂着个人的价值判断和主观偏好，并以这些个人的价值判断和主观偏好来影响信息的收集与取舍，对自己有利的信息，就添油加醋地广为传播，而对自己不利的信息则封锁或隐瞒，或者经过个人主观曲解加工后再传递出去，以致影响行政沟通的效果。

（二）克服行政沟通障碍的途径

为了克服现实生活中存在着的行政沟通的障碍，改进人们之间的信息沟通，增强行政沟通的效果，应该努力做到：

（1）全面提高行政人员的素质。加强对行政人员的教育与培训，使他们在政治思想观念、文化知识和心理素质各方面得到全面提高，以有效地克服行政沟通中的观念障碍和心理障碍。同时，随着行政人员的科学文化知识的增多，视野拓展，素质提高，就能理解各行各业的紧密联系，易于消除专业和语言上的沟通障碍。

（2）完善行政沟通体制。应根据市场经济的发展要求，对政府职能进行合理的分解。在科学设定政府职能的基础上，按照精简、统一、效能的原则，进行政府机构改革，理顺行政机构内部的各种关系，建立起办事高效、运转协调、行为规范的行政管理体系。加强办公厅（室）的行政沟通协调功能，健全各职能部门之间、上下级之间、各类人员之间有效沟通的保障制度，保证行政沟通的顺利进行。

（3）顺畅行政沟通渠道。必须建立和健全行政沟通网络，以形成一个四通八达、方式简便、传递迅速的顺畅的沟通渠道。对非正式沟通渠道要加以科学利用，它具有迅速简便、能反映正式沟通渠道不能提供的某些真实信息的特点，利用它能达到兼听则明、增强组织凝聚力的效果，但要注意克服其信息易失真的缺点。应该注意：一方面加强对非正式团体耐心、正确、及时地引导，使之向健康的舆论方向转化；另一方面加强民主建设，增强工作透明度，控制流言，就不易发生不健康的舆论。

(4)改善信息质量。信息质量如何直接影响着沟通的效果，对沟通效果关系极大。一条虚假信息传递出去，不仅毫无价值，而且还有可能因此导致决策上的失误，产生无法估量的损失。含糊不清的信息达不到有效沟通，反而可能越传误解越多。改善信息质量，既要求准确、完整，也要求适量。为此要加强信息管理，科学加工和整理。

第四节 行政协调

在任何行政管理活动当中，行政执行活动的复杂性决定了矛盾和冲突是会时常发生的。尽管有行政控制的存在，但一些无法预见的内部或外部的矛盾和问题的出现也在所难免。这就需要通过行政协调来解决。协调是一种以温和的方式解决矛盾与冲突的好办法，它通过行政组织之间、行政组织与社会其他组织之间、组织与个人之间、个人之间进行信息交流与沟通，使矛盾得到及时化解，问题得到有效的解决。

一、行政协调的含义与作用

(一)行政协调的含义

协调，是指人们为实现共同目的而把各自的行动加以互相配合。在汉语中“協”是协的繁体字，是众多的力量一条心的意思。“调”是四周说话一个声音，处于调和、调节的良好状态。从哲学观点来看协调是指事物存在的一种和谐平衡状态。通过协调使事物的发展从无序走向有序。人类社会各种事物都只有协调才能发展进步。协调不是在非此即彼相互排斥的两极做选择，而是在有关各方存在不同程度共同之处的基础上，对差异之处进行融和调整，以实现关系的和谐与整体功能的最大化。

行政协调是指行政机关及其工作人员，在行政管理过程中运用各种方法，调整行政系统内部各组织之间、各成员之间、行政运行各环节之间和各阶段之间的关系，以及调整行政系统与其外部行政环境之间、管理对象之间的关系，以便和谐合作地实现行政目标的活动。

行政协调的含义有广义与狭义之分的。狭义的行政协调专指行政组织内部纵横各方面的协调。广义的行政协调不仅包括行政组织内部的协调，而且包括外部的协调。如果具体到某一单位，其行政协调范围大致有：①本单位内的协调。主要是通过具体工作计划和对工作执行所需人员、设备、物材、工具等资源的适当分配来实现。②上下级单位的协调。对下级来讲，工作计划实施前应报上级主管单位及时了解工作进度和有关情况；计划实施后应将工作的经过及成果报告上级主管单位。对于上级来讲，在工作计划实施的前、中、后更要适时了解下级情况，随时进行协调。③与其他单位的协调。行政机关在实施工作计划前，应主动与其他有关单位联系，告知所掌握的情况和内容，并及时共同协商有关问题。

行政协调是一种特殊的社会协调，是特定的政府行为，构成行政协调活动的要素有：

(1)行政协调主体。即协调行为的承担者，主要是指行政机关及其工作人员，其中政府的办事机构(办公厅、室)和政府综合部门(如发改委、经委、工商、税务和人事部门等)在政府管理过程中起着重要的协调作用。

(2)行政协调客体。包括各级政府机关及其工作人员、其他有关机关及其工作人员，以及政府管理社会公共事务的各个方面和各个环节。

(3)行政协调目的。即行政协调的结果，也是协调的出发点和归宿。目的是使行政机关及其工作人员与其管理对象、环境之间建立良好的协作配合关系，从而有效地实现其行政目标。

(4)行政协调方法。即如何去协调、实施协调的途径。用灵活多样的方法，以变应变，殊途同归，使被协调者接受并采取协作行动。

(二)行政协调的特点

行政协调是行政管理中一个重要的运行职能，它与其他企事业经营管理中的协调职能相比，具有以下主要特点：

(1)广泛性。行政协调贯穿于行政管理的全过程，涉及多个方面，无论行政管理哪一层次，哪一领域，哪一环节中，都需要行政协调。

(2)目的性。行政协调的目的在于消除行政组织间、行政组织与个人间、行政人员个人之间以及其与被管理者之间的摩擦、冲突、矛盾，减少行政管理过程中的功能损耗，建立和谐的关系，发挥整体功能，从而迅速有效地实现预定的行政管理目标。

(3)层次性。行政协调的主体均有层次性，必须在自己职权范围内进行协调，不可以“长官意志”心态，凡事都由最高层领导亲自挂帅，直接裁决。

(4)权威性。行政协调者根据国家机构的授权或其法定地位带来的权力，在一定的情况下，协调者可以国家强制力为后盾，依据政策法规，对非对抗性矛盾进行协调，要求被协调者服从协调决定。

(5)灵活性。行政协调活动涉及各部门、各单位和管理相对人的利益，十分广泛和复杂，要根据不同层次、不同事项，在政策精神指导下，采取灵活变通的方法手段。使被协调各方面的意见尽快统一。

(6)相对性。我们说行政协调贯穿于行政管理的全过程，但这并不意味着任何争议事件都可以通过行政协调来解决的，只有法律赋予行政机关自由裁量范围内出现的问题，才可通过行政协调加以解决。如因同等效力的法律之间相抵触而引起的事件，行政机关就不能通过协调来解决，而只能提请立法机关裁决。

(三)行政协调的作用

行政协调是行政管理的一个重要职能，在具体的管理实践中，无论是高层、中层、基层管理，无论是经济、社会，还是文化行政，也无论是行政决策、行政实施，还是行政监控，都需要行政协调，行政协调涉及行政管理的各个方面，贯穿于行政管理的全过程。因此，行政协调在行政管理中的作用是相当重要的，具体来说，表现在以下 5 个方面。

1.行政协调是实现政府职能的重要条件

政府职能是一个完整的职能体系，政府职能的发挥离不开政府各部门、各单位和全体人员的共同努力。尽管各级政府各部门都是在总目标下分工活动的，但在行政管理中的矛盾是客观存在的，如果在行政管理过程中的矛盾处理不好，势必会增加政府职能实现的困难。同时，行政协调本身就是行政组织中一项重要的运行职能。众所周知，行政组织的运行职能包括计划、组织、协调、控制等职能，没有协调职能去协调好各种人力、物力和财力，计划职能就无法变成现实，组织职能难以发挥作用，控制职能也很难有效实现。

2.行政协调是提高行政效率的重要保证

行政协调与行政效率成正比关系。影响行政效率的因素是多方面的，其中职能交叉、机构重叠、互相推诿、人浮于事、钩心斗角、关系不睦等现象的存在，是导致行政效率低下的重要因素。而要解决上述问题，就必须运用好行政协调的手段。加强行政协调是提高行政效率的一个行之有效的好办法，通过行政协调能理顺组织之间的关系，减少职能交叉、机构重叠等现象的发生；通过行政协调能建立一种良好的人际关系，消除误解，减少矛盾，化消极因素为积极因素，发挥出整体的力量与效应；通过行政协调能解决好行政运行中有关目标、程序、方法等方面产生的不同看法和矛盾，确保行政管理的顺利进行；通过行政协调能协调好人、财、物之间的关系，最大限度地减少浪费，降低行政成本。所有这些，对于提高行政效率都有着十分积极的意义。

3. 行政协调是促进社会经济发展的重要措施

加强行政协调不仅是社会主义市场经济发展的迫切要求，也是其必然结果。随着市场经济的发展和改革开放政策的实施，全国各地区、各部门、各单位、各企业之间的经济活动交流联系也日益密切，协调好各方面的关系，有利于创造一个良好的社会环境，推动各项事业的共同进步。在复杂多变的国际环境中，要使我国开放的市场经济持续稳定的发展，行政协调的范围将会越来越扩大，频率越来越高，作用也将会越来越突出。行政协调在经济生活中的作用表现可概括为：①通过政策和法令，创造企业正常竞争的环境条件。②组织城乡合作开发交流，促使经济活动向更广阔领域扩展。③以经济杠杆调节经济活动来控制各种经济形式的发展，保护本国经济利益。

4. 行政协调有利于增强行政凝聚力

一个组织是否具有生命力，取决于其集体向心力和聚合力的程度。在行政过程中，行政协调可以使各行政部门和行政人员在根本利益和总体目标一致的基础上，求得在工作上密切配合，和谐协调。在这一过程中，一方面可调整行政组织中的群体关系和人际关系，化消极因素为积极因素，变阻力为动力，有利于寻求解决问题的最佳办法；另一方面可使全体工作人员了解目标计划、进度、任务的意义，有利于相互增进理解和信任。同时有关各方在参与行政协调的过程中，也会感到被重视和尊重，从而强化主人翁意识，在以后的工作中自觉从整体利益出发，思想和行动上更加与上级行政组织保持一致。

5. 行政协调有利于合理利用资源

有效的行政协调，可以促进各行政部门合理配置和有效利用人力、物力、财力和时间等行政资源，以节约资金，减少浪费，使人、财、物等资源的利用得以适当调节。特别在防止和处理各种设施的重复建设现象，对资源的开发纠纷和无序开发的现象，乃至急功近利破坏资源的现象，行政协调都有特殊的作用。

二、行政协调的原则

行政协调的原则是从行政协调实践中检验和总结出来的对各类行政协调行为的本质与必然联系的概括，是行政协调行为的准绳。一般来说，行政协调要遵循一些共同的基本原则：

1.整体性原则

行政协调的根本准则要从国家、民族和人民的利益出发,具体工作中则要求有全局的观念,以整体利益和总体目标为基本准则。个人利益服从集体利益和国家利益,集体利益服从国家利益,局部利益服从全局利益,眼前利益服从长远利益。有时甚至为了全局利益而不惜牺牲局部利益。当然,我们强调整体性原则,并不意味着忽视和放弃个人利益、局部利益和眼前利益,而是在重视国家利益、全局利益的同时,兼顾个人利益、局部利益和眼前利益。

2.合理有效原则

行政协调事实上是利益关系的协调,所谓合理,就是双方的利益得失能够控制在双方可接受的范围之内;所谓有效,就是通过协调使矛盾得到逐步减少,并最终消除矛盾。在贯彻合理有效原则时,应本着互让互谅、平等协商的精神和主动解决矛盾的态度,使协调获得成功。

3.周密性原则

各级行政首长和领导机关的协调工作不能相互隔离、各自独立,而应按照上下级统属关系形成系统有序的严密体系,在行政实施之前的计划阶段就应做到未雨绸缪,充分考虑到将来各项活动之间可能发生的关系,预先准备,早做安排。

4.客观公正原则

行政协调在立脚点、依据、范围和方式方法等方面都有客观性。协调者要具有客观公正的意识和能力,从公共利益出发进行协调。首先,要求协调者站在客观公正的立场上,以实事求是的态度,在深入调查研究的基础上,弄清失调真相,依据法规在所授权限范围内,采取相应措施。其次,协调者应敢于公开自己的观点,对协调的结果要敢于接受检查与监督,绝不能背着一方与另一方达成某种契约或妥协。

5.灵活变通原则

行政协调中灵活变通是指在保持政策法律的严肃性、保证管理目标一致性的前提下,允许工作上的灵活性和创造性。行政协调不仅是行政管理的一种手段,也是一门工作艺术。它是一种非模式化的技能,在追求整体效益过程中,鼓励协调者在不违背法律法规和政策的前提下,采用因时因地制宜的方法措施。要善于根据不同的单位、不同的事情、不同的时间、地点和不同的人员,灵活机动地选择协调的方法,该坚持的一定要坚持,该变通的也要变通。

6. 参与性原则

行政组织各部门的每一个成员都应清楚地了解组织从事活动的目标、方针、政策和标准等，并能积极地参与和实践，这样才能达到有效协调。

三、行政协调的方法

行政协调的效果，不仅取决于遵循行政协调的原理原则，还取决于行政协调有科学的方法。正确的行政协调方法是达到最佳协调效果的重要条件。目前，常用的行政协调方法如下：

(一)组织系统协调方法

1. 利益平衡法

组织系统之间矛盾冲突往往涉及利益。在运用利益平衡法时应在进行利益权衡、统筹兼顾的基础上，协调好各方面的利益。坚持公正原则，该多得的不少给，不该得的要控制；以互利为前提，在找到各方利益共同点的基础上尽量满足各方需要；要采取补偿措施，使只有部分利益满足或失去获利机会的那部分单位得到补偿。

2. 目标导向法

在协调矛盾的过程中，要求被协调的组织明确目标、尊重目标、实现目标，把组织的注意力和行动方向都集中引导到全局的总目标上来，使本组织目标和总目标一致起来，分工合作完成总目标，纠正分工不合作和目标貌合神离倾向。从一定意义上说，行政协调的过程就是对总体目标的认同过程，对总体目标的认同，协调就有了前提条件。各部门、各单位的分工合作，最终都是为了实现共同的总目标。

3. 沟通协商法

许多矛盾和误会往往是在缺乏沟通的情况下形成的，各行政组织的内外、上下、平行之间，在认识和工作上信息沟通、联系密切、融会交流，就不易产生冲突，即使产生了也易于消除，沟通信息时尤应把指导全局、反映优良作风、制约失调不良因素等方面的信息，优先整理加工及时传递到各单位，各单位之间要主动交流协商，求同存异。

4. 权力协调法

权力是完成行政管理任务的必要条件，但由于权力的划分与配置不合理所导致的有权无责或有责无权等现象的发生，必然影响行政目标的实现。权力协调就是要根据各部门、各层次的职位的高低，分别授予不同的权力，并赋予相应的责任，使其权责一致。其中既包括同一层次的不同部门之间的横向权力协调，也包括不同层次之间的纵向权力协调。

(二)人际关系协调方法

1.坦诚引导法

协调者对矛盾双方均以真挚坦诚态度，先使双方情绪稳定下来，再摆事实讲道理，耐心分析教育，引导和帮助矛盾双方分析产生矛盾的原因，并积极引导他们寻找出解决矛盾的对策。

2.批评警示法

对不太复杂的人际纠纷，在弄清矛盾双方谁是谁非的基础上，对错误的一方进行批评，责令其改正。对严重干扰和破坏行政协调的错误现象，从团结出发，以中肯的态度，严肃批评，使被协调者提高认识、改正错误。

3.喻义提醒法

在矛盾双方因各种原因，难以直言的情况下，如下级协调者不便对上级领导者采取直接规劝的情况下，可灵活地借用类似的事项或故事，借此喻彼，迂回启发；也可及时以适当形式提醒有关的政策法规或一般事项的疏忽，以减轻与上级领导者的隔阂。这种方法因不会损害领导者的尊严，上级易于接受，不致造成僵局。

4.奖惩并用法

领导者根据法规制度协调矛盾，对工作中有突出成绩或坚持正义的单位和人员，给予荣誉或物质奖励；对在工作中有过失行为，给人民事业带来损失的单位和人员，给予处分与处罚。发挥奖惩的引导功能、规范功能和激励功能。

第五节 行政控制

在行政实施过程中，有些因素及其相互关系的变化事先是无法掌握的。因此，即使组织健全，规章制度完善，指挥正确，人们在从事行政管理工作过程中，也会有偏离轨道之举。为确保行政活动沿着既定的轨道进行，并能适应组织环境的变化，就必须对行政活动进行有效的控制。

一、行政控制的含义与作用

行政控制是指行政领导者运用一定的控制手段，按照目标规范衡量计划完成情况,纠正计划实施中的偏差,以确保计划实施和目标实现的一种活动或过程。

行政控制是行政实施过程中的一个重要的环节,对于搞好行政管理工作,特别是搞好具体实施阶段的工作,具有十分重要作用。行政控制的目的在于及时指出计划实施过程中的缺点和错误,以便加以纠正和防范,这对于保证行政管理工作的正常开展和行政目标的实现,对于保证行政执行工作方向的准确性,提高行政工作的效益和效率等,都具有十分重要的意义。具体来说,行政控制的作用体现在以下4个方面:①行政控制是完成计划的重要手段;②行政控制是行政工作方向正确的重要保障;③行政控制是贯彻依法行政的重要体现;④行政控制是保证行政目标实现的重要机制。

行政控制的过程一般包括确定标准、衡量成效和纠正偏差3个步骤:①确定标准。确定标准是控制过程的起点。即确立以决策目标为核心,包括各种具体的工作质量标准在内的标准体系,作为衡量各种实施活动的规范。②衡量成效。即根据所确定的标准来衡量实施情况,通过对实际与标准之间进行比较,寻找偏差,对工作作出客观评价。③纠正偏差。即是在衡量工作成效的基础上,采取有效措施对偏差进行及时纠正,从而保证行政管理工作按照原定的标准进行。

二、行政控制的类型

行政控制的类型,可根据控制的用法、时间或重点的不同标准主要划分为3类。

1. 预先控制

预先控制是指在计划实施的准备阶段就加以控制,以保证将来实际结果能达到计划要求,尽量减少偏差。预先控制的核心是使计划所需的人力、物力、财力都合乎标准,防止在行政实施过程中所使用的各种资源在质和量上产生偏差,以起到防患于未然的作用。

2. 过程控制

过程控制即在实施计划过程中,直接对计划进行观察、检查并纠正偏差。现场控制是过程控制最常见的一种形式,其特点是这种控制方式是在事件发生之中采用的。它一般都是由第一线的管理人员在具体的行政实施过程中,根据实施情况中的各种信息进行观察、判断、检查,一旦发现活动结果与目标之间出现某些偏差,立即进行调整。这种控制形式对事态发展的控制相对容易,这是因为当它发现某些细微的现象就可进行调整,涉及面不大,损失较小,效果也较好。但现场控制并非要越俎代庖,而是指导下属改进工作。

3.事后控制

事后控制即反馈控制,亦称成果控制。它是在行为完成之后进行的控制,是指根据目标实施所获得的实际结果,与预期目标进行比较而进行的控制。事后控制一是为了对在实施过程中未能发现的问题,继续采取补救措施,使失误降到最低的限度;二是为了指导及修正将来的行为奠定了基础,使下一个环节的工作得以顺利开展。由于这种控制发生在事后,已经造成了失误或损失,虽然事后采取有效措施可以在一定程度上进行弥补,但是已经造成的损失不可能挽回或不可能完全挽回。因此,有效的控制应该尽可能地避免采用事后控制,而把控制行为主要放在事前或事中。

另外,行政控制的类型还可根据控制的范围不同划分为宏观控制和微观控制;根据控制的组织机构不同划分为集中控制、分散控制和分级控制;根据控制的方式不同划分为直接控制和间接控制等。

三、行政控制的注意事项

在行政实施过程中,为了真正实现有效的行政控制,还必须要注意以下5点:①明确决策目标,使决策目标具有可操作性和可控制性。②建立、健全组织机构,明确办事程序和责任。使各级组织和所有工作人员都能明确自己的职责和任务。③建立科学的考核标准。使用科学和统一的考核标准,使对实施活动的控制有规可循。④建立信息交流和沟通机制。使实施中的信息传递畅通,能够及时、准确地反馈到控制层,最后达到迅速纠正错误之目的。⑤坚持系统、客观、适时、灵活、经济的原则。具体控制手段的选择则需要适合每个领导与管理者的情况及其个性。

同时,在进行行政控制时,领导者与管理者还必须注意两个基本问题:一是例外原则问题。它指的是领导者不必事无巨细地都掌握控制权,应尽可能把权限委托给下级管理者,自己只保留例外事项的决定权和控制权。这样,领导者就能有充分的时间去考虑决策、人事等重要事项;二是关键性原则问题。领导者在注意例外原则的同时,还必须注意控制关键性问题,把主要注意力集中于在绩效评估时起关键性作用的那些问题上。因为在偏离计划标准的诸多工作中,有的可能相当重要,有的可能不太重要,有些偏离计划标准较少的问题可能比偏离计划标准较大的问题更加带有根本性。

【案例分析】

阜阳地区落实南巡讲话

1992年春,安徽省阜阳地区政府根据小平同志南巡讲话精神,作出了《关于深化改革、扩大开放、加快经济发展若干问题的决定》，召开万人动员大会，要求各部门、各单位迅速按照《决定》精神行动起来。

此后，各部门各单位都纷纷行动起来：大众媒体的宣传，各种形式的动员会、座谈会，还有干部培训班等。所有这些活动，其目的是为了统一广大干部群众的思想认识。

接着组织落实。下属各部门各单位分别成立了有主要领导人亲自参加的"改革开放领导小组"或"改革开放办公室"。有的单位甚至将领导人员分为两套班子：一套抓改革开放，一套抓日常工作。绝大多数单位能做到办公地点落实，办公人员落实。

在思想认识统一和组织落实之后，便着手制订具体方案。很多单位（如太和县、蒙城县、利辛县）都组织有关人员到外地改革开放工作做得好的单位考察参观，学习取经，借鉴外地成功经验以供制订方案时参考。方案的具体内容因各部门、各单位的工作性质和任务不同而难以尽言，大致包括转变职能、转移经营机制、简政放权、精简机构、合署办公、提高效率等。更加具体的有实行"四放开"（经营、价格、用工、分配），改革人事、住房、公费医疗、社会保险等制度。有的单位为减少改革风险，先在小范围内进行试点工作，待获得经验后再全面推开。

在执行过程中，地区政府责成体改委组成了10个督查组，对全地区的10个县市和地直机关的具体改革开放工作进行督查。督查组写出了28份督查报告，呈递地区政府，在这些督查报告中，不仅总结了执行成绩。同时也如实地反映了问题，并提出了进一步解决问题的建议和设想。这些督查报告不仅有利于地区政府及时掌握执行的进展情况，而且为下一步决策提供了基础，反馈了信息（来源：安徽省情报信息网 http://www.anhuiinfo.com/info/? id-9322）。

问题：

1. 本案例体现了行政实施中的哪些环节？

2. 你认为该行政实施过程可作哪些改进？

【思考与练习】

1. 简述行政实施的步骤。

2. 试述行政实施的重要性。

3. 试述行政指挥的作用。

4. 试述行政协调的意义。

5. 试述行政控制的形式。

第十章 行政监督

【导入案例】

老王是某单位的“一把手”，还有几年就要退休了，说实话，在他的领导下，单位的效益是一年不如一年，今年连职工的资金也发不出了！可这还不是让他最烦心的，他现在最烦心的是他从“上面的”熟人那里听到一个消息：省里要派人来查他了，原因是他用公款给自己买“天价烟”。原来，有人在互联网上发了一张帖子，在帖子里有张照片，是一次开会时老王得意洋洋讲话的照片，要命的是他的手上夹着的香烟，那可是很贵的一种烟，靠他的工资买？谁都不信！老王本来以为这不是什么了不起的事，这年头，哪个领导不想占公家的便宜呢？可没想到，就是这样一张帖子，却惊动了省里，也许他的乌纱帽也不保喽！他真没想到舆论的力量这么大，更没想到上级领导也会因为舆论而拿他开刀（来源：根据相关资料编写）！

分析行政监督对行政管理的影响。

第一节　行政监督概述

一、行政监督的含义与特点

（一）行政监督的含义

监督从其字面上来看，“监”就是监视、监察；“督”就是督促、督察，并含有管理的意思。拆分英文中的监督(supervision)这个单词,super 是“在上”的意思,vision 是“观察”的意思。所以,从一般意思上理解,监督就是来自于“上面的”监察和督促。

由此我们可以理解,所谓行政监督,指的是享有监督权的各类主体依法对国家行政机关的行政行为及其工作人员的职务行为进行督察、评价及纠正的活动。根据其主体的不同,可以分为广义的和狭义的行政监督:前者是指行政监督的主体除了国家行政机关以外,还包括国家其他机关、人民团体和公民个人;而后者主要是指在国家行政组织内部所进行的一种监督活动。行政监督主体的多样化,使行政监督的作用得到充分的发挥,也是行政民主的一个重要的体现,所以,我们研究广义上的行政监督。

(二)行政监督的特点

(1)法定性。这主要体现在行政监督主体身上,我国行政监督的主体是由宪法和法律赋予监督权的国家机关、人民团体和人民群众等。监督权的法定性保证了监督的权威性和有效性。

(2)强制性。行政监督不是建立在被监督者自愿的基础之上的,不管被监督者是否意识到、是否愿意,行政监督都在进行。

(3)多样性。行政监督的主体是多样的,监督形式是多样的,现代民主社会的监督形式包括:个人监督、群众监督、社会监督、权力监督和司法监督等,监督的客体也是多样的,几乎涵盖了所有的行政行为。

(4)整体性。行政监督的形式虽然是多样化的,但是就其发挥作用来说,却不是单独发挥作用,它们会结合到一起,产生出行政监督的合力,增加行政监督的有效性。

(5)高效性。监督活动存在于整个行政管理活动过程中,可以及时地发现行政管理活动中将要和已经发生的问题,并妥善解决;可以及时地发现政府行政机关及国家公务员执行公务行为的偏差,并有效纠正,从而保证行政管理的合法性、合理性和公正性。

二、行政监督的意义和作用

(一)行政监督的意义

目前我国行政效率低下,政府及其公务员滥用权力的现象时有发生,腐败已经达到了相当的程度,主要原因就是监督不力,失去了对行政权力的制约。可见,建立和健全行政监督制度具有十分重要的意义。

(1)加强行政监督,有利于增强国家公务员的公仆意识。我国是社会主义制度的国家,党和政府的宗旨是全心全意为人民服务的,国家公务员的都是人民的公仆,权力来源于人民,是为人民的利益服务的。加强行政监督,将他们的活动置于广大人民群众的监督之下,可以有效地促使其为人民服务,促进其公仆意识,服务意识的回归。

(2)加强行政监督,有利于保护人民的合法利益。我国的行政机关代表的是国家和人民群众的利益,其行政行为如果违法和出现过失,直接损害的是人民群众的利益,并将导致党和政府在人民群众中威信的降低。为了防止这种现象的出现,就必须加强行政监督,及时地发现问题,纠正错误,保障国家和人民群众的利益。

(3)加强行政监督,有利于提高行政效率。行政管理的核心就是效率问题,通过行政监督,可以保证行政管理过程中行政机关和国家公务员行政行为的规范性,节省时间。同时,增强了行政管理过程的透明性,调动了国家公务员工作的积极性,使效率提高。

(4)加强行政监督,有利于政治民主建设。国家政治体制民主化程度的高低,取决于行政体制民主化程度的高低。加强行政监督,可以对行政权力加以有效的制约,克服官僚主义和腐败现象,同时,吸收人民群众参政、议政和督政,使我国的政治体制更加合理,运作更加高效,从而促进社会主义民主政治的发展。

(二)行政监督的作用

行政监督的最终目的是要保证行政系统的合法性和公共政策的有效性,而实现这个目的离不开行政监督体系在运行过程中所发挥的各种作用。它们主要包括以下 4 个方面。

(1)预防作用。主要是通过对行政机关及其工作人员的事前监督,提前发现在行政管理中潜在的问题,达到防患于未然的目的,这是一种代价较小的监督手段。同时,增强了行政行为的可预见性使行政机关及其工作人员提前看到行政行为的后果,从而促使行政管理在一个规范的合理的范围内进行,这样就大大减少了行政行为出现违法和过失的几率。鉴于行政管理的复杂性,事先预防措施要做到针对性强,具体明确。

(2)补救作用。这是行政监督的重要作用之一。在行政管理过程中,违法违纪行为的出现和不合理现象的产生,必然会直接或间接地损害国家、集体或有关当事人的合法权益,导致不良的社会后果,通过行政监督揭露违法违纪行为和不合理现象,可以促使行政机关及时采取相应措施,以尽可能挽回不良影响和损失,以免造成更大的损失。对此,我国的行政复议制度、行政诉讼制度和国家赔偿制度的确立为补救行政过失提供了法定途径。

(3)评价作用。行政监督的过程,同时也是对国家行政机关及其工作人员的行政管理活动进行评价的过程。即要对国家行政机关及其工作人员的行政工作是否依法合理,是否体现社会主义的民主法制原则,行政机关的工作人员是否尽职尽责,努力工作,廉洁奉公,遵纪守法;国家行政机关各部门之间是否相互协作与配合等方面,作出正确的评价,并据此实施行政监督。同时,通过这种评价,还可以激励国家行政机关及其工作人员的积极性和创造性,使其不断开拓进取,不断提高行政管理效能。

(4)完善作用。行政监督通过对行政管理过程中的违法违纪行为和失当行为及时揭露和批评,并作出撤销或更正的决定,促使国家行政机关及其工作人员在行政管理活动中,坚持合法合理的行为,纠正违法失当的行为,可以促使政府在实现行政目标中总结经验,吸取教训,建立健全规章制度,堵塞漏洞,改进行政管理工作,提高行政效率,从而使国家的行政管理活动更趋完善。

(三)行政监督的原则

行政监督的原则指的是监督主体在实施行政监督过程中一以贯之,必须遵守的准则。根据我国法律规定,结合行政监督目标,我们认为行政监督的基本原则应包括以下 4 点。

(1)民主性原则。在行政监督中坚持民主原则,就是要充分发扬社会主义民主,确保人民群众当家作主、管理国家和监督政府的权力。行政监督工作要广泛地依靠人民群众,听取人民群众的意见、建议和批评,要让群众广泛地参与监督工作,为此,国家行政机关的政务活动公开、透明,让人民群众享有知情权,以便进行有效的监督,要建立和健全人民群众参与监督的各种民主渠道,建立法定的民主监督程序,以利于人民群众行使监督权。

(2)法制化原则。行政监督必须以事实为依据,以法律为准绳来进行。首先,行政监督的一切问题,如主体、对象、客体、程序、权限等都要以法律的形式给以规范;其次,行政监督主体实施监督都必须严格按照法律规范来进行,保证行政监督结果的公正性。

(3)经常性原则。行政管理活动是经常性的,那么要发挥行政监督的作用,保证国家行政机关依法合理行政,就必须对行政管理的每个领域及其全部过程进行经常性的监督。也就是说,必须把行政监督贯穿于行政管理过程的始终,绝不能把行政监督当成一种临时性的应急措施。

(4)实效性原则。行政监督必须讲求实效。具体地说,就是及时、有效地保护国家、集体利益和公民个人的合法权益,绝不允许出现“虚监”“漏监”现象,同时对监督过程中出现的问题,要及时采取合法有效措施加以解决,对国家行政机关及其工作人员能够起到有效的教育和防范作用。

三、行政监督的制度与理论

(一)行政监督的制度

行政监督制度是指划分不同监督主体在行政监督中的任务和权限,以及相应的机构设置和法律制度的体系。行政监督制度的内容和形式受政治、经济、文化等因素的影响和制约。在不同的国家和不同的历史时期中,行政监督制度的内容和形式也是不一样的。

由我国的国家政权性质决定,并宪法法律规定,我国的行政监督主要有以下3类。

(1)根据监督对象和内容来划分,有一般监督和专业监督。对行政机关的整个工作的综合监督,为一般监督。对某一部门工作的业务监督为专业监督。

(2)根据监督的体系划分,有内部监督和外部监督,内部监督指行政机关内部的监督。外部监督指行政组织系统外的监督主体对其的监督。

(3)按监督监督的主体来划分,有政党监督、政权监督、社会和人民监督。政党监督是指执政的中国共产党以及参政的各民主党派对国家行政机关及执政党的监督。政权监督,指国家运用国家权力依法对行政机关实行的监督。社会和人民监督指企事业单位、社会团体和全体公民对国家行政机关及其公务员的行政行为实行的监督。

另外,对行政监督还有多种分类,这里不一一叙述。综上所述,我国的行政监督制度主要是上下双向的行政监督制度。即一是国家机关能直接发生法律效力的监督。包括权力机关、司法机关、行政机关内的特定机关对行政机关的监督;二是不能直接发生法律效力的监督,主要指社会和人民监督。本章介绍我国的现行行政监督制度主要以内部监督体系和外部监督体系两种来划分。

(二)行政监督的理论基础

行政监督与政治密切相关,可以说政治学的相关理论也是行政监督的理论基础。我国的行政监督制度的建立,一个重要理论来源是马克思列宁主义的行政监督思想,同时也必然地借鉴了西方的行政监督理论,最终形成了具有中国特色的行政监督制度。

(1)马克思主义的行政监督理论。马克思和恩格斯的行政监督理论是在总结巴黎公社经验教训的基础上提出的,其中提到:第一,对政府和公职人员实行监督是人民当家作主的重要保证。第二,罢免权是人民群众监督公职人员的重要措施。

第三，关于报刊舆论监督的思想。

列宁丰富和发展了马克思主义的监督理论，他主要是对人民群众监督作了大量的阐述，对于人民群众监督的地位和作用、形式和途径、法律和制度保障等问题都有较为详细的说明。他还提出要建立和完善党的监督机制，加强党内监督和党对国家政权机关的监督的思想，除此以外，列宁对司法监督、舆论监督、行政机关内部的监督等也作出了说明。

我们党和国家的领导人以马克思列宁主义的行政监督理论为指导，结合中国的实际对民主监督和廉政建设等问题进行了大量的论述，提出了符合中国实际的行政监督的一些重要思想。

(2)西方的行政监督理论。人民主权论，这是法国启蒙思想家卢梭等为了反对封建主义而提出的，是现代宪法的一项基本原则。卢梭认为，主权是人民通过社会契约让渡给政治体的，并可以支配该政治体成员的一种绝对权力，因此，主权只能属于人民。这一思想由马克思经过批判后成为社会主义国家的一种理论，核心是国家的一切权力属于人民。这一点在我国宪法中有明确体现，第 2 条规定："中华人民共和国的一切权力属于人民。"在我国，人民主权论主要从两个方面来实现，第一，人民有权通过法定程序选出代表组成国家的权力机关，即人民代表大会，这是国家的最高权力机关；第二，宪法规定，公民对于任何国家机关和国家公务员，有提出批评和建议的权利，对于他们的失职和违法行为，有权向有关国家机关提出申诉、控告或者检举。我国人民群众对行政监督的重要权利就来源于这些法律的规定。

分权制衡思想，起源于洛克和孟德斯鸠等。其中孟德斯鸠指出："一切有权力的人都容易滥用权力，这是万古不易的一条经验。有权力的人们使用权力一直到遇到界限的地方才休止。"所以，就必须以权力制约权力，实行行政、立法和司法三权分立，相互制约，彼此平衡，这样有效防止权力的滥用。分权制衡思想是许多西方国家建立政治体制的指导思想，它大大增强了立法机关、司法机关对行政的外部监督力度。在我国健全和完善行政监督制度的过程中，也应该适当借鉴这种思想的科学内容，使行政监督制度真正发挥其应有的作用。

第二节　我国行政监督体系

行政监督体系，是指由不同的行政监督主体构成的系统。我国的行政监督体系由内部行政监督体系和外部行政监督体系两部分组成，二者既相互分工又密切合作,通过科学合理的交叉与组合,构成了我国行政监督的严密网络。

一、内部行政监督体系

内部监督体系是指行政机关内部组成的行政监督系统。即由中央到地方各级行政机关组成的、统一的,相对独立的内部监督系统。由于国家行政机关在行政管理活动中的优势,所以内部的监督体系对于提高行政效率,克服官僚主义等,是最直接、最有效的监督。内部行政监督主要包括一般监督、行政监察和审计监督三种形式。

(一)一般监督

一般监督指国家行政机关以行政隶属关系和机关协作关系为基础而发生的监督。包括三类:一是上级行政机关对下级行政机关的监督,这是自上而下的监督。二是下级行政机关及其工作人员对上级行政机关及其工作人员的监督,这是自下而上的监督;三是平行的行政机关之间的监督,这是一种横向监督,指无行政隶属关系和业务指导关系的地方各级人民政府之间的监督和政府内部工作部门之间的监督。由于行政监督的主体就是行政机关自身,所以这种监督实际上也是一种行政行为,所以比其他的监督形式更为直接,监督权限也相当广泛,监督也是经常性的。

一般监督的形式,主要有以下 3 种。

(1)日常监督。指上下级行政机关之间对于日常工作的双向监督。上级行政机关监督下级行政机关是为了使上级机关的政令畅通,保证行政任务的完成;下级行政机关对上级行政机关的监督主要是指下级行政机关人员对上级行政机关人员违法乱纪的检举和控告。日常监督的主要方式包括:报告、检查、审查和调查等。

(2)主管监督。指政府的各职能部门,在自己的职权范围内就其所主管的工作,对其他工作部门所进行的监督。这种监督主要包括国务院各部委和直属机构对地方各级人民政府相应的工作部门所进行的监督和上级地方人民政府工作部门对地方各级人民政府相应的工作部门所进行的监督。这些监督有的属于领导关系,有的属于业务指导关系,监督的权限和范围,因关系的不同而有所区别。

(3)职能监督。指政府各职能部门就其所主管的工作,在自己职权范围内对其他部门所实施的监督,而不管部门之间是不是有直接领导关系。例如,财政部就其所主管的国家财政收支情况对各部委、各地区实施的监督等。

(二)行政监察

行政监察是指由在行政系统内部专门设立的行政监察机关,对各级行政机关及其工作人员在行政管理中的行为进行全面的监督和考察。行政监察是我国行政监督系统中重要的组成部分，它具有如下特征：

(1)专门性。行政监察机关是专门监督国家行政机关及其国家公务员的部门，它是其他监督部门不可替代的。

(2)全面性。行政监察机关负责对国家行政机关、国家公务员和行政机关任命的其他人员的一切行政行为进行全面、综合的监督。集合法性监督、合理性监督、改进性监督于一身。

(3)特殊性。行政监察机关是一个相对独立的系统，国家设立监察部，地方各级的监察部门接受监察部和地方各级政府的双重领导，这种体制是比较特殊的。

(4)权威性。行政监察机关在检查受理、调查和处理的过程中，所采取的措施具有强制性、权威性，一旦作出决定就必须得到执行。

(5)法定性。行政监察是一种法律行为，它是以法律、法规和政纪为依据，依照法定程序和工作权限，对有关问题进行检查和调查，判断监察对象是否依法行政和为政清廉。

1.行政监察的组织机构和领导体制

国家设立监察部，省、自治区、直辖市设立监察厅(局)，地、市、州、盟设立监察局，县、区、旗也设立监察局。同时，从国务院所属工作部门和直属单位到县级以上地方各级人民政府的所属部门都陆续设立了内部监察机构或由同级监察机关派驻了监察机构。

我国的行政监察机关由上级监察机关和同级人民政府实行双重领导。国务院设立监察部，直属国务院领导，县级以上地方各级人民政府的监察厅(局)分别接受上一级监察机关和本级人民政府的领导。需要注意的是，这种双重领导体制并不影响行政监察机关的相对独立性。《中华人民共和国行政监察法》第三条规定："监察机关依法行使职权，不受其他行政部门、社会团体和个人的干涉。"

2.行政监察机关的职责

(1)检查监察对象贯彻执行国家法律、法规和政策以及决定、命令的情况。

(2)受理对监察对象违反国家法律、法规以及违反政纪行为的检举、控告。

(3)调查处理监察对象违反国家法律、法规以及违反政纪的行为。

(4)受理监察对象不服行政处分的申诉，以及法律、法规规定的其他由监察机关受理的申诉。

3.行政监察机关的职权

(1)检查权。所谓检查权是指监察机关依法享有的对监察对象贯彻执行国家政策和法律、法规的情况以及违反政纪的行为进行监督检查的权力。

(2)调查权。所谓调查权是指监察机关对监察对象违反国家政策、法律法规以及政纪的行为享有立案调查的权力。

(3)建议权。所谓建议权是指监察机关在检查、调查的基础上,依法对如何处理监察对象违反国家政策、法律法规和政纪的行为和对如何提高行政效能作出的具有一定行政法律效力的建议。

(4)行政处分权。所谓行政处分权是指监察机关在立案调查的基础上,对违反政纪的监督对象,按照管辖权限给予警告、记过、记大过、降级、降职、开除6种行政处分的权力。

4.行政监察的程序

(1)检查阶段,包括立项、制订方案并实施、报告检查情况、作出决定和提出建议。

(2)调查阶段,包括初步审查和立案、调查取证、进行审理、作出决定和提出建议。

就某项具体案件来说,行政监察的程序大致包括:①准备阶段,即制定行政监察工作方案,通知被检查部门和有关人员等。②立案阶段,即对违反行政纪律的行为事实进行收集证据和审核证据的过程。立案的条件一是确有违反行政纪律的事实;二是需要追究行政责任或给予行政处分。立案要填写立案审批表,经领导机关审批后正式立案,期限一般为6个月。③案件审理阶段,案件审理要求事实清楚,证据确凿,定性准确,处理恰当,手续完备,基本过程包括与被调查人谈话,召开会议集体讨论,把做出的监察决定以书面形式送达被调查者本人等,对监察决定不服的可提出复审,再不服的可向上一级监察机关申请复核,对已经构成犯罪的,则移送司法机关依法处理。

(三)审计监督

市场经济条件下,政府的主要职能之一就是经济职能,也使经济类案件层出不穷,审计监督已经是行政内部监督系统的一个重要组成部分。在我国,审计监督是指设在各级政府内部的专门监督机构,即审计机关依法对各级行政机关及其工作人员、国有的金融机构和企事业组织等在进行财政、财务活动过程中是否坚持依法办事和廉洁奉公所实施的监督。审计监督具有如下特征:

(1)内容的专业性。审计监督主要是对监督对象财经方面的监督。

(2)方法的技术性。审计监督对象以会计资料为主,需要使用比较先进的技术手段,技术越先进,越有助于监督的效果。

(3)行为的独立性。依照法律规定,各级审计机关享有独立的审计监督权,不受任何行政组织的干扰,与任何人没有利害关系,所以可以做出客观的结论。

(4)范围的综合性。审计监督的范围既包括社会经济客体,也包括社会经济主体。

(5)结论的权威性。审计监督是宪法明确规定的,所以审计的结论比其他经济监督更具有权威性,被审计监督的单位必须遵照执行。

1. 审计监督的组织机构

《审计法》第7、8、9条明确规定:"国务院设立审计署,在国务院总理的领导下,组织全国的审计工作。审计长是审计署的行政首长。","省、自治区、直辖市、设区的市、自治州、县、自治县、不设区的市、市辖区的人民政府的审计机关,分别在省长、自治区主席、市长、州长、县长、区长和上一级审计机关的领导下,负责本行政区域内的审计工作。","地方各级审计机关对本级人民政府和上一级审计机关负责并报告工作,审计业务以上级审计机关领导为主。"从中可以看出,审计机关也是具有相对独立地位的。

2. 审计机关的权限

(1)要求报送权。即要求被审计单位按照规定报送预算或者账务收支计划、预算执行情况、决算、财务报告、社会审计机构出具的审计报告,以及其他与财政收支或者财务收支有关的资料,被审计单位不得拒绝、拖延、谎报。

(2)检查权。检查被审计单位的会计凭证、会计账簿、会计报表以及其他与财政收支或财务收支有关的资料和资产。

(3)调查权。有权就审计事项的有关问题向有关单位和个人进行调查,并取得证明材料,有关单位和个人应当支持、协助审计机关工作,如实向审计机关反映情况,提供证明材料。

(4)制止并采取措施权。对被审计单位正在进行的违反国家规定的财政收支、财务收支行为,转移、隐匿、篡改、毁弃会计凭证、会计账簿、会计报告等与财政收支、财务收支有关资料的行为,以及转移、隐匿违法取得资产的行为,有权予以制止。制止无效的,经县级以上审计机关负责人批准,通知财政部门和有关主管部门暂停拨付,已经拨付的,暂停用。

(5)通报权。审计机关有权向政府有关部门通报或向社会公布审计结果。

(6)处理权。对于违反财经法纪的被审计单位,审计机关依照法律、法规的规定,有权作出通报批评、警告、暂停拨付有关款项、限期缴纳应当上缴的收入、限期退还违法所得、限期退还被侵占的国有资产以及处罚等处理决定。

3. 审计监督的程序

(1)准备阶段。审计机关根据审计项目计划确定审计事项,组成审计组,并向被审计单位送达审计通知书。被审计单位应当配合审计机关的工作,提供必要的工作条件。

(2)实施阶段。审计人员进驻被审计单位后,通过审查会计凭证、会计账簿、会计报表,查阅与审计事项有关的文件、资料,检查现金、实物,有价证券,向有关单位和个人调查等方式进行审计,并取得证明材料。

(3)终结阶段。审计组对审计事项实施审计后,应当向审计机关提出审计报告。审计报告报送审计机关前,应当征求被审计单位的意见。审计机关审定审计报告,对审计事项作出评价,出具审计意见书;对违反国家规定的财政收支、财务收支行为,需要依法提出处理、处罚意见的,在法定职权范围内作出审计决定或者向有关主管机关提出处理、处罚意见。审计机关在规定期限内向被审计单位送达审计意见书和审计决定。

二、外部行政监督体系

行政外部监督系统是指除行政机关以外的其他监督主体,为保住行政机关工作的合法性、正确性以及社会效益而对行政机关及其工作人员行政行为的遵纪守法情况进行督查、督导的监督体系。主要包括政党监督、立法监督、司法监督和社会监督。

(一)政党监督

政党监督指的是政党对行政机关及国家公务员的行政行为进行的监督。我国政党除了执政的中国共产党以外,还有参政的八个民主党派,所以我国的政党监督包含两个方面的含义:一是中国共产党对行政机关及国家公务员的监督;二是各民主党派对行政机关及国家公务员的监督。

1. 中国共产党对行政机关及国家公务员的监督

我国宪法明确规定:国家行政机关接受中国共产党的领导和监督。由于中国共产党是执政党,共产党员在国家行政机关和各级国家政权机构中占了多数,所以中国共产党的监督主要对自身组织和广大党员、对国家行政机关及其工作人员实施政治监督。其监督方式主要有日常监督和专门监督两种。

(1)日常监督。主要是通过各级党委和党组织进行的。各级党委或党组织通过监督检查每个党员执行党的路线、方针和政策、遵纪守法、联系群众以及他们的思想作风等方面的情况,全面了解和研究党和国家行政机关中存在的缺点和问题,及时提出科学的建议和切实可行的措施，促进行政机关纠正偏差和失误，克服官僚主义，提高行政效能。

(2)专门监督。主要是通过党的纪检机构进行的监督。各级纪检机关是对党组织及其党员行使党纪监督权的专门机构。党的纪律检查委员会通过对违反党的路线、方针、政策以及党纪国法的党组织及党员予以党纪处分，受理人民群众对在行政机关工作的党员的违法乱纪行为的控告申诉，对担任行政职务的国家行政工作人员的行为实施监督和制约，促进行政机关廉政建设和勤政建设。

2.各民主党派对行政机关及国家公务员的监督

各民主党派的主要职能就是民主监督、参政议政和政治协商。所以民主党派的监督形式和主要内容也是通过这三项内容而落实的。

(1)通过人民政协或该党在人民代表大会中的党员的代表，协商国家大事，参与制定国家的大政方针和国家事务的管理，参与政府工作并对政府机关的活动提出批评和建议。

(2)通过该党党员以及主办的各种报纸刊物对各级政府的行为提出批评和建议。

(二)立法监督

立法监督也称为国家权力机关的监督，即国家立法机关对行政机关实施的监督。在我国，立法监督主要是指人民代表大会及其常务委员会对政府工作的监督。立法监督是最具权威性的、最高层次、范围最广的、最具有法律效力的监督，包括工作监督和法律监督，具体来说包括以下7项。

(1)行使审议权。即听取政府工作报告、政府编制的国民经济和社会发展计划以及执行计划情况的报告、国家的预算和决策及其执行情况的报告等，然后经人民代表大会认真负责审议，以表决的形式对这类报告给予法律上的认可、批准或否定。

(2)行使法规审查权。即各级人民代表大会及其常务委员会有权审议和批准同级人民政府制定颁布的同时属于权力机关职权范围内的行政管理方面的行政法律规范性文件。

(3)行使撤销权。全国人民代表大会及其常务委员会有权撤销国务院制定的同宪法、法律相抵触的行政法规、决定和命令，县级以上地方各级人民代表大会和常务委员会有权撤销本级人民政府的不适当的决定和命令。这种监督方式更能体现国家权力机关的性质和职能。

(4)行使罢免权。全国人民代表大会及地方各级人民代表大会有权罢免本级人民政府的组成人员。国家权力机关行使对国家行政工作人员的罢免权是最有力的监督方式之一，也是其他监督形式有效行使的保证。

(5)行使视察、检查权。人民代表视察、检查政府工作，收集人民群众对政府工作的反映和要求，了解政府的工作情况，从中发现问题，为审议政府工作报告、提出议案、质询等做好准备。人民代表行使视察、检查权，能够促使政府改进工作。

(6)行使调查权。全国人民代表大会及其常务委员会和县级以上地方各级人民代表大会及其常务委员会可以组织关于特定问题的调查委员会，对政府及其行政工作人员在实施行政管理活动过程中不坚持依法办事的某些问题进行调查。对特定问题的调查可以随时纠正行政管理中的违法和不当，是一种较为灵活的监督方式。

(7)行使质询和询问权。各级人民代表大会及其常务委员会在开会期间，有权依照法定程序提出对本级人民政府及其工作部门的质询案，由受质询的机关负责答复；各级人民代表大会及其常务委员会在审议议案的时候，人民代表可以向有关行政机关提出询问，由有关机关派人在会议上说明。质询和询问是国家权力机关通过人民代表在会议期间采取的对其他国家机关(包括行政机关)的一种监督方式。前者一般是在政府工作出现失误、国家行政工作人员实施了违法乱纪行为时采用的监督方式，后者主要是在对议案不清楚时采用的监督方式。通过行使质询和询问权，可以使人民代表了解和掌握情况，从而正确、有效地行使监督权。此外，国家权力机关还通过办理公民的来信来访和申诉、监督政府处理人民代表的提案和意见等方式实现监督。

(三)司法监督

司法监督是指司法机关依照法定职权和程序，对国家行政机关及其工作人员的监督。我国的司法监督是指人民检察院和人民法院对行政机关及其工作人员实施的监督。这种监督最大的特点是解决行政机关具体行政行为的违法问题，能直接产生法律后果。

(1)人民法院的监督。即人民法院独立行使审判权，通过审理案件的形式，对国家行政机关及其工作人员的监督。主要包括：①行政审判监督。指人民法院在行政诉讼程序中通过行使行政审判权在个案中对行政机关是否依法行使职权的监督。②刑事审判监督。指人民法院通过对国家行政机关及其工作人员在职务行为过程中实施的犯罪行为予以定罪量刑，从而实现监督的形式。审判监督虽然是一种事后监督，但是，由于它能从法制的角度及时、有效地纠正行政机关及其工作人员的各种违法的或不当的具体行政行为，它是其他行政监督方式所代替不了的一种有力的监督方式。

(2)人民检察院的监督。即人民检察院通过行使国家的检察权对行政机关及其工作人员在行政管理活动中遵纪守法情况进行监督。具体包括：①法纪监督。即人民检察院对国家机关机关工作人员利用职务进行犯罪的行为行使检察权，进行检察的法律监督活动。②侦查监督。即检察机关对公安、安全机关在侦查刑事案件中是否遵守法律进行的监督。③审判监督。即对人民法院在审判活动中是否遵守法律进行的监督。④监所监督。即对刑事案件判决、裁定的执行和监狱、看守所、劳改机关、劳教机关的活动是否合法进行的监督。

(四)社会监督

社会监督是公民个人、社会团体以及群众组织对行政机关及其工作人员在行政管理活动过程中是否坚持依法行政所进行的监督。社会监督，是我国行政监督体系中一种十分重要的监督形式，是行政监督领域的"人民战争"。社会监督是人民当家作主管理国家的重要形式，是人民群众参与管理国家事务的重要途径。

社会监督与前面所讲的监督形式相比，最大的不同在于，社会监督主体所进行的监督，不直接产生相应的法律后果，不具有国家强制力。也就是说只有当人民群众的意见被有关国家机关采纳以后，并以行政机关的名义对行政机关及其工作人员实施监督时，才能产生相应的法律后果。

具体来说，社会监督主要通过 3 种渠道进行：公民个人监督、社会团体监督和舆论监督。

1. 公民个人监督

这种监督是指公民个人基于政治上的责任感和积极性对行政机关及其工作人员的行政管理活动进行的监督。公民的监督权是宪法赋予的权利，《中华人民共和国宪法》第 41 条规定："中华人民共和国的公民对于任何国家机关和国家工作人员，有提出批评和建议的权利；对于任何国家机关和国家工作人员的违法失职行为，有向有关国家机关提出申诉、控告或者检举的权利，但是不得捏造或者歪曲事实进行诬告陷害。"公民个人监督的方式是多种多样的，它们主要有：

(1)举报。这是公民个人监督的主要形式，即公民根据发现和了解的情况，采取举报方式对行政机关及其工作人员的监督。具有及时性的特点，国家要为公民举报提供便利条件，如建立举报电话、举报中心(站)、举报网，对于当面举报的要保守秘密，以免被打击报复。

(2)信访。指公民个人通过写信或要求接见面谈等形式对行政管理活动实施的监督。在我国,信访制度是联系群众、改进和加强政权建设行之有效的传统工作制度。人民群众通过向行政机关写信和要求见面会谈,表示愿望、提出意见和批评,是人民群众监督行政机关行政管理活动的一种重要方式。目前,我国各级国家机关中都已普遍设立了信访机构,建立了一套比较完善的信访制度,同时,公民个人也不能以信访为名进行闹事,更重要的是加快信访问责制度的建立,使信访真正成为了解民情,表达民意的畅通通道。

(3)控告和申诉。指公民个人在自身的合法权利遭到侵害、受到不公正的处分或处罚时,向有关机关以口头或书面形式控告违法者,要求维护自己权利行为。这也是宪法赋予公民的一项基本权利,既有利于保护自身的合法权益,也有利于纠正国家行政机关和国家公务员在行政行为中由于服务意识差和处理方法欠缺所造成的不良后果,提高党和政府在人民群众中的威信,有利于社会主义制度的稳定。

(4)批评和建议。指公民通过各种形式对国家行政机关及其工作人员在决策、施政和具体工作上的行为发表意见、反映情况的行为。这是人民群众主人翁意识日益增强的结果,有利于提高行政效率,减少政府政策失误对公民造成的损害。国家行政机关要想法设法创造条件,使公民有机会表达自己的意见。

2.社会团体监督

这种监督是通过工会、共青团、妇联、文联等人民团体对行政机关及其工作人员实施的监督。社会团体实施监督的方式主要是通过召开会议、以口头或文字形式向有关机关及其工作人员提出要求、建议和批评,对行政机关的违法失职行为申诉、检举和控告。

3.舆论监督

这种监督是指通过报刊、书籍、电视、广播、互联网等宣传媒介对行政机关及其工作人员所进行的监督。它是对国家行政管理实行广泛的社会监督的重要方法和手段,具有其他监督形式无法取代的作用。

因为舆论监督具有公开、及时、影响面广的特点,一旦与其他监督方式相结合,就会发挥更好的监督效果。但是对于这种监督形式,有几点需要特别注意:①要合法。在行使舆论监督的权力时,要有责任和法制意识。②要看社会效益。任务舆论监督都应该是正当的,不能恶意中伤,要发挥其正当的社会作用。③要有监管。舆论监督首要的就是"自由",但政府不能放弃对言论的监管,要建立规范舆论监督的制度,尤其对通过互联网发表言论的个人和组织。

第三节　我国行政监督制度的改革和完善

一、我国行政监督的历史和现状

(一)中国行政监督制度的历史概况

1. 新中国成立前的行政监督

古代的行政监督在原始社会后期就已经萌芽,但具有一定规模和专门职能的监督制度则是秦汉时期才出现的。但严格意义上来说,新中国成立前中国没有真正意义上的行政监督,而只有行政监察。行政监察在中国古代是极其发达的,早在西周时期就设立了小宰、宰夫和御史这样的专职监察官员;到了秦朝建立了作为"三公"之一的监察机构——御史大夫,东汉时期设置了御史台,强化了中央监察官御史中丞的权力,由于皇帝集权的需要,赋予了御史中丞较大的相对独立的地位,成为其制衡百官的一个重要工具,客观上也促使监察与行政日趋分离,中国的行政监察制度开始进入了一个新的阶段。到了唐朝时"一台三院"制(御史台下分设台院、殿院和察院)的创立,开始形成严密的行政监察体系,行政监察制度日益完善。明代更是改三院为一院,形成以都察院为主导,科道、厂卫相互配合的监察网络,使行政监察体制提高到一个新水平,而且一院制的行政监察体制一直延续到封建社会末期,总的说来,中国古代的行政监察是难以脱离开专制皇权的控制的,所以它并没有发挥真正的效力。到了中华民国时期,孙中山吸取了西方政治思想的营养,结合中国传统的政治文化,形成了以立法院、行政院、司法院、监察院、考试院五院分立为基础的中西合璧式的行政监察制度,即所谓的"五权分立",行政监察已经具有了相对独立的地位和权力,但由于国民党政权的腐败,这种行政监察制度流于形式。

2. 新中国行政监督制度的发展历程

中国共产党一贯重视行政监督制度的建设。早在革命战争年代,就已经在根据地建设中开始探索行政监督的有效形式了。在第一、二次国内革命战争和抗日战争时期,在苏区和根据地先后建立了工农检察部(委员会)、控告局、检举委员会、突击队、同志审判会和群众审判会等监督组织以及相应的监督制度,有效地打击了苏维埃机关及其工作人员中的官僚主义、贪污浪费、消极怠工等现象和行为,对提高行政机关的工作效率,端正政风和严明政纪起到积极的作用。解放战争时期,成立于1948年8月的华北人民解放区人民政府建立了第一个人民监察院。所有这些监督机构和监督制度的建立，都为新中国行政监督制度的建立奠定了坚实的基础。

随着中华人民共和国的成立，新中国的行政监督制度也建立起来，并逐步形成了内外结合的人民监督体制。然而，由于我们党的指导思想一度出现失误，民主政治建设出现曲折和滞后，人民监督体制也遭到破坏。甚至作为行政机关内部监督主要方式的行政监察体系也被瓦解，1959年起撤销了行政监察部门达27年之久，直到1986年才重新恢复和确立国家行政监察体制。行政监督制度也随之恢复和重建。

(二)我国行政监督的现状

我国的行政监督经过建国以来60年的发展，特别是十一届三中全会以来的建设，目前，我国已经形成了较为系统全面而又具有中国特色的多元化的行政监督体系和制约机制，它不仅有政府外部的政党监督、立法监督、司法监督和社会监督，而且还有政府内部的监督，使国家行政机关和国家公务员的行政活动时刻受到来自于各方面的监督。对于加强行政机关的廉政和勤政建设，促进国家的政治稳定和经济发展等方面，发挥了重要作用。但是，从实践来看，我国的行政监督体系发挥的作用并不是很突出，行政效率低下，贪污腐败现象也是比较严重的。

(1)行政监督法制化程度较低，弹性因素强。虽然经过了多年的法制建设，我们已经摆脱出人治的阴影，在国家政治运行中，基本做到了有法可依，但是在有法必依方面还有相当的差距。在行政监督的过程中，人的因素，随意性时有发生，失去了对权力的制约。从行政系统内部监督关系看，上级对下级的执法监督存在着许多薄弱环节，主要表现在上级政府对下级政府及部门的抽象行政行为监督不够，很少真正撤销或改变下级不适当的行政规范性文件；上级政府对下级具体行政行为的审查，仍处于不告不理的阶段。从行政系统的外部监督关系看，人大权力机关的监督权威尚未归位，社会群众和舆论监督的作用还非常不够。依法监督才是有效的监督，行政监督主体监督职能的行使，必须有法定的方式和程序。目前我国行政监督法律体系很不完备，缺乏明确的监督标准和监督方法，这就容易导致监督的随意性，不利于准确判断和及时纠正监督客体的越轨行为，追究其违法乱纪责任，从而损害了行政监督的科学性与严肃性。

(2)行政监督主体多元无序。一些行政监督机构设置不科学，职责不明确，权力界限模糊，结果出现了“漏监”现象；监督主体缺乏必要的独立性、权威性和相应的法制保障，“难监”现象比比皆是。这样就削弱了行政监督的整体效力，直接导致了监督制度的弱化。

(3)行政监督的主体受制于监督客体,缺乏必要的独立性。如我国行政监察机构和审计机构等专门监督机构的设置,不是独立的和监督客体并列的关系,而是受同级行政机关和上级业务部门的双重领导;其负责人不是由党政领导人兼任,就是由党政机关实质性任命。监督机构附属型的隶属关系体制,使监督主体在人事、财政等方面受制于监督客体,使监督人员往往受制于长官意志,严重削弱了行政监督的权威性。现阶段行政监察部门与同级纪委合署办公,进一步限制了行政监察权的行使。监察机构缺乏实施监督职能所必需的权力与权威,在实践中较少发挥监督作用,较多履行办案职能。

(4)行政监督的渠道不通畅。主要表现在相当多的行政部门的政务不公开,不透明,所以特别对社会监督来说,由于信息不明,所以很难实现其监督作用。

此外,我国行政监督的问题还体现为行政监督活动单一化,没有注意其整体性的特点,忽略了行政监督的基本作用,偏重于事后监督等,还有就是行政机关及其工作人员对于行政监督的思想极其不到位,疏于监督或被监督等。

二、改革和完善我国行政监督制度

我国现行的行政监督制度问题多多,我们要采取一定的措施加以解决,针对上述问题,我们可以从以下 5 个方面来进行完善。

(1)加快制定专门监督法律,提高行政监督的法制化程度。我国和行政监督有关的法其实也不少,但都比较分散,需要制定专门法律来强化行政监督的效果。这些专门的监督法律应当包括两个方面:第一,主要是针对监督客体的法律,如《监督法》、《惩治腐败法》、《公职人员个人财产申报法》、《案件举报人奖励法》等,将权力的监督真正纳入法制化、制度化的轨道。第二,主要是针对监督主体自身的法律。国家要通过立法的形式,对行政监督主体的职责、权限、工作程序等方面作出明确而详细的规定,同时也要将监督者自身纳入被监督的对象,特别是对于行政监察。这样就使得监督主体既能够充分发挥自己的作用,保证监察工作的权威性和有效性,不至于造成监察权的滥用。

(2)注重监督主体的整体协调,发挥整体的监督效能。各监督主体之间要克服实际存在的互相封锁、互相排斥的错误倾向。首先,建立经常有序的联系,定期交流情况,相互配合、协调一致,变分散的监督为合力监督。其次,建立严密的监督网络,监督信息共享机制,杜绝行政监督的“真空带”、“盲区”和“交叉点”的形成。再次,要充分发挥主人翁的作用。我们每个人都要把监督政府行为作为自己的责任,充分利用新闻媒体向政府反映其行为的不足之处,督促其改正。

(3)提高监督主体的独立性和权威性。行政监督主体如果受制于监督客体,那么所谓的监督就成了一句空话，因此需要将监督主体独立出来。在我国，可以将监督机关置于各级人大的直接领导之下，给予其相对独立的财政预算和较高的政治地位，从而使其摆脱监督客体的束缚和制约，以相对平等的身份对行政机关进行监督，这样就可以在很大程度上提高监督的效率。

(4)增强行政行为透明度，使监督的渠道通畅。在我国，本来与人民群众息息相关的政府行为，却都是在“密封罐”中进行，几乎很少公开，结果导致了一系列问题的出现。目前我国正在从“人治”社会向“法治”社会转变，行政机关实行政务公开是必然的要求。各级行政机关应当努力尝试行政行为的公开透明，各级政府应该“阳光行政”，主动接受来自社会的监督，从而增强其决策的科学性、民主性。

(5)注重事前的预防和事中的监督。现行的监督体制应当以“防患于未然”为主，这是监督的根本任务所在，同时对行政行为过程也要加强控制，随时发现问题并立刻纠正，防止偏差的扩大演变为腐败行为；另外，要加大“纠惩”的力度，对于已经出现的违法乱纪行为给予严惩，决不姑息纵容。通过这一系列的努力，使事前、事中、事后监督三位一体，有机地结合从而提高监督的实效。

【案例分析】

C市实行“双向政府工作讲评制度”

市长讲评下级、市民讲评政府的双向讲评制度度已在C市显示出独特的魅力。

C市前两年开始实行“双向政府工作讲评制度”。其做法是由常务副市长主持，每两个月进行一次。在讲评会上，市讲评领导小组根据各单位的汇报和讲评办公室的调查，以该单位给市政府的“责任状”逐条进行对照检查、讲评，奖优罚劣，当场兑现。例如，市医药总公司违反国家法规，搞非法药品经营，利用开假发票等手段坑害国家和集体；讲评办公室得到线索后，便组成调查组到各药店进行调查。在取得大量第一手材料后，经市委、市政府同意，讲评小组负责人在2 000人大会上宣布，对该公司进行全面调整，将8家药店非法经营所获利润没收，并罚款10 000元；对有关正、副经理分别给予撤职、行政记过和罚款等处理。两年来，全市处级干部有31名受到公开批评，18名受到行政记过或扣发工资奖金的处罚，4名被免职，60多名受到提拔、晋升工资、颁发奖金等奖励。

C市政府在讲评市直局、办、委工作的同时，也认真地接受下级和市民对市政府领导工作的讲评。去年9月2日，在2 500人的讲评大会上，市国土管理局干部针对全市近几年耕地面积下降严重的情况，指出“主要是市政府领导对土地管理喊得凶、抓得松”，质问“作为分管这项工作的副市长为何至今不作处理?”，常务副市长当众认账，并表示“一定在9月份把这件事处理完”。参加讲评的不仅有干部，还有群众。今年以来，C市市民对日常生活、食品卫生、社会治安、城市管理等方面提出了许多意见和质询。市长当众责令有关部门作出答复、限期解决。从而促使C市一批“老大难”问题得到解决，较好地满足了群众的需要(来源：根据相关资料编写)。

问题：

1. 试分析在C市实行的双向讲评制度中包含了哪几种监督？各有什么特点？
2. C市实行双向政府工作讲评制度，对改进政府工作有何好处?

【思考与练习】

1. 如何理解行政监督的内涵和特点?
2. 行政监督的基本功能是什么?
3. 行政监督的主要方式有哪些?
4. 行政监督的原则是什么?
5. 简述中国的行政监督体系。
6. 联系实际说明我国应该如何完善行政监督制度。

第十一章　行政法治

【导入案例】

2008年3月，位于广州碧桂园的孟母堂，接到城市托幼工作领导小组开具的“违规办学告知书”，要求其在4月30日之前停止一切教学活动。告知书上称，孟母堂未经教育部门批准擅自办学，现根据《民办教育促进法》和《民办教育促进法实施条例》及《广州市幼儿教育管理规定》予以停办通知。

“孟母堂不是幼儿园，也不是培训机构。我们是把志同道合的家长组织起来，请老师在家教孩子。”孟母堂创办者何海轮老师说，广州孟母堂并没有经营行为。孩子的教学、食宿等产生的费用，由家长们来平摊。这些都是家长们商量通过的。这种教学模式并不违规、违法。何海轮表示，去年他曾与教育部门了解开办私塾的要求，但没有得到明确答复。目前他不会停止孟母堂的教育，并将申请行政复议（来源：新京报，2008-03-20）。

分析依法行政对行政管理的影响。

第一节　行政法治概述

一、行政法治的原则

行政法治也叫依法行政，是指行政机关必须根据法律法规的规定取得、行使行政权力，并对行政行为的后果承担相应的责任。行政法治必须遵循下列原则：

(一)责任行政原则

行政法治的首要基本原则是责任行政原则，它是实现法治行政的基础。所谓责任行政，是指国家行政机关必须对自己所实施的行政活动承担责任，整个行政活动处于一种负责任的状态，不允许行政机关只实施行政活动，而可以对自己的行为不承担责任。责任行政主要包括下列内容：

(1)责任行政原则的基本目标是实现行政活动的有责任状态。行政活动并非毫无拘束，可以任意所为，而是有着基本的责任所在，根据行政行为的性质、种类的不同，需要确定相应的责任。责任行政原则的基本要求是，政府机关的每一个人，都必须对自己的行为负责，不论职位的高低，也不论其工作的性质，有行为必有责任。

(2)责任行政原则要求必须有明确的主体。责任行政原则首先体现在行政组织方面。行政组织是一个庞大的系统，包括各种不同级别、管辖不同的地域、具有不同职权的众多行政机关以及工作人员。这些组织和人员必须权限划清，职责分明，从而使每一个行政行为都能准确地判明究竟为何者的责任，否则，责任行政很难实现。

(3)责任行政原则要求将行政机关的各种活动与责任相连，不存在无责任的行政活动。权力与责任是行政活动的两面。行政活动需要权力，也需要责任，在授予其权力的同时，就应当明确其责任，无责任就无授权，权力与责任必须一致。在以往的行政活动中，甚至在某些法律规范中，往往只见授权，不见责任，或者是规定的权力多，明确的责任少，致使行政法规范往往难以落实。

(4)责任行政原则要求建立实现责任的法律制度。责任行政原则不仅有法定的责任形式，而且要有实现这些责任的法律制度。一旦行政机关的活动违反法律规定，责任即从法律规定转为现实状态。诸如行政诉讼制度、行政复议制度、行政赔偿制度，都是实现责任行政的法律制度。假如没有这些法律制度，责任行政将变得毫无意义。行政机关依其违法行为的形式和所造成的后果，分别承担不同的责任，违法的行为应撤销，造成损害的行为应当赔偿，通过这样的法律制度，才能实现法定的责任。

(二)行政合法性原则

行政合法性原则是指行政机关的活动必须遵守法律。法律规定了行政机关活动的权限、手段、方式，行政活动都必须以法律为依据，法无明文规定者，不得为之，违法者必须承担相应的责任。行政合法性原则主要包括下列内容：

(1)行政活动只能在法定范围内,依照法律规定进行。行政机关不能自由地采取行动,只能在法律授权的范围内采取措施。法律规定了每个行政机关的组织和权限,行政活动的方式和手段,行政机关只能依据法律规定行事,超越权限的行为是无效的行为。

(2)行政行为必须符合法律。首先,行政行为必须证据充分。行政行为的作出必须基于一定的事实。在法律上所谓的事实就是指证据,因此法律相应规定了每一行政行为作出时的事实、证据要件,只有符合这些要件,行政行为才是合法的行为。其次,行政行为不能超越法定权限。权力是行政行为的核心,也是实施行政行为不可缺少的要素。享有行政权力,才能为行政行为,享有哪一种权力,才能有哪一方面的行政行为。行政权力总是有一定限度的,法律也对此作出了明确的规定,有的限制其时间,有的限制其空间,有的限制其行使权力的方式和手段等,行政行为不得超出该界限,否则即属于不合法。第三,行政行为必须符合法定的程序。行政行为要保证正确,都有与其行为性质相适应的程序要求,为此法律明确规定了每一种行政行为所要经过的程序。如行政处罚,法律规定必须经过传唤、询问、取证和裁决四个程序,否则难以保证行政处罚正确。行政行为的实施必须符合法定的程序,这也是合法性原则的内在要求。

(三)行政合理性原则

行政合理性原则是指行政行为的内容要客观、适度,符合公平正义等法律理性。在行政法中行政合理性原则是实际行政活动中的客观需要。行政行为固然应当合法,但是,任何法律都有限度。首先,法律不可能规范全部行政活动。行政活动的对象向来复杂多变,法律不可能也不应该对全部行政活动都作出缜密的规定,所以行政机关需要一定程度的自由裁量权。如行政活动中遇到某些紧急情况,行政机关就可以自行斟酌选择,采取适当的措施,作出合理的决定。其次,法律对行政活动的规范不可能面面俱到,详细无遗,所以需要给行政机关自由裁量的余地。在行政实践中,不可能出现两次完全相同的情况,行政机关需要根据具体情况,采取特定情况下较为合理的措施。行政合理性原则主要包括下列内容:

(1)行政行为必须符合法律的目的。任何法律的制定都是基于一定的社会需要,为了达到某种社会目的,所有的法律规范都服务于该目的。法律授予行政机关某种权力,或者规定某种行为的具体内容,都是为了实现该立法的目的。因此无论有无成文的法律规定,行政机关运用法律都必须考虑到该法律的目的所在,必须符合法律的目的,法律给予行政机关自由裁量权的目的正是为了有效地实现立法的目的,凡不符合法律目的的行为都是不合理的行为。

(2)行政行为必须有合理的动机。行政行为的动机必须符合法律的要求,出于善良的动机，而不能以执行法律的名义，将行政机关的主观意志，甚至包括个人的偏见、歧视、恶意等强加于公民和社会组织，从而使行政行为具有双重动机。这就要求行政机关出以公心，不抱成见，平等地对待所有的被管理者。

(3)行政行为必须考虑相关的因素。行政行为的作出涉及多种因素。合理的行政行为应当考虑相关因素，不应当考虑与行为无关的因素。因此行政机关作出行政决定时，应当全面考虑行为所涉及的因素，尤其是法律、法规所明示或默示的因素，不能以无关的因素作为依据，这样才能使行政行为有充分、合理的依据，而不忽视法律的要求，超越法律所规定的范围，作出不合理的决定。

(4)行政行为必须符合公正原则。公正是社会的普遍要求，因而也成为法的一般原理。无论有无成文法作为依据，行政机关在进行活动时，必须符合公正法则，才能够行政合理。

二、行政法治的基本内容

1.行政组织法定

行政组织法定也称为行政主体法制。行政法治首先表现为行政组织管理的法制，即行政组织的性质、任务、职权、组成、活动方式，以及成立、变更、撤销等，均由法律予以规范；其次表现为行政管理人员法制，是指行政人员(国家公务员)的录用、任命、晋升、奖惩、待遇等一律由国家公务员法规定。行政机关组织法和国家公务员法通常统称为行政组织法。行政组织及行政人员的产生以及活动，必须依据行政组织法，这是依法行政的重要内容。行政法治不能把行政组织自身的依法管理排除在外，否则依法行政将失去基础和保障。很难想象，一个自身无法无序的政府，能够依法有效地管理社会。

应当指出的是，行政组织法定中的法，应当主要指法律。在我国，就是全国人大及其常委会制定的法律或通过的决议。行政组织的设置和国家公务员的管理，是国家的基本政治制度，应当由国家法律予以规范，而不能由各级政府或者政府领导人自行决定。

2.行政运行法制

行政运行法制即国家行政机关的行政行为，均依据法律，并遵循法定程序。行政运行法制是行政法治的核心内容。行政运行法制主要是指国家行政机关在管理社会、处理与行政相对人的关系过程中依法行事。这里说的“法”，既包括实体法，也包括程序法。正因为如此，行政运行或动态行政是行政法治研究的重点。

3.行政法制监督

行政法制监督即国家和社会监督行政机关的各种法律制度健全完善,并真正得到实施。也就是说,国家行政应当处于严密和强有力的监督网络中。国家行政机关及其公务员的违法行政能被及时发现和纠正,受到不法侵害的行政相对人,包括公民和社会组织,在权益受到侵害时,能够得到相应的救助。

行政组织法定、行政运行法制和行政法制监督,构成一个完整的行政法治体系,三者相互关联、相互促进,缺一不可。其中,行政组织法定是基础,行政运行法制是核心和关键,行政法制监督是保障。

三、行政法治建设的意义

20世纪以来,特别是第二次世界大战以后,世界各国大多通过扩大政府职能、强化行政干预的方式,解决市场经济规律无法克服的矛盾,以及人口、资源、环境和福利等一系列问题。在这种情况下,行政权的扩张不可避免,行政法治必然要承担起保障行政权有效运行的重要功能。但是,基于行政专制主义的历史教训和民主政体与人权保障的需要,行政法治还必须同时具备防止行政权的盲目扩张和恣意滥用的控权功能。所以,我们认为,现代行政法治的意义不是一元的,而是多元的。行政法治既有保权功能,也有控权功能,行政法治必须在行政管制与社会自治、公平与效率、秩序与自由、公益与私益之间,寻求一种稳定与均衡。由此,我们认为,行政法治的意义可以概括为以下4个方面。

(1)规范和控制行政权,实现法治行政。法治行政的核心内涵即政府守法,要求规范与控制行政权,防止行政权的盲目扩张和恣意滥用,具体包括3种途径:①由行政组织法规定行政组织的设置、职权范围和公务员权责等内容,防止行政权力的无限扩大,使之限定在必要的范围内。②通过行政程序法规范行政权的运行方式。行政权对于行政相对人权益的影响,不仅取决于其职权的范围,而且取决于权力行使的规范性程度。如果行政权的行使有严格的程序规范,遵循一整套公开、公平、公正的程序规则,其对相对人权益的威胁就不会很大;相反,则可能对相对人的权益造成重大威胁。因此,行政程序法是行政法的重要组成部分,它是保证行政权正确、公正、有效行使的重要手段。③通过行政监督、行政救济制约行政权的滥用。行政组织法和行政程序法是事前控制行政权范围和事中规范行政权行使的方式,以防止行政越权和滥用职权;行政监督和行政救济则是事后对行政权力的制约。

(2)合理界定行政职能,维护相对人的合法权益。随着现代社会行政事务的增多,行政职能越来越复杂,行政权力越来越大。不仅公民个人从摇篮到坟墓离不开行政机关的管理和服务，而且市场和社会领域更是受到行政权力的大举介入。在这种情况下，规制行政作为主要行政手段，被政府广泛应用到市场和社会各领域。行政权力的扩张，侵蚀着公民、社会组织和市场组织的自主领地，对此，应当从两方面解决问题：第一，合理地界定政府的行政职能，凡是社会个体或组织能够通过市场机制解决的问题，政府就不要将其纳入自己的职能范围；第二，在合理界定行政职能的基础上，对其设定边界。因为行政权力和其他权力一样，具有很强的渗透性和扩张性，如果不对其设定边界，行政权就很可能不适当地扩张开来，导致侵犯相对人合法权益的后果。

维护相对人合法权益，不仅要通过法律对行政权予以制约，还要从积极的方面给予公民维权的武器。行政诉讼制度，就体现了对行政权的制约和监督。我国从1990年实施《行政诉讼法》以后，人民法院受理的“民告官”案件的数量直线上升，改变了过去百姓欲告无门的状况，同时也使我国执法队伍的法制观念得到加强，使行政违法行为得到一定程度的遏制。

(3)保证行政改革成效，促进政府治理能力的提高。由于行政权的扩张，到20世纪80年代，“行政国家”的弊端愈加显现，各国政府都遇到不同程度的“财政危机”、“管理危机”和“信任危机”。

以英国撒切尔政府和美国里根政府为代表，掀起了全球性行政改革浪潮。这一改革的主要内容是，重新审视政府的职能，也就是重新界定行政权力的范围，对政府角色再定位。政府由“全知全能”变为有限政府，将属于市场调控的职能交给市场，把属于社会调整的功能还给社会。政府转为采用法律、政策等手段整合行政、市场、社会等多方面资源和力量，走多中心的治理之路。

围绕这一理念，各国政府进行了多种多样的制度设计，包括放松管制、地方分权、民营化、公共化、公共事务的外包、行政机构的精简等。这些制度的设计，有赖于相应法律制度的建立，特别是行政法制的健全，如政府机构组织法、地方分权自治法等。只有从法律制度上加以规范，才能保证政府职能的真正转变，并阻断权力回流的通路，从而保证行政改革的成效。

(4)维护社会的稳定与发展，促进民主与法治。社会的稳定与发展建立在平等、自由、秩序和责任的基础上。没有平等、自由，公民的个性就受到约束，公民的积极性和创造力就得不到发挥，也就不能有社会的发展。没有秩序和责任，就会潜伏许多不稳定因素，容易造成公民与政府的对抗，也就不会有社会的稳定。健全行政法治的宗旨就在于营造一个平等、自由、秩序和责任的社会，这无疑会有利于社会的稳定和发展。

另外，民主与政治文明是人类社会追求的目标，而行政民主与政治文明无不与行政法治建设息息相关。因此，建立和完善行政法律制度，必然有利于社会主义民主和政治文明目标的实现。

第二节 行政立法

一、行政立法的含义和原则

行政立法是指国家行政机关依据行政立法权，制定和颁布具有法律效力的规范性文件的活动。其表现形式包括行政法规和行政规章。行政机关制订规章以下的其他规范性文件活动，不属于行政立法范畴，仅属于抽象的行政行为。

行政规范性文件针对对象的不特定性。和行政处理不同，行政处理一般是针对特定的人，就特定的事项作出的决定，行政立法则是针对普遍的对象，普遍适用的规则。

行政立法具有准立法的性质。主要表现为行政立法制定的规范性文件调整事项的规范性和效力的持续性。行政立法调整事项的规范性是指这一规范性文件，并不对相对人的权利义务产生直接的影响，只是设定了某种情况下会出现的某种后果，在具体情况下是否必然会产生某种后果，则需要行政机关的行政处理行为来决定；行政立法效力的持续性，是指行政立法不仅当前有效，而且在处理同样的调整事项时，可以反复适用，直到该规范性文件被修改、撤销或者废止为止。

行政立法是行政机关在职权范围内的行为。行政立法具有行政行为的一般特征，遵循越权无效的原则。因此，行政立法必须在行政机关的职权范围内，或者授权的范围内进行，不得超出法定的职权范围。

行政立法必须依照法定程序进行。行政立法遵循准立法程序，这种程序与立法程序的要求基本相同，但是更有效率。如行政立法要经过规划起草、征求意见、讨论通过、公布、批准和备案程序等。

二、行政立法的内容和种类

根据不同的标准，行政立法可以分为不同的种类。

(1)职权行政立法和授权行政立法。根据行政机关行政立法权的来源不同，可以将行政立法划分为职权行政立法和授权行政立法。

职权行政立法是指行政机关依据宪法和组织法赋予的立法权，并在宪法和法律规定的职权范围内，制定规范性文件的活动。在我国，国务院根据宪法和法律，制定行政法规、国务院各部门、各地方人民政府制定规章，都属于职权行政立法范畴。职权立法具有下列特征：行政立法权与行政机关同时产生，同时存在；行政立法权可以自由运用，行政机关可以选择在任何时间、就行政管理职权范围内的任何事项制定规则。但职权立法不得超出宪法和组织法规定的职权范围，否则即为越权行为，同时也不得与宪法、法律相冲突。

授权行政立法是指依据宪法和组织法以外的其他法律、法规的授权而进行的立法活动。授权立法受到授权法律、法规的严格制约，必须遵循授权法律、法规规定的标准、范围、内容、原则等要求。例如，1985 年六届人大第三次会议就授权国务院在经济体制改革和对外开放方面，可以制定暂行的规定或者条例，并同时规定，经过实践检验，条件成熟时，由全国人大或全国人大常委会制定法律。

(2)执行性立法和创设性立法。执行性立法即行政立法专为执行法律而进行的立法活动，可以表现为职权立法，也可以表现为授权立法，但它不得创设新的权利和义务。如《中华人民共和国海关法行政处罚实施细则》是由海关总署根据海关法制定的，该实施细则第一条规定“为了实施《中华人民共和国海关法》关于法律责任的规定，根据海关法第 60 条制定本实施细则”。

创设性立法是行政立法机关根据法律的特别授权，制定规范性文件，创设新的权利义务规范的活动。由于创设性立法产生新的权利义务规范，因此必须有权力机关的特别授权。创设性立法的效力范围、授权界限、效力等级必须有特别授权法的严格规定。

(3)中央行政立法和地方行政立法。中央行政立法是指中央国家行政机关依据职权或授权所进行的立法活动，包括行政法规与国务院部门规章。

地方行政立法是指地方国家行政机关依据职权或授权所进行的立法活动，即各级地方政府所制定的地方政府规章。

三、行政立法的程序

(一)行政法规的制定程序

行政法规是指国务院为了管理和领导国家各项行政工作，根据宪法和法律，并且按照法定的程序制定的政治、经济、教育、科技、文化、外事等各类法规的总称。其中，对某一方面行政工作作比较系统的规定称为“条例”；对某一方面工作作部分的规定称为“规定”；对某一方面行政工作作比较具体的规定称为“办法”。

1. 行政法规的立法权限

行政法规的立法权限是指国务院制定的行政法规在内容上和形式上的权限范

围，即行政法规可以就哪些事项作出规定。确定行政法规的立法权限时，应严格遵循法律保留和法律优先原则。

所谓法律保留是指凡属宪法、法律规定，只能由法律规定的事项，则或者只能由法律来规定（法律绝对保留），或者必须在法律明确授权的情况下，行政机关才有权在其制定的法律规范中作出规定（法律相对保留）。

根据国家立法法的规定，法律保留事项包括：国家主权的事项；各级人民代表大会、人民政府、人民法院和人民检察院的产生、组织和职权；民族区域自治制度、特别行政区制度、基层群众自治制度；犯罪与刑罚；对公民政治权利的剥夺、限制人身自由的强制措施和处罚；对非国有财产的征收；民事基本制度；基本经济制度以及财政、税收、海关、金融和外贸的基本制度；诉讼和仲裁制度；必须由全国人大及其常委会规定的其他事项。其中，有关犯罪与刑罚、对公民政治权利的剥夺、限制人身自由的强制措施和处罚、司法制度等属于法律绝对保留事项。

在法律保留事项的范围之外，也并非行政机关的自由活动空间，行政机关仍然要受到法律优先原则的限制。所谓法律优先，是指法律在效力等级上高于行政机关的规范性文件，上一层级的法律规范高于下一层级法律规范的效力。因此任何其他法律规范，包括行政法规、地方性法规和规章，都不得与法律相抵触。凡有抵触，都以法律为准。

在坚持以上原则的前提下，行政法规可以就以下事项作出规定：①为执行法律的规定，需要制定行政法规的事项。法律的规定，各级人民政府要严格执行，在执行过程中，有的需要具体化，有的需要专门作出规定，这就需要国务院制定专门的行政法规。②宪法第 89 条规定的国务院行政管理职权共有 18 项，行政法规可以就这些事项作出规定，但涉及法律保留的事项除外。

2. 行政法规的制定程序

按照立法法的规定，行政法规的制定程序主要包括以下 4 个步骤。

（1）行政法规的起草与立项。行政法规由国务院起草。国务院有关部门认为需要制定行政法规的，应当向国务院报请立项。行政法规在起草过程中，应广泛听取有关机关、组织和公民的意见。听取意见应采取座谈会、论证会、听证会等多种形式。

（2）行政法规的审查。行政法规起草工作完成后，起草单位应当将草案及其说明、各方面对草案的主要问题的不同意见和其他有关资料送交国务院法制机构进行审查。国务院法制机构应当向国务院提出审查报告和草案修改稿，审查报告应当对草案主要问题的不同意见作出说明。

（3）行政法规的决定。行政法规必须经国务院常务会议或者国务院全体会议讨论决定。

(4)行政法规的公布。行政法规由总理签署,国务院令予以发布。国务院令应当载明行政法规的制定机关、通过日期和施行时间。行政法规签署公布后,应当及时在国务院公报和在全国范围内发行的报纸上刊登。行政法规的文本以在国务院公报上刊登的文本为标准文本。

3. 授权立法的特殊规定

立法法规定,对于专属于法律规定的事项尚未制定法律时,全国人大及其常委会有权作出决定,授权国务院可以根据实际需要,对其中的部分事项先制定行政法规。根据这一规定,我国的授权立法,专指全国人大及其常委会授权国务院,就专属于法律规定的事项在尚未制定法律时制定行政法规的活动。

授权立法范围仅限于法律相对保留的事项。授权立法的事项本属于法律专属立法事项,因此只有全国人大及其常委会的专门授权,国务院才能对此制定行政法规。同时,授权立法的范围仅限于法律相对保留的事项,有关犯罪与刑罚、对公民政治权利的剥夺、限制人身自由的强制措施和处罚、司法制度等属于法律绝对保留的事项,不得进行授权立法。

授权决定应当明确授权的目的和范围。被授权的机关即国务院应当严格按照授权的目的和范围行使该项权力,不得将该权力转授其他机关。根据授权制定的法规应当报授权决定规定的机关备案。授权机关有权撤销被授权机关制定的超越授权范围或者违背授权目的的法规,必要时可以撤销授权。成熟后要及时制定法律。授权立法事项,经过实践检验,制定法律的条件成熟时,由全国人大及其常委会及时制定法律。国务院认为条件成熟时,要及时提请制定法律,全国人大及其常委会认为成熟时,也可以制定法律。授权立法事项制定法律后,相应立法事项的授权终止。

(二)行政规章的制定程序

行政规章可以分为部门规章和地方政府规章。部门规章是指国务院各部门根据法律和国务院的行政法规、决定、命令在本部门的权限内,按照规定程序所制定的规定、办法、实施细则、规则等规范性文件。地方政府规章是指省、自治区、直辖市以及较大的市人民政府根据法律、行政法规、地方性法规,按照规定的程序制定普遍适用于本地区行政管理工作需要的规定、办法、实施细则、规则等规范性文件。有权制定规章的机关有两大类:一类是国务院各部门,包括国务院各部、各委员会、中国人民银行、审计署和具有行政管理职权的直属机构。另一类是地方人民政府,包括省、自治区、直辖市以及较大的市人民政府。其中较大的市人民政府是指省、自治区、直辖市人民政府所在地的市、经济特区所在地的市和其他符合条件经国务院批准享有地方性法规制定权的设区的市。

1.行政规章的立法权限

国务院各部门制定的规章所规定的事项，应属于执行法律或者国务院的行政法规、决定、命令的事项。即国务院各部门规章制定的依据是法律或者国务院的行政法规、决定、命令，并且只能在本部门的权限范围内制定规章。如果涉及两个以上国务院部门职权范围的事项，就应当提请国务院制定行政法规或者由国务院有关部门联合制定规章。

地方政府规章可以就下列事项作出规定：一是为执行法律、行政法规、地方性法规的规定制定规章的事项；二是本行政区域的具体行政管理事项。其中，省、自治区、直辖市人民政府制定规章的依据是法律、行政法规和本省、自治区、直辖市的地方性法规；较大的市人民政府制定规章的依据是法律、行政法规和本省、自治区、较大的市的地方性法规。

2.行政规章的制定程序

关于规章的制定程序，立法法未作详细的规定，而是作了授权，即国务院部门规章和地方政府规章的制定程序，参照行政法规的制定程序，由国务院制定。立法法仅对规章的决定、公布和刊登作了具体的规定。

(1)规章的决定和公布。部门规章应当经部务会议或者委员会会议决定，由部门首长签署命令予以公布；地方政府规章应当经政府常务会议或者全体会议决定，由省长或者自治区主席或者市长签署命令予以公布。

(2)规章的刊登。部门规章签署公布后，应当及时在国务院公报或者部门公报和在全国范围内发行的报纸上刊登；地方政府的规章签署公布后，应当及时在本级人民政府公报和在本行政区域范围内发行的报纸上刊登。

第三节 行政执法

一、行政执法的含义与特征

(一)行政执法的含义

行政执法是指由行政主体依法针对特定的相对人所作出的具体的、单方的、能对相对人实体权利义务产生直接影响的具体行政行为。所谓执法，就是一种处置，与行政立法等其他行政行为不同，行政执法可以单方面直接改变相对人的实体权利和义务。在行政活动中，行政执法是应用最为广泛的行为方式。

(二)行政执法的特征

(1)行政执法的对象具有特定性。行政执法是针对特定的人和特定的事，直接涉及的特定的相对人的具体权利和义务，是典型的具体行政行为。但是行政执法并不等于具体的行政行为。具体行政行为除了行政执法外，还包括行政合同、行政监督等。

(2)行政执法具有单方性。行政执法是行政主体对社会实施管理活动的主要手段，其实施是依据行政主体依据法律单方面决定，而无须征询相对人同意。这一点与行政合同不同。

(3)行政执法对相对人实体权利义务产生影响。行政执法直接对相对人的实体权利义务作出处理，这一点与行政监督检查不同。行政监督检查只是对相对人有关情况的了解，是行政执法的前提，并不对相对人的权利义务产生直接影响。

(4)行政执法具有较强的法定性或者羁束性。行政执法对相对人影响重大，因此，大多数行政执法都是羁束行为，即使自由裁量，其范围也受到严格的限制。

(5)行政执法的形式具有多样性。与行政立法相比较，行政执法的形式多种多样，难以固定，这是由于行政管理活动领域的广泛性、管理事项的复杂性决定的。随着社会的不断发展，行政管理活动的不断变化，行政执法的形式还会出现新的内容。

二、行政执法的主要手段

(一)行政许可

行政许可是指具有许可职权的行政机关，根据相对人的申请，以颁发书面证照的形式，依法赋予其从事某种活动的权利或资格的行为。行政许可是由行政主体实施的一种行政行为。与民事上的许可不同，行政许可是由享有行政许可权的行政主体作出的行政行为。民事许可如专利实施许可，是平等主体间的法律行为，两者性质不同。

行政许可的内容是赋予相对人某种权利或资格。与剥夺权利、设定义务等行政行为不同，行政许可对相对人权利义务带来的影响，是赋予其权利能力。这种赋予是以法律禁止为前提。如法律禁止携带枪支，而符合特定条件的相对人，可以许可解除该项禁止。

行政许可是应申请的行政行为。行政许可是赋予相对人某种权利或资格的行为。对于具备法定条件而是否要求取得这种权利或资格，是相对人自己的事，由其自主决定，因而只有相对人向行政机关作出明确的意思表示，即提出许可申请，行政机关才能对其申请作出审查，进而决定是否许可。

行政许可一般采取书面证书形式，如营业执照、卫生许可证等。这些证书本身就具有特定的法律效力，可以起到证明性文书的作用。

行政许可的事项由法律明确规定。行政许可以法律禁止为前提，凡存在许可制度的领域，必然是对一般人加以限制的，否则就不存在许可与不许可。该领域只能由法律设定，行政机关不得自行设立。

行政许可常见的种类有：

(1)权利许可与资格许可。这是按照许可的内容划分。权利许可是赋予相对人某种权利，可以从事某种活动。如工商行政部门发放的营业执照等。资格许可是赋予相对人某种活动的资格，是对其能力的证明，如会计资格证等。

(2)排他性许可与非排他性许可。排他性许可是指相对人获得许可后，其他人不能再获得该项许可，也叫独占性许可，如专利证书、商标注册证书等。非排他性许可是指凡符合条件的相对人均可获得许可，如营业执照等。

(3)独立的许可与附文件的许可。独立的许可是指单独的许可证便包含了全部的内容，无须其他文件补充说明，如驾驶执照等。附文件的许可是指除许可证本身外，还需附加文件对许可证的内容加以补充说明，如专利证书等。

(4)权利性许可与附义务许可。权利性许可是指被许可人可以自由放弃该项被许可的权利，如排污许可证。附义务许可是指被许可人在获得许可的同时，还承担了在一定时期内从事该项活动的义务，否则要承担一定的法律责任。如专利权人就有义务在3年内实施该项专利技术。附义务许可通常是独占性许可。

(二)行政征收

行政征收是指行政机关根据法律的规定，以强制的方式无偿向相对人征集一定数量的金钱或者实物的行政行为。行政征收的主体是依法负有行政征收职能的行政机关或者组织。与行政职权无关的收费活动，不属于行政征收，如法院收取诉讼费等不属于行政征收。

行政征收的职权必须来自于法律、法规的明确规定。行政征收的对象是负有法律所规定的缴纳义务的相对人。

行政征收是对相对人财产的剥夺，这种行为对相对人的权利义务产生重大的影响，因此必须严格按照法律的规定实施，不得多征，也不得少征。

行政征收是无偿取得相对人财产的行政执法行为。行政征收所取得的财产归国家所有，不再向相对人进行偿还，相对人也为此得不到任何补偿。

行政征收的目的是为了保证国家和公共利益的需要。某些行政行为仅以保证公民、组织的利益为目的，行政征收的目的是直接为了满足国家实现其职能的需要，通过国家介入国民收入再分配，促进社会全面发展。

行政征收具有突出的羁束性与强制性。例如，税法对税种、税目、税率等都有明确具体的规定，税收机关只能依法征收，没有任何自由裁量的余地。

行政征收常见的种类有：

(1)税收征收。行政征收中最重要一种，是国家财政收入的主要来源。由税务机关征收。

(2)建设资金费的征收。向特定的相对人征收重点建设资金费，以保障国家重点项目的建设，如重点水利项目建设资金费等。

(3)资源使用费的征收。我国的城市土地、矿藏、水等自然资源属于国家所有，个人或组织开采、使用自然资源时，应当依法向国家交纳资源使用费，以保障国有资源被充分、合理地利用。

(4)管理费的征收。因为行政机关为相对人提供服务时，可以向相对人收取必要的管理费用，如工商管理费、城市管理费等。

(三)行政给付

行政给付也称行政物质帮助，是指行政机关依法对特定的相对人提供物质利益，或与物质利益有关的权益行为。

行政给付的内容是赋予相对人物质利益或者与物质有关的权益。如免费入学教育等。行政给付的对象是特定的公民与组织。他们大多是物质生活中有特殊困难的相对人，如丧失劳动能力者。

行政给付是一种应申请的行政行为。对相对人来说，获得行政给付是一种权利，是否应当行使，完全由其自行决定。行政给付通常情况下是羁束行政行为。给付的对象、条件、数额、项目等一律由法律规定，行政机关不能任意给付。

行政给付常见的种类有：

(1)抚恤金。公民因公致残或者死亡时，国家发给本人或者其家属，用以维持日常生活的费用。

(2)最低生活保障费。国家发给收入低于一定水平的困难家庭，用以维持最低生活标准的费用。其对象是家庭人均收入低于当地最低生活保障标准的持有非农业户口的城市军民。

(3)社会保险金。公民在年老、疾病、失业和出现法定事由时，由国家发给的用以承担养老、医疗、维持家庭生活等必要支出的费用。

(四)行政强制措施

行政强制措施是指行政机关为了预防、制止或者控制某种正在发生或者可能发生的违法行为、危险状态,或者为了保全证据、确保案件查处工作顺利进行,而依法采取的对相对人的人身、财产加以暂时性的强制性限制,使其保持一定状态的行政行为。

行政强制措施的主体是法律、法规明确授权的行政主体。行政强制措施的目的是预防、制止或者控制某种正在发生或者可能发生的违法行为、危险状态,或者为了保全证据、确保案件查处工作顺利进行。行政强制措施是对相对人的人身、财产的暂时性限制。一旦采取强制措施的事由消除,即应当解除限制。

行政强制措施常见的种类有:

(1)对人身的行政强制措施,如《急性传染病管理条例》规定的强制隔离。

(2)对财产的行政强制措施,如查封、扣押财产等。

(五)行政强制执行

行政强制执行是指在相对人不履行法定义务时,由行政机关或者行政机关申请法院依法采取强制手段,迫使其履行义务或者达到履行义务相同状态的法律行为。

行政强制执行以相对人不履行法定义务为前提。行政强制执行的目的在于保证法定义务的履行。行政强制执行的主体包括行政机关和人民法院。在我国以法院执行为原则,以行政机关自行执行为例外。行政强制执行的依据是由行政机关作出的已经生效的行政决定。

行政强制执行常见的种类有:

(1)间接强制执行。间接强制执行是指行政机关通过间接的方法迫使行政相对人履行义务或达到履行义务相同的状态,它包括代履行和执行罚两种方式。代履行是指行政机关让第三人代为法定义务人履行义务,并由法定义务人负担费用的强制执行方式。执行罚是指行政机关对不履行法定义务的相对人课以新的给付义务,促使其履行义务的强制执行方法。

(2)直接强制执行。直接强制执行是指行政机关对不履行义务的行政相对人直接运用强制手段迫使其履行义务的强制执行方法。

(六)行政裁决

行政裁决是指行政机关依法裁决与行政管理有关的纠纷的活动。

行政裁决的主体是国家行政机关。行政裁决职权来源于法律的明确授权。行政裁决的程序是一种准司法程序。

行政裁决常见的种类有：

(1)裁决权属纠纷。双方当事人因所有权、使用权的归属发生纠纷时，可依法向行政机关提出申请，要求行政机关进行确认并作出裁决。

(2)裁决侵权纠纷。一方当事人的合法权益受到他方的侵犯而产生纠纷时，当事人可申请行政机关制止侵权行为，保障自己的合法权益。

(3)裁决损害赔偿纠纷。当事人因合法权益受到侵害而要求侵害者给予赔偿的纠纷，也可要求行政机关裁决。

三、行政法律责任制度

行政法律责任通常简称行政责任。广义的行政责任包括行政处分和行政处罚两种类型。行政处分是国家行政机关依照公务员法对国家公务员追究的法律责任。行政处罚是国家行政机关依法对行政相对人追究的法律责任。狭义的行政责任，特指行政处罚。

1.行政处罚的含义

行政处罚是国家行政机关依法对违反行政法律规范的行政相对人进行的法律制裁。

行政处罚和国家公务员法中的行政处分都是因违反行政法律规范引起的法律责任，但是两者有着显著区别：①制裁机关不同。行政处罚是由具有管理职能的特定的国家行政机关作出的，行政处分则发生于行政机关内部，由被处分人的所在机关、上级机关或者监察机关作出。②制裁的对象不同。行政处罚的对象是行政相对人，行政处分的对象只能是行政机关的国家公务员。③依据的法律不同。行政处罚依据的是外部行政管理的法律规范，行政处分依据的是国家公务员法。④行为的性质不同。行政处罚是外部行政行为，行政处分是内部行政行为。⑤制裁的形式不同。行政处罚涉及行政相对人的人身权和财产权，行政处分只涉及公务员在职务上的权利。

2.行政处罚的种类

我国《行政处罚法》规定，行政处罚的种类只能是：警告，罚款，没收违法所得、没收非法财物，责令停产停业，暂扣或者吊销许可证、暂扣或者吊销执照，行政拘留，法律、行政法规规定的其他行政处罚。

3.行政处罚的设定

我国行政处罚的设定权限是:法律可以设定各种行政处罚。行政法规可以设定除限制人身自由以外的行政处罚。地方性法规可以设定除限制人身自由、吊销企业营业执照以外的行政处罚。国务院部、委员会制定的规章可以设定警告或者一定数量罚款的行政处罚。罚款的限额由国务院规定。省、自治区、直辖市人民政府和省、自治区人民政府所在地的市人民政府以及经国务院批准的较大的市人民政府制定的规章可以设定警告或者一定数量罚款的行政处罚。罚款的限额由省、自治区、直辖市人民代表大会常务委员会规定。

上述规范性文件以外的其他规范性文件不得设定行政处罚。

4.行政处罚的适用

违法事实确凿并有法定依据,对公民处以50元以下、对法人或者其他组织处以1 000元以下罚款或者警告的行政处罚的,可以按照简易程序,当场作出行政处罚决定,并报所属行政机关备案。除上述情况之外,行政机关发现公民、法人或者其他组织依法应该给予行政处罚的行为的,必须按照一般程序进行。行政机关首先应当全面、客观、公正地调查,收集有关证据,待调查终结后,由行政机关负责人作出处罚决定。对情节复杂或者对重大违法行为给予较重的行政处罚的案件,行政机关负责人应当集体讨论决定。

行政机关作出责令停产停业、吊销许可证或者执照、较大数额罚款等较重行政处罚之前,应当告知当事人有要求举行听证的权利。当事人要求听证的行政机关应当组织听证。当事人不承担行政机关组织听证的费用。

行政处罚决定依法作出后,当事人应当在行政处罚决定的期限内履行。当事人对行政处罚决定不服而申请行政复议或者提起行政诉讼的,行政处罚不停止执行,法律另有规定的除外。

一般情况下,作出罚款决定的行政机关应当与收缴罚款的机构分离。当事人应当自收到行政处罚决定书之日起15日内,到指定的银行缴纳罚款。银行收受罚款后,直接上缴国库。但是,在边远、水上、交通不便地区,当事人向指定的银行缴纳罚款确有困难的,经当事人提出,行政机关及其执法人员可以当场收缴罚款。行政机关及其执法人员按照简易程序对行政相对人作出20元以下的罚款,或者按照简易程序作出罚款决定,不当场收缴事后难以执行的,也可当场收缴罚款。

行政机关当场收缴罚款时,必须向当事人出具省、自治区、直辖市财政部门统一制发的罚款收据。否则,当事人有权拒绝缴纳罚款。

第四节 行政救济

一、行政救济的含义与作用

行政救济指公民、法人或其他组织认为具体行政行为直接侵害其合法权益，请求有权的国家机关依法对行政违法或行政不当行为实施纠正，并追究其行政责任，以保护行政管理相对方的合法权益。

权利依赖救济，没有救济就没有权利。现代社会里，由于政府职能的不断拓展，行政权逐渐渗透到国家和社会的众多领域，公民、法人和其他组织与行政机关之间发生着多方面、多层次的联系。行政权力的显著扩张，促进了社会福利水平的提高，但同时明显增加了行政权侵害行政相对人合法权益的危险性，因而有必要确保行政相对人获得更多、更有效的行政救济。

行政救济主要是在行政权力给国民权益造成侵害或负担的情况下，根据该国民的请求，通过一定渠道防止和排除其侵害或负担，以保护、救济国民的权益。

依照我国法律，目前主要的行政救济渠道有行政复议、行政诉讼和行政赔偿。行政复议实际上是由行政机关以行政手段来解决行政争议。行政诉讼是解决行政争议的最后途径。行政赔偿是对已经造成实际侵害的行政侵权行为的行政救济途径。

行政复议、行政诉讼和行政赔偿对权利的救济各有所长，互为补充。行政复议的突出优点是行政机关具备管理经验和专门知识以及层级制的组织体制，可以使行政争议得到及时、有效、便利的解决。行政诉讼的最大优势在于法院独立的地位和公开的诉讼程序，可以使行政争议得到公正的裁判。行政赔偿的基本作用是使受到侵害的权利得到恢复和弥补。这三种救济手段互相配合，形成了对违法行为或不当行政的公正有效的矫正机制和权利救济机制。

二、行政救济的方式

(一)行政复议

行政复议是指行政机关就其主管事项与行政相对人发生争议时，根据行政相对人的申请，由该机关或其上级机关对引起争议的决定进行复查的制度。

行政复议和行政诉讼不同：行政复议机关是行政机关，受理行政诉讼案件的机关是人民法院。行政复议审查具体行政行为的合法性和合理性，行政诉讼仅审查具体行政行为的合法性。行政诉讼的判决是最终的救济形式，但不服行政复议的裁决，一般还可以依法提起行政诉讼。

我国《行政复议条例》规定，公民、法人和其他组织对下列具体行政行为不服，可以向行政机关申请复议：对拘留、罚款、吊销许可证和执照、责令停产停业、没收财物等行政处罚不服。对限制人身自由或者对财产的查封、扣押、冻结等行政强制措施不服。认为行政机关侵犯法律、法规规定的经营自主权。认为符合法定条件申请行政机关颁发许可证和执照，行政机关拒绝颁发或者不予答复。申请行政机关履行保护人身权、财产权的法定职责，行政机关拒绝履行或者不予答复。认为行政机关没有依法发给抚恤金。认为行政机关违法要求履行义务。认为行政机关侵犯其他人身权、财产权。法律法规规定可以提起行政诉讼或者可以申请行政复议的其他具体行政行为。

下列事项不能申请行政复议：对行政法规、规章或者具有普遍约束力的决定命令不服。对行政机关工作人员的奖惩、任免等决定不服。对民事纠纷的仲裁、调解或者处理不服。但是，行政机关对土地、矿产、森林等资源所有权或者使用权归属的处理决定除外。对国防、外交等国家行为不服。

行政复议的管辖权如下：对地方各级人民政府工作部门的具体行政行为不服，由本级人民政府或上一级主管部门管辖。对地方各级人民政府的具体行政行为不服，由上一级人民政府管辖。对国务院各部门和省级人民政府的具体行政行为不服，由作出原具体行政行为的机关管辖。对共同行政行为不服，由行政机关的共同上一级机关管辖。对派出机构的行为不服，由设立派出机构的政府或者政府部门管辖。对授权组织的行为不服，由该授权组织的主管机关管辖。对委托组织的行为不服，由委托行政机关的上一级行政机关管辖。需批准行为的复议，由批准机关管辖。被撤销机关行为的复议，由承受其职权机关的上一级行政机关管辖。申请复议应当符合以下条件：申请人是认为具体行政行为直接侵犯其合法权益的行政相对人。有明确的被申请人。有具体的复议请求和事实根据。属于行政复议的范围和受理复议机关管辖。

行政复议机关经过审理，可作如下复议决定：维持决定，补正决定，履行决定和重作决定。

对行政复议决定不服，当事人可以依法向人民法院提起行政诉讼。

(二)行政诉讼

我国行政诉讼具有下列特点：行政诉讼的原告只能是认为具体行政行为侵犯其合法权益的公民、法人或者其他组织。行政诉讼的被告只能是行政主体，即国家行政机关或法律、法规授权的组织。行政诉讼的主管机关是人民法院。行政诉讼的对象是具体行政行为。

行政诉讼的受案范围与行政复议大致相同,但是下列行政行为不受司法审查:国防、外交等国家行为;行政机关制定、发布具有普遍约束力的决定、命令等抽象行政行为;行政机关对机关工作人员的奖惩、任免等内部行政行为;终局行政行为,即法律规定由行政机关最终裁决的具体行政行为。

行政诉讼级别管辖是:第一审行政案件主要由基层人民法院管辖。中级人民法院管辖的第一审行政案件有:确认发明权的案件、海关处理的案件;对国务院各部门或省、自治区、直辖市人民政府所作出的具体行政行为起诉的案件;本辖区重大、复杂的案件。高级人民法院管辖本辖区内重大、复杂的第一审行政案件。最高人民法院管辖全国范围内重大、复杂的第一审行政案件。

行政诉讼的地域管辖是:相对人直接向人民法院起诉的,或者经复议,对复议维持原具体行政行为的裁决不服再起诉的,均由最初作出具体行政行为的行政机关所在地的人民法院管辖。因不动产提起的行政诉讼,由不动产所在地的人民法院管辖。经复议的案件,复议机关改变原具体行政行为的,由最初作出具体行政行为的行政机关所在地或者复议机关所在地的人民法院管辖。对限制人身自由的行政强制措施不服起诉的,由被告所在地或原告所在地的人民法院管辖。

行政诉讼参加人包括原告和被告、共同诉讼人、第三人和诉讼代理人。

行政诉讼的证据包括:书证、物证、视听材料、证人证言、当事人的陈述、鉴定结论、勘验笔录和现场笔录。其中现场笔录是行政诉讼特有的证据种类。

行政诉讼具有下列证据规则:被告对作出的具体行政行为负有举证责任,应当提供作出该具体行政行为的证据和所依据的规范性文件。在诉讼过程中,被告及其代理律师不得自行向原告和证人收集证据。人民法院有权要求当事人提供或补充证据,要求向有关行政机关以及其他组织、公民调取证据。在证据可能灭失或者以后难以取得的情况下,诉讼参加人可以向人民法院申请保全证据,人民法院也可以主动采取保全措施。

起诉必须具备以下条件:原告是认为具体行政行为侵犯其合法权益的公民、法人或者其他组织;有明确的被告;有具体的诉讼请求和事实根据;属于人民法院受案范围和受诉人民法院管辖。

(三)行政赔偿

行政赔偿是指行政机关及其工作人员在执行职务过程中违法行使职权侵犯公民、法人和其他组织的合法权益并造成损害,由行政机关承担的赔偿责任。

行政赔偿的构成要件是:行政侵权的主体只能是行使行政权力的行政主体;行政侵权行为具有违法性;行政相对人有损害事实的发生;行政侵权行为与损害事实

有因果关系。

行政赔偿的义务机关是行使行政职权侵犯行政相对人合法权益造成损害的行政机关。两个以上共同实施侵权行为的行政机关是共同赔偿义务机关。授权组织侵权,该组织是赔偿义务机关。委托组织或个人侵权,委托的行政机关是赔偿义务机关。赔偿义务机关被撤销的,承受其职权的行政机关或者行使撤销权的行政机关是赔偿义务机关。行政复议不改变赔偿义务机关的地位。复议机关仅对复议决定加重损害的部分承担赔偿义务。

行政相对人的人身权和财产权受到侵害,均可要求行政赔偿。侵犯人身权的表现是:违法限制或剥夺人身自由;违法造成公民身体伤害或死亡。侵犯财产权是指实施行政处罚、行政强制措施以及其他违法行为而造成了财产损失。

行政求偿又称行政追偿,是指行政机关工作人员在执行职务过程中因故意或重大过失不法侵害行政相对人的合法权益并造成损害,国家在对受害人承担了赔偿责任后,要求该工作人员承担一部或全部赔偿费用的权利。其构成要件是:受害人的损害是由该工作人员在执行职务中造成的;赔偿义务机关已经向受害人进行了赔偿;工作人员对加害行为有故意或重大过失。行政求偿金额的上限不以实际损害和主观过错为充分依据,而应考虑被追偿人员的经济承受能力,其目的在于督促公务员依法行政。

【案例分析】

宁波中院判决余姚市政府“组织强制拆违”违法

宁波市中级人民法院日前作出终审判决,认定宁波余姚市政府组织强制拆除违章建筑的行为是违法行为。

2005 年 8 月 2 日,宁波余姚市规划局作出一处罚决定,认定市民朱利峰未经审批,在自己住宅四周建造了违法建筑 200 m^2,责令于同年 8 月 5 日前自行拆除。处罚决定并告知朱利峰:对行政处罚决定不服的,可以在接到处罚通知之日起 15 日内,申请行政复议或者提起行政诉讼,但复议、诉讼期间不停止执行。

朱利峰不服处罚决定,向宁波余姚市人民法院提起诉讼,一、二审都认定余姚市规划局处罚决定合法。期间,余姚市人民政府依照上述处罚决定,组织力量强行拆除了朱利峰的违章建筑。但是,朱利峰的代理人、浙江之星律师事务所袁裕来律师认为,即使处罚决定是合法的,宁波余姚市人民政府强制执行行为也是不合法,《中华人民共和国城市规划法》第 42 条明确规定,只有在当事人逾期不申请复议、也不向人民法院起诉的情况下,才可以强制执行,且作出处罚决定的机关须申请人民法院强制执行。

2006 年 2 月 14 日，他代理朱利峰向宁波余姚市人民法院提起诉讼，要求确认宁波余姚市人民政府组织强制拆除行为违法。宁波余姚市人民政府答辩称，根据《宁波市违反城市规划建设处理办法》第 16 条和第 21 条规定，宁波余姚市人民政府有权组织强制拆除，作为下级政府应该执行上级政府的规章。

在诉讼请求被宁波余姚市人民法院判决驳回之后，朱利峰上诉到宁波市中级人民法院。该市中级人民法院经过公开开庭审理后，于近日作出判决，认为，《城市规划法》第 45 条规定，在当事人逾期不申请复议、也不向人民法院起诉、又不履行处罚决定的情况下，由作出处罚决定的机关申请人民法院强制执行，在法律对执行程序和执行主体有明确规定、且未授权地方政府规章可予变更的前提下，《宁波市违反城市规划建设处理办法》第 16 条和第 21 条不能作为余姚市人民政府证明实施强制执行行为合法性的依据，因此确认余姚市人民政府强制执行行为违法。法院同时撤销了余姚市人民法院的一审判决（来源：新华网，2007-01-06）。

问题：

1. 分析政府在行政执行的过程中依法行政的必要性。

2. 如何克服案例中余姚市政府的违法做法？

【思考与练习】

1. 行政法治的基本原则有哪些？

2. 简述行政复议与行政诉讼的关系。

3. 比较授权立法与特别授权立法的区别。

4. 比较行政赔偿与行政求偿的区别。

第十二章 机关行政

【导入案例】

内蒙古自治区环境保护局办公室工作职责

1.协助局领导处理政务工作和机关日常事务管理工作，协调机关各部门工作，督办重要工作；

2.拟订机关各项规章制度并监督执行；

3.负责局机关文电、文印、保密、机要、安全保卫、档案管理等事务性工作、负责有关文稿的起草，并指导直属单位的相关工作；

4.负责局机关信息化建设工作和政务信息工作，指导全自治区环保系统的信息化建设工作、政务信息工作；

5.负责局机关财务管理、国有资产管理和后勤保障工作；

6.负责环境信访和公众举报工作，组织办理自治区人大代表建议、议案、政协委员提案，指导环保系统信访工作；

7.负责全自治区环保系统目标责任制管理、检查、考核工作；

8.负责局综合性会议的组织工作，督促检查会议精神落实情况；

9.负责局机关和部分直属单位的计划生育工作；

10.完成领导交办的其他工作。

（来源：内蒙古自治区环保局网站 http://www.hmhbj.com）

分析以上办公室工作职责，理解机关行政在行政管理中的重要性。

第一节　机关行政概述

机关行政是公共行政管理的重要组成部分。搞好机关行政，建立高效、廉洁、务实、现代化的办公厅(室)，有利于直接提高行政效率，减轻领导负担，协调公共行政组织与其他组织、群体的关系。因此，研究机关行政的现状和内容及其存在的问题与解决问题的办法，对于机关行政的科学化、现代化，乃至整个行政管理的科学化、现代化，都有着极其重要的意义。

一、机关行政的含义与特征

(一)机关行政的含义

机关，原意是指机械中控制全体的关键部位，其功能是发动和关闭，后引申到社会科学中，泛指国家、政党或团体为实现其职能而组织的某些固定机构。这些机构在各自一定范围内负责指挥和控制该组织的活动，起着核心枢纽的作用，人们一般就是根据机关的作为来判断一个组织的性质和特征。

行政机关，有广义和狭义之分。广义的行政机关，指政府为实现其职能而设置的固定机构，其范围是除政府的综合办事机构外，还包括它的各专业职能部门和其他直属单位。狭义的行政机关仅指政府系统中的综合办事机构，即办公厅(室)。

由于行政机关有不同的含义，机关行政也就有广义和狭义之分。广义的机关行政是“一切行政技术的活动，是利用科学的方法，有计划、有效率和有技术地规划、管制、联系、协调和运用机关的组织、人员、经费和物材，作适时、适地、适人、适事的处理，以提高行政效率，发展机关事务，达成机关的使命”。狭义的行政机关管理仅指对本机关内部综合性的日常事物、规章制度、工作程序等所进行的管理，也就是对办公厅(室)的管理。这种狭义的机关行政是本章所研究的对象，主要研究与办公厅(室)有关的一些原则、内容和技术，目的是为了提高机关行政的工作效率，推动机关行政朝着科学化、法制化、现代化方向发展。

(二)机关行政的特征

根据办公厅(室)在公共行政组织中所处的地位，决定了机关行政有以下特征：

1. 政策性

机关行政作为公共行政管理的一部分，必然要反映公共行政管理的性质与特征，故机关行政具有鲜明的政策性。机关行政工作虽然琐碎具体，但大都涉及国家政策的落实与执行。因此,机关行政人员必须加强自身素质修养,忠实、准确地理解、掌握和执行政策,做好各项机关行政工作。

2.综合性

办公厅(室)不仅对外要协助行政首长对社会公共事务进行管理,对内还要做好机关自身的管理。从联系上下,到沟通左右、协调内外,从提供工作和生活服务到接待各方,由此决定了机关行政工作是多方面的,具有很强的综合性。

3.辅助性

办公厅(室)可提出处理问题的参考意见和方案,但无权作最后决断;可对重要会议和有关大型活动负责组织,但没有主持权。它只是领导的参谋、助手,起着从属的作用,具有辅助性。

4.服务性

办公厅(室)工作繁杂细致,服务性是其基本特点。这种服务,是指为领导的职责工作服务;为相关的各级部门和领导服务;为人民服务。服务工作的优劣,会直接影响到本级行政组织工作气氛的好坏和工作效率的高低。

5.时效性

现代信息社会要求社会各项工作具有高效性,机关管理尤是如此。只有快速、高效地提供服务和履行职责,才不至于贻误本机关及整个组织的工作,保证顺利地解决问题,实现公共行政目标。

6.保密性

机关行政人员由于接近领导人员,并且常常参与领导决策,接收上级政策指令,比一般人员提前获悉有关政治、经济、技术等方面的信息情报,因此,必须要按照国家的保密规则,严格保密。

二、机关行政的职责与作用

(一)机关行政的职责

机关行政的职责是由机关行政的性质与特征决定的,它是依法行政时所应承担的职责和所具有的功能作用。概括起来它有以下5种职责。

1.指导职责

根据系统科学层级原理,层级不同,职责要求有别。这样,办公厅(室)层级不同,职责亦有较大差别。因此,较高级的办公厅(室)对下属机构的工作有指导职责。这种指导职责主要体现在:一是传达、制定有关方针、政策;二是对方针政策做出解释；三是办公厅(室)是职能部门和下级组织的综合平衡机构。它在管理系统中的承上启下、联络左右的指导职责是非常突出的。

2. 参谋咨询职责

决策是领导者的基本职责，但是领导者要做出正确的决策，单凭个人的经验和智慧是远远不够的，还需要借助各种辅助力量来协助自己决策。办公厅(室)靠近领导中枢，是直接为领导服务的，因此它是所有决策辅助力量中最特殊最重要的一部分。在整个决策过程中它可以发挥应有的参谋作用：决策准备时，可以根据领导的要求进行调研活动，提供准确、综合的决策信息，向领导提供可靠的决策依据和目标；拟订方案时，积极出谋划策，为领导推荐和评价方案；决策实施时，通过了解汇总执行情况，把信息及时反馈给领导，便于领导对方案进行修正完善。

3. 后勤服务职责

它是机关管理职能的重要组成部分。这种职能主要是针对办公厅(室)内部而言的。其内容包括诸多方面，如公文管理、信息处理、物材管理、会议管理、机关环境管理等。后勤服务工作虽然具体、琐碎，但“兵马未动，粮草先行”，政府工作的正常进行离不开它。搞好行政机关的后勤工作，能够调动工作人员的积极性，促进行政效率的提高。

4. 沟通协调职责

沟通协调是指经过中介的工作，使有关各方面相互配合，协调一致，为实现共同目标而努力。办公厅(室)在政府中，承上启下，联系内外，沟通四面八方，有力地发挥着沟通协调的作用。具体说来，有如下职责：一是统一步调。通过办公厅(室)集中各方力量，协同工作，努力实现行政目标。办公厅(室)工作人员要积极配合领导进行统一步调的解释说服工作，必要时可考虑采用行政强制手段。二是化解矛盾。由于各部门的具体利益和看问题的角度有差异，对同一政策、方案会产生不同的认识，这就可能会导致矛盾的产生，而这不利于公共行政组织上下、左右之间的团结协调。由于办公厅(室)是一个综合机构，处于相对超脱的地位，有可能站在公众的立场上来进行合法合理的劝解和协调，进而化解矛盾。三是合理安排。为了减少矛盾的产生，办公厅(室)应当协助领导班子安排好决策实施过程中的人和事，因为合理安排各项工作会使各职能部门都感到满意，进而将矛盾消除在萌芽之中。

5. 监督职责

办公厅(室)的职责是对下属机构、人员的工作进行检查、考核和督促，其目的是使下属快速、准确、有效地实现行政目标。主要内容有：一是监测工作进度，检查工作质量。二是督办，要求指令明确，处理果断迅速。三是排忧解难，办公厅(室)

要帮助有关部门制定排忧解难的方法和途径。在无法解决困难时，要及时反馈给决策指挥者决断。

(二)机关行政的作用

机关行政的工作任务，充分体现了它在行政管理工作中的作用。概括起来主要表现在：

(1)提高领导决策的水平。领导者要进行科学技术决策，需要对客观情况作细致的了解，掌握大量的信息，这就需要多方面许多人的协助，咨询部门可以完成其中的许多工作，但还有许多工作需要办公厅(室)等部门当好参谋和助手。

(2)提高行政工作效率。一个强有力的办公厅(室)能对各专业部门起很好的协调、组织和监督作用，使他们能很好地实现领导者的意向。而且，领导者的许多工作，都是经由办公厅(室)来完成的。这些工作的成果如何，直接影响着整个行政工作的效率。如会议管理、文书处理，在很大程度上都取决于办公厅(室)的工作，所以，搞好机关行政，建立个干练的办公厅(室)，能够大大提高领导者的工作效率。

(3)提高行政服务质量。完成行政工作必须有适当的后勤保证，即为工作人员创造必要的工作条件和生活条件，而这些工作，一般均属办公厅(室)的工作范围。这些工作办得好坏，将直接影响行政任务的完成。从这个意义上说，办公厅(室)起着各级政府后勤部的作用。做好办公厅(室)工作，可以免除第一线人员的后顾之忧，促进行政任务更好地完成。

三、机关行政的意义

机关行政的地位和功能决定了搞好机关行政具有重要意义。

(1)良好的机关行政，是行政机关正常运转，充分发挥其职能作用的需要。各级行政领导要进行正确的决策和有效的组织、指挥、检查、监督，各类行政人员要顺利进行本职工作，需要信息的收集、整理和传递，需要总务后勤保障，需要机关的人事协调等工作，这些都是行政管理的基础性工作。良好的机关行政，可以通过参与政务，帮助领导处理日常事务，收集反馈信息，协助领导决策；可以通过管理日常事务，承上启下，联系内外，沟通本机关各部门之间的关系，协调同其他机关的关系，保证机关正常运转；可以通过搞好服务，做好诸如文书处理、档案管理、会议准备、办公用品购置、环境卫生绿化、工作人员吃住行用等方面的事务性工作，为整个机关工作的顺利进行创造必要的工作、生活条件。

(2)良好的机关行政，是行政领导统领全局、科学决策、实施有效领导的需要。机关行政是领导工作的基础，其各项具体任务都围绕领导行为这条主线去开展，为领导提供周到的服务。机关行政可以为领导的决策提供大量直接的信息资料和多方面的科学知识。这和咨询机关作用不同,它提供的信息和知识有具体性,可以针对不同决策程序提供不同内容;具有全面性,可以针对决策程序内外联系提供所需信息;还具有周密性,即可以斟酌决策内容中矛盾的各方面来处理信息。所以,搞好机关行政,有助于发挥其辅佐领导决策、提高决策水平和实施有效领导的作用。

(3)良好的机关行政,是机关工作人员充分施展才干、免除后顾之忧的需要。做好机关行政工作,关心干部职工需要,倾听干部职工的呼声,帮助干部职工排忧解难,可以激发广大干部职工的工作积极性,以形成团队凝聚力。通过有效的机关行政工作,妥善地解决好干部职工在衣、食、住、行中的实际困难,帮助他们解除后顾之忧,可以使干部职工直接感受到党和政府的支持和关心,从而自觉地为工作尽职尽责。

(4)良好的机关行政,是有效地利用行政资源、提高行政效率的需要。机关和机关工作人员,从事着各个领域、方面、层次、环节的大量社会组织管理工作,机关是各级各类组织的枢纽和核心。这个枢纽运转是否正常,是否有效,直接关系到全局工作的好坏。机关工作的敏捷反应、快速运转、正确指挥和果断决策,都能产生巨大的经济效益和社会效益。办事磨蹭、不讲效率不仅贻误工作,甚至会造成不可估量的损失。一个强有力的办公机关将对各职能部门起到很好的协调、组织和监督作用,使它们能正确地实现行政领导的意向。在实际工作中,行政领导实施领导职能,在不同程度上几乎都是通过办公厅(室)来实现的,如办文、办会、办事等诸方面,因而机关行政水平直接影响行政效率。

(5)良好的机关行政,是树立政府优良形象、保持与公众良好关系的需要。搞好机关行政,有利于密切政府同人民群众的关系。我们的政权是人民的政权,是代表人民群众的根本利益,反映人民群众的基本要求、全心全意为人民服务的。机关事务管理,一方面,可以通过思想政治工作、行为规范来教育和约束广大干部职工注意行政作风,加强廉政、勤政,使人民群众真心感到政府是可以信赖的;另一方面,办公机构可以通过收集各方面的信息,了解人民群众的实际情况,通过调查研究、接待来信来访、协商对话等方式,密切同人民群众的关系。

第二节　机关行政的主要内容

一、机关环境管理

1.机关环境管理的含义与意义

现代机关环境可从两个方面理解。广义上,包括空间环境、人文环境、心理-生理环境以及办公室设计等物资设备环境。狭义的机关环境，则主要指直接影响工效的办公和作业环境，如心理-生理环境和办公物质环境等。机关环境管理就是机关领导者为维护工作人员的身心健康，提高工作效率，而对机关环境所涉及的诸方面进行科学有效的长期管理。

从行为科学看来，普通人工作潜力的发挥，不只是凭价值观念、职业伦理或单纯教育就奏效的，而且还受到环境-心理-行为的相互作用。换言之，环境的因素通过影响工作人员的心理和行为而在一定程度上影响到工作效率。实践经验表明，实现机关环境的科学化管理，可使办公室工作取得更高的效率和更好的服务质量。既能提高工效，又能保证工作人员和公众的舒适和便利。我国过去对机关办公环境管理重视不够，不仅工作人员的生理-心理保健得不到保护，乃至办公室物资设备也多半与社会经济发展不相称。因此，环境管理成为机关管理的一个重要课题，我们应加强对机关环境管理的研究。

2.美化机关环境

美化机关环境，就是创造一个优美、清静、符合人的心理和生理特点的办公环境，为机关工作人员提供理想的办公条件。美化机关环境包括办公场所外部环境的优化和办公室内部状况的改善和美化。

(1)办公场所外部环境的优化。优化办公场所的外部环境，一是要正确地选择办公地点；二是要合理布局办公区域；三是要绿化、美化环境。

办公地点的正确选择，应充分考虑下述因素：有长远规划，与城市建设和发展的总体规划相适应，避免因城市规模的扩大或者布局的变化而引起办公地点地理位置优势的弱化，用地面积要留有余地，以便扩建；有安静的办公环境，办公地点应与闹市区、工厂区以及车站、码头保持一定的距离，尽可能避开噪声；有便利的交通条件，便于工作人员上、下班及与相关部门、人员联系工作。

办公区域的合理布局，主要是根据办公场所的自然环境、周边单位情况、行政事务处理程序、方便提供公共服务等，将办公场所划分若干区域，并布置在适当位置，以便区分管理，保持安静正常的工作秩序。

绿化、美化环境，是要在办公场所多植树草花卉，使办公场所园林化。满目葱绿，鲜花簇拥，能使人心旷神怡，精神振奋。另外，办公场所的路面、路灯、路标、楼号、门号的制作等，都要力求美观大方，应该精心设计，讲究条理性和艺术性。

(2)办公场所内部状况的改善。首先，改善办公室的物理条件。这主要是指对办公室听觉、视觉、空气等环境以及基础设施的改善，具体包括噪声、采光、温度、湿度、鲜度空气范围、基础设施等。其次，合理布置办公室设备。布置整洁、美观大方的办公室，会使人心情舒畅、工作效率提高。各种办公设备的排列组合如何达到美观的效果，应该从实际情况出发，发挥创造性，灵活巧妙地安排。

二、机关文书管理

1. 文书管理的含义与原则

文书，即人们在社会实践中通过文字书写材料表达思想意图、交流社会信息、处理问题的一种书面记录。它有两种类型：一是公务文书；二是私人文书。公务文书（或称公文、文件）又可分为通用公文和专用公文。通用公文是指党政机关及各企事业单位、人民团体处理政务的文书。专用公文是指司法、外交、军事、商务部门所使用的专用公文。机关文书即指公务文书中的通用公文，有其自身的特点。行政文书是当政者表达国家意志，执行国家公务的手段，因此具有政治性；文书是依法能以自己的名义处理公务的组织做出的，代表了制发机关的法定权威，因而具有权威性；文书集中体现了党和国家的政策和法规，因此具有政策性；文书有特定的体例要求，因此具有程式性；文书往往是针对具体问题而发。明确规定文书的指向、时效和范围，因此具有现实性。

文书管理工作，是领导的重要助手，是提高机关工作效率、保护行政机密、保存与利用行政史料的重要环节。具体包括：①文书的撰制，行政组织在社会活动中对有关的信息材料进行收集、加工、整理，是为了一定的目的而形成的具有特定格式的文书，并在自己职责范围内加以运作的过程；②文书的处理，它包括发文处理程序和收文处理程序；③文书的整理，即根据科学分类原则，将办毕的文书收集、保留，以供查阅、整理、立卷、归档和对文书工作全过程的监督等。

要使文书起到应有的作用，文书管理必须遵守以下 3 条原则。

(1)精简实效原则。公文的行文要注意精简，讲究实效，限制发文数量，反对文牍主义。对于可发可不发的公文，坚决不发。对于必发的公文，坚持做到“短、精、少”。另外，要精简办文的程序和环节，缩短公文旅程。

(2)及时准确原则。在公文处理中，不论是对急件、要件，还是一般文件都不积不拖，及时办理。公文的撰拟在内容上要准确无误，就是印刷、校对这些细小的环节都要一丝不苟。

(3)安全保密原则。公共行政组织的公文管理工作涉及党和国家的许多机密，在公文处理中一定要遵守保密纪律，建立保密制度，防止文件内容的失密泄密。

2. 文书的科学管理

文书管理是一项环节多、涉及面广、要求严格的工作。文书处理过程中的拖拉、失误会严重影响公共行政组织的行政效率，损害公共行政组织的形象，还会给国家造成经济上的损失。因此必须遵守国家有关规定和文书管理的原则,实施科学管理,其主要内容有:规范公文种类;统一公文格式;遵守行文规则;遵守公文处理程序。

三、机关档案管理

1.档案和档案管理

档案是国家机关、社会组织和个人在社会活动中直接形成的对国家和社会有保存价值的各种文字、图表、声像等不同形式的历史记录。文书工作与档案工作紧密相连,办毕立卷的文书是档案的基础和源泉,档案工作是文书工作的延续。档案的形式多种多样,包括文件材料、电文、会议记录、电话记录、书信、图表、簿册、画片、影片、录音、录像等。

档案对公共行政机关管理具有重要的作用。它不仅是历史的记录,具有真凭实据的作用,而且作为原始材料,对于公共行政工作人员了解历史情况、总结经验教训、研究决策、开展工作等具有重要的参考意义。因此,机关行政中要重视档案管理。

2.档案管理的基本内容

档案管理总的要求是,集中统一地管理国家档案,维护档案的完整与完全,便于国家各项工作的利用。档案管理的基本内容是:①接受。对于文秘部门立卷归档的公文,档案室应认真做好接受工作。接受档案时要做到:归档文件齐全、完整;按照其内容上的联系和原来的历史面貌,加以分类整理;移交时严格履行签字手续;②收集。根据有关规定和要求,把分散的、应该归档的文件材料积极主动地集中起来。收集档案应当做到及时全面;③整理。把零散的、需要进一步条理化的档案进行分类、组合和编目,使之系统化;④鉴定。档案鉴定就是决定档案存毁的问题。它包括审定案卷的保管期限,剔除已失去保存价值的档案,并经一定手续予以销毁,也可采取移存、删除、提要等方法,简化档案,增加库存量。⑤编目。为了便于使用者了解和查找档案资料,必须对鉴定后的档案进行编目。具体方法包括依收发文号及日期先后所编的登记目录、标题目录、名称目录、机关目录、检字法目录等。⑥保管统计。档案的保管就是根据档案的成分和制成材料,采取必要的安全防护措施,如防火、防盗、防潮、防蛀。为此,档案存放的库房和设备要达到一定的技术和质量要求。档案的统计,就是以表册、数字的形式对档案和档案工作的情况进行登记。⑦提供利用。通过各种方式,介绍和报导档案室所保存的档案内容和实际情况,为利用者提供服务。利用档案是档案工作的根本目的,要做好调卷、目录索引、咨询等一系列工作。

四、机关会议管理

1. 会议和会议管理

“会”指聚会、会晤，“议”指议事、商议。会议是人们有组织、有领导地商议事情，研究和解决问题的一种社会活动方式。在现代社会，会议是一种很重要的行政手段，具有决策、传达、沟通、协调、监督、咨询、宣传教育和理论探讨等作用，运用得当，会成为公共行政组织行之有效的管理手段，运用不当，则会成为公共行政管理的一种灾害性的弊端。因此，提高对会议管理的认识，寻求会议管理的有效办法，是公共行政管理的重要任务之一。

会议的种类很多，可以根据不同的标准分类。根据会议的规模分，有大型、中型和小型会议；根据会议的性质分，有政治会议、经济会议、科技会议等；根据会议产生的程序，分为例行性会议和临时性会议；根据与会人员所代表的地域范围，有全国性会议、全省性会议等；根据会议的作用，有决策性、传达性、沟通性和协调性等会议；此外还有如座谈会、茶话会、现场会、调查会等。召开各种会议，应明确会议类型，这样有利于确定会议目标和程序，有利于提高会议效率，做到讨论、决定、行动三者之间的统一。

所谓会议管理，指的是对各种各样的会议组织与管理。包括确定会议内容、制定会议程序、通知会议人员、安排会议服务以及会议善后处理等环节。

2. 会议管理的原则和方法

(1)会议管理的原则

◆ 目的明确原则，即召开每一次会议，都要有明确的目的，都要解决一定的问题。

◆ 会议精减原则，即应尽量减少各种会议。可开可不开的会议尽量不开；可长可短的会议尽量短开；可合并的会议尽量合并开；可用其他简便方法代替的会议就尽量用简便方法代替，尽可能将机关会议减少到最低限度。

◆ 会议有效原则，即召开每一次会议，如果确实必要，开会必须追求效益，解决实际问题。

(2)会议管理的方法

a. 计算会议成本。在讲究经济效益的今天，必须提高会议效益，每次开会必算会议成本。企业界已有一套计算会议成本的方法，虽然经济领域的生产活动不能完全等同于公共行政领域的管理活动，但企业界计算会议成本的方式可为公共行政管理界提供一定的借鉴,公共行政管理者必须考虑会议成本与解决问题价值的比值。

b.建立会议审批制度的方法。为严格控制会议数量和规模,必须建立会议审批制度,要规定哪些会议须经领导或办公厅(室)批准,哪些会议不予批准,这样就可以从会议源头上堵塞很多漏洞。

c.运用现代化手段的方法。随着现代化通讯工具的普遍应用,行政管理工作日益现代化。办公厅(室)在会议管理过程中,也应尽量使用现代化办公手段,利用现代化通讯工具(如召开电视电话会议),达到精简会议,提高会议质量、效率的目的。

(3)会议管理的内容

会前准备。好的开端是会议成功的一半,会前准备一般包括:①明确会议目的,确定会议内容。②拟订会议方案。③准备会议文件。④发出会议通知。⑤会议服务准备。

会中组织。会议的组织管理工作是保证质量和效率的关键之一。应抓好如下工作:①会前应对会场预备工作进行检查,确保会议安全,如期进行;②搞好会议签到,检查核对与会人员,对应到而未到会的人员,要催询并弄清原因;③分发会议材料,重要文件分发时要编号登记;④制止无关人员进入会场;⑤做好会议记录,客观反映会议内容;⑥做好会议情况的收集和汇报,包括会议的过程、分组讨论情况、简报的编写等。

会后工作。当会议结束时,要及时整理会议纪要,妥善安排与会人员离会,做好文件的清理归档和财务决算工作,对会务经验进行总结,向新闻媒介作消息报道,督促检查会议议定事项的贯彻落实工作,对会议效果进行有效地监督,力争及时、准确地把有关任务办好。

五、信访、保密管理

(一)信访管理

1.信访和信访工作

信访是“写信”和“访问”的统称。传统意义上的信访一词有广义和狭义两种理解。广义的信访是指社会成员通过写信和访问的形式所进行的社会交往活动。包括人与人之间、群众和社会组织管理者之间、部门与部门之间、团体与团体之间相互通信、访问等。狭义的信访是指公民、法人或者其他组织采用书信、电子邮件、传真、电话、走访等形式,向各级人民政府、县级以上人民政府工作部门反映情况,提出建议、意见或者投诉请求,依法由有关行政机关处理的活动。

信访工作是受理人民来信来电、接待人民来访工作的简称。是指各级公共行政组织、企事业单位和人民团体对人民群众来信、来电、来访进行分析研究、调查核实、按政策和法规进行处理的一系列活动,即包括受理、处理、查办三个重要环节。中共中央办公厅、国务院办公厅在《关于加强信访工作的通知》中指出:“信访工作是党和政府密切联系群众的桥梁,也是党和政府制定政策和领导经济建设的一个重要的信息渠道。信访工作不是可有可无,而是各级党政机关不可缺少的一项长期的重要工作。”可见,信访工作具有十分重要的意义。

2.信访工作的任务与程序

信访部门的基本任务是:受理本地区、本系统和上级领导机关交办的来信、来电、来访问题;定期研究人民群众来信来访的情况和问题,及时向有关领导机关反映,并提出解决问题的建议;向有关地区、部门和单位交办来信、来电、来访问题并督促尽快解决。

办公室工作人员接受群众来信,应遵循一定程序进行处理。具体是:收信、拆封、阅信、登记、处理、补记、答复七个环节。受理来信需注意:首先,必须及时准确;其次,要建立健全信访工作责任制度;第三,要有保密观念;第四,正确处理匿名信;第五,告知群众处理结果。对于接收的电子邮件和打进的监督电话,处理程序和方式可参照来信的程序和方式执行。

接待群众来访,审理和解决群众提出的问题,是信访工作的重要组成部分。其主要形式有两种:办公室工作人员接待来访和领导同志接待来访。办公室工作人员接待来访工作的程序分为:接待、登记、谈话、处理、补记和答复。领导同志接待群众来访一般采取“接待日”的形式,即按事先确定并公布于众的日期、地点,由公共行政领导轮流接待群众来访,直接听取意见和要求,及时处理问题。接待来访,首先要注意把解决实际问题同思想教育结合起来;其次,要重视信访信息工作;第三,要认真处理好群众来访中的一些特殊问题;第四,要做好信访材料的整理和归档工作;第五,对已结案的信访件要选择重点进行回访。

(二)保密工作

保密就是通过一定机构、人员、制度、手段的作用,有效地把党和国家的秘密保护起来,防止失密、泄密或被窃密。它包括各种密级的文件、资料的管理等。公共行政组织的保密范围,一般包括电文保密、会议保密、印信保密、通讯保密、各类情报保密、高层领导活动保密等内容。各级机关办公厅(室)是国家机密高度集中的机构。因此,办公室工作人员应严格保守党和国家机密。保密工作任务包括两个方面：一是运用一切手段，同境外敌特机关的窃密活动作斗争，保卫国家的安全和利益；二是贯彻"积极防范"方针，经常向内部人员进行保密宣传教育，并对违反保密法规、制度和纪律的行为做斗争，堵塞一切泄密漏洞。

新时期保密工作的特点是涉密范围扩大，泄密渠道增多，窃密手段现代化。保密工作的基本方针是积极防范，突出重点，既确保国家秘密，又便利各项工作。只有办公室工作人员增强保密意识，严守保密制度和纪律，才能确保国家秘密的安全。

六、机关后勤事务管理

1.机关后勤事务管理的含义与特点

机关后勤事务管理又称总务管理，是指对本单位的物资和日常生活事务的管理，为公共行政职能部门提供保障性的工作和生活条件。后勤管理是所在机关、单位其他部门工作的基本条件，是其他一切管理工作的重要保证，是组织关心群众、联系群众的纽带，因此各级办公室工作人员必须做好机关后勤事务管理。

机关后勤事务管理具有以下特点：①广泛性。机关后勤工作涉及的范围很广泛，纵横交错，内外交织，从工作人员的衣、食、住、行到生、老、病、死，都要管理到。②社会性。后勤管理要与社会众多部门发生联系，须在诸如财政、银行、交通、工商、邮电、公安、教育、卫生等部门支持配合下才能完成任务。③经济性。后勤管理往往要和钱、财、物打交道，必须按财务管理制度办事，力求提高管理的经济效益。④时效性。后勤管理中的许多工作都有严格的时间限制，工作中必须高效、迅速，不得延误。⑤政策性。后勤管理虽然琐碎、繁杂，但又是一种政策性很强的工作，它涉及国家的政治方针、经济政策、教育政策等。

2.后勤事务管理的内容

(1)物材管理。机关物材主要包括办公用具、办公设备等，是满足办公需要不可缺少的工具。物材管理包括物材的采购、分配、保管、领用、维修、报废、稽核，重点是采购、保管、领用三环节，特别是要强调机关物材公开、透明、合理、务实采购。机关物材科学、规范化管理，可以有效地杜绝公共行政组织腐败行为的发生，节约机关财政开支，减少机关物材私有和浪费，提高行政效率。

(2)财务管理。就是对行政办公经费进行领拨、使用、管理和监督的一系列活动。机关的其他管理，都离不开财务的使用与管理。财务管理的目的是合理分配和使用资金，要求在具体管理过程中坚持勤俭节约的原则，力求少花钱多办事。

(3)房产管理。是指对公共行政组织的办公用房、附属用房、宿舍用房及其所占用土地的管理，包括房产的建筑、分配、管理和维修。长期以来，我国各级行政组织和单位的干部职工的住房都是由国家包下来，统建统分、包管包修，使国家、机关日益背上沉重的负担。目前，国家已出台货币化分房政策取代传统的福利分房制度，解除国家、机关身上沉重的房产管理包袱，同时也调动了广大工作人员买房的积极性。

(4)生活服务管理。是指对食堂、浴池、水电、车辆、幼儿园、招待所、医疗保健等方面的管理。生活服务管理工作直接关系到广大行政机关工作人员的切身利益，机关生活服务能否为机关工作人员解除后顾之忧，使他们集中精力工作，直接关系到公务人员工作积极性的发挥和行政效率的高低。因此，搞好机关生活服务管理十分重要。

3. 机关后勤事务管理的改革

我国公共行政组织以往实行的是封闭式、供给制、福利型的计划经济后勤体制。长期实行这种服务体制的结果使得后勤机构重叠，人员队伍庞大，人力物力浪费严重，经济效益和社会效益较差。因此，后勤管理的改革势在必行。

为适应建立社会主义市场经济体制和机构改革的总体要求，1998 年 12 月 30 日，经国务院同意，国务院办公厅转发了国务院机关事务管理局、中央机构编制委员会办公室共同制定的《关于深化国务院各部门机关后勤体制改革的意见》，提出这次改革的总体目标是以邓小平理论和党的十五大精神为指导，加强机关后勤管理规范化、制度化建设，转换服务机制，促进服务联合，逐步建立和完善与社会主义市场经济体制相适应的机关后勤保障机制。从中我们可以概括出机关后勤事务管理改革的方向为：

(1)推动机关后勤管理科学化。管理是一切工作的基础。在改革与发展中，我们面临的许多问题，都与管理落后、管理不严不细有关。我们在深化机关后勤改革时，必须推行后勤工作的科学管理。这就要求配备好的领导班子，建立起权力统一的管理制度，实行科学的管理方法。

(2)推动机关后勤服务企业化。企业化是指机关的福利、生活设施要逐步实行企业化经营，设立自己的收支账目，独立核算，自负盈亏，在保证服务的前提下，提高经济效益。当前有不少地方成立了机关后勤服务中心，采取企业化运作方式，取得了明显的成效。机关后勤部门要在总结经验的基础上，拓宽发展思路，加大机关服务中心的改革力度，盘活后勤资产存量，以市场为导向，以效益为中心，提高服务经营能力，促进后勤经济发展。在入世和与国际接轨的过程中，我国以后勤设备与用品制造业、后勤服务业、后勤科研与教育业、后勤信息业为主的后勤产业正在走向市场。

(3)推动机关后勤服务社会化,促进后勤服务联合。社会化,就是由社会来办后勤,由社会向公共行政组织提供这方面的服务。实行社会化的好处在于减轻机关管理的工作负担,精简机构和人员,减少浪费,提高行政办公效率。机关后勤一方面要积极开展对外服务,另一方面要引进社会力量为机关服务。要积极促进后勤服务单位联合,这是生产社会化和节约后勤管理资源的需要。联合协作可采取合并、联营、兼并、租赁、股份经营等多种形式。

第三节 机关行政现代化

一、机关行政现代化的含义及内容

(一)机关行政现代化的含义

机关行政现代化是指在机关行政中使用各种现代管理方法和先进技术手段,使办公厅(室)工作自动化、科学化和高效化。它不仅指机关管理的某一方面要达到现代先进水平,而且管理思想、人员素质、工作程序、工作方式、技术手段和工作效率等都要符合现代化管理的要求。机关管理的现代化是社会进步的客观要求。另外,现代科学技术的发展所提供的技术设备也使其成为可能。实现机关管理现代化,能节约人力、物力、财力和时间,方便工作人员有效地履行行政职责,进而推动社会的进步和经济的发展。

(二)机关行政现代化的内容

1. 行政技术手段现代化

每个时代,行政技术手段的发展都是由当时的社会生产力决定的,它与社会生产力的发展相适应,并且随着社会生产力的发展而发展。现代社会机关管理工作量越来越大,要求越来越高,先进的技术手段逐渐地被引用到机关管理当中。就目前各国来说,正在使用或正在发展着的办公机械有:文书处理方面的邮件分类机、启封机、装封机、计邮机、打字机、复印机、照相机;档案管理方面的微缩胶片摄影机、阅读机;通讯方面的电话机、电报机、传真机、无线和有线电视、手机、光缆通讯技术;统计和计算方面的计算机、收款机、过账机、电子计算器、电子计算机;记录方面的录音机、录像机;等等。这些现代化技术手段的应用,不仅使机关管理省力省时,而且能正确和迅速地处理与传递信息,加强储存和保密工作,达到成本低、效率高的目的。

2. 信息传输网络化

从本质上来说，行政管理的过程就是信息的产生、收集、储藏、分配、传递和利用的过程。书写文件、报告是产生信息；调查研究、看资料、学文件、反馈是收集信息；分发文件、发通知、布置工作是在分配和传递信息；整理文件资料、分类归档是储藏信息；思考、选择、决策是在利用、整理和制造信息。党政机关社会团体无时无刻不在和信息打交道，因此建立和健全现代化信息系统，使信息传输网络化，是机关管理科学化、现代化的重要内容。尤其是像我们这样大的国家，幅员辽阔，人口众多，各地经济、政治、文化和社会环境很不平衡，如果仅靠纸笔、会议和文件是很难及时、准确和长期有效地收集信息的，这就更需要发展电子计算机通讯网络技术，使我国建立起现代化的信息系统。

3. 机关工作效率化

效率就其基本的含义是：根据当时当地的水平，以最小的代价（人、时间、钱、物）、最好的质量完成最多的工作。要使机关工作效率化，首先要有极强的时间观念。其次是要实现工作的高质量。质量和数量是辩证的统一，没有质量，也就没有数量。所以工作不能只讲快，而且还要讲高质量，也就是既讲时效又讲功效，把一切事情都处理得迅速、精确。再次是要节约。就是说办事情要少付出，不仅要少付出人力，还要少付出物力、财力。要以最小的消耗，产生最大的效果。

提高机关工作的效率是由多种因素起作用的，除了前面讲的行政手段现代化、信息传输网络化外，机关机构的设置、人员的素质、工作程序等，都对机关工作的效率起着制约作用。机关管理科学化的重要任务之一，就在于如何把影响机关各种素质教育的因素变成积极的力量，大大提高机关的工作效率，实现机关工作效率化。

4. 机关工作人员的现代化

机关管理科学化、现代化的关键是工作人员的现代化。没有现代化的人，就建立不起现代化的机关管理。现代化的机关工作人员要有全心全意为人民服务的思想，要有信息、效益、改革等现代化观念，要有创造性、敏捷性、系统性等现代思维方式以及较高的科学文化水平和业务水平等。总之，要按照干部和国家工作人员的条件来配备机关工作人员，建立一支又红又专的现代机关工作队伍。

二、电子政务和机关行政现代化

（一）电子政务的概念与特点

1. 电子政务的概念

从世界范围看，推进行政管理的网络化、自动化、电子化、数字化，以及由此所带来的全面信息共享已经是大势所趋。美国在20世纪90年代进行的重组政府过程中，始终把信息高速公路的建立与完善作为重要内容。其后，在20世纪行将结束之前，联合国经济与社会理事会（ECOSOC）就已经决定，把推进发展中国家政府信息化作为工作重点，希望通过信息技术的应用改进政府组织，重组公共管理。适应历史潮流，中国政府也于1998年开始策划政府上网工程。

关于电子政务目前有很多种说法，如电子政府、网络政府、政府信息化管理等。真正的电子政务绝不是简单的“政府上网工程”，更不是为数不多的网页型网站系统。从严格意义上说，所谓电子政务就是政府机构应用现代信息和通信技术，将管理和服务通过网络技术进行集成，在因特网上实现政府组织结构和工作流程的优化重组，超越时间和空间及部门之间的分隔限制，向社会提供优质和全方位的、规范而透明的、符合国际水准的管理和服务。

电子政务是一个系统工程，应该符合3个基本条件：

(1)电子政务是必须借助于电子信息化硬件系统、数字网络技术和相关软件技术的综合服务系统。硬件部分包括内部局域网、外部因特网、系统通信系统和专用线路等；软件部分包括大型数据库管理系统、信息传输平台、权限管理平台、文件形成和审批上传系统、新闻发布系统、服务管理系统、政策法规发布系统、用户服务和管理系统、人事及档案管理系统、福利及住房公积金管理系统等数十个系统。

(2)电子政务是处理与政府有关的公开事务、内部事务的综合系统。除政府机关内部的行政事务以外，还包括立法、司法部门以及其他一些公共组织的管理事务，如检察事务、审判事务和社区事务等。

(3)电子政务是新型的、先进的、革命性的政务管理系统。电子政务并不是简单地将传统的政府管理事务原封不动地搬到因特网上，而是要对其进行组织结构的重组和业务流程的再造。因此，从管理上而言，电子政府与传统政府之间有明显的区别。

2.电子政务的特点

电子政务是指通过信息和通信技术，政府机构应用网络技术提供集成的管理和服务，借助因特网实现组织结构和工作流程的优化和重组，超越时间、空间和部门分离的限制，全方位地向社会提供优质、规范、透明和符合国际水准的管理和服务。

从上面的定义可以看出，电子政务具有以下特点：

(1)在电子政务的概念中，核心内容是政务，即政府的两大职能——管理和服务，电子政务只是提高政府行政效率的手段；

(2)电子政务是对政府组织结构和流程的优化和重组，而不是简单的流程电子化；

(3)电子政务提供跨越空间、时间和部门限制的沟通和协作渠道，用于提高政府的管理水平和服务水平；

(4)电子政府必须规范、透明，符合国际标准，它要求政府必须转变职能，符合WTO规范，最简单的例子就是政府网站必须支持多语种文字，如韩国汉城网站支持韩文、中文、日文和英文四种语言。

可以看出，电子政务首先是观念的转变，是认识上的提高，这也是建设电子政务的关键因素，资金投入和技术选择都必须围绕这一中心。

(二)电子政务对机关行政现代化的意义

电子政务是建立在现代信息和通信技术基础上的，而信息技术又大大地改进了行政管理方法。信息技术与行政方法密不可分。所有行政方法都要有相应的信息支持，而有些行政方法就是专门为保证信息流通而创立的。电子政务的发展引起行政方法的创新，进而有助于实现机关行政的现代化，主要表现在以下 3 个方面。

(1)电子政务有助于改善现有机关行政管理信息基础和信息通信手段。在现代机关行政管理过程中，除要运用经济方法、法律方法、行政方法与行为激励方法之外，还要运用网络规划技术等一系列现代管理技术。电子政务对于改善这些机关管理方法的信息基础和信息通信手段具有重要的作用。如目前行之有效的网络规划技术，就运用了先进的信息技术予以支持，从而大大提高了机关行政效能。

(2)电子政务有助于创立全新的机关行政管理方法和行政措施。信息技术的发展使决策支持系统(DSS)、电子会议系统(EMS)、远距离控制、分布式工作的统一协调、动态网络计划成为可能。目前，我国政府上网工程就采用了一整套全新的管理方法，如人民银行网上支付、海关总署报关单和外汇联网的外汇核销系统、工商局红盾信息网提供企业数据库、国税总局增值税发票稽核系统和电子报税等。这些管理方法提高了行政效率，降低了行政成本。

(3)电子政务为全面实现机关行政的自动化、信息化提供了技术手段。随着现代科学技术的发展，自动化与信息化成为当代管理发展的基本趋势，行政管理也不例外。然而，要实现行政管理的自动化、信息化就必须将现代自动化技术、信息化技术运用于机关行政过程之中，而电子政务正是这种运用的产物。电子政务的产生标志着行政管理自动化、信息化时代正在到来，而电子政务时代的到来，则开创了一个机关行政管理方法现代化的新时代。

可以说，信息技术的发展，电子政务的产生，对现代行政管理方法产生了深远的影响，从根本上发展了以往的行政方法，使其有了质的飞跃。而现代化的行政管理方法正以其科学性、合理性、高效性支撑着电子政务的进一步发展。

【案例分析】

安徽公车改革剑指车轮"黑洞"

超标配车、公车私用、维护费用高昂……近年来，机关公务用车数量逐年增多，但是使用效率低，超编越标配备，擅自调拨、借用、转让和处置等问题比较突出，公务用车的"黑洞"一直不能得到有效封堵。如今，在安徽省直机关率先启动的公务用车管理改革，将有效遏制不断增长的公车消费"黑洞"，首批列入管理的省直单位共有106个，均属省级行政单位或财政全额供给事业单位。

所谓"屁股底下一幢楼"，这是老百姓对公务用车浪费现象的一种比喻。一些单位经费多，财力充实，配车的数量和规格远远超过应配标准。

公车的使用，往往也是公车不"公"，"公事也坐，私事也坐；领导也坐，家属也坐。"公车的高额支出已成为各级财政的沉重负担。

安徽省有关部门做过粗略统计，省直机关现有公务用车约1 090辆（不含公检法司等部门），财政每年安排公务用车购置经费达2 000万元左右，如果加上执法部门的用车，远远超过这个数字。另据一份资料显示：截至20世纪90年代后期，我国约有350万辆公车，包括司勤人员在内每年耗用约3 000亿元人民币，车辆消费占单位行政经费的90%左右。

在这样的背景下，安徽省直机关事务管理局、省财政厅、省监察厅共同出台《省直机关公务用车管理实施细则》，在省直机关率先启动公务用车统一管理改革。改革将按照保障公务活动需要和勤俭节约的原则，依据各单位的主要职责、内设机构、领导职数、人员编制和实际工作需要加以核定。首批单位列入管理改革运行一段时间后，将依次扩大改革范围。目前对这些部门公务用车核编定编的"摸家底"工作已经接近尾声。

据了解，管理的核心将在保证公务需要及工作效率的前提下，防止使用中的腐败，堵塞财政支出中的黑洞，节减财政支出。主要内容为七个"统一"：统一审批程序、统一经费渠道、统一预算保障、统一政府采购、统一车辆保险、统一车辆维修、统一报废处置。

管理改革的执行单位对改革充满信心，有关部门介绍："像经费这块儿，今后公务用车的购买不再零敲碎打，而是统一纳入到政府采购，大批量的采购肯定比各单位零星采购有价格优势，财政公用费用的增长得到有效控制。"并且，今后公务用车的经费来源只能出自这一个关口，财力充实单位利用其他财政专项经费购车的渠道将被封死。

"每辆车都将有一张唯一的身份证。"按照公务用车编制标准,改革将为每一辆车核发一张"编制卡",一辆车对应一张卡,这张卡作用很大,作为以后公务用车配备、更新报废、车辆使用经费供给和车辆注册登记、转户变更等以及纪检监察部门检查的重要凭证。"一辆车到了报废时间,财政自然会拨款购买新的,不会再出现单位拿着条子,到处请领导签字买车的现象了。公务车的管理将进入良性循环状态。"

省直各单位车辆禁止挂二级机构户头,杜绝二级机构和下属企事业单位车辆挂机关户头,严禁私车公挂。现有挂户车辆按照国有资产管理办法的有关规定,在明确产权关系的基础上,办理转籍过户手续。

那么现有超编的小汽车怎么办呢?对这部分车辆将设立"临时编制",一次性使用,列入临时编制的小汽车经批准办理变更、报废处置手续后,临时编制同时注销。而临时编制的小汽车维护费用财政不兜底,由单位自理。

改革后省直单位公务用车苦乐不均的现象也将得到改善,一些民主党派机关缺车少车、权力部门公车泛滥的现象不复存在(来源:安徽日报,2008-06-16)。

问题:

1. 机关改革对提高公民对政府工作的认知度的影响。

2. 安徽省公车改革对机关管理及改革有哪些借鉴意义?

【思考与练习】

1. 简述机关行政的特征、任务。

2. 分析机关行政的作用。

3. 简述机关后勤事务管理的意义和原则。

第十三章

财务行政

【导入案例】

2007年,全市财政一般预算收入完成523.79亿元,为市代编预算465.06亿元的112.6%,超收58.73亿元,比2006年决算数427.08亿元增收96.71亿元,增长22.6%。其中,市本级收入完成241.02亿元,为年度预算214.02亿元的112.6%,超收27亿元,比2006年决算数201亿元增收40.02亿元,增长19.9%;区、县级市收入完成282.77亿元,为市代编预算251.04亿元的112.6%,超收31.73亿元,比2006年决算数226.08亿元增收56.69亿元,增长25.1%。全市财政一般预算支出完成623.68亿元,为年度预算709.72亿元的87.9%,比2006年决算数506.79亿元增支116.89亿元,增长23.1%。其中,市本级支出完成262.46亿元,为年度预算309.57亿元的84.8%,比2006年决算数205.04亿元增支57.42亿元,增长28%;区、县级市支出完成361.22亿元,为年度预算400.15亿元的90.3%,比2006年决算数301.75亿元增支59.47亿元,增长19.7%(来源:广州市财政局:《广州市2007年预算执行情况和2008年预算草案的报告》,广州市政府网,2008-06-23)。

分析政府财务行政预算在政府经济管理活动中的作用。

第一节 财务行政概述

一、财务行政的概念与特点

(一)财务行政的概念

财务行政是行政管理的一项最基本的管理体制,是保证行政组织正常运转必不可少的基本条件。由于国家行政组织的各种活动和各种职能的履行都是在财政收支基础上进行,其组织机构、规模、人员数量、职数、工资额等也是由一定的财政经费制约的,可以说,财务行政直接关系到国家行政组织的存在、建设和发展。另外,财务行政是政府履行经济职能、对国民经济进行宏观调控的重要手段。因此,财务行政是行政管理研究中至关重要的领域。

在国内外的文献中,和其他行政管理学的概念一样,对财务行政的解释也是多种多样的,有的定义很宽,适用于经济学、财政学等广阔的研究领域。有的定义范围很窄,只限于国家行政组织内部的经费管理活动。出于行政管理学研究的特点,在此可对财务行政做一个简要的概括:财务行政是国家行政组织通过社会产品价值分配的各种形式和宏观调控手段维持其正常运转和有效履行行政职能的管理活动。这包括3层含义:

(1)国家行政组织是财务行政的主体。财务行政和企事业单位中的财务管理工作不同,它由国家行政组织负责实施并与其履行行政职能的各种活动密切相关。行政组织在社会产品分配中处于主导地位,在此基础上形成国家与各种社会组织、社会团体和社会成员的错综复杂的分配关系。另外,财务行政的概念和行政机关、企事业单位内部的财务管理不同,它涉及的是国家或社会范围内的社会产品集中分配问题,而行政机关、企事业单位的财务管理主要涉及单位内部的分配问题。

(2)财务行政的目的是保证社会公共需要,它以国家行政组织的正常运转和有效履行行政职能为前提条件。国家行政组织是社会公共权力的代理人和执行者,在现代国家中,国家行政组织的各种行政职能是与社会公共需要密切相关的,国家行政组织必须从社会产品中占有一部分资金满足各种社会公共需要。每当社会发展产生一种新的公共需要时,就需要对社会分配过程进行相应调整以满足这种需要。社会公共需要在不同的社会经济制度和经济发展阶段中是不断变化的。因此,识别和确定社会公共需要及其资金规模和比例是财务行政的一个重要问题,这一问题至今还未得到科学的解决。除此之外,满足社会公共需要不仅是财务问题,而且是政治问题。公众需要通过一定的政治程序和立法程序表达其对社会公共需要的意见,并且监督检查政府解决此类问题的财政计划和执行活动。

(3)财务行政是借助于货币的特殊职能实现的社会产品价值分配过程。在人类历史上,随着以自然经济为主的封建社会被以商品经济为主的资本主义社会所取代,社会产品的主要分配形式已由实物分配变为以货币收支实现的价值分配。国家行政组织借助于货币的支付手段、价值尺度等特殊职能采用多种形式进行价值分配,包括预算、税收、信贷、价格、利润分配、补贴等。公共产品或社会产品从价值形态上可分为3部分:一是生产资料耗费的补偿价值;二是劳动力再生产价;三是剩余产品价值。财务行政收入的来源或其靠政治权力等强制手段集中分配的对象主要是第三部分,即剩余产品价值,它通过剩余产品价值的分配有效地控制国民收入以至整个社会产品的分配。在不同性质的国家中,财务行政的宏观调控手段有所不同,主要有运用指令性计划进行的直接调控和运用价格调节、金融调节、财政调节等各种经济方法进行的间接调控两种类型。

在行政管理学的研究领域中,财务行政的概念和经济学、财政学领域相比有不同的侧重点。它以国家行政组织在社会经济活动中和财政活动中的特殊地位和职能为研究的出发点,着重于财政管理体制、财政政策、财务行政运行机制,重要的财务行政活动和宏观调控方法等方面的研究,把财务行政作为政府活动的一个组成部分加以考察。而经济学、财政学等学科则以整个社会的经济活动和财政活动为研究的出发点,把财政问题作为社会经济活动的一个组成部分加以考察,深入研究财政管理的范围、原理、基本理论、具体过程等各个方面。可以说,财务行政概念既是行政管理学、经济学、财政学等不同的研究领域相互融合、交叉的部分,又是行政管理学研究国家行政组织行政职能及其作用的特殊部分。

(二)财务行政的特点

(1)财务行政作为以国家权力为基础的资金收支的管理活动,不同于私人部门的财务管理,具有广泛的强制性和社会性,即政府为了保证其职能的实现,大都凭借公共权力,以政府的名义运用强制力量参与转化为价值形态的社会产品的分配,并对分得的那部分社会产品和公共服务进行管理和使用。任何社会成员和行政组织成员,都有义务服从政府的财务行政管理。就社会成员来说,政府通过立法形式确定税种、税率和课税对象,凡是国家管理范围内的机构和个人,只要符合法定纳税条件的,必须依法纳税,偷税、漏税、逾期不交者要负法律责任。就行政组织成员来说,任何机构和个人都必须按一定的计划和手续分配行政经费,不得任意动用,否则,也要受到相应的制裁。

(2)财务行政具有严格的计划性。例如,各级政府和行政单位以国家下达的预算指标和工作计划为依据，编制本级政府和部门预算，经过批准，由财政部门按预算规定的定额，在确认的需要量范围内，提供给用于购置固定资产、物资储备和办公用品，支付工作人员的工资和其他费用。因此，在财务行政中，预算即计划，具有法律上的特性；未经审批的预算不拨款，无预算的支出不拨款，原定预算不敷开支时，应事先调整或追加预算，经批准后方可拨款。总之，国家财政资金支出上的计划性是财务行政的另一个特点。

(3)在西方国家，财务行政还具有较高的政治性，它决定了利益团体的政治偏好占优势。如美国的联邦政府官员就税收、国防和社会支出的议题展开争论；州政府官员主要在税收、教育、高速公路、惩治犯罪和社会福利等方面做出重要的抉择；地方政府面对大量的支出项目、收入政策以及雇佣警察和社区服务人员会感到棘手。因此，财务行政经常被看作一个计划、一种程序以及政治事件。同样地，它也可以作为一种控制、管理和计划的工具。就政治家或决策者而言，通过对公共部门收入和支出进行决策可以实现他们为公共组织工作，以满足选民愿望要求的职责。

总之，财务行政的基础包括相关的法律约束、政治环境、技术操作和组织安排。这里，法律约束为财务行政提供规定、授权或限制；政治环境可以通过预算程序提供一般或具体的指导；技术操作对行政官员来说，一般是基础性的、可获得的，但对于特定的情况，也许适用，也许不适用。至于由宪法、法律及其他政策建立起来的组织安排更是千差万别，因国家政体和社会制度而异，但财务行政的职责大致是以不同的方式在政治的和管理的官员之间划分。政务官员之间职责的划分一般取决于议员与行政官员的相对权力，或是根据立法机关与执行机关的相对权力以及被选出的承担财政责任的行政官员的数量。对于行政管理者而言，职责则被分给一个或多个专业性的财政办公机构或运作单位。财务行政组织的这种多样性是由传统和环境产生的，尽管近年来许多国家开始呈现一种趋于集中的趋势。

二、财务行政的职能

财务行政是行政管理的经济职能的重要组成部分，它是社会经济关系、经济政策、经济制度的综合反映。作为一种分配范畴，它体现在社会生产和再生产过程中生产、流通、分配、消费四个基本环节的内在联系；作为治理社会、调控社会经济的手段，它对政府如何有效地履行行政管理的各种职能具有十分重要的影响。财务行政总的来说是合理调节财政收入和财政支出两个方面。其通过税收、发行公债、缴纳利润等形式筹集资金获得财政收入，并通过拨款、投资、补贴等财政支出的形式供应资金，以控制和调节社会生产、流通、分配、消费过程及政治经济活动。具体说来,财务行政主要有 4 种职能。

1. 筹集资金

为维持和巩固国家机器的存在、运行并发挥其在社会政治和经济生活中的控制、支配和调节作用,政府凭借政治权力在社会产品集中分配过程中无偿占有一定的社会资金。国家政权机构表面上虽然是公共权力的化身,但是在阶级社会中,其本质上是阶级统治的工具。包括国家行政组织在内的国家政权机构本身并不创造物质财富,只能依靠行政权力从社会分配中强制性地集中一部分公共产品维持其自身的存在。财务行政是从氏族制度潜在发展的分配形式中游离出来的社会分配方式,它强化了国家政权机构的特殊地位和权力,这一职能本身在此过程中亦不断得到强化。

2. 配置资源

配置资源,即国家行政组织凭借其掌握的权力,通过资金、财力的分配,按轻重缓急顺序满足社会各种公共需要,并引导社会人力和物力的流向,形成一定的资产结构和产业结构。在生产力十分低下的原始社会中,已经出现了某种形式的公有财产用来满足一定公共事务和公共活动的需要。即使在阶级社会中,为了加强阶级统治,维持社会稳定,促进经济发展,财政收入的很大一部分必须有计划地用于满足工农业发展、水利、交通、运输、文化教育、体育、邮政、能源等各种公共设施和公共事务的需要配置资源,要求政府通过各种财政政策和规定利用有限资源解决重要的社会经济问题,满足急需的社会公共需要,要求优化资源配置目标,合理确定投资项目和规模以及各种分配比例,注重资金利用率和经济效益。不同的社会经济制度和经济发展阶段有不同的社会经济目标和社会公共需要,随着现代社会物质文明和精神文明的迅速发展及公民纳税意识的提高,财务行政这一职能不仅日益强化,而且将更大程度地受到法律和社会舆论的监督。

3. 调节分配关系

调节分配关系,即调节社会中的各分配主体间的物质利益关系,在实现合理分配的目标的基础上形成较稳定的社会分配制度。分配主体是指分配过程的参与者,这是一个相对的概念,可以按照不同的分配范围和分配的过程分为下列三种情况:一是社会分配过程。在社会主义经济中,这一过程的分配主体可以简单归结为国家、企业和个人(或家庭)三种基本类型。实际上,根据不同标准还可以将它们作更细的分类。二是中央政府和地方政府间的分配过程。其中的分配主体可以简单地归结为中央政府和地方政府两种类型,而地方政府实际上还可以根据不同管理层次和管辖范围作进一步的划分。三是各级政府内部的分配过程。这一过程中的分配主体是构成政府的同一层次上的各个部门,它们也需要一定的分配机制调节相互间的物质利益关系。由于各分配主体的不同利益要求、分配行为和分配目标,在不同的分配过程中就会有不同的分配方法和分配体制。在上述三种分配过程中,国家和企业或个人之间的物质利益关系是最主要的社会分配关系,其他的两种过程则属于政府内部的分配过程。整个社会的物质利益分配过程是通过预算、决算、税收、信贷和投资等一系列的财务行政活动和财务管理体制来实现的。

4. 宏观调控

宏观调控是指国家通过财政的直接调控或宏观调控手段保证社会经济的稳定和增长。财务行政的前三项职能都与这一职能密切相关。经济稳定一般包括充分就业、物价水平稳定和国际收支平衡三个方面。经济稳定和经济增长的目标集中体现为社会总需求和社会总供给的平衡,这是财务行政对社会经济进行宏观调控的根本任务。政府需要在一定的行政管理体制下,运用各种财政政策和财政手段,通过有目的、有计划、集中性的收支活动和财务活动,在力求财政收支、信贷收支、外汇收支和物资供求之间进行综合平衡的基础上保持社会总供给的大体平衡,在经济出现过"热"或过"冷"时进行主动调节,以实现社会经济持续稳定的增长。

三、财务行政的管理体制

(一)财务行政管理体制的原则

(1)统一领导,分级管理。基本要求是根据我国的政治经济情况及党和国家的路线、方针、政策的要求,合理划分中央和地方的财政管理权限。通常为了保证中央的统一领导,中央必须集中所有关系国家全局的管理权限。这是因为"中央的政治权威要有中央的经济权威作基础。没有中央的经济权威,中央的政治权威是没法巩固的"。同时,为调动地方的积极性,也一定要给地方因地制宜的管理权限。总之,这一原则要求财政体制建设适应社会主义市场经济的发展,实现"宏观控制,微观搞活"的战略目标。

(2)财政管理体制必须与国家经济管理体制和政府层级设置相一致。财政体制是国民经济管理体制的重要组成部分,后者的任何变革都会涉及财权和财力的分配。因此,财政体制必然随着国民经济体制的变化而调整。同时,财政是政府实施其职能的基本手段,为使每级政府履行其职能都有相应的物质基础,就必须让财政的分级管理与政府组织层级设置保持一致。

(3)财权和事权相统一。事权是确定财权的根据,财权则是实现事权的物质保证。财权与事权依法有效地统一,是各级政府履行职能的前提。这种统一的实现,要求权与责的结合。在财政上，就是要尽量使各级政府的财政收入和支出挂钩，以调动其组织收入，履行职责的积极性。

（二）实行以分税制为核心的财政管理体制

1. 分税制的含义及分类

分税制是一种根据事权与财权相统一原则，在中央与地方各级政府之间划分税源，确定税收的权限、税制体系、税务机构和协调财政收支关系的财政体制。分税制是市场经济国家普遍实行的一种财政体制，是符合市场经济原则和公共财政理论要求的，也是市场经济国家运用财政手段对经济实行宏观调控较为成功的做法。实行分税制，其重点是在明确中央政府和地方政府事权的基础上，分别确定其财政支出规模、税收权限和税制体系。作为国际通行的财政体制，分税制是处理中央与地方财政分配关系的较为规范的方式，其实质是通过确定事权和税种划分，形成中央政府和地方政府两个相对独立的收入体系，为各级财政提供稳定的收入来源。

分税制有两种形式，一种是彻底的分税制，通行于管理权限较分散的联邦制国家，如美国、意大利、澳大利亚、瑞士等国。这种分税制彻底划分中央和地方的税种和税源归属关系，不设共享税，彻底划分中央和地方的税收管理权限，分别设置中央与地方两套税务机构。另一种是不彻底的分税制，通行于管理权限较集中的国家，如英国、法国、日本、韩国等国。这种分税制在中央和地方之间对税种税源的归属不作彻底划分，在设立中央税和地方税的同时，还设立中央与地方共享税，中央政府拥有税收立法权，但地方政府拥有一定的税收管理权限和部分地方税立法权。

2. 实行分税制的意义

(1)实行分税制对于理顺和规范中央与地方的财力分配关系具有重要意义。实行分税制，可以确保中央与地方政府用各自的收入来源来满足其实施职能的需要；确保中央政府依法征税，自主决定财政分配的范围、数量和收入的用途；确保中央更好地利用财政政策调节宏观经济；确保中央的财政活动不受地方行为的制约。实行分税制，可以促使地方政府根据有关法律和自身利益，积极组织地方财政收入，为本地区社会公共事业和经济建设服务。总之，实行分税制可以明确中央和地方的利益及权力的边界，确立各级财政的独立核算，自求平衡，对于减少与消除中央和地方的利益摩擦及相互制约起着重要作用。

(2)实行分税制对强化中央政府的宏观管理职能起重要作用。实行分税制可以扩大中央政府财政收入范围，增强中央政府的财力。分税制下，中央政府在政府间财力分配中所占份额可高达50%～60%。这就为中央政府有效地实施宏观管理职能提供了必需的物质条件，增强了中央的主导地位。同时，实行分税制，把关系国民经济全局、与国民经济发展有直接关系的税种划分为中央税或共享税，并由中央税务机构征管，这就使中央政府能更好地运用税收杠杆有效地干预和调控国民经济。

(3)实行分税制对于发挥地方政府宏观管理作用也十分重要。实行分税制，在界定地方政府的职责范围基础上确定其税收管理权限和税收收入，这就为地方政府实施其宏观管理职能提供稳定的财力来源；同时，地方政府财政收入多少与地方经济建设发展密切相关，取决于地方政府自身的努力程度，这就促使地方政府端正行为，把扩大财力的努力放在发展经济、提高效益上，为此，更好地去实施宏观管理职能。

3. 实行分税制的基本内容

(1)划分中央政府和地方政府的事权与财政支出范围。政府事权是指政府从事各项事业管理的权限。根据事权确定政府的财政支出范围和收入来源，这是实行分税制的基础。政府财权要根据事权来确定，如果事权大于财权，政府就会因财力不足而无法实施其部分职能；如果事权小于财权，政府就会因为财力多余而积压部分资金，造成浪费。所以两者要协调。

我国各级政府的事权，目前大体作这样的划分：中央政府担负国家社会政治事务和宏观经济的管理，主要有三方面：一是处理涉及国与国之间的公共事务，如国防、外交、国际援助等；二是处理国内的社会公共事业，如国家的教育、科研、卫生、体育和社会福利保障等；三是调节地区间的经济结构和产业结构，干预资源配置活动。

地方政府的事权范围主要也是三个方面：一是区域性社会公共事业，如科教文卫以及公共基础设施建设；二是区域性社会政治事务，如法制建设、社会治安等；三是区域性社会经济事业。

(2)划分中央政府和地方政府的收入来源。实行分税制，就是通过为分税种确保中央和地方都有比较稳定的收入来源。根据我国现行新税制主要是作三部分划分：

一是将维护国家权益、实施国家宏观管理所必需的税种划为中央税作为中央政府财政收入来源。中央税包括：关税，海关代征消费税和增值税，消费税，中央企业所得税，地方银行和外资银行及非银行金融企业所得税，铁道部门、各银行总行、各保险总公司等集中缴纳的收入，中央企业上缴利润以及外贸企业出口退税等。

二是将适合于地方政府发挥征管优势和宜于由地方掌握的税种，划作地方税作为地方政府收入。地方税包括：营业税、地方企业所得税、地方企业上缴利润、个人所得税、城镇土地使用税、固定资产投资调节税、城市维护建设税、房产税、车船使用税、印花税、遗产和赠予税、土地增值税、国有土地有偿使用收入等。

三是把随着经济增长相应增加的税种作为中央与地方共享税,在中央和地方之间实行分率征收。共享税包括:增值税、资源税、证券交易税。其中增值税中央分享75%,地方分享25%;资源税按不同的资源品种划分,大部分资源税作为地方收入,海洋石油资源税作为中央收入;证券交易税中央和地方各分享50%。

(3)建立独立的政府分级预算,实行税务机构分设。主要内容是在中央和地方之间进行彻底的预算管理权限的划分,预决算分别独立编制和审议执行;在划定各级政府事权和财权基础上自收自支,自求平衡;强化预算法制化管理,将各级政府预算的编制、审批、变更、决算等全过程纳入法制轨道。在划分税源的同时,分别建立中央税收和地方税收两套税制,明确各级政府税收管理权限;分别设立中央和地方两套税务机构,分别征税。国家税务局负责征收中央固定收入和共享收入,地方税务局负责征收地方固定收入。

(4)完善财政转移支付制度。转移支付是指上级政府(主要指中央政府)的财政收入转作下级政府(主要指地方政府)的收入来源来支付本级支出。这项制度主要是为了:第一,为地方政府提供部分收入来源,弥补财政收支差额,增强其提供公共服务的能力;第二,中央政府通过财政转移支付这一手段,控制和调节地方政府的预算支出,使其为实现中央政府的宏观政策服务;第三,由于地区之间经济发展不平衡,通过转移交付制度可以促进社会公平目标的实现;第四,某些经济活动虽然发生在一个特定区域,但却与整个国家或地区有密切关系,这种活动理应按受益成本原则由有关地区共同完成,如重大水利工程等。这也需要上级政府进行财力的集中和转移,而规范的转移支付制度的基本内容应包括转移支付的形式、数量规模、支付办法等基本内容。

推行分税制是一项长期的改革任务。当前应当进一步完善以分税制为核心的财税体制,进一步合理界定政府事权,划清各级政府的支出责任,并以此为基础划分税种,加快政府之间转移支付制度规范化步伐。

第二节　政府预算与决算

一、政府预算的含义和类别

(一)政府预算的含义

政府预算是国家的年度财政基本收支计划。它是以收支一览表形式表现的具有法律效力的重要财政文件，是国家财政实现计划管理的工具。国家预算反映着国家的施政方针和社会经济政策，制约着政府活动的范围和方向。国家预算经立法机关通过并公布后，便具有法律效力，政府负有贯彻执行的责任，广大人民群众享有监督的权利。

政府预算在政府活动和社会经济生活中起着非常重要的作用：一是有计划地通过财政收入为国家筹集大量的财政资金；二是有计划地通过财政支出合理安排社会经济活动，满足社会公共需要；三是利用国家预算的审批程序检查、监督政府的行政效益和经济活动；四是通过执行国家预算促使各级政府、国民经济各部门、各地区、各企事业单位遵守国家的经济计划和财政制度，保证整个社会经济活动的协调开展。

（二）政府预算的类别

根据对预算形式和内容的不同划分标准，政府预算可以分为不同的类别：

（1）从形式上，国家预算可以分为单式预算和复式预算。单式预算是指在预算年度内将各类财政资金按收入和支出类别统一在一个计划表格中加以反映和计算，它是传统的预算编制方式；复式预算是指在预算年度内将各类财政资金按经济性质的不同，分别在两个或两个以上的计划表格中加以反映和计算。一般来说，单式预算可以综合反映财政收支活动的总体情况，编制成本低，操作简单。但由于没有按财政收支的经济性质分别列示与平衡，所以反映不出收支结构之间，即财政的无偿性支出与有偿性支出、无偿性收入与资本性投入之间的对应平衡关系，特别是不能反映经济建设工程的具体效益情况，从而不利于进行宏观调控。而复式预算正相反，对财政收支结构尤其是经济建设效益状况的反映较为明确，这有利于经济运行的具体分析、分别管理和宏观决策，但其编制成本相对较高，对操作能力的要求也较高。目前，世界上大多数国家实行的都是复式预算，各国的复式预算具有不同的名称和形式，但基本上都是按照有偿和无偿原则建立起的符合本国实际的复式预算。

（2）从编制方法上，国家预算可分为增量预算和零基预算。增量预算是指财政收支计划指标是在上一个财政年度的基础上，根据新的财政年度的发展情况而递增的一种预算编制方法；零基预算则是指财政收支计划指标的确定只以新财政年度的实际需求为依据，而不考虑上一财政年度各项支出基数的一种预算编制方法。就增量预算来说，由于是在以往财政收支指标的基础上采取递增一定百分比的方法，所以操作简单方便；但它可能会使以前预算收支中不合理的因素得以保留，甚至被进一步放大，而且，根据经验确定的增长百分比中，主观随意性相对较大。而零基预算则完全根据新财政年度内各项经济发展的实际需要来安排支出计划，通过对客观因素或变量的科学计算，从而确定新财政年度的财政收支计划指标。显然零基预算比较科学合理，既满足了实际需要，同时又摒弃了以往预算中不合理的成分。但其缺点也是明显的，即技术要求和操作成本较高，实际执行中会面临较大的困难。也正因为如此，目前世界上大多数国家的预算，无论是单式预算还是复式预算，都主要采用增量预算法为基础，零基预算为辅助的预算编制方法。

我国目前的政府预算由中央预算和地方预算组成，并遵循公开性、可靠性、完整性、统一性和年度性等基本原则。我国于1994年3月22日经八届全国人民代表大会通过了《中华人民共和国预算法》，并于1995年1月1日起施行。根据这个预算法，我国预算的总原则是：国家预算管理体制实行中央和地方分税制；中央预算和地方各级预算按照复式预算编制；中央政府公共预算不列赤字；中央预算中必需的建设投资的部分资金，可以通过举借国内和国外债务等方式筹措，但借债应当有合理的规模和结构；地方各级预算按照量入为出、收支平衡的原则编制，不列赤字；各级政府预算应按本级政府支出额的1%～3%设置预备费，按照国务院规定设置预算周转金。

二、政府预算的编制和审批

各国的预算编制和实现，基本上以一年时间(365天)为限，它是指预算收支起讫的有效时间，即所谓预算年度。许多国家的预算年度采用历年制，即从当年1月1日至12月31日止，如中国、法国、瑞士等。有的国家采用跨年制，如意大利从当年7月1日起至次年6月30日止，美国从当年10月1日起至次年9月30日止等。国家预算编制工作必须在预算年度开始前完成。

国家预算编制概括起来说大体经过下列过程：

1. 国家预算编制的准备工作

一般在预算年度开始前的几个月内进行。工作内容包括：①预计和分析报告年度预算已实际执行的和即将完成的收支数额情况。②拟订计划年底预算控制指标。主要依据是报告年度预算预计执行情况，计划年度国民经济和社会发展计划的主要控制指标，长期财政计划中有关的各项收支数字，影响计划年预算收支的各种因素，各部门、各地区的有关意见，历年预算收支统计资料等。③颁发编制国家预算草案的指示和具体规定。编制国家预算草案的指示，通常以国务院的名义下达，内容包括编制预算的方针和任务，编制各项主要预算收支计划的具体要求，各级财政之间预算收支的划分和地方机动财力的使用范围，预算编制方法、程序、报送份数和报送时间等。财政部则根据国务院的指示精神，颁发编制各级预算草案的具体规定，如《关于编制预算草案若干具体问题的规定》、《关于编制中央预算草案的补充规定》等。④修订国家预算收支科目和预算表格,如收支总表、预算收支明细表、预算收支明细核算表、基本数字表等。

2. 测算国家预算控制指标

各部门、各地区遵照有关指示和规定,结合本部门、本地区计划年度的工作任务、业务计划及经济事业发展情况,提出本部门、本地区的预算收支建议数,经过层层上报、审查和汇编,形成各省、自治区、直辖市和中央各主管部门的预算收支建议数,并上报财政部。财政部在此基础上,根据国家的方针政策、国民经济计划指标,通盘考虑全国预算资金的需要与可能,拟定预算收支控制指标,经国务院批准下达,并由各部门、各地区层层逐级下达。

3. 编制国家预算草案

各部门、各地区根据财政部下达的收支控制指标,自下而上编制本部门和本地区的单位预算草案、财务收支计划草案和总预算草案,逐步汇总上报财政部。财政部经过严格审核后即可汇编国家预算草案。

4. 审批国家预算

国家预算草案必须经过法律程序批准通过后方能执行。国家预算的批准权属于立法机构,在我国即为各级人民代表大会。我国宪法规定,国务院"编制和执行国民经济和社会发展计划和国家预算",全国人民代表大会"审查和批准国家的预算和预算执行情况的报告","县级以上的各级人民代表大会审查和批准本行政区域内的国民经济和社会发展计划、预算以及它们的执行情况的报告"。按此规定,财政部汇编完成国家预算草案后,先要经国务院审查通过,然后再报请全国人民代表大会批准。经国家立法机构批准后的国家预算,即成为正式的国家预算。

三、政府预算的执行和平衡

国家预算经国家立法机关批准通过后,即具有强制执行的法律效力。国家预算的执行是预算年度内实现国家预算收支任务的重要工作,无疑是由国家行政组织负责完成的。在我国,国家预算的执行机关是国务院和地方各级人民政府。国务院起领导作用,全面负责国家预算的组织执行,地方各级人民政府负责本地区总预算的组织执行。国家预算的具体执行部门是各级财政部门。财政部对国务院负责,在国务院的领导下,一方面执行中央预算,另一方面指导地方预算的执行工作。地方各级财政部门对地方各级人民政府负责,在地方各级人民政府的领导下具体组织管理本级预算的执行,如拨款、征税、收缴款等。另外,参与预算执行的还有许多专职机关,如税务机关、海关、中国人民银行和各专业银行等,它们都是执行国家预算的重要的收入机关和支出机关。

(一)国家预算的执行

国家预算的执行原则是统一领导,分级管理,明确分工,密切合作。在国家预算执行过程中,一切收入都要集中缴入国库,一切支出由国库集中拨付。国家预算的执行是按计划完成的,其执行计划一般采用季度收支计划的形式,在每季开始前编制,它和国家预算的关系是短期计划和长期计划之间的关系,是年度预算的短期安排。国家预算执行任务主要包括以下两个方面。

(1)组织预算收入的执行。实现预算收入是实现财政收入的重要步骤,是合理调整社会分配关系的前提条件,因此,这是预算执行的首要任务。它要求各部门、各地区、各执行机关严格按国家税法和其他收入法规以及执行计划及时、足额地完成国家预算的收入任务并缴纳入库。预算收入的缴库方式有三种:就地缴库、集中缴库和自收汇缴。预算收入的来源可分为税收和非税收入,根据有关规定分别由各级财政部门、税务部门、海关等执行机关执行。

(2)组织预算支出的执行。预算支出的执行是财政支出的重要内容,是财政部门、上级主管部门、银行和国家金库通过国家规定的办法向用款单位进行预算资金分配的活动。它要求按照国家预算项目和金额,考虑支出用途及业务工作计划和进度,遵循各项拨款原则,及时合理地拨付资金,并随时检查和分析支出的执行情况。

(二)预算收支的平衡

在整个预算执行过程中,预算收支经常会出现不平衡的情况,需要财政部门及时进行适当的预算调整,重新组织预算新的平衡。影响预算平衡的因素很多:首先,预算本身是预测性的,尽管采用了各种科学的预算测算办法,如系数法、比例法、定额法、基数法、综合法等等,但预算结果和实际执行情况总会存在一定差距。其次,在执行过程中,常会出现许多编制预算时难以事先考虑的因素,如发生重大意外事件、经济政策调整、财政制度改革或国民收入的其他分配形式变化等情况,引起收支规模及其结构发生变动,为求得新的平衡需要进行相应调整。预算调整有全面性调整和局部性调整两种形式。全面性调整在性质上近似于重新编制一次国家预算,需要报中央政府和国家立法机构审批。局部性调整是预算调整的主要形式,常用的方法主要有:预算支出科目间的流用、动用预备费、预算的追加或追减、预算隶属关系的划转等。

国家预算的执行过程同时也是预算的监督检查过程。它要求:制定组织预算收支的各项规章制度,检查和监督各级执行机关和财政部门的贯彻执行情况;各单位必须建立健全内部经济责任制，按规定合理使用预算资金和上缴预算收入；进行财政检查监督，对违纪违法、执行不力或滥用预算资金造成损失浪费的单位和个人，追究经济和法律责任；定期进行预算分析，了解和掌握预算收支完成程度、工作进度、财经政策影响、预算、信贷、外汇、物资之间的相互平衡关系等，查明可能出现的超收短收、超支节支等收支不平衡情况的原因，及时提出可行的预算调整措施。

四、政府决算

(一)政府决算概述

政府决算是指各级政府对于政府预算执行情况所进行的年度总结，也是政府经济活动在财政上的集中反映。决算包括中央决算和地方决算。中央决算由中央各部门(含直属单位)决算组成，并包括地方向中央上缴的收入数额和中央对地方返还或者给予补助的数额。地方决算由各省、自治区、直辖市总决算组成。地方各级总决算由本级政府决算和汇总下一级总决算组成。地方各级政府决算由本级各部门(含直属单位)的决算组成。地方各级政府决算包括下级政府向上级政府上缴收入数额和上级政府对下级政府返还或者给予补助的数额。各部门决算由本部门所属单位决算组成。《预算法》第 62 条规定："国务院财政部门编制中央决算草案，报国务院审定后，由国务院提请全国人民代表大会常务委员会审查和批准。县级以上地方各级政府财政部门编制本级决算草案，报本级政府审定后，由本级政府提请本级人民代表大会常务委员会审查和批准。乡、民族乡、镇政府编制本级决算草案，提请本级人民代表大会常务委员会审查和批准。"各级财政机关是具体负责组织政府预算执行的机关，也是政府决算的编制机关。中央决算草案和地方各级政府的决算草案具体由各级财政机关的预算部门负责编制。

(二)政府决算编制的原则

《预算法》第 60 条规定："编制决算草案，必须符合法律、行政法规，做到收支数额准确、内容完整、报送及时"，这是编制决算草案应遵守的原则。

遵循法律，就是"编制决算草案，必须符合法律、行政法规"，是编制决算草案在政策上应遵守的原则。法律、行政法规是全国人大、国务院制定的，适用于全国各地区、各部门。各地区、各部门要严格按照法律、行政法规，编制决算草案。

数额准确，这是编制决算草案在技术上应遵守的原则。国家决算的数字力求准确。数额准确，就是要按照收付实现制的原则，国家决算必须以年终实现的账面数，即执行数为准，凡当年已发生的财政收支，都要如实作为预算收支列入决算。

内容完整，就是要严格按照国家和上级的决算编审要求以及布置的决算表格，一项一项地落实,认真填报齐全,不能自行取舍和遗漏,并要根据决算报表写出有分析、有总结的决算报告。

报送及时,就是各地区、各部门必须严格按规定的时间,把握好编制决算草案工作中各项具体工作的进度,在保证决算质量的前提下,力争缩短编制决算草案的时间,严格划清预算执行的截止期限。预算执行截止期在我国采用收付实现制,规定每年 12 月 31 日为预算执行的截止日期,预算收入应以 12 月 31 日前缴入基层金库的数字为准,预算支出也以财政部门截止日以前的拨款数为准。各预算单位在 12 月 31 日前发生的收入和支出,一律记入本预算年度的账目,列入本年度的单位决算。

(三)政府决算的编制过程

(1)颁发编审国家决算的规定。预算年度结束前(通常在每年的第四季度),财政部向各省(自治区、直辖市)和中央各主管部门颁发编制和审查决算的规定,对编制和汇总决算的方法、年终清理的原则、数字编列的基础、决算的组织领导、决算的报送期限等内容做出具体要求,以保证决算的完整性、准确性和及时性。

(2)进行年终的全面清理。为了正确体现预算执行的结果,保证决算数字的准确、完整,必须进行年终清理。年终清理指各级财政部门以及其他预算执行单位对预算收支的执行财务活动进行全面的清查和核算,以保证决算数字的准确完整。

(3)制定和颁发决算表格。决算表格是编制决算的工具。财政部在下达编审决算办法时,还须制定和颁发各省(自治区、直辖市)财政决算统一表格及中央各部门与其他财务决算统一表格。决算表格是在上年度决算表格的基础上根据本年度财政管理体制及其他制度变化而统一修订的。按其适用范围,分为总决算表格和单位决算表格,前者由各级财政部门编制,后者则由各主管部门及其所属单位编制。现行决算表格,按其反映的内容大致又可划分三类,即决算收支表与年终资金活动情况表、基本数字表和其他附表。

政府决算编制的一般程序是从执行预算的基层单位开始,自下而上编制、审检和汇总。单位决算编成后经机关首长审问签字,正式报送上级单位。有关上级单位将所属单位决算连同本单位决算汇总逐级报送主管部门,汇总编成一个部门的汇总单位决算,然后由主管部门报送同级财政部门,作为财政部门汇总决算的依据。各级财政部门收到同级主管部门报送的汇总单位决算后,即进行审核登记,待各单位决算报齐后编制总决算。各市(自治州)、县财政部门编成总决算后逐级上报,汇编成各省(自治区、直辖市)总决算,最后由财政部将各省(自治区、直辖市)总决算汇总编成地方总决算。在这一过程中,为了提高决算质量,必须层层负责,逐级审核,决算审核与决算汇编交叉进行。

(四)政府决算的审查批准

为了使决算编制得及时、准确、完整,保证决算的质量,必须在各个环节上加强决算的审核分析工作,做到逐级审核,层层负责。《政府预算管理条例》规定:各部门对所属各单位的决算草案应当严格审核,并编制本部门的决算草案,在规定期限内报本级财政部门审核。各级财政部门对本级各部门决算草案应当严格审核,对不符合规定的有权作出调整。地方各级财政部门编制本级总决算草案,经上一级财政部门审核后,报本级人民政府审定,由人民政府提请本级人民代表大会或人大常委会审查和批准。地方各级人民政府应当将本级人民代表大会批准的决算,报上一级人民政府备案;各级人民政府对下一级人民政府上报备案的决算,认为有同国家法律、法规和方针、政策相抵触的,应当提请本级人民代表大会常务委员会审议决定。同时,各级审计部门有权对本级各部门和下一级人民政府的决算实行审计监督。

决算审核分析的内容主要有两个方面:一方面,从贯彻执行国家各项方针政策、财政制度、财经纪律等方面进行审核分析,通称政策性审核;另一方面,对决算报表的数字关系进行审核分析,通称技术性审核。决算审核分析的具体内容,一般应着重下列问题,即收入方面、支出方面、结余方面、资金运用方面、数字关系方面、决算完整性和及时性等。对于决算审核中发现的问题,要按照政府决算制度和有关财经法规作出处理。属于政策性的差错,要按政策规定予以纠正;属于技术性的差错,要及时查明纠正;属于遗漏的问题,要限期补报;属于决算不实、弄虚作假的问题,要彻底纠正;属于各种违反财经纪律、情节严重、致使国家财产遭受到损害的问题,要报请人民政府或党的纪律检查部门给予经济制裁、纪律处分、行政处分;发现有贪污盗窃、玩忽职守等触犯刑律的,要绳之以法。总之,要执行政策,严肃财经纪律,保证政府决算的及时、准确、真实、完整,提高预算管理和决算编审工作水平。

第三节 政府财政收入

一、财政收入的分类

财政收入,是国家运用各种财政手段,对剩余产品价值进行分配而集中占有的一定数量的货币资金,其形式是指国家取得财政收入的具体方式,即来自各方面、各部门、各单位和个人的收入通过什么形式上缴国家。财政收入的基本分类有"税、债、利、费"。

(1)“税”,即税收,是国家为实现社会经济目标,运用政治权力无偿参与社会产品分配并取得公共财政收入的一种形式。税收征收面广,稳定可靠,是最重要的财政收入形式。税收具有强制性、无偿性和固定性三大特征,不同时具备这“三性”的财政收入就不成其为税收。税收作为国家存在与职能实现的物质基础,既具有财政分配的功能,又具有经济和社会的调整功能。根据西方公共财政的税收理论,现代税收应遵循公平、效率和稳定的原则,即要求税收要有助于实现资源配置与国民收入分配的最优化,并对稳定经济、协调发展发挥杠杆作用。

(2)“债”,即债务收入,是国家财政通过信用方式从国内外取得的借款或债券收入,也称为信用收入。它包括国内发行的公债、国库券、经济建设债券和向国外政府、国际组织及商业银行的借款等。债务收入是一个特殊的财政范畴,它作为一种财政收入,可以筹集和动员资金,补充税收收入的不足,但它作为一种信用收入,具有偿还性,必须到期还本付息,又是一种预期的财政支出。此外,它还具有认购上的自愿性。除少数强制国债以外,一般的债务关系建立都由认购人或债权人自主决定。

(3)“利”,即产权收益,主要是指国有企业上缴的利润收入。国家具有双重身份:一是在经济上的存在,国家为满足社会需要和执行社会职能,必须向所有企业和居民征税;二是作为国有企业的资产所有者,国家要参与企业税后利润的分配。税收以国家为主体,体现社会利益;利润以企业为主体,体现所有者利益。国家的双重身份体现不同的经济职能,必须采用不同的收入形式。

(4)“费”,是指除上述财政收入以外的其他行政费用收入。主要包括以下几种:①事业收入。它是指中央和地方各部门所属事业单位向国家交纳的收入,如文教卫生、农林水利等事业机构,经费由国家拨款,其活动取得的部分收入也应上缴国家。②规费收入。它是指国家机关为个人提供某些特殊服务时收取的手续费和工本费,如企业开业登记费、商标注册费、护照费等。③公有财产收入。它是指公有财产的产品收入、租金、利息或变卖价款的收入。④罚没收入。它是指海关、工商、政法等公共机关对违反或触犯法律以致危害国家或公共利益的行为依法处分,而取得的罚款、没收物品、追回赃款或赃款变价的收入。此外,还有国家资源管理收入、排污费收入等等。

二、财政收入的结构

财政收入的结构主要是指财政收入的来源结构,包括财政收入的价值结构、所有制结构和国民经济结构:

(1)从商品价值的结构来看,社会产品价值是由生产资料耗费的补偿价值、劳动力再生产价值、剩余产品价值三部分组成的。财政收入的主要来源是剩余产品价值部分，只有新创造价值中归社会支配的剩余产品价值部分多了，财政收入的增长才有坚实的基础。此外，生产资料耗费的补偿价值中补偿固定资产耗费的折旧也可以构成财政收入来源。而对劳动力再生产价值部分征税，既是调节个人经济行为和控制消费基金增长的重要手段，也是筹集财政收入的重要渠道。

(2)从所有制的结构来看，财政收入作为一个整体，是由不同所有制的经营单位所上缴的利润、税金和费用等部分构成。在我国，国有企业上缴的税、利是财政收入的主要来源。随着社会主义市场经济体制的建立，非国有经济上缴的财政收入比重也在逐年上升。

(3)从国民经济的结构来看，国民经济结构包括部门结构、产品结构、地区结构、规模结构、技术结构等。这里主要分析部门结构。财政收入的部门结构是指来自工业、农业、商业、建筑业等部门的财政收入所占比重。这一比重是国民经济各部门在经济中所占比重及其效益高低在财政收入上的反映。工业是国民经济的主导，也是财政收入的主要部门。工业部门的积累水平较高，为财政提供的税利具有比重大、收入及时的特点。农业是国民经济的基础，也是财政收入的基础。农业部门通过工农产品价格剪刀差，将农业部门创造的一部分价值转移到工业部门实现并以税利形式上缴财政。建筑业与房地产业是国民经济中的重要部门，是国家的支柱产业之一。随着我国建筑产品的商品化，建筑业与房地产业将提供越来越多的财政收入。此外，商业部门，以及金融保险业、服务旅游业等第三产业部门所提供的财政收入，也随着市场经济的发展而大幅度提高。

三、财政收入的规模

财政收入的规模是指财政收入数量的总水平，是衡量一个国家财力雄厚程度和政府职能范围大小的重要指标之一。在一个财政年度内，一个国家的财政收入数量的多少和收入规模的大小，是有客观数量界限的。这一数量界限具体表现为财政收入占 GDP 的比重。国际上称之为广义税率、宏观税负或总体税收。宏观税负代表着国家财力的集中程度，体现了国家的分配政策。宏观税负受经济发展水平、财政管理体制、政治、历史、文化等多方面的影响。从根本上看，该指标主要取决于两种比例关系：一是剩余价值占国民收入的比重，可称为剩余产品率；二是财政收入占剩余价值的比重，可称为财政集中率。

剩余产品率主要由劳动生产率与工资水平决定。剩余产品率与劳动生产率同向变化，与工资水平反向变化。现实中，由于我国农业劳动生产率过低，人口增长及利益刚性下降等原因，剩余产品率的提高受到制约。财政集中率主要受所有制结构与分配体制因素的影响。财政集中率直接反映了一个国家的财政规模和总水平。

实践证明,宏观税负的高低对国民经济的正常运行关系重大。宏观税负过高,必然是财政从国民收入中多吸取了资金,甚至减少劳动力再生产价值来加大剩余产品价值,导致积累过多挤占社会消费,分配比例失调,最终使生产积极性受到挫折,人民生活水平下降。可见,依靠统收统支的财政体制提高财政集中率,而不是依靠提高劳动生产率来维持宏观税负的较高比重;宏观税负过低,又会影响国家职能的实现和社会公共消费的需要,使财政对经济调控的杠杆作用缺乏必要的资金后盾。通俗来讲,所谓财政,是有财才能行政。换言之,财力的大小,决定着国家行政能力的强弱。只有使财政收入达到一定规模,才能保证国家政权正常运转,社会事业快速发展,经济总量与结构得以合理调节及优化。

第四节 政府财政支出

一、政府财政支出的概念及分类

(一)财政支出的概念

财政支出是以国家为主体,以财政的事权为依据进行的一种财政资金分配活动,集中反映了国家的职能活动范围及其所造成的损耗。就其实质而言,财政支出就是满足社会公共需求的社会资源配置活动,是国家通过财政收入将集中起来的财政资金进行有计划的分配,以满足社会公共需求和社会再生产的资金需要,从而为实现国家的职能服务。财政支出是财政分配活动的第二阶段,是财政将集中起来的资金,以不同的内容和形式进行有计划的再分配,用以满足整个社会再生产和国家各方面活动的需要,它体现了国家对占有资源的运用。

(二)财政支出的分类

(1)根据支出的最终用途,财政支出可划分为补偿性支出、消费性支出和积累性支出。补偿性支出,主要指国家财政用于补助企业固定资产更新改造的资金支出;消费性支出,包括国防支出、行政管理支出、社会保障支出、文教科学卫生支出等;积累性支出,主要指经济建设支出,包括基本建设投资支出、支援农业支出、能源和交通建设支出、国家物资储备支出等。

(2)根据支出执行国家的不同职能,财政支出可分为经济建设支出、国防支出、行政管理支出、社会保障支出、文教科学卫生支出和债务支出。

(3)根据支出的补偿性,财政支出可分为购买支出和转移支出。前者是指政府以有偿购买的方式取得为实现国家职能所需的商品和劳务,包括政府的事业费支出和投资性支出;后者是指政府单方面的无偿支付,包括补贴支出、捐赠支出、债务利息支出和一些社会福利支出。两种支出分别影响国民经济总量结构与收入分配。

(4)根据支出的经济性质,财政支出可分为生产性支出和非生产性支出。前者是指与物质生产过程有直接关系的各项支出,主要是经济建设支出。后者是指与物质生产过程没有直接关系的各项支出,包括国防支出、行政管理支出、社会保障支出、文教科学卫生支出等。

二、政府财政支出的规模

财政支出规模,是指财政支出占国民收入的比重。财政支出规模直接影响着资源的配置、社会再生产的规模和结构,比财政收入规模更能全面而准确地反映一个国家的政治经济实力、财政汲取能力和宏观调控能力。

财政支出的根本目标是为国家实现其职能提供财力保障。财政支出的多少也就与政府活动的范围紧密相连。由于政府的活动范围随着历史的发展而逐步扩大,所以财政支出也就具有不断增长的历史趋势。

财政支出的不断增长,虽是一个历史发展趋势,但并非是无限制的。若听任其过快增长,就会出现超分配的情况,造成巨额赤字,形成沉重的债务负担,使财政陷入困境。我们应根据财政支出的不同性质,对其构成及增量进行具体分析,将正常的成本增加与非正常的成本浪费区分开来,有效地实行对财政支出的总量控制。

三、财政支出的效益

财政支出使用的效益,是指财政支出所费与所得的比较,它既要求分析每项支出直接的和有形的所得与所费,即微观效益,还要注意财政支出间接的和无形的所得与所费,即宏观效益。提高财政支出效益,宏观上要正确处理各类支出的比例关系,微观上需要加强投资项目管理,严格支出标准,实行责权利挂钩等。

评价财政支出项目效益,一般采用成本效益分析法、最低成本法和公共劳务收费法。成本效益分析法,是针对国家确定的建设目标,提出若干实现建设目标的方案,详细列出各种方案的全部预期成本和全部预期效益,通过分析比较,选择出最优的国家投资项目。最低成本法,只计算每次备选项目的有形成本,并以成本最低为择优标准的方法。公共劳务收费法的要旨不在于选择项目，而是把商品买卖的原则引申运用到一部分公共劳务的提供与使用中，通过制定和调整价格使之获得最有效、最节约的使用。

四、政府采购

政府采购，即财政购买支出，是指各级政府及其所属部门的实体，运用财政性资金采购依法制定的集中采购目录以内的或者采购限额标准以上的货物、工程和服务的行为。与一般的采购相比，政府采购具有以下特征：①主体的特定性。政府采购主体，在我国为各级国家机关、事业单位和团体组织。②目的的公共性。采购是为了满足政府提供公共产品的需要。③资金来源的财政性。采购所用资金为财政转移支付以外的财政支出资金，包括财政拨款和需要由财政偿还的公共借款。④监管的严密性。采购的各个环节都置于严格的监督之下，不仅要遵循各种实体性规则和程序性规则，还要受到权力机关和财政、审计、质量技术监督等部门的监督。⑤规模的巨额性。政府始终是国内市场的最大用户，在很多国家，政府采购金额占国民生产总值的10%以上。

我国《政府采购法》规定了公开招标、邀请招标、竞争性谈判、单一来源采购、询价和国务院政府采购监管部门认定的其他采购方式。具体来讲，政府采购有以下5种方式：①公开招标应作为政府采购的主要采购方式。采购人采购货物或服务应当采用公开招标方式进行的，其具体数额标准，属于中央预算的政府采购项目，由国务院规定；属于地方政府采购项目，由省级政府规定。②如果货物或者服务具有特殊性，只能从有限范围的供应商处采购，或者采用公开招标方式的费用占政府采购项目总价值的比例过大的，采用邀请招标方式采购。③如果货物或者服务，招标后没有供应商投标或者合格标的或者重新招标未能成立的，或技术复杂或者性质特殊，不能确定详细规格或者具体要求的，或采用招标所需时间不能满足用户紧急需要的，采用竞争性谈判方式采购。④如果货物或服务，只能从唯一供应商处采购的，或发生了不可预见的紧急情况不能从其他供应商处采购的，或必须保持原有采购项目一致性或服务配套的要求，需要继续从原供应商处添购的，且添购资金总额不超过原合同采购金额10%的，采用单一来源方式采购。⑤采购的货物规格标准统一、现货货源充足且价格变化幅度小的政府采购项目，可以采用询价方式采购。政府采购的程序，基本上包括从预算编制与审批开始，经过采购人所选择的采购方式及其程序，直到对供应商履约的验收和支付。

【案例分析】

浙江温岭:新河镇公共预算改革观察

2005年7月,浙江省温岭市新河镇进行公共预算改革试验。方法是:将镇政府提出的财政预算草案提交给镇人大,经人大代表就预算的具体内容对政府进行询问并提出自己的修改意见之后,再由镇政府和人大的预算审查小组共同修改预算,形成新的预算方案,再提交人大会议通过。这种有关公共预算的改革,是第一次在中国出现,尽管只是在乡镇一级进行,其意义却不容忽视。

在新河镇公共预算改革之前,2005年4月,温岭市曾经在泽国镇采用了他们多年以来进行的民主恳谈的做法,将泽国镇政府预算中的一些属于政府投资的项目拿出来,经过200多名抽样选的民意代表进行反复讨论,选择出他们认可的项目,并将这些经过"民主恳谈"后挑选的项目交由人大投票通过,成为政府的最终预算。

这个改革过程,并没有明确为进行公共预算的改革,仍然是在政府和百姓之间的"民主恳谈"基础上进行的,不过它已经具备了公共预算改革的意义。泽国镇通过"民主恳谈",实际上改变了地方政府的预算决策过程,让更多的公众参与到以前封闭的政府预算过程之中。

在泽国镇改革的基础上,温岭市决定将"民主恳谈"方式引入到政府的体制内,变成人大代表和政府之间的直接对话,以此强化"民意",使镇人大代表所代表的"民意"可以约束和制衡政府,从而影响到政府的政策制定过程。

新河镇改变了泽国镇的做法,不再用抽样方式产生民意代表,而是由经过选举产生的民意代表——镇人大代表直接参与政府的预算过程,将泽国镇的部分参与预算内容变为将全体预算向镇人大代表公开,在人大代表充分讨论并与政府对话的基础之上,提出镇人大代表的修改意见,根据意见,政府和人大联合召开办公会议,修改预算方案,调整有关内容,然后再交给人大,重新审议。

目前,中国的一些地方政府也在进行公共预算改革,但仍然是由政府主导,人大并没有改变"橡皮图章"的地位,并不是真正意义上的公共预算改革。而新河镇已将原来只有少数人知道、而人大只负责通过的预算,变成了人大代表真正参与并向社会公众公开的预算。这样的预算过程,就真正具有了公共预算的概念,是中国地方政府公共预算改革的重大突破。

与此同时,新河镇还成立了由人大代表组成的镇人大财经小组,负责在人大会议后对预算执行过程实行监督。如果人大财经小组认为预算没有按照原定计划实行，或者有些新增预算出现，可以向镇人大主席团提出请求，要求镇人大主席团召开人大代表会议，就预算的执行问题和新增预算进行讨论。

新河镇的改革，在地方事务中激活了人大的作用，使人大可以发挥更加积极的作用。这样一来，温岭市就将“民主恳谈”中的民意转化为与政府对话的权利，加大了公众在政府体制中的发言权和决策权，将过去的“民主恳谈”演变成为中国政治体制内部的改革，推动了中国基层民主向纵深发展（来源：经济观察报，2005-11-07）。

问题：

1.分析财政预算对行政管理活动的影响。

2.案例中新河镇的做法对推动财政预算改革有哪些启示？

【思考与练习】

1.如何理解财务行政的概念与职能？

2.如何实现预算收支的有效执行与平衡？

3.简述政府实行分税制的意义、步骤和方式。

第十四章 行政绩效

【导入案例】

1993年9月，美国克林顿总统签署了《设立公众服务标准》，即第12862号行政命令，责令联邦政府部门制定公众服务标准，要求政府部门为公众提供选择公共服务的资源和选择服务供给的手段，包括：①分辨谁是或应该是联邦政府部门服务的公众；②调查和审视公众所希望的服务种类、服务质量，以及他们对服务的满意程度；③将服务水平和评估结果告诉公众：④为公众提供选择公共服务的资源和选择服务供给的各种手段；⑤建立信息系统、服务系统和有利于公众表达抱怨及其意见反馈的系统；⑥提供各种有效的途径让公众表达抱怨与意见。

美国政府责任委员会定义的指标体系包括：①投入指标。这些指标度量某一项目消耗的资源，如提供一项服务帮助部门经理评估培训的程度、物质设施状况、系统准备就绪的程度。②产出指标，这些指标报告为服务人口所提供的产品数量或服务单位。它们同样包括"工作量"指标，反映为生产一个产品或提供一项服务所耗费的努力程度。产出指标的例子包括：提供的餐数、铺路的里程数、通过高中熟练程度测试的学生人数。③结果指标。④效率和成本效益指标。⑤生产力指标（来源：《行政法论丛》第4卷，法律出版社，2001）。

分析案例中体现的行政绩效的重要性。

第一节　行政绩效概述

一、行政绩效的含义

从单纯语义学的角度看，"绩效"表示"成绩、成效"。"成绩"指"工作或学习的收获"，强调对工作或学习结果的主观评价。"成效"指"功效或效果"，强调工作或学习所造成的客观后果及影响。"绩效"则是对二者的综合。

英文 performance 和 achievement 均有"成绩和功效"的含义，前者是外延广泛的基本概念，后者侧重依靠努力和技巧取得成就。所以，相对而言，performance 用于指代"绩效"的概念较合理。绩效（performance）在英文中的原意是"履行"、"执行"、"表现"、"行为"、"完成"，引申为"作为"、"成就"、"成果"、"业绩"。从普遍意义上说，绩效是对组织的成就与效果的全面、系统的表征，它通常与生产力、质量、效果、权责等概念密切相关。

绩效这个概念的复杂性主要在于对绩效与效率关系的理解。尽管学术界上有人从狭义和广义的角度来解释效率，但笔者以为，这样容易造成概念混淆。严格意义上的效率就是指投入与产出之间的比例，力求以最少的投入获得最大的产出。绩效是一个与效率有联系又有区别的概念，是一个包括效率但又比效率更为广泛的概念。行政绩效与行政效率一样，讲求行政组织和人员在行政活动中所获得的各种直接的和间接的、有形的和无形的、定性的和定量的行政效果同所消耗的人力、物力、财力、时间等因素之间的比率关系，力求以最少的行政消耗获得最大的行政效果。但行政绩效又不能简单地等同于通常所说的行政效率。行政效率讲求的比率关系多是针对具体的行政行为，尤其较侧重于行政内部关系，主要依靠办事制度、岗位责任制度等刚性规范作为促进机制，衡量行政效率高低程度主要是通过行政后果来显示；而行政绩效涉及的主体行为既有具体的行政行为，亦有抽象的行政行为。行政绩效更注重外部的行政与社会、行政与公民的关系。行政绩效的有效运作不仅要依靠办事制度、岗位责任制度等刚性机制，而且还十分重视工作作风、工作态度等柔性机制。

可以说，效率是一个单向度的概念，而绩效却是一个综合性的范畴。行政绩效是一个影响因素、测量机制等诸多方面都比行政效率更为复杂的范畴。在整个行政管理过程中，是一个比行政效率更为核心的焦点。行政绩效可以定义为公共部门在积极履行公共责任的过程中，在讲求内部管理与外部效应、数量与质量、经济因素与伦理政治因素、刚性规范与柔性机制相统一的基础上，获得的公共产出最大化。

绩效，是指行为主体的工作和活动所取得的成就或产生的积极效果，又称“业绩”、“生产力”、“成果”等。行政绩效就是指政府行政管理活动所取得的积极效果或公共服务所产生的有益效果。行政绩效与行政效率、行政效能、行政效益相比，体现出一种更系统、科学和全面的内涵和表现能力，能够更加“系统地表现公共管理领域中的成就和效果”。行政绩效不单单是一个经济范畴，它还具有伦理、政治的意义。

综上所述，行政成本、行政效率是一个单向度的概念，而行政效益、行政绩效却是一个综合性的范畴。行政绩效是一个在影响因素、测量机制等诸方面都比其他政府评价概念工具更为复杂的范畴。行政绩效是指地方政府履行其职能而在不同层面上的有效输出，包括数量的与质量的、内部的与外部的、经济的与伦理的多个维度。

二、行政效率与行政效能

政府管理的经济性与时效性的评价范畴经历了一个从行政成本、行政效率到行政效能，从行政效能到行政效益，最后从行政效益到行政绩效的跃迁。行政管理评价范畴演变的起点是行政效率概念，演变的新近发展主要表现为一些学者对我国传统的行政效率研究方法提出了反思和批判，确立了用“绩效途径”取代“效率途径”，创设了“行政绩效”这个范畴。总体上说，行政效率、行政效能、行政效益与行政绩效是四个既相互联系又有严格区别的概念。在这里我们重点阐述行政效率与行政效能。

1. 行政效率

效率，本是电学和机械力学中的学术概念，意指能量转换的比率。自行为科学理论发展以来，以西蒙为代表的一些行政学家对效率概念进行扩展，力求使“效率”概念既适用于工商组织，又适用于非工商组织，因此，行政效率的概念开始风行于世，成为测量政府管理的权威标杆。行政效率是指一定的行政活动在单位时间和空间内产生的社会效果与该活动过程的消耗之比率。行政效率是传统行政管理的核心命题，是政府如何提高内部机制的运转效率以及公共产品提供的数量，主要通过组织、领导、人事、体制等基本主体体现出来。

如果说效率在自然科学领域用来分析物质运动、能量变化等现象时还是一个精确、规范的科学概念，运用到工商企业后因金钱能给产出和投入提供共同的衡量尺度,并且使两者得以直接比较,而尚能勉强操作,那么,当它进入并移植到政府管理领域后,就成为一个适用性非常微弱又很难操作的概念。"效率"理论混淆了不同社会制度条件下管理活动的本质区别;不包含价值判断,忽视了政府活动应体现的仁义与善治;不能解决效率与公平的关系问题。就政府组织而言,还必须要在日益复杂多变的环境中,不断平衡来自各方的利益需求和解决各种相互冲突的矛盾。因此,需要从一个更加宽泛和综合的视角,寻找一个能替代"效率"的综合概念来评价政府的贡献。

2.行政效能

效能,描述的是活动或系统实际取得的成果与预期效果,实际达成的程度与原定目标之间相比较的结果。行政效能就是指行政目标的达成程度和行政活动所产生的社会效益。行政效能主要体现在行政目标的实现状况与社会需要的一致性上。行政效能是一个质的概念。20世纪90年代中期开始于福建省漳州市等地的效能建设,其本质就是以提高政府管理效益和社会效果为目标,以加强思想、作风、制度、业务和廉政建设为内容,以提高政府行政目标达成程度和政府服务的公众满意度的一场行政效能建设运动。

行政效能与行政效率是相互区别的:①决策准则不同。在决策过程中,效能准则要求在广阔的社会背景下,特别注重目标与决策的正确性、客观性和优化性;而效率准则只要求运用机会成本原理,简化决策所面临的复杂问题,作出以一定的机会成本达到最大成果或以最低机会成本达到一定成果的决策。②执行要求不同。在行政执行过程中,行政效能的基本要求就是着重考虑行政执行是否偏离了行政目标原来确立的方向,及时修正或补充不符合实际或不全面的目标;效率的基本要求则是提高时效,节约费用,以最快的速度、最少的耗费实现行政目标。③评价标准不同。行政效能以行政活动在单位时间和空间内所产生的社会效果的有益性来评价行政管理的成败,这种社会效果的有益性就是指行政活动所产生的效果符合社会的需要和人民的愿望,体现人民的利益,能够促进社会、政治、经济、科学文化事业的发展;行政效率则以行政活动所获得的社会效果与在此活动过程中所付出的各种耗费的比率来评价行政管理的成败,比较注重行政管理结果的量的方面。④提高的途径不同。行政效能的提高除了依靠正确的工作方法和技巧外,还主要依靠政策水平、战略眼光、卓绝见识和运筹能力;行政效率的提高主要依靠工作方法和管理技术等。

三、提高行政绩效的意义

(1)行政绩效是行政管理追求的目标。行政管理的首要问题就是确定行政目标。所谓行政目标,就是规定通过什么途径、什么方式去取得什么成果,其中必然包含以最短的时间、最低的消耗取得最大成果的要求,也就是行政效率的要求;同时,也包含以最低的运作成本,达到管理的最佳效果和提供最优质的服务的要求,亦即行政效能的要求。整个行政管理活动的各个环节、各个方面的运作,都是为了达到这些要求和实现行政目标。一句话,行政管理自始至终就是为了取得行政绩效、提高行政绩效而展开的。而提高了行政效率和行政效能,达到了预先规定的行政绩效标准和要求,也就是达到了行政管理的最终目标。可见,行政绩效在行政管理中起着目标定位和导向作用。

(2)行政绩效是行政管理能力的标志。一个政府是否能够很好地承担起管理国家和管理社会这样复杂繁重的任务,很大程度上取决于政府施政能力的大小。而政府施政能力的大小,又主要通过行政绩效反映出来。政府能够以最低的消费即最小的运作成本,去处理大量的国家事务和社会事务,能够通过对社会资源最有效的利用,为公众提供更多、更优质的服务,能够以最佳的或最有利的抉择和正当手段,达到行政管理的最大目标,就说明政府的施政能力强,是强政府;反之,就说明政府的施政能力弱,是弱政府。因此,要衡量一个政府施政能力的强弱,关键是看这个政府行政绩效的大小。要提高政府的施政能力,就必须紧紧抓住行政绩效这个"牛鼻子",以提高行政效率和行政效能为目的,努力改进政府的各项工作,全面提升政府的行政管理水平和为公众服务的质量。

(3)行政绩效是行政改革的动力和准绳。行政管理要跟上时代的变化和社会的发展,就必须不断进行改革,而改革的动力正是来源于提高行政绩效的要求。行政效率和效能低下,政府管理的绩效差,行政管理就跟不上时代的变化和社会的发展,社会就会对政府提出行政改革的要求;改革的措施是否切实可行,改革是否彻底和成功,检验的标准就是看政府行政机关是否提高了行政绩效。从另一个角度看,行政改革是否成功,归根到底是看行政管理各项工作是否有利于促进生产力的发展。行政管理是否促进了生产力的发展,又主要根据政府生产力来判断。政府生产力就是行政绩效,通过改革使行政绩效大幅度提高,就说明政府生产力水平高,说明行政管理对社会生产力的发展起促进作用;反之,就是起阻碍作用。总之,一个国家社会生产力水平的高低,经济发展的快慢,首先取决于是否有一个高绩效的政府。

第二节　行政绩效的测评

一、行政绩效测评的作用

现代行政管理的核心问题是提高绩效。要改进绩效，就必须首先了解目前的绩效状况。如果不能测定它，就无法了解它、改善它。因此，行政绩效测评对提高行政绩效有重要的作用和意义。

1. 绩效测评在行政管理中的主要功能

绩效测评的计划辅助功能。行政绩效的提高有赖于科学的管理计划。一个具体的管理目标或指标的制定至少要参照三个方面的信息：有关部门前一阶段的表现状况；部门内部工作条件、工作程序及环境方面的变化；社会需求与社会环境变化的预测。绩效测评的作用，就在于它满足了第一方面的信息需求，前一阶段的测评结果成为下一阶段计划的基础和出发点。而科学的管理计划有助于提高政府的绩效。

绩效测评的监控支持功能。行政管理工作走出计划而进入实施阶段后，必须时时对执行情况进行严密的监测，如发现背离计划的情况，就要预测它的可能后果并采取相应的控制措施。绩效测评在这里的作用，主要表现在它为监控提供了信息支持。

绩效测评的促进功能。实践表明，测量自己工作效果的组织，会发现测量得到的信息将促使自己发生变化。如美国马萨诸塞州福利部的工作差错率有段时期居高不下，有关部门马上公布了每个办公室的差错率，继而公布每个工作人员的差错率，情况就发生了变化，差错率由23%降到8%。

绩效测评的激励功能。如不测定效果，就不能辨别成功还是失败；看不到成功，就不能给予奖励；不能奖励成功，就有可能是在奖励失败。我们常常会发现一些政府奖励失败而不是奖励成功的现象，比如，如果你失败，你有资格得到帮助。如果你做的出色，那么你就注定会失去资助。奖励失败的结果是产生荒谬的刺激，导致组织绩效每况愈下。

绩效测评的资源优化功能。绩效测评有助于政府科学设定目标并根据效果来配置资源。

2. 绩效测评与政府形象

绩效测评有助于提高政府的政治合法性，改善政府形象并最终形成政府与公民、国家与社会之间的良性互动关系。

展示成果能赢得公众的支持和理解。绩效测评是向公众展示工作效果的机会,展示成果能赢得公众对政府的支持。如果把绩效与政策紧密挂钩,不受欢迎的措施也可以得到公众的理解。

展示绩效状况能推动公众对政府的监督。许多政府部门的服务处于垄断地位,无法同其他地方或部门比较(如消防、警察等纯公共部门)。绩效测评的特点是评估过程的透明和信息的公开。测评和公布绩效状况是公众"体验服务"的一种方式,有助于广大群众了解、监督和参与政府的工作。

绩效测评能帮助提高政府的信誉。绩效测评并不只是展示成功,它也暴露不足和失败。暴露不足和失败并不一定损害政府部门的信誉。相反,它有助于提高政府的信誉,因为它向公众展示了政府为提高绩效而作出的不懈努力。

二、行政绩效测评的指标

指标是一种可以评估发展、确认挑战和需求、监督实施和评估结果的有效工具,它可以显示与某个重要目标或动机相联系的某种事物的发展情况,它是反映总体现象的特定概念和具体数值,是评估和监测经济社会发展的重要量化手段。行政绩效评估指标体系是一个复杂的系统,它是由两个以上的要素构成的集合体,各个要素之间的相互联系、相互作用,形成特定的结构。根据评估对象数量和质量要求的复杂程度,行政绩效评估指标体系的结构可分为直线式结构和树状式结构两种。

(1)行政绩效评估指标体系构建的指导原则。行政绩效评估指标体系不是一些指标的简单堆积和组合,而是根据某些原则而建立起来,并能综合反映一个政府管理绩效状况的指标集合。构建行政绩效评估指标体系必须遵循一定的原则:①服务导向原则。服务导向原则要求绩效评估指标的设定必须立足于当时当地实际,看政府是否实实在在地推进了本地区的经济、社会协调发展,是否真正、真实地提高了人民的生活水平,并引导政府向提高人民生活质量、增强公共服务能力的方向发展。为公众提供优质的公共服务是衡量政府绩效水平的关键,也是构建行政绩效评估指标体系必须遵循的根本原则。②职能依据原则。绩效就是政府职能履行的程度和质量。行政绩效评估指标体系的构建要立足于地方政府管理的职能,不同的职能重点,决定不同的指标结构。③灵活权变原则。不同的地区在自然条件、经济发展水平、社会结构、国民素质、人民生活水平等方面都存在一定的差异性,因此,构建行政绩效评估指标体系,应考虑不同地区客观条件的差异性对行政绩效的影响,对不同地区的评估指标体系,必须根据区域经济或产业特色,在指标体系设计上有不同的侧重。④整体统一原则。整体性原则要求指标体系能够全面、系统地反映行政绩效的数量和质量要求。⑤规范系统原则。行政绩效复杂性强、综合性广、覆盖面宽，因此，其绩效评估指标体系的构建要力求规范，要通俗易懂，便于获得，易于理解，利于计算。各个具体指标在其含义、口径范围、计算方法、计算时间和空间范围等方面，要相互衔接，部分指标的设置还要注意与国际接轨。

(2)行政绩效评估通用(常用)指标分析。原国家人事部《中国政府绩效评估研究》课题组在总结国内外相关指标体系设计思想和方法技术的基础上，经过深入调查，并组织有关专家论证分析，提出了一套地方政府绩效评估指标体系。该体系共分三层，由职能指标、影响指标和潜力指标 3 个一级指标，11 个二级指标和 33 个三级指标构成，如表 14-1 所示。

表 14-1 地方政府绩效评估指标体系

一级指标	二级指标	三级指标
影响指标	经济	人均 GDP、劳动生产率、外来投资占 GDP 比重
	社会	人均预期寿命、恩格尔系数、平均受教育程度
	人口与环境	环境与生态、非农业人口比重、人口自然增长率
职能指标	经济调节	GDP 增长率、城镇登记失业率、财政收支状况
	市场监管	法规的完善程度、执法状况、企业满意度
	社会管理	贫困人口占总人口比例、刑事案件发案率、生产和交通事故死亡率
	公共服务	基础设施建设、信息公开程度、公民满意度
	国有资产管理	国有企业资产保值增值率、其他国有资产占 GDP 的比重、国有企业实现利润增长率
潜力指标	人力资源状况	行政人员中本科以上学历者所占比例、领导班子团队建设、人力资源开发战略规划
	廉洁状况	腐败案件涉案人数占行政人员比率、机关工作作风、公民评议状况
	行政效率	行政经费占财政支出的比重、行政人员占总人口的比重、信息管理水平

设计一个科学、合理的行政绩效评估指标体系是一项复杂的系统工程，需要设计者有严密的逻辑思维能力和超强的事物分析能力，而且在指标体系的设计过程中，必须具备良好的支持环境，如评估项目的稳定具体、有可供咨询的专家、反复检测与修正的机会和条件等。

(3)行政绩效评估指标权重的确定。由于评估指标在整个评估体系中占有的分量不同，因此，我们必须根据评估指标重要程度的不同，而赋予一定的相对权数和绝对权数。行政绩效评估指标权重的确定和指标数据的计算是指标体系应用的最后环节，在确定指标权重的基础上，可以将标准化的值直接代入评估模型，就可以得出绩效评估的最终结果。

指标权重的确定有主观法和客观法两大类。主观法是评估主体根据对各个指标的主观重视程度而赋予权重的一种方法，主要有专家调查法、循环评分法、二项系数法、层次分析法等；客观法是根据指标自身的作用和影响确定权重的方法，主要有熵值法、主成分分析法、因子分析、聚类分析、判别分析等多元分析方法。各种方法都有优点，也都有局限性，在具体使用时应根据评估目的和指标数据的情况有选择地使用。主成分分析法是研究用变量族的少数几个线性组合(新的变量族)来解释全部多维变量的协方差结构，挑选最佳变量子集，简化数据，揭示变量间关系的一种多元统计分析方法。

三、行政绩效的技术测量

行政绩效测评包括经济测评、效率测评和效益测评三项主要内容，每项测评都要借助于一系列绩效指标。测评可以分为定性测评和定量测评两类，这里侧重介绍定量测评。

1. 绩效指标

指标即指示物、指示器。绩效指标是生产、管理活动中某一特定方面效果的规范化的量的显示。举例而言，"人均开支"是经济指标，"平均个案处理时间"是效率指标，"差错率"则是质量指标。由于政府各部门的工作性质千差万别，需要根据工作性质和职责设计具有针对性的绩效指标体系。

2. 经济测定

经济测定是政府面临财政拮据而采取的重要改革措施，其目的是在公共部门树立浓厚的成本意识，降低成本，节约开支，花较少的钱办更多的事。经济测评一般采取如下形式。

(1)成本与投入的比率测定。资金是行政管理工作的血液，但行政机关从事管理活动时直接付出的并不是资金，而是由资金转化而来的人力、物力、设备等。成本与投入的比率即资金向投入的转化率。不经济既可表现为获得某一投入时花了高于市场价格的资金，又可表现为超量投入，如盲目追求高学历而导致雇员素质远超工作需求。

(2)行政开支和业务开支的比率测定。对公共服务机构来说，直接用于服务对象的开支为业务开支，服务机构的运营开支则为行政开支。由于两种开支的不同性质,他们之间的比率就成了经济水平的一个标志。

(3)人均开支测定。这里的人均开支并非公共机构工作人员的人均开支,而是社区所有成员在特定领域的人均开支。作为纳税者,公民是这些开支的实际承担者。人均开支测评为公民提供了一个监督公共机构的有效工具。

(4)单位成本测定。单位成本这一概念涉及投入和产出,因而这既是一个经济水平的展示,又是一个效率水平的展示。传统公共管理中存在关注投入但不计成本的矛盾。"关注投入"体现在开支方面的繁琐规章和严格的审批制度,"不计成本"则表现为忽视对单位成本的科学测评。其结果是,当单位成本方面的信息出现时,人们往往感到惊奇。

(5)经济改进余地测定。经济测评可以采取上述计算各种比率的形式,也可以采取测评节支可能性或寻求节支领域的方法,这就是经济水平改进余地测评。

3.效率测定

效率评估测定的是产出和投入的比率。效率测定对效率的描述是定量而非定性,反映的是整体而非个别情况。所谓整体性,就是不凭组织的一时一事,而是看它的整体表现、整体效率。传统效率测评主要采取经验方法,这种主观印象式判断缺乏客观性和科学性。现代公共组织效率测评的方法和技术较为成熟,既有简单的效率指标,又运用了许多较复杂的量化分析技术。

(1)效率指标的应用。效率指标是组织效率的量化显示,一般通用的效率指标有单位成本、平均个案处理时间、反应速度等。对于具体的公共部门来说,需要设计针对性的效率指标。例如,刑警的效率指标有:所有刑事案件的破案率、暴力刑事案件的破案率、入室盗窃案件的破案率、警员人均破案率等。

(2)工作荷载分析。工作荷载分析法实际上是一种比较方法,即通过不同单位在工作荷载和结果方面的横向比较来确定各个单位的效率水平。这种效率测评方法的运用需要满足两个条件:一是所涉及的单位从事同样或十分相近的工作;二是工作性质属于量的处理工作,容易进行量化衡量。

(3)要素分析。要素分析即投入要素与结果要素转换率的分析。它包括单要素分析和多要素综合分析两种类型。单要素可以是物质要素,也可以是货币要素。此外,单要素分析还可以用增值率来计算,即工作人员的人均增值额。多要素综合分析即对上述各种投入要素和产出要素的综合分析。

(4)产出评估。产出评估实际上是对公共管理和服务活动效果的评价过程。产出评估实际上也是效益评估,但如果把效益大小与投入进行比较分析,就是效率测定。

4. 效益测定

效益涉及产出与效果之间的关系，具体包括产出的质量、产出是否导致了所期望的社会效果、公民或顾客的满意度等。在以结果为本和顾客为本的时代，效益测定无疑是绩效测评中最重要的内容。

(1)产出质量测定。质量指标是对公共部门产出的质的展示，一般质量指标几乎可以应用于所有公共部门的工作。对于特定的公共部门来说，往往需要根据工作性质和特点设计具有针对性的质量指标。

(2)社会效果测定。理想的客观社会效果是公共部门管理和服务活动效益的表现形式之一。社会效果测定一般需要社会项目评估的专门技术。

(3)顾客满意度的直接测定。公共部门管理和服务的对象是公民，公民作为"顾客"对这些服务的满意程度是检验公共部门效益的主要标准。直接测定即通过民意调查形式了解公民对特定公共部门和特定服务的主观感受和评价，也包括抱怨和投诉率。

(4)顾客满意度的间接测定。间接测定即不依顺顾客的主观感受，而是从顾客的立场对服务质量所作的客观测评。常用的指标有：公共服务的量和类型与公众多样化需求的吻合程度；公众知晓度即公众对服务内容的知晓程度和获得有关信息的便利程度；公民获取和享受公共服务的方便程度，包括公共服务网点的分散程度和服务半径，公共部门工作程序的简化和合理程度等。

四、行政绩效的社会评价

(1)推进民主政府建设进程。行政绩效评估适应了民主政治发展的要求，有利于民主政府建设。权力与制衡是现代民主国家政治制度的基本要素，也是确立国家政治制度的重要原则，行政绩效评估符合这一现代民主社会的法治原则。行政绩效评估制度是国家政治制度的重要组成部分，其本质就是促进政府行为的规范，促进政府行政监控体系的完善和政府透明度的提高，进而促进政府行政效率的提高。随着我国社会主义民主化进程的加快，行政体制改革的深入和政府职能的重大调整，开展行政绩效评估已成为我国民主政治建设的必然要求。

首先，政府作为公众的代表人和公务的执行者，必须注重对公共意志的尊重和公共利益的满足。英国在中央各部门进行持续数年大规模的"雷纳评审"，明确规定要求被服务的第三方人员参与。在美国，公民的角色很早就被认为是很活跃的，而不仅仅是遵守法律或投票，公众评议和市民活动一直都受到鼓励。美、英等国兴起的以“顾客导向”、绩效评估和公民宪章运动为代表的新公共管理运动，是政府管理满足公众需要、提高公民参与政府的重要措施。开展政府绩效评估，即对政府的投入产出，政府行为的效率、效果进行评价，是对公众意志的尊重，能更好地满足人民群众监督的需要。其次，绩效评估不仅有利于政府管理目标的分化和资源的合理配置，把提高绩效的努力贯穿于行政活动的各个环节，从根本上促进行政效率的提高，同时，还有利于广大群众了解、监督和参与政府的工作，提高政府行为的透明度和政府信誉度，从而推进社会主义民主政治的建设。最后，行政绩效评估是民主政治的产物，其价值意义与民主政治的发展水平成正比例关系。民主化程度越高，人民对政府运行情况的了解越多，政治制度对公民参与的容量越大，对行政绩效评估的愿望越迫切，评估的效果也就越好，社会公众对政府行为的约束越到位。

(2)强化政府的责任意识。政府责任缺失是政治学长期以来所关注的却并未能彻底解决的问题。按照委托代理理论的观点，民主是人们所普遍追求的价值取向，但民主不可能是全体公民的共同行政。因此，解决这一问题的办法就是通过一定的制度设计，由全体公民选举自己满意的、符合自己利益的人组成政府，由他们代表全体公民行使国家的权力。这样的制度设计成为了迄今为止人类历史上公共利益诉求与实现的主导模式。但是，随着社会的发展和客观环境的变化，该制度的弊端逐渐暴露。政府拥有国家强制力为后盾而容易成为社会公众的异己物，政府不但不能充分保障和实现公民的公共利益，而且可能反过来侵害公民的权益。由于委托方和代理方的相互制约力量不对等，甚至悬殊很大，委托方不能有效制约和监督政府行为。同时，由于信息不对称导致公民监督政府困难重重。

根据社会的发展要求和公众的需要提供公共服务，成为市场化条件下政府最重要的职能和最基本的任务。评估行政绩效必须确定政府公共服务供给的质量标准和价格水平，以保证政府自身无法利用提供服务的机会谋取不正当的利益，保障公共服务质量，更好地满足顾客的需要。因此，通过行政绩效评估，有利于强化政府公共权力行使的公共利益旨向，强化政府公共服务和为公众谋福利的责任意识，有助于推进我国责任政府的建设。责任行政是行政绩效评估所催生的新理念和新模式，两者互相促进，责任行政要求借助绩效评估来度量政府责任履行的情况，行政绩效评估则更加明晰和强化了责任行政这一价值理念和模式。

(3)推进政府管理制度和方法创新。政府围绕其战略和使命进行绩效管理，采用目标管理、全面质量管理等手段，强化了政府对社会公众的责任；尊重“顾客”选择的权力，调查和审视社会公众对公共服务的要求和满意程度，让社会公众参与管理；实行成本核算，加强财务控制，建立以绩效为基础的预算制度，实行绩效与财政预算拨款挂钩；改革公务员制度，打破统一的薪酬体系，实行业绩奖励制和绩效工资制。绩效评定和绩效等级划分都与政府部门支配财政的能力、政府部门职员的个人利益直接联系,从而创造了政府管理公共事务、提供公共服务的效率与活动,为政府公共管理开拓了新的视野。行政绩效评估可以作为政府管理的诱因机制,激发工作人员的工作热情和动力;也可以帮助诊断公共部门管理中的问题,是政府组织适时调整发展策略、人员物质分配,确保组织使命和战略目标得以实现的重要工具。

(4)行政绩效评估可以推进行政技术方法创新。行政绩效评估以系统论和信息论为基础,谋求现代信息、电子和数字网络技术在公共事务与公共服务中的普遍运用,不仅强调环境对公共治理的影响,而且更强调环境变化后政府管理的效果,强调改变公共服务网络结构、关注顾客服务、建构高绩效体系。由于绩效评估制度的存在,政府部门将形成一种注重业绩的文化,极大地推动了绩效评估方法及措施的运用,推动了公共管理方法与技能的改进和发展,倾听顾客声音、社会服务承诺、项目评估、电子政务、管理信息系统、全面质量管理等公共管理方法不断出现,为公共管理开拓了新视野。

(5)提高政府管理的绩效水平。政府活动的特性和政府本身所处的特殊地位,导致了其管理运行和服务提供长期存在着效率低下的困境。一方面,由于政府的产出大多数是无形的服务,而不是有形的可量化的物质产品,其质和量缺乏确定性和可度量性。它不像企业组织以追求最大利润为目标,其绩效可以通过投资获益率、资金周转率、总资产获益率、市场占有率等清晰的、量化的指标来评估。政府活动是非市场性的,无法以市场价格来衡量。因此,人们就难以对政府行为和服务直接进行成本收益分析,缺乏对政府的成本约束,从而容易造成资源浪费和绩效低下。另一方面,由于政府自身所处的垄断地位,容易导致政府管理内部缺乏竞争的压力,缺乏提高服务质量和自身绩效的动力,容易出现“帕金森定律”所描述的情景:无论政府工作增加与否,或根本没有任何工作,政府机构人员数目总是按同一速度增加。

行政绩效评估是改善和提高行政管理绩效的动力。首先,行政绩效评估确立了“为顾客服务,对顾客负责”的管理理念,强调打破政府对公共服务的垄断,引入竞争性的公共选择机制,强化政府服务动力机制和竞争机制,增强政府组织履行职能和完成任务时的成本观念与效益观念。其次,行政绩效评估为管理者提供有关政府组织管理和公共服务项目的效率、效果等方面的信息,能更好地了解公共管理和公共服务的最佳实践经验以及顾客的需要。再次,行政绩效评估能鉴别行政绩效,能将评估结论反馈给评估主体的机构,使政府部门了解自身工作的主要成就和所存在的主要问题,并依据评估建议调整和改进工作。最后,行政绩效评估倡导分权和鼓励下级参与协作，并通过制定配套的分配制度和财务管理制度达到激励地方政府及其工作人员的蓬勃朝气，奋力拼搏，挑战极限，追求卓越，创造一流的业绩。因此，行政绩效评估有利于提高行政绩效和建设高绩效政府。

第三节　行政绩效的提高途径

一、行政绩效的影响因素

行政绩效的改善是个系统的、全局性的问题，行政管理活动的许多环节都存在绩效状况形势严峻的问题，不容乐观。政府的行政绩效的现状可以从下面几个方面对效能的提高有着不同程度的影响。影响行政效能的主要因素可分为行政体制外的因素和体制内的因素。

1. 影响行政绩效的体制外因素

(1)社会生产力的发展水平。行政效能的高低，主要决定于社会生产力的发展水平。在高度发展的生产力推动下，行政效能必然提高。没有一定程度的生产力水平作基础，就不可能有提高行政效能的需求和动力，也缺乏必要的物质基础，如现代化的办公设备；同时，行政效能的提高也会促进社会生产力的发展，一个高效能的政府和不断发展的社会生产力是紧密联系在一起的。因而两者之间存在互动的关系。

(2)行政环境因素的影响。行政环境包括自然环境和社会环境，对行政效能存在不同程度的影响。交通环境、气候条件、矿产资源等都会影响到国家经济发展和国力的增强，其中地理环境与此相关的基础设施的发展状况直接或间接影响着行政效能的提高。而对行政效能影响最重要的环境因素是政府所处的社会环境。国家的政治安定，政治生活的民主化、法制化是实现行政效能的条件和前提，同时党风、政风、社会风气及整体公民的效能意识也影响着行政绩效建设。

(3)传统行政文化的影响。传统行政文化成了行政绩效提高的障碍。“小而全”的传统管理思想对行政效能提高形成阻碍，按照系统论的整体性原则，任何组织都是一个整体，这种整体的组合必须遵循“整体最优”原则，并且整体功能大于个体功能之和。“小而全”的管理思想与系统论的整体性原则相悖。

2. 影响行政绩效的体制内因素

(1)行政管理体制。行政管理体制是指国家行政机构设置、行政职权划分与运行及为保证行政管理顺利进行而建构的一切组织体系和制度的总称。行政体制在行政管理活动中有着举足轻重的地位和作用,其是否科学、合理直接影响行政管理的整体水平和绩效。如政府机构的设置是否符合政府管理客体和对象的要求,政府机构与层次设置的繁简程度等,都会直接影响行政绩效。机构设置层次过多,会增加行政报批程序,耗费更多资源,增大政府成本,导致行政绩效低下;政府职能过多,同样会降低政府配置资源的效率。

(2)政府运行机制。政府运行机制包括政府管理的各个过程与环节,如行政决策、行政执行、行政咨询、行政反馈、行政评价与行政监督等环节。行政管理的各个过程和各个环节之间是否协调与统一,影响着政府的行政绩效。高效、协调、规范、统一的行政管理运行机制将有利于促进行政绩效的提高。如科学、全面、及时的决策信息有利于优化政府决策质量,提高行政决策的效率;政府管理沟通与反馈渠道畅通,则有利于调整行政目标和计划,减少失误,以较短的时间和较小的成本圆满完成既定任务,尽快实现政府目标;在政府运行过程中,如果令行禁止、政令畅通,政府绩效就高,反之,则政府绩效低。

(3)行政人员素质。行政人员是行政管理任务的执行者,其政治素质、业务素质、道德素质、心理素质等都直接影响行政绩效的高低。行政管理人员素质主要看两个基本方面:一是否廉政,二是否勤政。行政管理人员是否具有廉洁奉公和勤奋精神是决定行政绩效的至关重要的因素。同时,行政人员往往是以团队和班子来共同处理政务的,科学合理的行政人员知识结构和素质搭配有利于充分发挥公务员整体优势,做到人尽其才、事得其人。此外,强化公务员奖惩、晋升、考核等方面的制度建设,也将有利于优化行政人员的个体综合素质和班子的整体结构,从而影响政府绩效的提高。

(4)行政技术与方法。随着科学技术的不断进步,新的理论、方法和工具不断涌现,能否将系统论、运筹学、控制论、信息论以及计算机技术、网络技术等现代科学理论和方法运用于行政管理之中,都会对行政绩效产生重要的影响。采用现代科学理论和方法能够提高政府管理的有效幅度,缩减政府机制运行环节和时间,从而减少政府管理成本、提升政府绩效。

二、行政绩效的提高途径

提高行政绩效是一项长期艰巨的行政任务。所以提高行政效能的根本途径在于不断更新管理观念,积极推进行政体制改革,建立职责分明、机构精简、领导有力、运转协调的行政管理体制,同时,必须加大法制建设的步伐,大胆地进行制度创新,建立健全行政绩效评估制度,推进行政管理技术创新和建设一支高素质、专业化的干部队伍。

1.树立科学的政绩观念

树立科学的政绩观关键是要科学处理行政绩效的数量与价值、短期与长远、局部与全局之间的关系。第一,要处理好行政绩效数量与价值的关系。因此,我们决不能离开群众的利益和愿望去追求所谓高绩效。在我们制定政府管理目标的时候,一定要把群众的根本利益放在第一位,多了解群众的愿望,多倾听群众的呼声,只有这样的绩效才具有真正的价值。第二,要处理好政府短期绩效与长远绩效的关系。行政管理绩效的具体表现是复杂的,它有短期效益与长期效益之分,这两者并非总是吻合的。有些行政行为的短期效益并不显著,但长期效益却非常巨大,如对教育和基础设施、基础学科研究的投入。同样的,有些行政行为的短期效益良好,长期效益却并不佳。因此,提高政府管理绩效既要看眼前效益又要看长远效益,既要防止不思进取守摊子,又要防止不顾民力乱铺摊子,决不能造成"一代人的'政绩',几代人的包袱"。第三,要处理好政府局部绩效与全局绩效的关系。现代社会的一个显著特征就是利益多元化和利益关系的复杂化,局部利益与整体利益相互影响、相互制约。因此,提高行政绩效也有一个处理好局部效益与全局效益之间的关系问题。政府的某些行政活动有可能对更大范围内的社会经济生活产生影响,但这种影响却很难追究到政府的责任,这就容易导致地方政府为求实现局部利益,而采取不惜牺牲其他的局部利益和全局利益的行为,形形色色的地方保护主义也就难以避免了。所以,政府一定要树立全局观念,决不能牺牲全局效益来获得局部的效率,只有当局部效益能促进全局效益更好的发挥的时候,这种效益才是真正的效益。

2.深化行政管理体制改革

我国在计划经济体制下的权力高度集中、机构臃肿、职能重叠的行政管理体制,严重地影响了行政绩效的提高。行政管理体制合理化是提高行政绩效的重要保证,因此改革和完善行政管理体制势在必行。目前要做好以下4个方面工作:一是合理划分权限,明确各自职责。这就要求处理好中央与地方、上下级政府、政府的各部门之间的关系,明确各自的职责与权限,改变权力过分集中的状况,充分发挥基层和地方的积极性。二是按精简、统一、效能原则,合理设置行政机构。根据机构组织法规,科学地设置行政机构,撤销多余的机构,合并重叠的机构,减少政府管理层次,精简人员。三是建立政府工作岗位责任制。政府机关根据自身工作的特点建立实行各种形式的责任制,界定各部门的工作范围,明确规定每个行政工作人员的工作数量、工作质量和完成某项任务的时限要求,使得公务人员职权明确,权责统一，这样有利于发挥政府公务人员的工作主动性和积极性。四是转变政府职能，精简机构。根据政企分开、政事分开的原则，充分发挥市场、社会在公共行政管理中的作用，尊重市场、社会主体的自主权，政府明确自己的权力边界，减轻财政的负担，降低行政成本，提高效能。

3. 健全行政绩效评估制度

当前我国行政绩效评估制度本身也存在着不完善的方面，从而在一定程度上制约了行政绩效的提高。首先，评估主体主要是由上级领导组成，而与行政绩效的影响密切相关的社会公众没有参与评估；其次，以德、能、勤、廉、绩效为主的绩效评估标准比较抽象，价值倾向性比较强而难于细化，容易造成千人一面的弊端，而且这五个评估标准并不总是一致的，德与能、德与廉、德与绩、能与勤、能与廉、能与绩及勤与绩发生矛盾时又该如何取舍也容易失之于主观；最后，当前政府绩效评估的结果常用于对评估对象的升降奖惩，忽视了绩效评估的引导功能，也忽视了将绩效评估与评估对象的教育培训有机地结合起来。

建立健全科学的行政绩效评估制度，关键在于抓好以下 4 个方面：首先，在行政绩效评估体制方面，应建立多重评估体制，包括政府机关的自我评估、上级评估、外部专家评估及社会公众的评估，逐步实现官方评估与民间评估并重，形成人民监督和上级监督相结合的绩效评估机制。绩效评估要成为社会公众表达意志的一种方式，要将顾客的需求作为政府公共部门存在、发展的前提。其次，要加强立法支持，通过制度化的手段确立评估的地位和权威。同时作为专业性很强的管理活动，有必要在公共部门内部建立完善的绩效评估机构，并确保评估机构独立工作，还要鼓励和发展评估的民间中介组织，以节约公共资源。第三，确立科学、系统、全面的绩效评估标准。当前我国行政职能的泛经济化，片面地将经济业绩等同于政绩，将经济指标等同于政府绩效的评估指标，从而带来一些社会问题。当代政府管理应在社会公平的基础上保证公共责任和民主参与的实现，使效率、秩序、社会公平和民主成为行政绩效评估的基本价值取向。第四，要实现绩效评估的制度化、法制化。立法保障是开展行政绩效评估的前提和基础，制度化也是国际上评估活动的趋势之一。对于我国，当务之急是借鉴先进国家的经验和做法，通过完善政策和立法使我国行政绩效评估走上制度化、规范化和经常化道路。

4. 建设一支高素质、专业化的干部队伍

国家公务员干部队伍的素质直接影响到行政绩效水平的高低，提高公务员干部队伍的综合素质是行政绩效的重要保证。从目前我国公务员队伍现状看，存在着管理水平不高，专业知识缺乏等问题。为此，应加大对公务员干部队伍的培训力度，切实提高国家公务员干部在复杂环境下的政治鉴别能力、驾驭全局和市场经济能力、创造性开展工作的能力，以及依法行政水平和服务意识，更好地胜任公共行政管理工作，提高行政绩效。

建设一支高素质的、专业化的公务员干部队伍是提高行政绩效的关键。首先，提高公务员干部的综合素质。任何行政组织，如果没有素质较高的公务员干部队伍，就没有高质量的行政决策和高绩效的行政产出，就不可能有高效率的行政活动。公务员要有现代化的管理观念，熟悉现代行政管理的规律，善于判断形势，分析情况，做出正确决策；要善于协调与处理人与人之间的关系或单位与单位之间的关系；要善于知人用人，调动下属的工作积极性；要善于控制会议，反对文牍主义，抵制“文山会海”等官僚主义现象；要善于以身作则，惜时守时，讲求效率，影响和带动整个机关。其次，提高一般行政工作人员的素质。主要途径是加强教育和培训；加强思想政治教育和职业道德教育，树立为人民服务的思想和忠于职守的道德标准；加强行政工作人员业务知识和专门技能的训练；合理使用人才，把具有不同能力结构的人放在与之适合的岗位上，做到人尽其才和扬长避短。

5. 实现管理技术的现代化

行政方法和管理工具是提高行政绩效的技术保证。行政管理工作是一种综合性的复杂的社会活动，涉及范围广，作用因素多，必须借助一定的技术手段才能完成。尤其在现代社会中，政治、经济过程运转节奏加快，信息量激增，行政管理单靠经验和传统的文书、通讯技术已越来越不适应形势的要求。因此，必须“积极推进政府工作的信息化，大力发展电子政务，已经成为国民经济和社会信息化建设的一个十分紧迫的任务”。推进电子政务建设是治理行政绩效低下的迫切要求。

从发达国家的经验和我国电子政务发展的实践来看，电子政务建设对提高行政效率具有无可比拟的作用，表现在：一是通过实施电子政务，可以简化行政运作环节和程序，降低行政运作成本，实现政务边际成本递减。一方面，公众与政府的交流与反馈更为直接和迅速，大大简化了行政运作的环节和程序；另一方面，消除了信息源与决策层之间的人为阻隔，打破了横向组织间的地理边界和人为的本位观念的限制，有利于行政组织内部实现统一高效的指挥和管理。二是电子政务可以进一步提高政府工作的透明度，便于公众对政府工作的监督。政府通过电子政务系统外网将更多信息向社会公开，使传统的“抽象”政府“可视化”，实现政府行政运作的“阳光化”，从而强化政府的外在监督，提高政府的行政效率。三是实施电子政务有利于整合政务信息资源，推动政府信息资源对社会的开放，发挥其巨大的社会效益和经济效益。

我国自 20 世纪 90 年代以来开始实施电子政务工程，取得了较大的发展。但不可否认，我国的电子政务尚处在起步阶段，与发达国家相比仍有相当差距。目前我国推进电子政务建设，必须做到：一是以发展电子政务为契机，以政府机构改革为中心，优化行政业务的工作流程，对传统的工作模式、工作方法、工作手段进行革新。二是国家要制定宏观的发展规划，建立相应的领导机构，加强对电子政务的研究、规划和组织协调，要借鉴国外先进经验，制定可行的阶段性目标，打破部门与地区间的条块分割，完备相关技术标准和实施规范，实现全国“一盘棋”，避免盲目建设。三是必须尽快完善电子政务的相关立法，要从有利于信息技术发展和电子政务开展的角度，来解决电子政务发展中亟待解决的问题，如电子签名、电子印章、电子支付的合法性，制定电子政务信息技术的法律规范。四是加强对公务员网络应用知识的培训，必须强化对公务员的培训，以更新知识、提高素质，适应网络社会发展的需要和网络环境下工作的要求。

【案例分析】

“万人评议机关”活动

据报道，南京市自 2001 年 12 月起开展了“万人评议机关”活动，对市级机关及直属单位的工作、作风进行广泛评议。对在“万人评议机关”活动中排在前 10 名的部门和单位予以表扬。对排在末位的 5 个部门的主要领导分别进行了处理，或免或降，绝不手软。南京市委书记李源潮说：“群众的评判是干部改进作风的行动坐标，凡是人民群众亮红灯的，就不能过关。”南京市的做法无疑是一个榜样，它把政府工作完全置于群众的监督之下，让其工作人员时刻感到无数双眼睛在盯着你，不勤勉你就可能被淘汰。但是，目前各地进行的“万人评议”还是较粗放的。例如，评议结果最差的部门，往往是与百姓日常生活密切相关的部门。倒不是说这些部门不能被评为最差，而是群众对其他许多部门的工作也许根本不了解，所以提不出意见，结果往往就成了评价甚好。不必讳言，在目前这种较粗放的组织方式下所形成的评议结论，无法避免其局限性。《中国青年报》2002 年 2 月 27 日的文章《如何使“万人评议”健康发展》指出：在评议政府甚至直接根据群众意见罢免官员这种严肃的事情上，其组织方式、方法、运作程序需要更加精细。当前需要解决的问题是：尽快赋予其明确的法律依据，尽快使“万人评议”从一种“活动”上升为一种科学的机制。“万人评议”的关键是评议结果的全面性、客观性、公正性。因此，在机制框架的建立上，首先应坚持以下原则：参加评议者必须要有更广泛和更充分的代表性。政府的任何一个部门、任何一个负责人都应平等地进入评议的视野。假如评议者仅仅限于某几个层面，且进行评议时仅仅限于某几个角度，就容易造成对被评议对象的不公平。政府应进一步实行政务公开，通过必要的、不间断的信息披露，使群众形成对政府工作的客观判断。尤其是那些群众不易知晓的某些政府部门和工作领域，更应公开。像为企业进行信用评级、出具财务报表的会计师事务所必须保持独立一样，“万人评议”活动的组织者也应具有相对的独立性。因为只有保持独立性，才能保证评议活动在组织动机上的纯正性以及评议结果在归纳、总结、公布中的客观性、公开性（来源：王强、陈易难《学习型政府》，中国人民大学出版社，2003）。

问题：

1.政府绩效指标如何量化？

2.如何保证对政府绩效评价的客观性、公正性。

【思考与练习】

1.如何理解行政效率、行政效能和行政绩效？

2.提高行政绩效的意义有哪些？

3.如何建立科学的行政绩效测评指标体系？

4.分析行政绩效的影响因素。

5.如何提高行政绩效？

第十五章

行政改革

【导入案例】

1993年9月，美国总统克林顿提出一项名为“裁员、节支、高效”的政府改革计划，大幅度精简联邦人事总署的公务员，裁减幅度达47%，涉及人数达324 580名，占联邦雇员总数的16%。1994年，国会通过《联邦雇员重新调整法案》，要求联邦政府1999年前裁减272 500人，并授权联邦机构“买出”雇员以鼓励雇员离开联邦政府，自愿提前退休和自愿辞职的雇员一次性发给2.5万美元“现金奖励”。到1998年，实际裁员35.1万人，14个联邦部门中有13个裁员，唯司法部增加了雇员，削减财政开支1 370亿美元，使美国在连续30年的财政赤字后，第一次出现节余（来源：夏书章．行政管理学．4版．中山大学出版社，高等教育出版社，2008）。

从以上案例分析行政改革的重要性。

第一节　行政改革概述

一、行政改革的含义

何谓行政改革？众多行政学家对此曾作过解释。

美国学者蒙哥马利认为:行政改革是一个政治过程,是指调整行政机构与社会其他因素之间的关系或者行政机构内部的关系的过程。改革的目标和所针对的各种弊病都随着政治情势的不同而不同。弗雷得里克·C·莫舍认为,行政改革是使行政机构与周围环境相适应的一种努力,是克服机构过时的一种努力,以及使机构回到"正常平衡"的一种尝试,并且又是每间隔一段时间就会重复发生的改组行为。上述解释从不同的角度体现了行政改革的内在特性,尽管我国行政学者在具体界定这一概念时也存在差异,但较一致的理解是,行政改革是指国家行政机关为适应变化了的行政内外部生态环境,而对行政管理从组织结构、运行机制、职能、过程到行为方式诸方面进行调整和变革的活动。

二、行政改革的必然性

(1)行政改革是适应时代发展和应对全球化挑战的必然要求。和平与发展是当今世界的两大主题。世界要和平,国家要稳定,人类要进步,已成为当代世界的主旋律。随着和平力量的增长,促进世界向着和平方向发展成为许多国家政府的重要职能。为此,政府必须对传统行政职能和行政管理方式进行调整和变革,以适应国际形势发展的需要。同时,经济全球化的发展对各国政府管理提出更高要求,引起各国政府对本国竞争力的高度重视。为应对全球化挑战,行政改革成为当代各国政府的必然选择。

(2)行政改革是促进社会经济发展和加强政府自身管理的需要。20 世纪 70 年代石油危机后的经济衰退,导致西方各国政府面临高额财政赤字。财政压力使西方各国政府纷纷选择用较少开支来实现公共使命,即"少花钱,多办事"的改革道路。原来实行计划经济体制的国家也面临向市场经济体制转轨、发展经济的系列挑战。

传统公共行政模式在长期运作过程中形成官僚制弊端,如机构膨胀、人浮于事、效率低下等问题,使公共部门无法应对新形势和公众的新需求,极大地损害政府公信力,导致政府的"信任赤字"、"合法性危机"。

因此,改革传统管理模式,重塑政府的改革成为 20 世纪 80 年代以来的热潮。无论是发达国家还是发展中国家,都面临发展经济、加强政府管理改革的中心任务。各国政府纷纷通过管理制度、政策、机制和方式的调整,促进经济发展。同时,建立适应经济发展的行政法规、监督、廉政、民主制度等,增强政府管理活动的公开性和民主性,扩大人民群众参政议政的渠道,促进政府与社会公众间的相互沟通和理解,从而较好地调节上层建筑和经济基础、生产关系和生产力间的矛盾。

(3)行政改革是适应当代科技发展、实现行政管理科学化和现代化的需要。当代科技发展是各国政府行政改革的强大动力。信息技术的快速发展为建立灵活、高效、公开和透明政府提供技术保障。信息时代的来临以及“数字化生存”方式要求政府对迅速变化的社会作出反应，它打破长期以来政府对公共信息的垄断，使公民和社会团体更容易参与政府管理活动。这要求对政府组织及其运作过程作出变革与调整，实现公共政务的公开化、信息化和数字化，形成信息时代政府治理模式。

行政管理科学化和现代化，是当代行政管理研究的出发点和落脚点，也是各国政府行政管理活动的基本目标。为实现行政管理科学化和现代化，需要行政职权合理划分，政府职能的科学配置，组织机构的精干高效，人事制度、领导制度的不断完善，行政法规、行政制度的建立健全，行政管理方式方法等诸方面的不断改进和完善。而这一切都需要通过行政改革才得以实现。不进行行政改革，旧的行政弊端无法克服和消除，新的行政体制不能形成和运作。因此，行政改革是促进和实现行政管理科学化及现代化的基本途径与重要手段。

三、行政改革的原则和内容

(一)行政改革的原则

行政改革是一个系统工程，涉及社会方方面面利益关系的调整，不可避免地产生各种矛盾和问题，这就决定了行政改革必须稳妥而有序地进行。为此，行政改革应该遵循一定的原则。

1. 综合配套、整体推进

行政发展要求政治体制改革和经济体制改革应该与行政改革整体推进，协调发展。因为三种改革之间存在较大程度的相关性，政治体制改革和经济体制改革任何一项严重滞后，都会影响行政改革的进程。行政改革若过于超前，远远超过立法体制、选举体制以及司法体制的改革进程，也不符合稳步推进的原则，也会导致改革的失败。

行政体系内部的改革，也需要综合配套。行政改革是多目标、多层次的改革，某一项的改革往往牵涉多层面的改革。例如，职能转变要求调整权力结构，要求精简机构和人员。如果仅仅转变职能而没有及时调整权力结构及精简人员，则已经转变过来的职能仍然会重蹈覆辙，再回到以前的老路上去，因为权力结构还在，人员数目依旧，具备复归旧路的条件。所以行政改革要注意综合配套，坚持有计划、渐进式的改革过程，保证行政改革的稳步发展。

2. 坚持依法行政改革

行政改革是一个破旧立新的过程，因此容易增加许多个人意志和导致争论。

尤其是领导人的个人意志，出于其所处的特殊地位，更是容易左右改革的进程。个人意志过多，既可能对行政改革带来益处，也可能会给行政改革造成一定的随意性，这与稳妥推进的要求和现代民主政治的要求不相一致。同时，个人意志过多也不利于保持行政改革的连续性和长期性，当改革缺乏法律依据时，领导人的更替往往带来改革的间断、转向或终止。因此，为了限制由于个人意志带来的随意性，必须坚持依法改革。这样可以有效避免因领导人的意志或其他原因造成的随意性，同时也有利于行政改革的长期坚持和稳步发展，更有利于用法律的形式巩固改革的成果。

3. 注重专家咨询与改革方案的论证

由于利益相关程度较高的原因，行政体制内部工作人员制订的改革方案往往或多或少地带有对自己有利的价值取向。从改革的全局利益考虑，这种做法会对行政改革的走向产生一定程度的干扰。为了避免这些干扰，应该尽量听取专家尤其是行政体制外部专家的意见。一方面，因为专家的身份相对来说比较超脱，利益相关程度较低，提出的意见或者改革方案相对来讲比较客观和科学；另一方面，还要注意对改革方案进行多方面的论证，以尽量提高改革方案的可行性和科学性。注重专家咨询与改革方案的论证，有利于使行政改革建立在严格的科学精神和坚实的现实条件的基础上。西方国家在进行行政改革时，都十分重视专家的咨询意见。为了增加专家意见的权威性，许多国家还成立了由专家组成的研究行政改革的委员会。委员会既有临时性的，也有常设性的，如美国的“胡佛委员会”、日本的“临时行政改革审议会”等。专家的建议和报告也普遍得到了国会或政府的重视，大部分都被采纳和付诸实施。

(二)行政改革的内容

行政改革一般来说，其基本内容有三大方面：功能调整、结构重组和行为变革。

1. 功能调整

功能调整即政府职能的转变，是对政府在整个社会系统中所扮演角色的重新定位。政府职能与一定的社会形态和社会环境相对应。所以，在不同的社会环境中，政府职能具有很大的不同。当社会发展、经济体制转型、国家政治意志和行政文化发生变化时，必然引起政府职能的调整和变化。这种调整主要包括政府职能范围的转变、政府职能重心的转变以及政府职能实现方式的调整等。当前，政府职能转变的目的就是要把全能政府转变成有限政府，把管制型政府转变为服务型政府，把政府从大量的社会事务中解脱出来，将这些职能交给或归还给社会，由社会经济组织或中介组织去承担，政府则以宏观调控、政策规划、协调监督和服务保障等内容作为政府管理社会公共事务的主要职能。当代西方各国政府进行功能调整的主要途径是民营化、放松管制以及压缩式管理,尽可能地将公共部门承担的社会服务出租或承包出去,将政府兴办和管理的大部分公共企业交给市场和社会。

2. 结构重组

结构重组主要是指行政权力结构、行政组织结构和人事管理制度的变革。中央与地方之间、地方各级政府之间、同级政府各部门之间行政关系的变更、行政权限的重新划分、行政区划的调整以及机构改革等,都属于结构重组的内容。权力结构的调整既包括行政体系内部各层级之间行政权力的重新分配和权限的再划分,也包括政府与市场、企业、社会其他组织等行政外部系统之间权力的再调整。在行政系统内部,权力结构调整的重点是处理中央与地方之间的集权与分权的关系。行政组织结构的变革主要是行政机构改革,包括组织的设立与重组、人员的增减与调整等。行政组织结构的变革必须根据职能的变化来进行。人事管理制度的变革主要是为了优化政府组成人员的结构,完善行政人员的录用、考核、晋升、奖惩、培训、退休等制度。西方人事管理制度的变革主要是通过采用放松管制、增强灵活性、实行公共管理者的非职业化、绩效评估以及制定灵活的付酬制度等途径来实现的。

3. 行为变革

行为变革主要是指行政规章制度、工作程序、行政人员的工作态度和行为方式等方面的改造和更新。主要针对行政体制运行过程的各个环节进行变革,如完善决策机制,实现决策的科学化、民主化;加强行政协调机制;引入包括全面质量管理、成本管理、企业化政府、电子政府等现代化的管理技术;完善行政监督机制等。长期以来,行政改革对功能调整和结构重组关注较多,如强调政府职能的转变,强调中央与地方关系的变更,强调行政机构的撤销、合并和重建等。第二次世界大战之后,行政改革明显地对行政生态学和行为科学方面的改革投入了更多的关注,如强调政府体系之外的人员、团体和组织的作用,强调人的观念、态度、道德等对政府有效性的影响等。

第二节 当代西方国家的行政改革

一、当代西方国家行政改革的类型

20 世纪 70 年代末期,英国率先进行了行政改革。当时,刚刚当选首相的撒切尔夫人明确声明了其执政主张:"实行市场经济,大力削减政府权力及官僚主义的影响,更大地发挥个人积极性和通过控制货币供应量的办法对付通货膨胀。"其后的十几年时间,英国政府所推出的改革措施为其他一些国家所效仿。这些国家根据本国的实际,分别制定了各自的行政改革方案:如澳大利亚的"财政管理改进计划"、奥地利的"行政管理计划"、加拿大的"公共行政 2000 年"、丹麦的"公营部门现代化计划"、法国的"革新公共行政计划"、希腊的"1983—1995 年行政现代化计划"、葡萄牙的"公共选择计划"、美国的"希望一个工作更好、花费更少政府计划",新西兰、日本、比利时等国家也不同程度地进行了行政改革。

世界范围内的公共行政改革之所以如此声势浩大,与下列 5 大因素有着不可分割的联系。

(1)经济全球化迅速发展,使得国际性机构(包括国际货币组织、世界银行、世界贸易组织、欧盟等)的作用日益增强,要求政府对传统的管理范围和管理方式做出调整,否则必将减少参与国际合作的机会,不利于本国经济的发展,以至引起公众的不满,甚至导致社会动荡。

(2)全球性的激烈竞争,促进了企业管理方式、服务方式的巨大转变,这也对政府形成了一定压力,并起到了示范的作用,特别是企业的高效运转,竞争精神对政府的影响尤其重大。现实的需要迫使政府向企业学习,转变服务方式。

(3)第二次世界大战以后形成的福利模式,在"滞胀"面前已无法沿着原来的道路发展壮大,政府面临着两难的困境。一方面整体经济的不景气减少了政府的财政收入,政府的财政问题日益突出;另一方面公众对政府提供的服务越来越显示出不满,纳税的积极性大幅降低,甚至抗税事件发生率也大大地增加了。"花费最少,提供最优异的服务"成为对政府工作提出的更为普遍的要求。

(4)发达国家的改革相互影响,同时发展中国家也因为各种力量的推动逐步走上改革之路。任何一个国家的改革产生的积极成果都会快速地引起其他国家的效仿,这是政府加强自身建设的必然结果。同时,各国特别是第三世界国家,受到国际性组织的强力推动从而进行类似于发达国家的改革,也是这次世界性改革如此声势浩大的原因之一。

(5)最突出的一点是官僚制的组织模式日益不适应高节奏的经济、社会发展。官僚制的繁琐程序、规章,严格的等级制度将公共管理机构的理性变成了事实上的非理性,以至于公共部门逐步演变为浪费公民税金的、令人讨厌的角色。管理效率成为政府面临的一大问题,寻找更具灵活性和适应性的政府组织模式,成为各国政府面临的历史性课题。

二、当代西方国家行政改革的特点

(1)对政府组织结构模式的调整,都趋向于建立一个灵活、高效的政府组织,注重政府的实际绩效,同时,减少政府工作中不必要的条款,删除过时的不合时宜的规章,简化政府向公众提供服务的程序,增强服务的多样性,提高公众或顾客对政府的满意度,建立一个具有企业家精神的政府,从而树立良好的政府形象。

(2)对政府的职能范围做了一定的调整,有进一步将一些非核心职能交给市场、交给社会去做,大面积放权的趋势。同时,政府用更多的时间和精力来加强自身的建设,包括制定更科学的政策,提供更良好的公共基础设施和法律法规服务。政府要逐步从微观领域退出,真正成为为整个社会的存在和发展服务的机构。

(3)从总体来看,改革具有较强的市场化倾向,政府的各项改革都体现出对行政效率的重视,体现出政府的"经济人"色彩,强调政府引进竞争机制的重要性等,这些都是从市场中直接引进的观念。从改革的指导理论(公共选择理论和新公共管理理论)来看,也都是遵从市场力量、市场作用与市场机制的,这也可以在一定程度上解释为什么当代行政改革如此偏爱市场。

三、当代西方国家行政改革的基本趋势

这是抛开各国改革的个性,而在一般意义上反映出的行政改革的趋势,主要有以下 5 个方面。

1. 目标趋势

改革主体从不同立场出发给行政改革设计的目标互不相同,正式表述的改革目标和在实践中被推行的改革目标表现为一个十分庞杂的目标体系。拨开个性意义上的、应急性的或者短期见效的改革目标的迷雾,行政改革呈现出的目标趋势就是行政发展。行政改革是发展行政的过程,而且是发展行政最基本、最主要的途径,最终目标是实现行政发展。这一最终目标具体体现为行政的理性化、民主化和公正化,进而实现效率与民主的平衡。

行政理性化是指人们运用其主观能力,遵循行政活动的客观规律,科学合理地安排行政组织结构和行政过程,使行政组织经济高效地运转。因此,行政理性化的出发点是科学、合理,归宿是高效率。政府对国家法律和政策的贯彻执行,对社会公共事务进行管理,为社会提供服务,都离不开高效率。而且从技术上讲,新型体制成功与否,效率充当着检验指标的角色。但是,要改变为效率而效率的观念,真正的效率是社会资源的最佳配置,并充分满足消费者个人和社会整体效用最大化,而非仅指行政机器运转速度加快、产量增大。因此,行政理性化,也即通过理性行

政行为谋求高效行政，应该体现在：遵循科学的原则和程序，进行科学决策（尽管达不到完全理性决策）；遵循行政组织规律，实现行政组织结构合理化；应用先进技术手段和科技成果，推行办公自动化和电子政务，从而节约人力、财力、物力，提高行政效率；建立科学的考试录用和培训制度，确保和提高行政人员业务素质；等等。

民主化是包括公共行政在内的整个政治系统发展的根本性价值取向。行政民主化的首要问题是对行政权力的有效制约问题，即防止国家行政机关及其公职人员由人民的公仆变为人民的主人，要求在体制上对公共权力体系进行科学分化，建立一种分权与制约的机制。这是行政民主化的必要形式，而行政民主化的本质内容则是公民参与行政，即社会公民通过各种方法途径，直接或间接影响政府行政决策，监督其权力行使。这实质上是公民利益表达和利益选择的过程，也是公民选择和决定公共权力构成的过程。只有当社会的公民参与社会公共事务的管理时，作为民主的合理形式才能真正建立起来。而要使社会公民能够直接、广泛地表达意愿，参与行政，其前提条件是行政公开化，这是行政民主化的基本要求。

与民主紧密联系的另一概念是社会公平。政府从其产生那一天起，便肩负着维持正义和公平的使命。行政公正化必然成为行政发展的一个重要方面。作为权利平等意义上的公平，对于政府行政的含义在于：政府的目的和职责在于保护公民的合法权益，政府的行政行为不能侵犯公民的权利。而作为分配的平等意义上的公平则意味着机会平等以及在此基础上维护收入的公正并按社会福利原则进行再分配。但从行政的角度来看，社会公正不仅仅限于权利的平等和收入分配的平等，它至少应包括以下3个方面内容：第一，行政行为的公正性。既要决策行为公正，又要具体决策执行行为公正。第二，行政程序的公正性，要遵循一定的法定程序，避免为行政人员的主观随意性所决定。第三，行政制度和措施的公正性，即无论是作为行政主体的行政人员，还是广大公民，在这些制度和措施面前都是平等的。总之，行政公正化要求行政权力的行使遵循自然公正的原则。

如前所述，行政理性化的归宿是高效率，效率往往是行政改革发起之时首先追求的直接目标，而行政民主化与公正化则是公共行政之公共性的必然要求。因此，这三者内在地统一于行政发展，就必然最终体现为效率与民主的平衡，这是行政改革的目标趋向。

2. 内容趋势

围绕不同目标展开的各国行政改革的具体内容颇为丰富，趋于一致的是，在机构改革等外延式改革仍占据较大比重的同时，内涵式改革的成分在比重上逐渐增加：政府职能转变，行政管理运行机制程序化、法制化，行政行为规范化，行政决策的科学化、民主化等都在通过具体方案措施进入改革内容。我国行政改革的主要内容同样如此。从这些既有改革内容的变化态势反映出的未来行政改革内容趋势在于:提高政府能力,建立有限政府。这是因为转变政府职能是全部行政改革内容的关键和核心,结构调整(包括权力的、组织的、人员的结构)、机制优化、行政行为再设计都是在职能转变的前提和基础上展开的。而政府的职能(作用)必须与政府的能力相符,这是职能转变的尺度和标准,也决定了政府职能的转变只有在政府能力提高的过程中才能逐步实现。因此,改革的过程应该是提高政府能力的过程。但是建立能力强的政府并非"全能政府",而是与之相反的"有限政府"。

所谓有限政府是指权力、职能、行为和规模都受到宪法和法律的明确限制,并公开接受社会监督与制约的政府。它强调政府的宏观调控和社会的自我管理,尊重市场发展的客观规律,不进行过多的直接干预,只是在必要时加以引导。因此,"有限"是指:一是限制政府权力和职能,权力向地方和基层下放,职能向社会和市场回归;二是限制政府规模,精兵简政,压缩行政支出,降低行政成本;三是限定政府行为和运行机制,推行法制化、服务化、竞争化。可见,建立有限政府已内在地涵盖了行政改革的主要内容。但是,有限政府并非指政府的规模、职能和权力越小越好,它不能简单地理解为"小政府",也不是削弱政府,更不是无政府。相反,在某种意义上,有限政府与强政府是一致而非矛盾的。强政府在一个层面上是指现代化进程中政府的作用强,而在另一更深层面上是指政府的自我控制力强,突出表现为随经济、社会发展,政府对自身功能、职能力度的灵活调控与调整,对这一自我控制力把握得游刃有余,才是真正高级阶段的"强政府"。因此,通过行政改革,能力提高了的政府应是这种自我控制力强的高级阶段的强政府,是有效进行宏观调控、提供多样化的服务而又充分合理地利用市场的有限政府。这是行政改革全部内容的趋向所在。

3. 路径趋势

在各国行政改革的实践中,存在着不同的路径选择。例如,第二次世界大战以后的新兴国家或是继承了前殖民地当局的行政机构,或是从发达国家移植了所谓"先进"的行政制度,但由于引进的制度本质上都与本土的社会和文化基础脱节,从而造成不少国家改革与发展工作的障碍或失败。基于历史的教训,那种移植性的外源式改革道路是行不通的,各国的行政改革都必须深深植根于本国的社会、政治、经济、文化的坚实基础之中。因此,现实的行政改革越来越趋于"内源式改革",即从本国实际出发,根据本国人民的内在价值与潜力,根据本土的历史与现实来探索自身的改革道路。这一改革路径反对照抄照搬任何所谓的"成功模式"或者"成功的行政典范",也反对闭关锁国,而是认为改革应该持开放的姿态,乐于吸收外国行政体制中的优秀成分及其改革的有益经验;强调民众参与是改革成功的条件,应调动一国人民的力量而非少数“精英”的力量促进改革。但行政改革毕竟又是一项极其复杂、艰巨的系统工程，因此，在强调从本国实际出发的同时，大部分国家政府在推进行政改革过程中都强调了改革的阶段性和渐进性，分步骤、分阶段地实施改革措施，确保稳定和秩序。

总之，行政改革是一个持续的过程，不能毕其功于一役，世界上也并不存在一种普适的体制或者改革模式。因此，从实际出发，分阶段、分步骤地推进，走内源式渐进改革之路无疑是我国行政改革理性的路径选择。

4. 动态趋势

行政改革的动态趋势总是明显的和绝对的。一方面，改革的过程往往是解决一系列矛盾和问题，而同时又不断涌现新的问题并谋求新的解决方案的过程，这是一个往复动态的过程；另一方面，学科间的渗透常常把其他学科、领域的研究视角、方法和成果引入行政学领域，影响行政管理和行政改革的实践。例如系统论、经济学，甚至是(工商)企业管理等的理论同行政管理的结合，将促动行政改革不断发展。目前，方兴未艾的新公共管理运动、以企业精神改革政府的浪潮即为明证；再者，行政生态环境的变化，尤其是全球化进程的推进带来的相应跨国生态，客观上决定和加剧了行政改革的动态趋势，促使“跨国行政”应运而生，要求民族国家向超国家机构(或许还包括其他国际组织)让渡部分政治权力和管理职能；又如，加入世界贸易组织后，要求中国与国际惯例接轨，遵循世贸规则，中国政府首当其冲，行政改革面临挑战就在所难免。行政环境的动态趋势无疑使政府对社会公共事务甚至国家主权事务的管理难度趋于不断提高，要求全面提高政府行政管理的能力。

第三节　当代中国的行政改革

一、当代中国行政改革的进程回顾

行政改革的基本方式、类型可以是自上而下的，也可以是自下而上的，可以是“突变式”的，也可以是“渐进式”的，应视国情不同以及同一国家不同发展阶段的具体情况不同而作具体选择，这在客观上决定了不同国家行政改革历史进程的差异。我国的行政改革总体上是政府主导的“渐进式”改革，表现为不断推进的阶段性过程。

事实上，新中国成立以来，我国一直在进行着行政改革的实践。建国后至党的十一届三中全会，中国政府的行政管理经历了创建、发展、探索、失误的复杂过程。

这期间曾有过多次的权力下放和机构变动，除“文化大革命”期间的非正常状态外，都是在当时的历史实践需求下进行的，起到了相应的历史作用，也积累了一定的经验。但由于它们基本上只是机构调整，是在形成和完善计划经济体制的过程中进行的，对如今而言是旧体制的修修补补，都是在不触动高度集中统一的行政管理体制的前提下进行的，结果往往是机构改革后不久又膨胀。正因为如此，它们显得比较零碎、反复，没有确定的方向性，不具备我们今天所理解的与建立新型政治体制与经济体制紧密相连的行政体制改革的特征。

20 世纪 70 年代末起，我国进入了改革开放的新时期。伴随着国家经济体制从计划经济逐步向社会主义市场经济的转变以及建设社会主义民主政治，中国的行政改革全面展开，主要是针对传统的权力过分集中的行政管理体制进行改革。经过 1982 年较大规模的机构改革之后，1987 年党的十三大决定再次将机构改革提上议事日程，并明确提出以转变政府职能为关键，确立政企分开原则，在机构改革的同时，推行国家公务员制度。这一时期的改革仍带有一定的局限性，政府职能的转变未能达到预期的结果，机构改革也未跳出“精简—膨胀—再精简—再膨胀”的怪圈。

进入 20 世纪 90 年代，中国公共行政改革又迈出了新的步伐。1992 年 10 月召开的党的十四大完成了对我国经济体制改革目标认识上质的飞跃——建立社会主义市场经济体制，相应要求行政改革以适应社会主义市场经济为宗旨，将重点放在转变职能、理顺关系、精兵简政、完善运行机制上。这一阶段的改革由侧重于下放权力转向制度创新，由改革旧体制转向建立新体制。但由于多种条件、因素的制约，政府行政体制存在的诸多问题仍未得到根本性解决。1998 年，我国开始了新一轮的行政改革，这是历次改革中改革力度、机构变化和人员调整都较大的一次。按照党的十五大精神，这次改革的目标是：建立办事高效、运转协调、行为规范的行政管理体制，完善国家公务员制度，建设高素质专业化的行政管理干部队伍，逐步建立适应社会主义市场经济发展的具有中国特色的行政管理体制。我国的公共行政改革继续向广度和深度全面推进。

为了解决行政管理体制中的一些突出矛盾和问题，为促进改革开放和现代化建设提供组织保障，2003 年 3 月，第十届全国人大一次会议审议通过了新一轮的国务院机构改革方案，启动了改革开放以来的第五次行政改革。改革的指导思想是：以邓小平理论和“三个代表”重要思想为指导，按照完善社会主义市场经济体制和推进政治体制改革的要求，坚持政企分开，精简、统一、效能和依法行政的原则，进一步转变政府职能，调整和完善政府机构设置，理顺政府部门职能分工，提高政府管理水平，形成行为规范、运转协调、公正透明、廉洁高效的行政管理体制。

2007年党的十七大报告进一步强调加快行政管理体制改革，建设服务型政府。要加快推进政企分开、政资分开、政事分开、政府与市场中介组织分开，规范行政行为，加强行政执法部门建设，减少和规范行政审批，减少政府对微观经济运行的干预。可以预见，新一轮的改革将在"大部制改革"，建设服务政府、责任政府、效能政府、法治政府方面全方位铺开。

可以看出，中国公共行政改革进程经历了历史的曲折，但也取得了一定的成就和经验。行政改革推进了政治改革的进程，解放和发展了中国的社会生产力。通过改革提高了政府管理水平和行政效率，也更新了人们的观念。当然，中国公共行政改革还处在阶段性推进过程中，所取得的成就也是初步的和过渡性的，面临的问题仍然是多方面的和严峻的。中国公共行政改革任重而道远，需要我们不断地实践和探索。

二、当代中国行政改革取得的成效

(一)当代中国行政改革的内容

如前所述，行政改革是一项长期而复杂的系统工程，改革内容涉及行政管理体制的方方面面。总体上，行政改革包括行政系统的功能再设计、行政管理结构再调整和管理机制再设计。具体讲，行政系统的功能再设计主要表现为政府职能的转换和重新确定；结构再调整则包括组织结构、人员结构和权力结构的再设计，体现为行政机构、人事制度的改革以及中央与地方关系、各级政府关系的调整；管理机制再设计则包括从行政决策、执行机制到法律机制、激励和约束机制等的优化。

1. 政府职能转变

政府职能也即政府的功能，是行政的核心。政府职能的本质内涵包括了政治统治和社会管理两个基本方面。政府职能的基本方面只是一种静态的表现，但是政府职能作用的实际发挥却是一种鲜活的动态过程。在行政系统的内在结构和外在环境的交互影响下，政府具体职能的发展变化必然呈现出增强、弱化、转移、交融、新生和消失的复杂现象，导致政府职能的重新分解、配置和组合，从而推动行政管理体制和机构改革的进行。这种政府职能的动态进程，在我国当前的集中表现就是转变政府职能的历史任务。

政府职能转变的内容又是多重的，包括政府职能重心的改变，也可能是政府职能实现方式的调整等。现阶段重点在于：①政府社会管理职能的性质和内容的转变，即在政府社会管理职能强化和政治统治职能弱化的前提和基础之上，变计划经济体制下政府直接承担经营管理职能为社会主义市场经济体制下间接调控的职能。②政府职能实现的方式、手段特别是经济管理的方式、手段的转变,即由以行政手段为主转变为行政、经济、法律等手段相结合的综合管理,其中又以经济手段为主。同时,由微观管理为主转向宏观调控为主,由纵向管理为主转向横向协调为主,由指令性计划为主转向指导性计划为主,由对社会的管制为主转向既实施管制又监督服务,由政府机关办社会转向机关后勤服务社会化等。③政府职能转变的实质要求提高政府能力。衡量政府能力强弱的标准有两条:一是政府能在多大程度上得到群众的支持与拥护,即政府的权威性;二是政府能在多大程度上贯彻其方针政策,即政府的有效性。政府能力的增强是依靠科学技术和社会生产力的发展,依托政治民主化的进程,通过不断改革和探索逐步实现的。政府职能必须与政府的能力相适应,因此政府职能的转变只能在政府能力提高的过程中才能逐步实现。

中国改革开放的基本取向,决定了中国行政职能转变的方向,即从一个适应计划经济的政府转变为一个适应社会主义市场经济的政府,转变过去那种既当"裁判员"又当"运动员",既是游戏规则的制定者,又是利益分配参与者的情况。将政府原有的资源配置主体、经济活动主体的地位分别让与市场和企业,转而肩负起宏观政策主体、服务主体和监督保障主体的责任。转变政府职能是当前我国行政改革的关键,只有切实抓住和围绕这一关键环节,才能真正将我国行政体制的各项改革推向深入。

2. 行政机构改革

机构改革作为我国行政改革的重点,建国后进行了多次。之所以对政府机构进行改革,是鉴于我国原有机构存在着诸多弊端:①机构臃肿、层次过多、职责不清、人浮于事、效率低下。政府设置了许多直接管理企业的机构,地方各级组织的机构设置又讲究纵向上下对口、横向左右看齐,不仅正式机构多,临时机构也层出不穷。机构增加,人员也随之增加,且由于职责不清而相互扯皮,工作效率低下。②由于政企不分,在原有体制下政府用行政命令直接参与企事业单位的日常工作和生产经营活动,管了许多不该管、管不好也管不了的事。因此,在机构设置上,政府的专业经济管理部门占的比重过大,而经济调控、决策研究、社会保障和监督部门比较薄弱,信息反馈和行政立法部门不健全。③政府工作人员增长过快,人员素质和结构不适应新的间接管理方式,等等。上述弊端促使政府不断进行机构改革,但由于最初政府的职能未加转变,只是单纯就机构论机构,结果往往是机构精简之后在政府原有职能之下重又膨胀,甚至变本加厉,致使机构改革陷入"精简—膨胀—再精简—再膨胀"的恶性循环。其主要原因是政府机构自身的深层矛盾难以解决,核心环节的职能转变不到位。因此,今后的机构改革仍应抓住和围绕转变职能这一关键环节。党的十七大明确提出"大部制"改革,主要是指将职能相同或相近的部门整合、归并为一个较大的部门，或者使相同相近的职能由一个部门管理为主，以减少机构重叠、职责交叉、多头管理，增强政府履行职能的能力。大部门作为政府机构设置的一种形式，是相对于小部门而言的，通常管理职能较宽，业务管理范围较广，对一项政府事务或几项相近事务实行统一管理。

3.中央与地方关系的调整

这里涉及的是行政系统权力结构的再设计，主要是指不同层级的行政系统之间和相同层级的不同行政系统之间的领导关系、权力、权限的重新调整，尤其是中央与地方政府关系的调整。我国宪法和《地方组织法》对中央与地方政府职能关系作了基本规定，但在实际生活中，中央与地方政府职能关系的动态调控远比法律规范复杂、生动得多，特别是在中央和省级地方政府之间更为突出。我国传统管理体制的一个严重缺陷就是权力过于集中，为了克服这一弊端，中央政府在 20 世纪 50 年代、70 年代几次下放权力，并从 80 年代初开始，中央政府不断地向地方政府下放经济管理权限、财政收支权限和人事管理权限。这一大方向无疑是正确的，但是权力下放的条件、程度、范围、进程和方式往往在实际运作中出现一些问题，从而导致权力下放、上收的反复循环。近些年来，为适应社会主义市场经济体制的建立过程，中央与地方政府的职能关系有了进一步调整，在改变中央集权过多的格局、调动地方积极性方面取得了明显的成绩，但也出现了一些新的矛盾和问题。中央集权过多的问题还没完全解决，同时又出现了有些权力过于分散的问题。应当由中央集中的集中不够，中央的权威和宏观调控能力受到削弱，地方"各自为政"和短期行为严重。这里实质就是一个中央集权和地方分权的结合度的问题，其关键是合理划分权限。要根据建立社会主义市场经济体制的要求，按照重大决策权集中、财权适当集中、事权下放、产权明晰的原则来合理划分中央与地方的权限。明确哪些是中央、地方各自专有的权限，哪些属于中央与地方共享的权限。要改变以往主要依靠政策来规范中央与地方关系的作法，而代之以法律规范，可以考虑通过修改宪法或者制定专门的法律，将中央与地方职权划分规范化、法制化。

中央与地方关系的发展变化是复杂的，在社会转型时期尤其如此，而且我国的特殊国情使这一关系中还包含中央与民族区域自治地方政府及特别行政区政府的特殊关系。因此，正确处理和调整中央与地方关系，对于推进中国行政改革，促进整个社会的安定团结和健康、稳定发展具有重要意义和作用。

4.人事制度改革

"为政之要，首在得人"。行政系统人员结构的调整并不只限于机构改革过程中人员编制的核定，因为即使机关编制配备合理，没有合适的人员走马上任，也是徒然。因此,需要全面改革人事制度,通过建立、健全对国家行政人员的分类管理体制和激励竞争机制,培养一支精干、高效、廉洁、充满生机和活力的公务员队伍,实现行政人员管理的民主化、科学化和法制化。

我国过去的行政人事制度延续的是战争年代的一套制度,十一届三中全会以后,根据现代化建设的需要,中国各级行政机关在改革干部人事制度方面进行了广泛的探索。如在废除领导职务终身制,实行任期制和干部离、退休制度;提出干部"四化"方针,大力选拔年轻优秀的中青年干部充实领导班子;改革干部录用、调配制度等方面,都取得了可喜的成绩。但几经改革的行政人事制度仍然只是一种相对静态的、事务性的、被动的人事管理,而没有把行政人员作为一种资源加以管理,不能适应现代社会政治、经济的发展要求,存在着一些严重弊端。主要表现在:①用人缺乏法治,仍然存在"任人唯亲"、"人身依附"等现象;②行政机关的人力资源没有得到合理开发和充分利用,造成人员素质不高、人才结构不合理,行政执法能力不足,工作效率低下的现象;③缺乏一种公平竞争、优胜劣汰的激励机制和内部环境,合适的进不来,不合适的出不去,致使人员结构失调,干部素质难以优化;④在内部晋升、调动上,能进不能出、能上不能下、能官不能民的现象相当普遍。现阶段,要有效革除上述弊端,充分发挥行政机关人员的积极性、主动性和创造性,现实的选择就是推行国家公务员制度。1993 年 10 月 1 日,我国开始实施《国家公务员暂行条例》,正式实施国家公务员制度,并在总结经验的基础上于 2006 年 1 月 1 日实施《中华人民共和国公务员法》,进一步深化人事制度改革。实行公务员制度,就是要建立以改善、提高人员素质结构为目的的人员代谢机制,建立以吸收和稳定优秀人才为导向的激励竞争机制,建立以实行法制化管理为保障的监督机制。

人事制度改革是整体行政改革的重要组成部分,人事工作的优劣势必影响行政决策的形成和执行以及行政系统的协调运转。因此,当前必须适应社会主义市场经济体制的要求,根据我国人事工作的自身特点并借鉴西方发达国家公务员制度的建设经验,全面推行有中国特色的公务员制度。

(二)中国行政改革的经验

行政改革是复杂巨大的系统工程,涉及社会生活的方方面面。为保证行政改革顺利进行,我国在推进行政改革中的基本做法和经验是:

(1)立足中国国情,坚持因地制宜、区别对待。一个国家的行政体制由本国政治、经济、文化、历史等因素决定。只有从国情出发,才能保证改革成功。中国人口众多、幅员辽阔,人均国民收入比较低,仍处于社会主义初级阶段;中国实行的是以公有制为主体的社会主义经济制度,政府承担对公有制财产的保值增值责任等,这决定了我国政府职能比西方国家要广泛、要复杂得多,决定了我国行政改革必须从国情出发。此外,还要看到,中国经济发展有很大不平衡性,发展水平由沿海、内陆到西部呈梯次状态,每个地区、每个县市间的发展水平有很大差异。这种客观上的差异要求在把握行政改革总目标和实行改革时,必须注意照顾各地的特殊情况,使改革有一定的灵活性。因此,中国在推进行政改革进程中,十分注重从各地实际出发,不搞"一刀切",允许各地在遵循改革总原则和总方针的前提下,在改革的具体步骤和方法方面因地制宜。中央政府根据各地的情况实行分类指导,使改革更符合各地实际。

(2)坚持以发展经济为中心,与经济体制改革相配套。行政体制作为社会上层建筑,既反作用于经济体制,又受社会经济发展水平和经济体制的制约,它一定要服从和服务于社会经济的发展和经济体制改革的需要。因此,中国行政改革始终坚持以经济建设为中心,围绕经济建设事业进行,无论是机构精简,还是人员调整,都服从经济运行的需要。同时,把转变政府职能、促进政企分开,使企业拥有真正的自主权摆在突出位置,并随着经济体制改革的进程不断深化。实践证明,这是我国行政改革取得成功的重要经验。

(3)树立和落实科学发展观,正确处理改革、发展和稳定的辩证关系。科学发展观揭示了发展的本质和内涵。中国正处于向市场经济转型的关键时期,没有社会稳定不可能发展经济和促进改革,而经济持续和快速发展是社会稳定的基础,改革又是经济发展的基本动力。因此,发展是目的,改革是动力,稳定则是推进改革和发展的基本前提。30 多年来,我国政府在推进行政改革过程中,十分注意从整体上统筹这三者间的辩证关系,把改革力度、发展速度和社会可承受程度统一起来,把不断改善人民生活作为处理改革发展稳定关系的重要结合点,使之相互协调、相互促进。

(4)广泛吸收和借鉴国外发达国家的行政改革经验及我国传统的行政精华。对外开放是中国的既定国策,是促进改革、加快改革的成功之路。世界各国在长期行政管理实践中积累了许多经验,是人类的共同财富,尤其是发达国家政府在发展市场经济中积累的某些经验,值得参考借鉴。同时,中国是有悠久历史的文明古国,几千年行政历史为当今行政改革提供了丰富养料。因此,在行政改革中既坚持对外开放,注意吸收和借鉴当今世界各国行政改革的成功经验和做法,学习发达国家科学管理的方式方法,以丰富我国行政改革内容,也十分注意弘扬中国传统文化精华,古为今用,促进中国特色行政体制的完善。

(5)坚持分步实施、逐步到位的渐进改革方式。改革是对各种利益和权力的重大调整,必然会引起权益格局和社会关系的重大变化,也必然会遇到许多矛盾和问题。这就决定了中国行政改革有相当的复杂性、艰巨性和长期性,不可能一步到位，而必须采取渐进方式。因此，我国在行政改革过程中，采取从点到面、从局部到整体、从表层到深层分步实施的做法，自上而下、上下结合地逐步推行，使改革取得明显的效果。

三、当代中国行政改革的发展趋势及展望

（一）当代中国行政改革的发展趋势

1. 法治化

依法治国是我们的基本治国方略，而依法行政则是依法治国的组成要件。所谓依法行政就是要实现行政管理的法治化，它要求政府在法定的权限内按法律的方式和程序进行国家的行政管理活动，主要涵盖了两个方面的内容：一是政府的权力依法设定，并在法律规定的范围内行使；二是政府行为依法运作，并按法律规定的方式和程序运行。

实现法治化的行政管理，是我国行政改革的重要内容和趋势。从我国公共行政的现状出发，要实现公共行政管理的法治化，需要从以下 4 个基本点入手。

(1)政府和公民要从思想上树立牢固的法制观念，这是实现行政法治化的前提条件。从行政主体角度而言，法治化的核心体现在：政府的权力是依法设定并受到法律约束的；法律面前人人平等，任何人违反了法律，都会受到法律制裁。作为行政主体的政府及其工作人员必须具备和强化这种法制观念。从实现法治的根本保障上来说，公民的法治意识、权力意识的广泛确立，又是确保行政人员依法行政的重要因素，没有广大公民权利意识的普遍提高，就不可能有国家建设的法治化。

(2)必须对各级政府机构的地位和职责权限在法律上进行合理的规定，这也是行政法治化的基本内涵。我国政府在整个社会中担负着多重职能，既是公共服务的提供者，又是社会秩序的管理者，还是经济发展的引导者。多重的职能决定了多重的责任，多重的责任又意味着管理权限的广泛性。职能、责任、权限越是宽泛就越是需要通过法律形式予以确立。按照现代组织的要求，要对政府与社会之间、政府与政府之间、政府与所属部门之间的职责权限依法明确和限定，以保证政府行政活动的合法性、权威性、公正性和准确性。

(3)要提高行政人员的法律素质。政府机构中的行政人员不仅需要有较高的文化素质和行政管理素质，还必须具备必要的法律素质，这是行政法治化的基本要求。所谓法律素质，就是政府机构中的行政人员了解法律、遵守法律并自觉维护法律的尊严。国家的法律要靠行政部门实施，行政部门的工作要靠行政人员展开，行政人员法律素质的高低就决定了我国法律实施水平的高低。

(4)要实现行政管理的法治化，就必须使法制管理成为政府管理的第一法则，这是依法行政的基本标志。现代政府管理的成功经验表明，政府对社会、经济事务的管理离不开法制管理，它与行政手段、经济手段等管理方法相比较，更具有权威性和稳定性；法制管理是行政、经济等管理方法的前提、保障和归宿，无论是社会管理还是资源配置，无论是经济运行还是环境保护，现代政府都是以法制管理作为其基本的管理手段。

2.民主化

民主化是现代各国公共行政发展的应有之义，从民主要求有广泛的平等参与机会的角度来说，行政公开(政务公开)化又成为行政民主化的突出内容。民主化从广义上来说，既表现为行政组织内部的民主化，又包括了广大社会公众在行政管理的过程中应享有并实现的民主权利。狭义的民主化只包含了后者的内容。我们这里要讲的民主化就是狭义的民主化。

随着市场体制在我国的逐步建立，市场各个要素的逐步形成，公民个人独立的经济地位的确立以及市场竞争现实发展的需要，公民的民主意识，自我利益保护的意识迅速增强。普通公众也越来越要求政府的公平、公正、公开和透明，政府再用原先的管理方式显然已经不能较好地完成法定的职责。政府已经认识到，要使公众满意，政府与公众之间就必须建立起良性的互动关系，公众的权利要得到保障，就必须使他们充分的享有民主选举、民主决策、民主管理和民主监督权利，并拥有实现这些权利的法定途径。要切实实现我国的行政管理民主化，需要认真做好以下 3 个方面的工作。

(1)必须牢固树立现代政府存在的合法性理由在于政府为人民服务的观念。政府是为公民服务的，是为适应公众的需要而建立的，给予公众参与行政管理的权利并不是政府的施舍。从我国的现实来看，社会主义国家的政府更是由人民选举产生，由人民监督控制，为人民服务，对人民负责的，政府工作人员是人民的公仆和勤务员，全心全意为人民服务是对社会主义国家政府的基本要求，政府公务人员必须牢固树立服务于人民的信念，领会没有人民的授权就没有公共权利存在的宪法精神，真正做到日常行为体现政府公益性的合法基础。

(2)必须形成完整的行政管理民主化制度。我国的历次行政改革也不止一次地强调给予公众应有的知情权，在实行的过程中也有部门在一定时期内实行。但是一些政府机关往往在行政管理民主化和公开化上玩弄形式主义，不搞实质性内容，甚至连形式也不要。这主要与政府内部存在的部门利益和一些人以权谋私有关。实行民主化、公开化往往会使原先的既得利益者受到损害，尤其是对那些官僚主义严重、具有私心杂念的人而言，更是如此。只有形成完整的行政管理民主化制度,在有制度保障的情况下,才能够实现行政管理的民主化、公开化,政府管理的大门才能够向广大群众敞开。

(3)有方便灵活的程序以保障民主化、公开化的切实到位。任何法律实体权利如果没有相应的法律程序对权益予以保障,则立法赋予再多的法律实体权利也是没有任何意义的。轻视程序往往是行政主体以国家神圣为由剥夺公民实体法律上的权利。因此,推进中国的行政公开化,不仅应该具体规定政府公开(主动的或依申请的)有关信息文件的范围、时间、次序、步骤和方式,更要设计出公民简便、快捷地获取相关政府资讯的程序、渠道、工具。

3. 分权化

集权与分权是行政管理领域议论的焦点。工业时代,中央集权式的管理被视为工业社会最先进的管理方式,行政集权在现代化过程中起到举足轻重的作用。但随着现代网络科学技术的发展和随着全球化时代的来临,社会利益进一步分化,在行政管理中出现了集权危机——在瞬息万变的情况下,等待中心权力机构作出决定,会降低效率,错过时机。传统管理中起巨大维系作用的许多单一性很强、排斥性很强的行为准则、规范和价值观正在被多样性、包容性很强的准则、规范和价值观所取代,这种变化使得整个社会的全体成员现实的或预期的行为空间和思想空间大大扩展。"放权"正在成为一个全社会性的进程,而不仅仅是一个行政权力关系的变化。分权成了一种目标取向。与集权式管理相比,分权具有以下优越性:

(1)分权比集权有更大的灵活性。因为分权对于环境和顾客需求的变化能迅速地作出反应,并结合本领域,本单位的实际情况作出适当的安排,避免了遥控带来的"驴唇不对马嘴"的尴尬情形。同时,拥有权力就意味着承担责任,各级行政部门对于本身作出的决策其责任心也会较上级部门作出的决策为强,而且这样一来也在一定程度上避免了上下级之间的互相推诿责任的现象。

(2)分权比集权更有效率。下级人员接触问题的机会最多,最了解问题的症结,权力下放能使他们独立地设计出解决问题的最佳途径,从而节省决策、信息传递、任务理解的时间,提高行政管理的效率。在效率提高的同时,由于直接执行部门的长期实践经验总结,也有利于提高行政执行的效率。

(3)分权比集权更具有创新精神。因为好的思想、观点常常来源于实际工作,来源于同顾客打交道的雇员,所以分权更能调动雇员的积极性、责任感,从而产生更高的生产率。从管理心理学上来看,拥有一定主动性的人也往往要比机械地听从别人命令的人更有进行改革创新的欲望。

建国之初,由于受到党的历史上的领导方式以及苏联经验的影响,我国的行政管理形成了高度集权的模式。这种模式又在一定意义上与传统的封建集权方式在形式上有很大的共通性，在管理具体行政事务的时候基本上没有遇到来自下层的抵制。也正是由于这些原因，我国的行政集权比其他的国家严重。但是，随着信息技术的发展，我国与其他国家文化上的相互影响，普通公众的自决意识的增强，以及现实经济发展的需要，原先的集权也越来越向着分权的方向发展。这种分权不仅是行政部门内部的权力下放，同时包括了行政部门向社会的分权，即权力的外放。成功改革行政机构的重要措施就是政府向社会放权，利用社会的力量使政府真正地实现脱胎换骨。

(二)当代中国行政改革的展望

党的十七大报告指出："要抓紧制定行政管理体制改革总体方案，着力转变职能、理顺关系、优化结构、提高效能，形成权责一致、分工合理、决策科学、执行顺畅、监督有力的行政管理体制。健全政府职责体系，完善公共服务体系，推行电子政务，强化社会管理和公共服务。"根据党的十七大精神，深化行政改革的目标是，建设服务型政府、责任政府、效能政府、法治政府。

1. 建设服务型政府

(1)强化社会管理和公共服务职能。建设服务型政府是以民为本、执政为民宗旨的职能化、制度化。建设服务型政府要求政府从管理型走向服务型。

要创新经济管理制度和方式，更多地运用经济和法律手段调节经济活动。强化市场监管，加强对涉及人民生命财产安全领域的监管，深入整顿规范市场秩序，反对不正当竞争，严厉打击侵犯知识产权、制假售假等扰乱市场秩序的违法行为。

以发展社会事业和解决民生问题为重点，着力解决就业、就学、就医、社会保障、社会治安、安全生产、环境保护等人民群众最关心的利益问题，优化公共资源配置，加强公共设施建设，完善社会管理制度，提高社会管理水平，为全体人民提供更多更好的公共服务。

(2)树立以人为本的理念，培育公务员服务意识。服务型政府的建立，首先必须确立公务员对行政理念的正确认识。公务员是为人民服务的公仆，是公共服务过程的主导性因素。因此，公务员要明确自己的义务和职责，摆正自己的位置，在管理理念上实现由"管"字当头向"服务为本"转变，强化"管理就是服务"的意识；在管理文化上实现由"官本位"向"民本位"的转变，强化"纳税人第一"、"服务是公务员天职"的意识。

(3)深化行政审批制度改革。深入贯彻行政许可法，减少和规范行政审批事项。对现有行政许可项目和非行政许可审批项目继续清理，该取消的坚决取消，能下放的尽快下放。对已取消项目，要切实加强后续监管工作，杜绝各种变相审批行为。要完善行政审批方式,简化和规范程序,制定操作规程,向社会公开。要创新管理制度和方式,建立健全有效的全社会投资引导调控体系,特别要规范政府和国有企业的投资行为。

2.建设责任政府

(1)建立以行政首长为重点的行政问责制度。政府的权力是人民赋予的,必须对人民负责,接受人民监督。各级政府及公务员要积极主动地、创造性地履行其法定职责,牢固树立责任感,自觉承担责任。问责制要求建立严密的责任追究体制,既要落实行政首长负责制以明确其领导责任,又要各司其职、各有其权、各负其责;要完善决策失误责任追究、行政执法过错责任追究、监督失察责任追究等制度,切实做到行政权力与责任紧密挂钩、与利益脱钩。

(2)建立绩效评估制度。要科学确定政府绩效评估的内容和指标体系,实行政府内考核与公众评议、专家评价相结合的评估办法,促进树立与科学发展观相适应的政绩观。要按奖优、治庸、罚劣的原则,充分发挥绩效评估的导向作用和激励约束作用,反对虚报浮夸、急功近利以及搞劳民伤财的“形象工程”和“政绩工程”等。

3.建设效能政府

(1)提高政府行政效能。效能政府是高效率、低成本、社会效益显著、民众真正受益的政府。建设效能政府首先要求各级政府及公务员牢固树立成本意识和节约意识,追求“低成本政府”,以最少的投入取得最大的效益。同时借鉴企业管理经验改造政府内部管理,探索适应公共部门特点的提高效率的特殊机制,深化政府机构改革,政府各部门共享的公共行政平台,减少管理层级,实行授权管理。

(2)增强政府执行力和公信力。提高政府执行力和公信力,提高人民群众对政府的满意度和信任度,是深化行政管理体制改革的重要目标和任务。目前,在一些地方和部门存在两个突出问题:一是政令不畅、执行不力;二是失信于民。因此,必须下决心解决这些问题,提高政府执行力和公信力,确保政令畅通。

4.建设法治政府

(1)加强政府立法。建设法治政府是加强政府自身建设的首要目标。国务院关于《全面推进依法行政实施纲要》明确了法治政府建设的 7 大目标,并提出经 10 年左右的努力基本完成建设法治政府的任务。当前,特别要重视社会管理和公共服务方面的立法,重点做好应对各种突发事件、保障农民权益、劳动就业和社会保障以及社会事业发展方面的立法,逐步形成较完备的法律体系。

(2)加强行政执法及检查。首先,必须坚持严格、公正、文明执法原则,在执法过程中既要通过程序保证行政机关迅速有力地打击行政违法现象,又要在此过程中不损害公民的合法权益。其次，要加快建立权责明确、行为规范、监督有效、保障有力的行政执法体制。要减少行政执法层次，适当下移执法重心，对与人民群众日常生活、生产直接相关的行政执法活动，主要由市、县两级行政执法机关实施。再次，在加强行政执法的同时，有必要采取切实措施，有效地制约行政执法权力，建立健全行政执法检查监督机制。要完善行政执法机关的内部检查监督制约机制，也要开展其他形式的外部监督，如人大监督、司法监督、新闻监督等。

【案例分析】

上海启动“大部制”改革

今年8月，国务院下发了《关于地方政府机构改革的意见》。但上海市早在3月份就专门成立了政府机构改革调研工作组，在调研和反复听取各方面意见之后提出了《上海市政府机构改革方案（草案）》和《中共上海市委工作党委体制调整方案》，经9月27日上海市委九届五次全会审议通过后上报国务院。近日，《上海市政府机构改革方案》获批，这是中央批准的第一个地方机构改革方案。

今年年底之前，各省机构改革方案将陆续上报中编办。上海市机构改革方案第一个获批，主要是坚持中央要求与地方实际相结合，以转变政府职能为核心，按照精简、统一、效能的原则和决策权、执行权、监督权既相互制约又相互协调的要求，进一步调整优化政府部门的组织结构，努力提高行政效能和政府服务水平。上海同时启动党政两套机构改革是此次改革的最大亮点，也为其他地方改革带来一个启示，那就是新一轮机构改革要勇于“自主创新”，只要符合改革要求和方向，“自选动作”多些也无妨。

10月14日，上海市召开机构改革大会，全面启动新一轮机构改革。根据《上海市政府机构改革方案》，上海市政府将设置44个工作部门，其中，办公厅和组成部门23个，直属机构21个；另设部门管理机构6个。此次调整后上海市部门机构只比2003年改革后的45个“少”了一个。《方案》还对进一步明确和强化责任、精简和规范议事协调机构及其办事机构、严格控制机构编制以及推进区县政府机构改革做了具体规定。上海市委书记俞正声表示，这次机构改革并非简单的机构撤撤并并、人员进进出出，而是重在转变职能、理顺关系、优化结构、提高效能。今后，转变政府职能不仅是本轮改革的首要任务，也是上海机构改革的重要方向。本次上海市政府机构改革牢牢把握了五大原则：一是把中央要求和上海实际相结合；二是紧紧抓住转变政府职能这个核心；三是进一步明确和强化责任；四是积极探索实行职能有机统一的大部门体制；五是统筹兼顾、突出重点。

新机构改革方案,既要与国家机构改革相互衔接,又应充分体现当今特大型都市管理特点,让老百姓满意——这是上海在设计本轮机构改革方案时的最直接切入点。改革有四方面重点:加强和完善重要行业管理体制;加强与整合社会管理和公共服务部门;优化和完善城市建设、交通和管理体制,努力体现特大型城市功能和特点;探索实行职能有机统一的大部门体制,进一步提高行政效能。这个方案做好了与国务院机构改革的衔接,建立起了与国务院组织框架相协调的行政体系(来源:《领导决策信息》2008 年 42 期)。

问题:

1.《上海市政府机构改革方案》反映出我国行政改革的哪些发展方向?

2.分析我国新一轮行政改革的主要内容。

【思考与练习】

1. 分析行政改革的必然性。

2. 分析当代西方国家行政改革的特点。

3. 分析中国行政改革的经验。

参考文献

[1] R·J·斯蒂尔曼.公共行政学.北京:中国社会科学出版社,1988
[2] 蔡小慎.公共行政管理学.3版.大连:大连理工大学出版社,2007
[3] 查尔斯·沃尔夫.市场或政府——权衡两种不完善的选择.谢旭,译.北京:中国发展出版社,1994
[4] 常健.现代领导科学.天津:天津大学出版社,2004
[5] 陈瑞莲.行政案例分析.广州:中山大学出版社,2001
[6] 陈振明.公共管理学.北京:中国人民大学出版社,2005
[7] 程祥国.韩艺.国际新公共管理浪潮与行政改革.北京:人民出版社,2005
[8] 戴维·H·罗森布鲁姆,罗伯特·S·克拉夫丘克.公共行政学.北京:中国人民大学出版社,2002
[9] 戴维·奥斯本,彼得·普拉斯特里克.摒弃官僚制:政府再造的五项战略.北京:中国人民大学出版社,2002
[10] 戴维·奥斯本,特德·盖布勒.改革政府.上海编译组,译.上海:上海译文出版社,1996
[11] 丁煌.西方行政学理论概要.北京:中国人民大学出版社,2005
[12] 丁涛.行政管理学.安徽:合肥工业大学出版社,2005
[13] 郭道久.以社会制约权力.天津:天津人民出版社,2002
[14] 郭济.政府权力运筹学.北京:人民出版社,2003
[15] 郭济.中国公共行政学.北京:中国人民大学出版社,2003
[16] 郭小聪.行政管理学.北京:中国人民大学出版社,2003
[17] 何孝瑛,奚洁人.领导干部执政能力建设简论.北京:党建读物出版社,2005
[18] 江超庸.行政管理学案例教程.广州:中山大学出版社,2001

[19] 姜明安. 行政法与行政诉讼法. 北京:北京大学出版社与高等教育出版社,1999
[20] 金太军. 公共管理案例分析. 上海:华东师范大学出版社,2006
[21] 金太军. 公共行政管理学新编. 上海:华东师范大学出版社,2006
[22] 李经中. 政府危机管理. 北京:中国城市出版社,2003
[23] 李青山. 行政管理学教程. 北京:知识产权出版社,2006
[24] 李世英. 行政管理学新编(修订版). 北京:中国人民公安大学出版社,2005
[25] 李绥州,袁忠. 行政管理学教程. 广州:暨南大学出版社,2005
[26] 理查德·J·斯蒂尔曼二世. 公共行政学:概念与案例. 北京:中国人民大学出版社,2004
[27] 娄成武. 行政管理学. 沈阳:东北大学出版社,2002
[28] 卢梭. 社会契约论. 北京:商务印书馆,1982
[29] 罗志如,等. 当代西方经济学说. 北京:北京大学出版社,1989
[30] 洛克. 政府论. 北京:商务印书馆,1964
[31] 马海涛. 政府预算管理学. 上海:复旦大学出版社,2003
[32] 孟德斯鸠. 论法的精神. 张雁深,译. 北京:商务印书馆,1961
[33] 欧文·E·休斯. 公共管理导论. 2 版. 北京:中国人民大学出版社,2001
[34] 彭国甫. 中国行政管理新探. 长沙:湖南人民出版社,2006
[35] 彭和平. 公共行政管理. 北京:中国人民大学出版社,2004
[36] 曲福田,盛邦跃. 行政管理学. 南京:南京大学出版社,2003
[37] 荣仕星. 实用行政管理学. 北京:人民出版社,2004
[38] 沈亚平,志成. 当代西方公共行政. 天津:天津大学出版社,2004
[39] 沈亚平. 吴春华. 公共行政学. 天津:天津大学出版社,2005
[40] 世界银行. 世界发展报告,1997
[41] 舒放,王克良. 国家公务员制度教程. 北京:中国人民大学出版社,2006
[42] 孙荣,徐红. 行政学原理. 上海:复旦大学出版社,2001
[43] 谭融. 公共部门人力资源管理. 天津:天津大学出版社,2003
[44] 陶学荣. 公共行政管理学导论. 北京:清华大学出版社,2005
[45] 王乐夫,许文惠. 行政管理学. 北京:高等教育出版社,2000
[46] 王雍君. 公共预算管理. 北京:经济科学出版社,2002
[47] 威廉·邓恩. 公共政策导论. 北京:中国人民大学出版社,2002
[48] 吴江. 行政管理学. 北京:中国农业出版社,2007
[49] 夏书章. 行政管理学. 4 版. 北京:高等教育出版社,2008

[50] 项怀诚.中国财政管理.北京:中国财政经济出版社,2001
[51] 谢斌.行政管理学.北京:中国政法大学出版社,2006
[52] 谢明.行政透视——细微之处见行政.北京:机械工业出版社,2002
[53] 徐晓雯,丛建阁.行政管理学.北京:经济科学出版社,2004
[54] 薛冰,梁仲明,程亚冰.行政学原理.北京:清华大学出版社,2005
[55] 亚当·斯密.国民财富的性质和原因的研究.郭在力,王亚南,译.北京:商务印书馆,1994
[56] 约翰·罗尔斯.正义论.谢延光,译.上海:上海译文出版社,1991
[57] 詹姆斯·M·布坎南.自由、市场和国家——80年代的政治经济学.平新乔,莫扶民,译.上海:上海三联书店,1989
[58] 张成福,党秀云.公共管理学.北京:中国人民大学出版社,2001
[59] 张国庆.行政管理学概论.2版.北京:北京大学出版社,2000
[60] 张康之,李传军,张璋.公共行政学.北京:经济科学出版社,2002
[61] 张兴杰,吴江,许祥云.行政管理学.北京:中国农业大学出版社,2004
[62] 张永桃.行政管理学.北京:高等教育出版社,2003
[63] 赵国俊,陈幽泓.机关管理的原理与方法.北京:中国人民大学出版社,2001
[64] 赵国俊.电子政务.电子工业出版社,2003
[65] 周庆行.公共行政导论.重庆大学出版社,2004
[66] 朱光磊.当代中国政府过程.天津:天津人民出版社,2002
[67] 朱立言.行政领导学.北京:中国人民大学出版社,2002
[68] 竺乾威.公共行政导论.3版.上海:复旦大学出版社,2008
[69] 竺乾威.公共行政学.上海:复旦大学出版社,2000